Vom Wedding nach Gethsemane

Diether Huhn

Vom Wedding nach Gethsemane

und andere Spaziergänge in Berlin

Auf einen Nenner gebracht von Detlef Prinz

Koehler & Amelang

Die Deutsche Bibliothek - CIP-Einheitsaufnahme
Vom Wedding nach Gethsemane und andere
Spaziergänge in Berlin / Dieter Huhn. Auf einen Nenner
gebracht von Detlef Prinz [Fotos: Mike Hughes ...].
- 3. Aufl. - München : Koehler und Amelang, 1999
ISBN 3-7338-0228-4

Die 1. und 2. Auflage sind unter dem Titel
„Neunundneunzig Berliner Spaziergänge" im
Verlag des Bezirksjournals Berlin erschienen.

Konzeption: Prinz Medien
Fotos von Mike Hughes, Dominik Butzmann,
Manfred Jagusch
Umschlag und Satz: Type-Design/Kern.Design am Ufer
Druck: Union Druck, Halle
Bindung: Kunst- und Verlagsbuchbinderei, Leipzig
Abbildungen auf dem Umschlag:
Vorderseite: Schauspielhaus mit Schillerdenkmal
Rückseite: Millionenbrücke im Wedding

Die Spaziergänge sind zu unterschiedlichen Zeiten
im Jahre 1997 entstanden.

ISBN 3-7338-0228-4

Inhaltsverzeichnis

Besonnte Erinnerungen im Herzen der Stadt

In einem früheren Leben war ich Amtsrichter. Ich war 1961 nach Berlin gekommen. Ein anderes Berlin als ein zugemauertes kannte ich nicht. Am liebsten erinnere ich mich an die Zeit als Zivilrichter im Wedding. Das war, als anderenorts jede Bundestagssitzung in Berlin als unzulässig angesehen wurde und zur Strafe die Sowjetjäger so dicht über die Dächer donnerten, daß die Scheiben sprangen.

Ich durchwanderte Tage und Nächte lang den Gerichtsbezirk. Daß viele Straßen an einer Mauer endeten, die geliebte Ackerstraße z. B. (weil dort eine Frau wohnte, die ich damals liebte), nahm ich für eine Tatsache außerhalb meiner Zuständigkeit. Wie das Berlin hinter der Mauer aussah, wußte ich nur aus Büchern.

Am Morgen nach dem Tag, an dem die Mauer aufgehört hatte undurchlässig zu sein, ging ich die Ackerstraße von der anderen Seite her. Der Friedhof der Sophienkirchgemeinde an der Pappelstraße gehört seitdem zu meinen liebsten Berliner Plätzen. Vorgestern, am ersten Sommertag dieses Jahres, war ich wieder da. Der Friedhof sieht jetzt viel westlicher aus, verwalteter. An vielen Grabsteinen heißt es drohend: „Nutzungszeit abgelaufen!" „Hier wird klar Schiff gemacht!", sagte die Gärtnerin, der mein zweifelnder Blick aufgefallen war.

Gegenüber im Altdeutschen Ballhaus habe ich vier Tage nach Maueröffnung mit einer schönen großen jungen Frau Polkas und Rheinländer getanzt. Jetzt ist sie leider berühmt geworden, wohnt am atlantischen Meer, wir müßten Terminkalender bemühen, wenn wir gegenüber der Markthalle Nr. VI Polkas tanzen wollten (und ich dürfte nicht gerade einen Gichtanfall haben).

Die Invalidenstraße ist nun für mich eine Straße der Sehnsucht. Ich beobachte ihre Veränderungen, während ich die Brunnenstraße überquere und am alten Weinberg entlang die Veteranenstraße aufwärts schleiche. Dieser Straßenzug führt in das Herz Berlins. Ich glaube, das Herz

Berlins liegt in der Gegend der Zionskirche. Der Platz um die Zionskirche ist bestimmt nicht Berlins schönster Platz (das ist der Gendarmenmarkt; nach Georg Forster: der schönste Platz der Welt), aber einer seiner eigentlichsten.

Eigentlich ist es gar kein Platz, nur Straße um die Kirche herum. An der Ecke zur Swinemünder Straße ist zwar ein langes Substantiv angesprayt, in dem der Kanzler vorkommt. Aber hierher kommt der Kanzler nicht (vielleicht mal zu einer Zionskircherinnerungsveranstaltung, aber diesen Besuch brauchen wir nicht zu registrieren): Hier ist Berlin regierungsfrei. Die Zionskirche hat ihre weltgeschichtliche Rolle hinter sich. Es heißt, sie sei der Dank der Berliner an Gott, weil er den Preußenkönig Wilhelm 1861 vor einem Attentat rettete; was Gott sich dabei gedacht hat, fragen wir lieber nicht, nachdem der König doch seinerseits schon so viele Leute totgeschossen hatte und noch so viele totschießen würde, um Kaiser und gütig zu werden. Als die DDR zu Ende ging, wurden hier einige Leute mutig. Davon weiß ich aber auch nichts mehr, während ich in dem Bistro capella Platz nehme und zum französischen Frühstück ein freilaufendes Extra-Ei bestelle. Ich hatte vor, nachher noch zur Schönhauser Allee hinunter zu laufen, vielleicht den alten jüdischen Friedhof zu besuchen, um Joseph Mendelssohn Referenz zu erweisen, der anders als andere Kinder des großen Moses wußte, daß es unter Christen keinen Zweck hat, ins Christentum zu flüchten. Dann habe ich mir's doch anders überlegt, bin den Weg zurückgegangen, um mir von Friseur Michael Rosinke, Invaliden-/Ecke Chausseestraße, die Haare schneiden zu lassen im Rahmen seiner „Vernünftigpreisaktion".

Indem ich in der Station Zinnowitzer Straße wieder in die Unterwelt der U-Bahn abgetaucht bin, dachte ich an Lilli Marleen, die nicht weit von hier (am Stadion der Weltjugend, als es das noch gar nicht gab) wartete: Ihr Komponist heißt Schultze, wie die Leute, die auf dem Sophienkirchhof ein Erbbegräbnis haben, gleich den Fürsten. Dieser Schultze ist schon überall hingefahren: Früher gegen Engeland, später zum Klabautermann, jetzt wohnt er an einer spanischen

Küste und hat wenig begriffen. Als ich jünger war, wunderte ich mich darüber, daß viele Alte so wenig begreifen. Nachdem ich selbst alt bin und nun unter „Stadtmitte“ durch die Röhre schieße, bin ich gnädiger mit den anderen Invaliden der Seele, die auch ihre Erinnerungen besonnen.

Von Hoffmann zu Fouqué am Brasil

Von dem Vormittag, der jetzt in der Gormannstraße endet, hatte ich eine literarische Vorstellung. Es ist Mai; ich wollte mir ein Lorbeerblatt pflücken am Grabe E. T. A. Hoffmanns. Dann wollte ich an der E. T. A. Hoffmann-Promenade vorbei, mit Blick auf das alte Kammergericht, das der vielseitige Kammergerichtsrat ausgemalt hat, die Friedrichstraße aufwärts bis zum Gendarmenmarkt gehen: zu diesem schönsten Platz der Welt, an dem Hoffmann gegenwärtiger ist als sonst irgendwo in Berlin.

Das gelbe Reclamheft mit „Des Vetters Eckfenster" sollte ich bei mir haben. Für mich ist das einer der lebhaftesten Texte der deutschen Literatur: So sah der sterbende Hoffmann auf den Gendarmenmarkt herab. Wo jetzt Schinkels Schauspielhaus steht, stand die Königliche Oper; sie brannte ab, als die erste deutsche romantische Oper dort aufgeführt wurde: Undine, Text von Fouqué, Musik von Hoffmann, in einem Bühnenbild von Schinkel. Aber Hoffmann war gar kein Romantiker. Ein Mann außerhalb der Kategorien, der Lehrbücher, auch der Schulbücher (glücklicherweise: Er ist jetzt der gelesenste Autor seines Jahrhunderts; die Lehrer konnten ihm nicht viel antun.)

Von hier aus – das war mein Plan – wollte ich die Linden entlang, über den Lustgarten, auf den Monbijouplatz, um Chamisso zu grüßen und die Rosenthaler Straße aufwärts zu wandern bis zum Garnisonsfriedhof, wo Fouqué begraben liegt.

Aber es war zu kalt. Ich bin mit der S-Bahn bis zur Station Hackescher Markt gefahren, die früher nach der Börse und dann nach Marx und Engels hieß: Da wäre es schon passender gewesen, man hätte die Station nach dem Polizisten Wilhelm Krützfeld genannt, der die große Synagoge vor den Mordbrennern geschützt hat (die aber auch Berliner waren und vielleicht auch Nachbarn).

Ich stehe vor dem Haus des Jüdischen Kulturvereins und blicke hinüber auf die vergoldete Kuppel.

Gegenüber: Oranienstraße 34, ein tobender Bauplatz; die Kräne von H. Klemmt, die den Gründersitz der Bank für Sozialwirtschaft wiederaufbauen, ragen höher in den Himmel als der Turm der Sophienkirche, zu deren Füßen Ranke begraben ist, der Staats-Historiker mit dem ehrenhaften, aber unglücklichen Gedanken: die Vergangenheit zu beschreiben wie sie wirklich war (und diese Wirklichkeit in den Akten zu suchen wie der Pastor Gauck; auch da brauchten wir wohl einen Mommsen).

Ich muß einen kleinen Schritt vom Wege gehen, um einen kleinen Stein auf Moses Mendelssohns Grab zu legen an der Großen Hamburger Straße. Diesen Stein hatte ich auf dem Friedhof der Jerusalems- und Neuen Kirchgemeinde auflesen wollen: nicht weit von Hoffmanns Grab an dem von Felix Mendelssohn Bartholdy: ein Steinchen vom Grab des berühmten Enkels zum Grab des berühmten Großvaters; Moses Mendelssohn und die Seinen: wenn sie eine Tradition hätten liefern dürfen in Deutschland und nicht nur ein kurzes Zwischenspiel neben sogenannten Befreiungskriegen und Vormärz, was wäre das für ein Land, in dem wir lebten!

Das Stadtquartier um die in Hochglanz neu erstehenden Hackeschen Höfe lohnt den umgehenden Besuch. Diese

Mischung aus Verfall und Wiederaufbau, aus Erinnerung und Vergessen wird es nicht mehr lange geben. Barfuss oder lackSCHUH, dort noch einen glänzenden Schuh, dann Engel Bestattungen: einen schöneren Namen kann eine Bestattungsfirma nicht haben. Einsturzgefahr annonciert die Hausverwaltung für den Hof von Rosenthaler Straße 38, wo das ZK der KPD schulpflichtiges Alter erreichte.

Die eiserne Wendeltreppe in Rosenthaler Straße 36 führt zum Verlag Neues Leben, dessen Name hier angenehm ironisch wirkt, wie der des Hauses gegenüber: „Rote Apotheke", die wirkliche Apotheke in dem Haus heißt „Berolina", Berlin und rot? Die Stadt hat keine eindeutige Farbe; die politische Farbenlehre verlangt jetzt schillernde Farben, deren Töne nicht mit einfachen Adjektiven zu beschreiben sind.

Den Platz, den die Rosenthaler Straße gegen Norden nun bald mit der Kleinen Rosenthaler Straße und der Mulackstraße bildet, will ich den Platz der Kulturen nennen. Wenn man sich nur ein bißchen länger umsieht, kann man die Lebenskulturen unterscheiden, die sich hier begegnen. Die Kleine Rosenthaler hieß einst Todtengasse, sie begrenzt seit 1722 den Garnisonsfriedhof; die Straße auf seiner östlichen Seite hieß Wüste Gasse: Tod und Wüste, dazwischen die Begräbnisstätten von Offizieren und Gemeinen, noch im Tode nach Dienstgraden getrennt. (Im Häuschen des Friedhofswärters – von außen besprayt mit der Parole: Werft mehr Steine! – hat die Robert-Bosch-Stiftung ein kleines Heimatmuseum ermöglicht. Es lohnt sich.) Das ist der Friedhof, auf dem Fouqués Gebeine in das verwandelt werden, was wir alle waren und sein werden. Ihn besuche ich. Die stärkste Vergegenwärtigung, die er in Berlin findet; seine Bücher liest ja kaum noch jemand. Außer „Undine" lohnt es sich auch nicht. Aber „Undine", das ist sein Stück Unsterblichkeit; Fouqué hat den Namen erfunden, den schönen Mädchennamen Undine. Und diese zarte Wassergestalt, die ihn zuerst trug, die Märchenfrau aus anderem Element als der Erde, aus der wir gemacht sind; sie mußte die Menschen lieben, die es so wenig zu lieben lohnt.

Unsterblichkeit? Es gibt ein komisches Foto: Der gewesene Kultursenator (ein Jurist wie ich), im schönsten Beerdigungsschwarz, begleitet vom (früheren) Bezirksbürgermeister, ebenfalls in schönem Trauerschwarz, stehen da mit gefalteten Händen und gesenkten Köpfen vor Fouqués Grabmal an seinem 150. Todestag. Da hätte der Senator lieber die Augen heben sollen zu der kleinen kranken Tanne, die nach meinem Gefühl besser eine Kiefer wäre, zu der wilden Birke und hinüber zu der braungrau in italienischem Stil verfallenden Ruine, und statt zu denken, woran weiß ich, hätte er fragen sollen, warum dieser Friedhof, auf dem doch überwiegend Berufskiller begraben sind, so tut, als ob er Ehrenmänner beherbergte. Hinten, in der südöstlichen Ecke, ruhen aber auch ein paar Opfer. Das ist das schönste Stück des Friedhofes. Es grenzt an den Kaffeegarten des Brazil. Die polnische Widerstandskämpferin Sonia Horn, tragisch zu Tode gekommen in unserer Stadt Berlin, keine 22 Jahre alt, könnte an unserer Lebensfreude teilnehmen, wenn wir dort in dem brasilianischen Garten im Grünen säßen und unsere Lippen sich immer näher kämen, wie jetzt die rosigen feuchten Lippen des eleganten brasilianischen Paares am Tisch mir gegenüber; der Mann trägt schöne goldene Ohrringe; die Frau, die ihn jetzt küßt, ist älter als er, eine Undine vielleicht, deren Seele durch seine Liebe lebt.

Das ist das Brazil, in den Nächten tost hier das Leben, viele Undinen und vor allem viele junge Menschenfrauen, die nicht aus Wasser sind. Tagsüber ruhig, ein lohnender Ort. Wenn Sie jetzt hereinkämen, liebe Leserin, lieber Leser, würden Sie mich sehen, wie ich diesen Text schreibe.

Von Ada soweit die Füße tragen

„Geht ihr mit, ein Süppchen essen?“ fragte Detlef Prinz, und so begleiteten wir ihn zu Ada. Sie betreibt in der Mauerstraße das Lokal Friedrich's. (Ein Süppchen bestellten wir nicht. Sondern Lauchkuchen mit Kräuterquark: eine Spezialität. Müssen Sie auch probieren, wenn Sie demnächst hingehen.) Hernach gingen Detlef und die schöne Charlotte in die Redaktion zurück; ich bedanke mich beim Geschick, weil es mir erlaubt, durch die Stadt zu spazieren und das als Arbeit aufzufassen.

Die Stadtwelt im Rücken der Leipziger Straße ist ganz anders als vor ihren Augen. Es geht durch Hinterhöfe (der Geschichte und des Zeitgeists). Sprayer gab es in der DDR nicht. Auch keine Spraydosen, aus denen Kids Kunst produzieren können und Protest oder auch einfach nur Dreck. Ich will mich nicht entscheiden, welche Qualifikation das chemische Bunt auf den Plattenbaracken der Charles-Darwin-Schule verdient. Das Ensemble wirkt dreckig und ungepflegt: eine Bildungsstätte für das Volk inmitten der Mitte des Landes der Dichter und Denker. Vor dem Haupteingang der Schule ist ein Stück Wildnis und Verfall erhalten; solche Eindrücke waren es, die Berlin in Mauerzeiten so eigenartig machten, ganz dicht unter Kultur und Zivilisation liegt die Steppe, das, was nicht gepflegt sein will: Stopschilder für den Menschen inmitten seiner Massenhaftigkeit. „Neu und leicht von Mensch zu Mensch!“ Das wäre gegen die dunklen Gedanken eine aufmunternde Parole, aber es ist eine Zigarettenreklame neben dem Landesdenkmalsamt.

Das Landesdenkmalsamt ist eine komische Behörde. Wenn es die schon immer gegeben hätte, dann gäbe es jetzt das nicht, was die Behörde beschützt. Jetzt werden die 50er Jahre unter Denkmalsschutz gestellt. Die Stadt ist noch nicht ganz in ihrer Gegenwart angekommen, da wollen die, die man diese Gegenwart nicht bauen läßt, sich an der Geschichte oder einem gewissen Stückchen davon schadlos halten, als ob es die wichtigste Funktion einer Stadt sei, das baugeschichtliche Museum ihrer Vergangenheit zu sein.

Auf dem wilden Parkplatz an der Axel-Springer-Straße parkt der VW-Lieferwagen der Fa. Jürgen Witt. Laut Aufschrift liefert sie „Mauerabdeckungen“, da steht sie hier richtig. Der Name Axel Springer ist für dieses Straßenstück neu. Auch eine Art Mauerabdeckung. Wenn man die Axel-Springer-Straße zu Ende geht, hat man das Gefühl, sich verlaufen zu haben. Sie verwandelt sich in die Beuthstraße: eine einzige Baustelle. Passend zum Namensgeber. Berlin kehrt zeitweise in den Sand zurück, aus dem es gemacht ist.

Das ist nun der Spittelmarkt. Die Inschrift „Alt-Berliner Biersalon“ am Plattenbau wirkt geradeso ironisch wie die Inschrift an der Raulf-Baustelle, die wieder einmal den berühmten Nachweis antritt, welche Veränderung in den Sätzen eine unerwartete Großschreibung hervorbringt: „Eltern haften für Ihre Kinder“, wird mir freundlich versichert. Die Kita Mauz und Hoppel hat noch Plätze frei für Kinder von 0 bis 7 Jahren. Ich habe auch eine Kita für Kinder von 0, in ihr sind unzählige Plätze frei. Jetzt bin ich also am Spindlershof. Der restaurierte Teil ist nur ein kleines Stückchen der einstigen größten Hofanlage in Berlin. Färberei und Wäscherei. Jetzt – wie man in der militärischen Sprache von gestern sagen könnte –: ein Versicherungsstützpunkt. Allerdings auch eine Boutique, „le chic“, hoffentlich gehen die Geschäfte gut, Läden, in denen man etwas kaufen kann, kann der Spittelmarkt gebrauchen.

Jetzt in die Neue Grünstraße. Das lohnt sich. Die Straße ist ein Ensemble der Verschiedenartigkeiten. Im Plattenbau (den man gewiß auch bald unter Denkmalschutz stellen wird) amtiert der evangelische Bischof. Ich habe zu dem Mann ein freundliches Verhältnis; fast ist mir, als kennte ich ihn; bei seinem Vater, der ein nazistischer Staatsrechtslehrer gewesen war, hörte ich in den 50er Jahren in Freiburg Verfassungsgeschichte, wir wunderten uns gar nicht über die Nahtlosigkeit. Da freut es mich, daß der Sohn die Werte verteidigt. Liebe und Einsicht schließen sich nicht aus. Neben dem schmucklosen Bischofssitz das Gemeindehaus der

St. Petri-Gemeinde. Die Fassade verfällt, hinter den Säulen öffnet sich nichts mehr. Der Briefkasten ist verrostet, die Kirche sieht hier nach Armut aus. Sympathisch. Im Aushangskasten: ein Text von Buber, ein anderer von Augustin; die Pastoren Boß und Reichsmayr scheinen Ökumeniker zu sein. Das wirkt angenehm weltstädtisch neben der aufwendig renovierten Nr. 18, die sich „Kleines Regierungsviertel" nennt: Bau- und Bauverwaltungsfirmen. Aber auch der S. Fischer-Verlag und ein durch seinen Namen für unsereinen sympathisches „Büro für gesundes Sitzen". Von der anderen Seite heißt dieser Hofkomplex Alte Jakobstraße 85/86. Kann mir da nicht einer eine schöne Wohnung vermieten?

Ich gehe durch die Sebastianstraße. Wäsche hängt auf der Leine. Viel Grün. Kinder spielen laut. Das Quartier liegt immer noch ein bißchen im Schutze der Mauer. Mitten in der Stadt hat Berlin etwas Kleingartenhaftes.

Ich bin müde. Die Füße tun mir weh. Schnell die Stallschreiberstraße abwärts. Aus Mitte nach Kreuzberg. Am Oranienplatz in den 129er. Der Busfahrer hat schlechte Laune. Ein Farbiger blickt mich lächelnd an, als wollte er sagen: Der Mann hat Liebeskummer und weiß nicht, daß er nicht der erste ist. Wir können ihm die Ungelegenheiten verzeihen, die er uns für unser Geld bereitet. Ich lächle zustimmend.

Berlin und Nichtberlin

Der U-Bahnhof Märkisches Museum ist zur Zeit mein liebster U-Bahnhof. Ich komme mitten in der Stadt aus dem Untergrund hervor, die Fahne des DGB flattert fröhlich, das Rote Rathaus lächelt nahe, es gibt keinen Zweifel: ich bin in Berlin, aber ich kann auch denken: ich bin ganz woanders. Hier ist Berlin auch Nichtberlin. Die Mischwasserkanäle werden erneuert. Der 265er kommt kaum um die Ecke, er fährt mir fast über die Füße, aber vorsichtig und langsam; anderen auf die Füße treten, aber vorsichtig und langsam – das ist ganz unberlinisch.

Die Inselstraße südwärts. Die Wörter erfrischen das Herz: Insel, Süden. „Achtung“, heißt es in einem nahen Schaufenster, „Die Bestattungen werden ab dem 01.5.1996 nur auf Wunsch durch Hausbesuch ohne Mehrkosten durchgeführt“. Bestattungen durch Besuch – ein nachdenkenswertes Modell. Unweit von diesem Achtung gebietenden Bestattungsgeschäft steht das Haus Köpenicker Straße, Ecke Wassergasse. Wenn ich dort über der Kneipe „Zum Fernfahrer“ wohnte, gewönne ich einen Rückblick auf Messels AOK-Haus am Köllnischen Park und in die Vergangenheit der SED-Parteischule.

Ich bin auf dem Schulze-Delitzsch-Platz angekommen, der nur mit Mühe ein Platz ist, ein kleines Gartengrünstück zwischen Köpenicker- und Neuer Jakobstraße. Über drei jungen kanadischen Ahornbäumchen steht dort auf seinem Sockel der Kollege Schulze-Delitzsch. Als dieses Denkmal zum ersten Mal aufgestellt wurde, im August 1899, als Schulze 91 Jahre alt geworden wäre, räsonnierte der christliche Berufsantisemit Ernst Böhme in Hofprediger Stöckers Hetzblatt „Volk“ über die von niemandem gestellte Frage, warum Schulze-Delitzsch ein Denkmal erhielt, aber Viktor Aimé Huber nicht. Die Antwort war: weil Huber zwar ebenfalls ein Sozialreformer, aber außerdem ein Konservativer war. Das ist ein altes, aber immer noch gebräuchliches journalistisches Muster, mit dem gewisse Konservative –

während ihresgleichen doch die Welt beherrschen – sich als Opfer darstellen, weil es immerhin noch Widerspruch gibt. Trotzdem: Über Huber lohnte es sich zu reden; er war Therese Hubers Sohn, der ersten deutschen Journalistin, die wegen eines sächsischen Huber Georg Forster verlassen hatte, der die Welt liebte, die Demokratie und die deutsche Sprache wie kein anderer. Aber niemand redet mehr über Viktor Huber. Selbst Schulze-Delitzsch ist längst kein Mann des allgemeinen Bewußtseins mehr. Er ist hierher auf seinen Denkmalssockel wiedergekommen auf Kosten der Köpenicker Bank. (Denn er war der Begründer der Volksbanken. Jede Form der Staatshilfe lehnte er ab. Er traute dem auf die Dauer nichts Soziales zu.) Das sozialistische Berlin hat das Denkmal (deshalb?) verschwinden lassen, hatte aber stattdessen auch Lassalle kein Denkmal gesetzt.

Der Schulze-Delitzsch, der nun gegenüber dem hübschen Luisenhof steht, schaut die Neue Jakobstraße hinunter, als ob er am Ende der Alten Jakobstraße Max Tauts ADGB-Haus sehen könnte, und läßt seine rechte Hand abwärtszeigend in einer resignierenden Bewegung verharren (um nicht nur das Schicksal der Erwerbs- und Wirtschaftsgenossenschaften, sondern auch das der Gewerkschaften überhaupt zu signalisieren?). Ein düsterer Gedanke entsteht in mir und will den leichten Frühsommertag bedrücken. Da trösten die Sprayinschriften im Hauseingang gegenüber: „Ihr seid Deutsche, wir sind Menschen!“, „Hilf deinem Staat, verstümmle dich selbst!“, „Wohnraum darf keine Ware sein!“, dazu viele Liebeserklärungen: an Vincent, Robert, Sven, Jimmy, Nihad und Timmy. Es steht aber in verblassender Schrift auch da: „DT 64 – Die Stimme der Jugend“. Der Name des Programms wirkt wie ein Sigel einer fernen Zeit, ähnlich wie gegenüber am verfallenden Haus Neue Jacobstraße Nr. 4 die kafkaeske Firmen- oder soll man lieber sagen Behördenbezeichnung: „VEB Spezialkombinat Wasserbau (KB Baugrund Berlin)“; für das schöne Haus hatten diese Baugrundspezialisten nichts tun können. Der Kapitalismus ist bisher nur bis Neue Jakobstraße Nr. 5 gekommen. Der Orthopädie-Schuhmachermeister in dem schön restaurierten Gewerbehof mit frischem Grün an den Fensterkämpfern heißt tatsächlich Jakob Böhme – wie sein berühmter Kollege, der Schuhmachermeister aus Görlitz, der erste deutschschreibende Philosoph, die „Morgenröte im Aufgang“; die aktuelle Ausgabe seiner Schriften umfaßt elf Bände, ob sein Namensbruder aus der Jakobstraße gelegentlich darin liest? Vielleicht weiß er etwas vom „Dreifachen Leben des Menschen“, und vielleicht kann auch er einige der „Vierzig Fragen von der Seelen“ beantworten. Ich beschleunige den Schritt, um mystischen Verknüpfungen zu entkommen.

Baulich bietet die Annenstraße ja nichts. In den Werkbüchern der Zeitgeistarchitekten kommt sie nicht vor (obwohl das Bauhaus vielleicht an ihr schuld ist, aber vielleicht auch nur die Armut der DDR), jetzt im frühen Sommer wirkt sie durch den Charme ihres gewöhnlichen Alltags. Die grüne Vorgartenwiese gibt diesem Innenstadtstandort etwas behaglich Kleinstädtisches. Als ich schon denke: In der Annenstraße sieht Berlin aus wie Sennestadt, Salzgitter, Bad Oldesloe, lese ich am großen grünen Müllcontainer: „Ist das die Urne der Kommune 4?“ In Bad Oldesloe fragt niemand nach dem Schicksal der Kommune.

Es ist also passend, daß der Ausgang aus der Annenstraße auf die Heinrich-Heine-Straße führt. Die hohen Häuser hier sehen aus wie gigantische Bauzäune. Dem Durchfahrenden legen sie die Frage nahe: Was ist dahinter? Und die Antwort ist: die Leere. Die Leere, die die Gegenwart östlich und westlich der Mauer so angenehm verschlafen erscheinen ließ, solange die Mauer stand. Wenn man sich daran gewöhnt hat, das Wort „modern“ ganz wertfrei zu gebrauchen, ist die Heinrich-Heine-Straße eine moderne Straße, ich kann sie in ihrer städtebaulichen Bedeutung gut auf den Namensgeber beziehen, so daß ich mich freue, daß die Westberliner Kommission, die zur Zeit die verdächtigen Straßen umbenennt, an Heinrich Heine nichts Staatsfeindliches findet. Liest man am Fehrbelliner Platz vielleicht Heine gar nicht?

Engel und Michael

In seiner Jugend, sagt Detlef Prinz, hat er mit den Goldfischen im Engelbecken gespielt. Etwas Brackwasser steht in diesem Rest des alten Luisenstädtischen Kanals noch; der weite Ort, in den der Heinrich-Heine-Platz übergeht, ist ein charakteristischer Teil der Berliner Innenstadt-Wüste, aus der sich die neue Stadt in postmoderner Unentschlossenheit erhebt. Am nördlichen Platzende – man kann nicht sagen: erhebt sich – die Michaelkirche; das am meisten passende Verbum ist: sie ruht. Sie zitiert eine Stadtepoche, die vorüber ist. Wenn man sich Zeit läßt, ahnt man, wie die Stadt vielleicht war, als Meister Fontane diese Kirche die schönste Kirche Berlins nannte.

Die Weiträumigkeit des Platzes, den man eigentlich kaum einen Platz nennen möchte (vielleicht wie in Paris das Marsfeld – ein Feld?), verbindet Endgültiges und Vorläufiges. Ecke Leuschner-/Engeldamm steht ein Haus, das den postmodernen Versuchen gegenüber zeigt, was die Moderne war. Auf dem Dach flattert eine Fahne, deren Rot im Buchstabenemblem verblaßt: ÖTV; hier ist jetzt der Berliner Sitz der konservativen Gewerkschaft der Staatsangestellten. Das Haus steht in den Werkkatalogen von Bruno Taut, seine charakteristischen Insignien, die Eckrundung und die breiten Bänder unter den Fensterreihen, sind von Max Taut, der den Bau 1927 für den Deutschen Transportarbeiter-Verband als ein brüderliches Werk vollendet hat. Fünf Jahre zuvor hatte nebenan, im alten Gewerkschaftshaus Engelufer 24, vor dem damals noch das Wasser des Luisenstädtischen Kanals floß, Ernst Thälmann ausgerufen: „Eine kapitalistische Regierung wird sich niemals gegen den Kapitalismus aufbäumen, weil sie ja selbst kapitalistisch ist“. Damit meinte er eine Regierung der Weimarer Koalition, der für die SPD der größte deutsche Jurist dieses Jahrhunderts, Gustav Radbruch, angehörte; Walther Rathenau war Mitglied dieser Regierung gewesen, vor zehn Wochen war er von rassistischen Nationalisten ermordet worden: zweifellos ein

Kapitalist, aber schmerzt es nicht, ihn angesichts des Hasses von Rechts geschmäht zu sehen von einem, den dieselben Feinde auch bereits auf den Proskriptionslisten führten?

Wer von hier aus über das weite Feld blickt, empfindet die Vergeblichkeiten der deutschen Demokratie-Geschichte. Nach Legien und Leuschner heißen die beiden Straßen, die das Engelbecken begrenzen. Carl Legien, gelernter Drechsler wie Bebel, Vorsitzender der Generalkommission der Gewerkschaften Deutschlands, hatte gerade noch rechtzeitig zu dem Generalstreik aufgerufen, der 1920 die Regierung der Demokratie vor dem Kapp-Putsch rettete. Als die gerettete Demokratie Legien die Kanzlerschaft antrug, sagte er nein. Die Gewerkschaften vor einem „Linksruck" zu bewahren, schien ihm wichtiger. Wenige Wochen später starb er. Vor dem Putsch Hitlers – aber der mußte gar nicht putschen, ihm ergab sich die Republik regelgerecht – rettete die Demokratie auch Wilhelm Leuschner nicht, der Gewerkschaftsführer, der nun der Straße an der Westseite des Feldes den Namen gibt. 1944 ermordete ihn der Volksgerichtshof. Der Legien-Nachfolger Theodor Leipart überlebte, er hatte versucht, die Gewerkschaften gegen Hitler durch eine

Politik der Anpassung zu retten; nach ihm heißt hier keine Straße; er endete in der SED.

Man hätte der Straße, die hier die Straßen der beiden Gewerkschaftsführer miteinander verbindet und jetzt Engeldamm heißt, weil – wie gesagt – kein Wasser mehr da ist, daß sie Engelufer heißen könnte wie früher, den Namen lassen können, den die DDR ihr gegeben hatte. Dieser Staat hatte die Straße nach Fritz Heckert benannt. Das war auch ein Gewerkschaftsführer, Antifaschist, ein Spanienkämpfer, Tod 1936. Mehr Fehler sind ihm nicht anzulasten als denen, die von Norden nach Süden hier den Gewerkschaftsstraßen die Namen geben. „Die reformistische Politik führt dazu (...), daß die Gewerkschaftsbewegung letzten Endes zertrümmert wird und der Faschismus siegt", sagte er 1927; ich zitiere es als Beweis dafür, daß die, die jetzt aus der Berliner Straßengeschichte gelöscht werden, geradeso in sie hineingehörten wie andere, deren Fehler mit den Straßenschildern zugedeckt werden. „Dort wo die Palmen wachsen, bin ich ein ehrlicher Mann."

Wer gegenüber Heckert der Engel war, der hier an der Michaelkirche und dem Marienstift nun wieder figuriert und eine „Engel-Sauna" hervorbringt, welche himmlische Gefühlsaufschwünge verspricht, das weiß ich nicht, weil ich's gerade nicht wissen will, um wählen zu können zwischen einem Statistiker, einem Architekten, einem Prinzenerzieher, einem Theaterunternehmer und dem Engel Michael selbst.

Nun stehe ich auf der obersten Stufe vor dem verschlossenen Eingang in die Michaelkirche. Die Kirche hat etwas von einer italienischen Burg; der weiße Erzengel auf dem Fassadengiebel sieht aus wie ein Gondoliere bei der Arbeit. Der Architekt – er hieß Johann Soller und ist von Schinkel selbst zum Baumeister geprüft worden – hat da die Wünsche des königlichen Bauherren sehr wörtlich genommen: Friedrich Wilhelm IV., der die katholische Kirche in staatlichpreußischer Weltanschauungstoleranz in Auftrag gab, träumte von Venedig (der Luisenstädtische Kanal war damals in einer Art Arbeitsbeschaffungsmaßnahme gerade ausgehoben worden, wie er 1926 in einer anderen Arbeitsbeschaffungsmaßnahme wieder zugeschüttet wurde).

Die Kirche ist im Krieg zerstört. Eigentlich gibt es sie nicht mehr. Durch geschickte Sicherungsmaßnahmen hat man aber ihre Zerstörtheit oder: ihre wiedergewonnene Unvollkommenheit für eine Art Endzustand erklärt. Sie ist ein besseres Symbol für Berlin als die Gedächtniskirche am Kudamm den Kauftempeln gegenüber. Der Michaelkirche hat man bisher nicht versucht, Zeitgeist hinzuzufügen. Sie schläft. Sie träumt. Sie ist nicht eifersüchtig auf ihre eigene Vergangenheit. Wenn Sie jetzt hinkommen, sehen Sie mich auf einer Bank im Osten der Kirche, mit den Rücken zu den Gewerkschaften, im Schatten eines mächtigen Kastanienbaumes diesen Text schreiben.

Zu den versunkenen Theatern

Vor der Michaelkirche blühten damals die Kastanien. Eine ganze Stunde saß ich ihr östlich gegenüber. „Kastanien sind tolle Bäume", sagte ich tags darauf zu Turi, der mich manchmal fährt und Träume aus dem südlichen Persien im Herzen hat. „Wie schön, daß jemand was Gutes über die Kastanien sagt", sagte er. Um die Kastanie herum führt der schmale Weg zum Pfarramt. Für Kirchenbesuche muß man klingeln.

Die Michaelkirchstraße ist eine breite Rollbahn der Ungewißheiten. Die Häuserblocks auf der westlichen Straßenseite – im Eigentum der Wohnungsbaugesellschaft Mitte (WBM) – sind gefärbt. Die Blocks auf der östlichen Straßenseite liegen noch im Schatten der DDR.

Vor mir rechter Hand, dem Heizkraftwerk der Bewag gegenüber, liegt jetzt hinter bunten Lichterketten der AsiaImbiss. Seine Tage werden gezählt sein. Wie die Tage der kleinen Birke, die aus dem Balkon des Obergeschosses von Nummer 15 hervorwächst, als ob dort eine Wiese läge, die zu einem sanften Bach abfällt. Seit ich das neue Direktionsgebäude der Deutschen Bahn im Blick habe, meine ich vorwärts und aufwärts zu gehen. 20 Milliarden Mark investiert die Bahn AG bis zur Jahrtausendwende in Berlin und Brandenburg. Das Haus sieht aus, als habe der Architekt während der Schwangerschaft zugleich an drei Schiffe und einen Bahnsteig gedacht.

Auf der Michaelbrücke, unter der die Spree aus dem Bezirk Mitte nach Friedrichshain wechselt, verweile ich, am Geländer lehnend. Gegenüber, am südlichen Spreeufer, sehe ich ein gelbes Haus mit großen Fenstern zum Fluß. Wenn mir dort drinnen einer eine Wohnung vermietete, hätte ich einen städtischen Spitzenplatz, um im Anblick der Fernzüge, Nahbahnen und Schleppschiffe die Melancholien der Verwandlung zu pflegen.

Im Hintergrund kann ich, da ich Bescheid weiß, das Amt zur Regelung offener Vermögensfragen ausmachen. Mir ist, als könnte ich direkt bis in die Abteilung des Paradies blicken, in der jetzt auch Bartelby aufbewahrt wird und sein ganzes Amt für unzustellbare Briefe. Über solchen Denkwirrnissen versinke ich bis zu den Knöcheln im 19. Jahrhundert Melvilles (oder schon im 21. Kafkas), daß es mir schwer fällt, die schwierige Kreuzung Holzmarktstraße/ Lichtenberger Straße zu überqueren. Die Aufgabe für den Straßenbauer war: Entwerfe eine Autostraße mitten durch die Stadt, die Hüben und Drüben trennt wie ein breiter Fluß, aber versuche doch, den Menschen, die in den Häuserblöcken westlich und östlich der Autos wohnen, das Gefühl zu geben, sie seien etwas anderes als Arabesken des Straßenverkehrs. Da fiel ihm die Wiese ein. Ich verbrachte dort an einem Freitag zwischen halb zwei und zwei eine halbe Stunde, ehe ich in die Singerstraße einbog; in dieser Zeit traf ich drei Menschen. Ich habe sie mir eingeprägt, ich könnte sie beschreiben. Sie schienen mir kostbar.

Das Schönste an der Singerstraße war an diesem Mittag das leuchtende Burgunderrot, das Steicra-Gerüstbau über einen Häuserblock gelegt hatte, am Ende noch ein bißchen Blau und ein bißchen Grün. Ein Kunstwerk. Halten's die Mieter aus darunter? Das Hausblock-Ensemble hinter der Karl-Marx-Allee ist eine Kostbarkeit der innerstädtischen Ruhe. Ich jedenfalls empfinde nach Ende der ideologischen Zwangsneurosen viel deutlicher diese Ruhe als das Kasernenhafte des Garnisonstandortes, der das hier wohl auch immer war. Man sollte die zentrale Straße wieder Stalinallee nennen (oder vielleicht „Frühere Stalinallee"), denn unter diesem Namen haben die Straße und das Quartier ihren Ruhm und ihren Platz in der Geschichte. Karl Marx hat mit der Örtlichkeit nichts zu tun. Ihn kann ich mir hier nicht vorstellen.

Als die Singerstraße noch Grüner Weg hieß und zur Blumenstraße führte, stand an der Ecke zur Schillingstraße das Residenz-Theater; die Iffland-Straße, die dem großen Mimen einen Kranz windet, der noch nicht ganz verwelkt ist, führte zum Schiller Theater Ost (Sitzplätze 1910: 90 Pfennige bis 2,70 Mark); die Straße, die beide Bühnen verband, hieß nach dem Theater, das früher hier die Menschen unterhalten hatte, Wallner-Theater-Straße. In dem bescheidenen Wallner-Theater in der Blumenstraße ist der „höhere Blödsinn“ entstanden. Es war ein politisches Theater, in dem die Reaktion Bismarcks satirische Hiebe bezog. Der Gründer dieser politischen Possenbühne war ein Österreicher, seine Frau eine Pflegetochter Robert Blums, des berühmten Revolutionärs von 1848, den die Reaktion mausetot geschossen hatte: „erschossen wie Robert Blum“. Die im Wallner-Theater wirkenden Starkomiker Berlins hießen Pauline Lucca, die Bismarck in Verlegenheit gebracht hatte, weil es ihr gelungen war, mit ihm zusammen auf eine fotografische Platte zu gelangen, und Karl Helmerding, ein politischer Schauspieler wie es ihn vorher, nachher und bis heute in Berlin nicht gegeben hat, auch bei Brecht nicht.

1864 hatte Wallner seinem kleinen Theater ein neues Haus fast an alter Stelle gebaut; daraus wurde später das Schiller-Theater Ost: Die Gründung dieses Theaters war eine soziale Tat; der Tolstoi-Übersetzer Raphael Loewenfeld wollte durch das gemeinnützige Unternehmen „die Kreise des kleinen und mittleren Bürgerstandes“ ins Theater ziehen. Das „Schiller Theater W“ in Charlottenburg war ein Geisteskind dieses Schiller-Theaters Ost. Loewenfeld hatte zu Beginn des Jahrhunderts in „vielen aufblühenden Vororten Berlins“ solche volksbildnerischen Schillertheater errichten wollen. Man hätte diese Idee nicht aus der Theaterlandschaft verschwinden lassen dürfen. Da war das benachbarte Residenz-Theater anderer Natur: „Possen für den Geschmack eines blasierten Publikums aus dem Westen, die regelmäßig darin kulminierten, daß der Residenztheater-Star Richard Alexander – bilden wir uns einfach ein, der Alexanderplatz sei nach ihm benannt und nicht nach einem Despoten – sich in Unterhosen zeigte.

Das liegt nun alles unter Kindertagesstätten, Parkplätzen und kleinen Grünrabatten. Und kommt nicht mehr hervor. Die Geschichte hat dazwischen etwas überraschend Fremdartiges. Dafür findet jeder ein Beispiel, der im Quartier der vergessenen Theater aus der Singerstraße über die Schillingstraße in die Magazinstraße einbiegt. In dieser Straße sind auf der rechten und auf der linken Seite Bauwerke übriggeblieben, die die Geschichte des Viertels zitieren, wenn auch in einer Sprache, die wir nicht mehr verstehen.

Das „Druckhaus“ wird eben zurückgeholt in einen alten Glanz. Glanz woher? Das Haus ist 1904 gebaut. „Geschichtsträchtig“, schrieb die „Morgenpost“ vor kurzem, „sind im Hof die restaurierten Glas-Mosaiken“. Trächtig mit welcher Geschichte? Alte Fassaden und alte Glasmosaiken im Hof sind eben alt. Alt ist kein Synonym für Geschichte.

Hinter den Staatsverlag der DDR reicht auch bei der Mopo die Geschichte nicht zurück. Das ist in Ordnung. Das Schönste sind neue alte Häuser, sie sind schöner als neue und meist auch schöner als postmoderne. Aber was wir hier schön nennen, das hat mit Geschichte nichts zu tun. Die wirkliche Geschichte ist kein Gewürz des Zeitgeschmacks.

Die Häuser auf der Straßenseite gegenüber stehen leer. „Hier war“, sagt mir eine alte Frau, „die Poliklinik der Bauarbeiter und ein Postamt.“ Daß die Gebäude auch eine Geschichte davor gehabt hätten, weiß sie nicht, „obwohl ich seit meiner Jugend hier wohn’“. Aber in ihrer Jugend war hier schon DDR.

So kurz war die Episode DDR in der deutschen Geschichte nicht, daß sie nicht das ganze erwachsene Leben ganzer Menschen verbraucht hätte. Wenn wir von der Geschichte Berlins reden, dann sollen wir vor allem nicht vergessen, daß die Stadt Jahrzehnte lang Westberlin war und Hauptstadt der DDR. Die Geschichte, die die Offiziellen heute am wenigsten im Munde führen, ist der lebendigste Teil der Berliner Geschichte. Über den Fußweg, der von der Magazinstraße hinter den Häusern der Alexanderstraße wie durchs Private entlang führt, gehe ich zur Jacobistraße, und während ich im Untergrund des U-Bahnhofes Schillingstraße verschwinde, habe ich das Gefühl, eine subversive Handlung zu begehen. Keiner sieht mich mehr.

Durch die Dircksenstraße

In der Magazinstraße bin ich stehengeblieben. Die Renovierungsarbeiten am „Druckhaus“ dauern an. In Wirklichkeit sind es Verwandlungsarbeiten. Berlin erhält eine neue Geschichte. Die Sanierungsarchitekten denken vielleicht, sie arbeiteten an der Gegenwart. Ich lebe seit 1961 in Berlin; ich bin 61 Jahre alt. Die Zukunft verliert an Interesse für mich, und der Gegenwart sehe ich schon an, daß sie Geschichte sein wird. Von Berlin kann man die Epochen seiner Geschichte ab- und herunterschälen wie von einer Zwiebel die Häute. Die Magazinstraße, sagt man, hat diesen Namen nach einem „Heu- und Strohmagazin“, das man 1780 hier baute (dann müßte sie also eigentlich Scheunenstraße heißen). Die Straße war nur ein Weg, er führte durch Gärten. Später war hier das enge, dunkle, lebhafte Arme-Leute-Berlin, das Berlin der volkstümlichen und politischen Theater, auch das Berlin, in dem Dr. Davidsohn praktizierte, der Vater des armen Jakob van Hoddis, der das lustigste der klassischen deutschen Gedichte dieses Jahrhunderts geschrieben hat: „Dem Bürger fliegt vom spitzen Kopf der Hut ...“, seine Landsleute, vielleicht mancher dabei, der wie er aus der Singerstraße stammte, haben ihn umgebracht in einem deutschen Vernichtungslager in Polen. Auch Dr. Döblin, der einen früheren Alexanderplatz in die Weltliteratur versetzt hat, stammt aus dieser Zwiebelschale: „... das große nüchterne Berlin, dieser Mutterboden aller meiner Gedanken“. Vergangen, vergessen. Jetzt wird gerade die Geschichte untergepflügt, in der ich meine Gegenwart verbracht habe, Sanierung „Westberlins“, Sanierung der „Hauptstadt der DDR“.

Mit solchen Gedanken gehe ich zur S-Bahn hinüber. Die weit gestreckte Welle, auf der die S-Bahn, ein S an das andere knüpfend, auf ihrem eigenartigen „Bahnkörper“ als halbe Hochbahn von Halensee bis zum Hauptbahnhof gelangt, ist mir eine stadtgeschichtliche Tröstlichkeit. Sie reicht durch mehrere Berliner Geschichtsepochen und ist trotzdem noch Gegenwart. Wenn ich an der Dircksenstraße entlang fahre und die Augen schließe, kann ich das Gefühl rekonstruieren, das mein Großvater aus Kemberg in Sachsen zu Beginn des Jahrhunderts hier hatte, als er durch die Berliner Nacht S-Bahn fuhr, nichts sah, aber an den Bewegungen des Zuges spürte: Das ist die Metropole. Die Dircksenstraße ist eine Einmaligkeit, sie verläuft auf der Straßenerde wie die S-Bahn in ihrer halben Erhebung über unseren Köpfen. Sie hat ihren Namen nach dem Ingenieur, der gleich nach dem europäischen Bruderkrieg von 1870/71 den Bau der Stadtbahn planend leitete. Durch die Voltairestraße komme ich hin; dort sitzt die Feuerwehr, die – als ich eben den großen Aufklärer mit diesem Verkehrswerk des Kapitalismus zu verbinden versuche – zwei notheulende grellrote Wagen herausbrausen läßt. Hat die Aufklärung Feuer gelöscht oder Feuer angefacht? Die „Geschichte“ hat erst dann „Sinn“, wenn alle tot sind, die sie als Gegenwart erlebt haben. Auch dann liegt ihr „Sinn“ bestenfalls in Fragen. Der Parkplatz, der mir nun rechter Hand liegt, eine der typischen Berliner Stadtbrachen, erstreckt sich über historisches Gelände: Hier lag das große Berliner Polizeipräsidium, in seinen Kellern ist gefoltert worden, und in seinen präsidialen Belletagen ist selten das Interesse des Volkes erwogen worden, das hinter der Trutzburg versuchte, eine Gegenwart hinzubringen, deren Geschichte nicht geschrieben wird. Gegenüber steht eine andere Zwingburg der Obrigkeitlichkeit: das Gerichtsgebäude an der Littenstraße; Litten war ein Antifaschist, ein Widerstandkämpfer, wer weiß, ob viele, die unter seiner Adresse die Paragraphen tanzen lassen, noch wissen wollen, um wen es sich da handelte. Als das Oberste Gericht der DDR gerade ausgezogen war, ging ich durch die leeren Räume und erinnerte mich daran, daß ich 1968 die deutsche Justiz hüben und drüben unter dem Titel beschrieben hatte: „Zwischen Freisler und Töplitz“, Töplitz – hier hat er gesessen; wo Freisler gesessen hat, habe ich auch gestanden und war froh, daß ich nicht mehr Kammergerichtsrat war. Auch die persönliche Geschichte besteht daraus, daß ein Irrtum an den anderen gereiht wird.

Es ist besser, wir rechtfertigen uns und versuchen, nichts zuzugeben.

Der Übergang der Dircksenstraße über die Grunerstraße muß durch einen kleinen Umweg bewerkstelligt werden. Gruner, der Namensgeber der breiten Autostraße, war am Anfang des 19. Jahrhunderts Polizeipräsident, wie der Herr von Kircheisen, nach dem die Große und die Kleine Präsidentenstraße heißt am alten Bahnhof „Börse", wo mein heutiger Spaziergang enden wird. Gibt es nicht zu viele Könige, Königinnen, Generäle, Präsidenten in den Berliner Straßen? „Sie starben für uns", steht auf dem Metallschild, das auf der Verkehrsinsel inmitten der Grunerstraße an die Opfer des Polizeipräsidiums erinnert. Daß geschichtliche Opfer Sinn hätten, ist eine der gefährlichen Illusionen der Lehrpläne. Es lohnt sich nicht, sich in den Kellern der Präsidien foltern zu lassen; die Folterknechte überleben, und wenn man selbst überlebt hat, muß man sich bei ihnen um eine Stelle bewerben.

Sie bemerken, liebe Leserin, lieber Leser, daß es da Zeit wurde für einen Kaffee und für andere Gedanken. Den Milchkaffee bekam ich im „Alexanderhaus". Für andere Gedanken mußte ich noch bis ins Irish Pub unter dem Bahnhof „Hackescher Markt" gehen. Immer weiter durch die Dircksenstraße.

Dircksen nur für Damen

Dircksenstraße, das ist die Adresse des alten Polizeipräsidiums; dort, wo sie in den Alexanderplatz übergeht, verkauft im S-Bahn-Bogen ein Geschäft elektrische Geräte. „Nur Miele kennt das Geheimnis ewiger Jugend“ steht im Fenster; unaufmerksam lese ich: „Mielke“; ich erschrecke über die Selbstverständlichkeit, mit der ich ein nicht vorkommendes k gelesen habe und frage mich, ob der Satz aus dem Unterbewußtsein vielleicht gültiger ist als der Satz aus dem Schaufenster: die staatliche Überwachung, kontrollierte bürokratische Verzettelung alterte nie, wäre immer da und bliebe, was sie von Anfang an war? Den Fatalismus verbiete ich mir.

Im Polizeiwagen auf dem Bürgersteig sitzen die Polizisten, als seien sie die Eigentümer der Straße und des Platzes. Zwei Frauen gehen vorüber. „Der Staatsschutz hat ihm die Schlüssel weggenommen“, sagt die eine zur anderen. „Zu mir hat er gesagt: Er hat sie verloren.“ Ich habe den Eindruck, daß es umgekehrt war. Ich setze zur Überquerung der Liebknechtstraße an. Unter der S-Bahn ein Wandbild von 1986 von „den Arbeitsgemeinschaften des Pionierpalastes Ernst Thälmann“; ein Zeitzeichen aus einer fernen Zeit. Die Menschen, die damals in einer der Arbeitsgemeinschaften mitgemalt haben, sind immer noch junge Leute und haben doch schon eine Vergangenheit, die weit zurückliegt, viel weiter als die zehn Jahre, die auf dem Chronometer vergangen sind. Die gemalten Bilder verschwinden unter den Signaturen der Sprayer, die auch bemalte Flächen unter ihre industriellen Farben legen.

In dem schönen Eckhaus Nr. 35 gibt es was zu vermieten; aber vermutlich nur Läden, ich hätte gerne oben eine Wohnung, damit ich mitten drin wäre. Hier kreuzt die Rosa-Luxemburg-Straße. Ich habe keinen Teil meines Lebens denen opfern müssen, die den Namen dieser kleinen Frau für vieles und zu vieles beansprucht haben; er ergreift mich aber fast jedesmal. Ich denke an Paul Levi, den juristischen Berufskollegen, der sich, aus Kummer über den unersetzlichen Liebesverlust, am Lützowufer aus dem Fenster seiner Anwaltskanzlei stürzte, um zu sterben, wo sie gestorben war, unter dem Kommando eines Akademikersöhnchens ermordet, verraten von den alten sozialdemokratischen Genossen, die nun zu regieren meinten. Ich bin auch Sozialdemokrat, die Partei regiert, meint zu regieren, will dabeisein, wobei? Die Geschichte und die Gegenwart müßten sich so auftun lassen, wie das Häuserkarree aufgetan ist, in das man über den Parkplatz Einblick hat, der dem in die Baugeschichte eingegangenen Haus der BVG gegenüber liegt. Bendzko, der Großmakler, teilt an der großen freien Wand mit, daß er auch „Rückübertragungsansprüche“ kauft: ein Wort aus 25 Buchstaben, gezeugt in einer illegitimen Liaison des Kapitalismus mit der Ministerialbürokratie. Ein Stück die Dircksenstraße weiter: das nächste Gegenwartswort, am Haus der Wohnungsbaugesellschaft Mitte: „Wohnraumerstbewerbung“: „Wohnraumerstbewerbung bitte Eingang Rochstraße benutzen ... Ab sofort findet die Vergabe von Ausbauwohnungen auf dem Wege der schriftlichen Bewerbung statt ... Die Ausgabe und Entgegennahme von Bewerbungsbögen erfolgt montags zwischen 9 bis 16 Uhr über das Wachpersonal Dircksenstraße“. Ich fröstle unter der Sonne. Die Mitteilungen sind nur der Vordergrund der Sprache, hinter den Mitteilungen liegen Ansichten, Gesinnungen.

In der Rochstraße blühen die Vogelbeerbäume. Den „komplexen Baubetrieb“ von Marczinkowski und Engelhardt kenne ich schon vom S-Bahn-Vorüberfahren. Jetzt lerne ich, daß im Hinterhaus, rechter Eingang, dritter Stock die Firma R. Elfenbein domiziliert; Karten- und Lagerkästen seit 1870 von Hand gefertigt, „stark und langlebig wie ein Elefant, schön und wertvoll wie Elfenbein“, daneben eine „Wiking GmbH“, über die ich mir meine Gedanken mache, und der „ Bienenkorb“, in dem die 0,33 l-Flasche Bier eindeutige zehn Mark kostet. Über die benachbarte Baustelle sehe ich an einem Hinterhaus ein Transparent mit einem einzigen Wort: „meins“, schade, daß das Haus nicht meins ist.

Neben dem Café Seidenfaden im Durchgang zum Hof, der bald im postmodernen Hackeschen-Hof-Chic glänzen wird, verweist die verblassende, unvollständige Inschrift „Sally Rosenberg & Reben...otsch...Fabrik“ auf eine Vergangenheit, die nicht mehr wiederkommt (wie jede Vergangenheit), aber diese Vergangenheit führte überhaupt zu keiner Gegenwart; gegenüber in der Neuen Promenade haben Mendelssohns gewohnt, in der Kleinen Präsidentenstraße nebenan der Nazi-Ortsgruppenführer Waskuleit, ein uniformierter Mörder: einer von den vielen Landsleuten, die die Hauptstadt der Deutschen für immer verwandelt haben. Sie steht auf unsicherem moralischem Boden, man kann ihrer nicht sicher sein, was geschehen ist, kann sich wiederholen; woher hätten wir die gegenteilige Sicherheit?

Im Café Seidenfaden bekomme ich keinen Milchkaffee gegen meine Melancholien. „Das ist hier nur für Damen“, sagt die Frau, die mir entgegenkommt, sobald ich nur den Fuß auf die Schwelle gesetzt habe. Das verstehe ich. Die hier haben auch Angst. Im „Irish Pub“ unter dem Bahnhof Hackescher Markt, der einstmals Marx und Engels im Namen führte und ursprünglich die Börse, die auch verschwunden ist, begrüßt mich vom Nebentisch die freundliche Pressesprecherin der Humboldt-Universität. „Was machen Sie denn hier?“, fragt sie, als ob man besondere Gründe benötigte, um hier auszuruhen und die eigenen Düsternisse von denen der Stadt zu sondern.

„Können Sie sich ausweisen?“

Wegen der Namen. Ursprünglich wollte ich diesen Spaziergang wegen der Namen unternehmen: Schlegel, Novalis, Eichendorff, Tieck. Tieck, den Schriftsteller – einer von Deutschlands größten, wie Arno Schmidt ihn bezeichnete – und Tieck, den Bildhauer, Söhne eines Berliner Seilers. Ich kann sie mir hier gut vorstellen: Tieck vielleicht in dem großfenstrigen Gartenhaus Schlegelstraße 2, Shakespeare lesend, Shakespeare: „Ein Sommernachtstraum“, Übersetzung: August Wilhelm Schlegel, Uraufführung: Potsdam Neues Palais 1843, Regie: Ludwig Tieck, Musik: Felix Mendelssohn Bartholdy; diese rührende Bühnenmusik, die der 34jährige mit denselben schwebenden Akkorden enden läßt, mit der der 17jährige die Ouvertüre begonnen hatte, damals im Gartenhaus in der Leipziger Straße.

Ich komme mit der U 6. Diese U-Bahn hat nicht nur einen Bahnhof „Stadtmitte“, sie führt überhaupt unter der mittigsten Mitte von Berlin hindurch. Mittiger kann man nicht sein als in dieser U-Bahn. Die Bahnhöfe – je renovierter sie sind – machen um so mehr den Eindruck reziproker Häuser, z. B. jetzt der Bahnhof Oranienburger Tor, der langsam schon wiedererkennbar ist: die grünblauen Stahlträger, die rot leuchtenden Abfallcontainer, die gelben Fahrscheinautomaten, die Rücken an Rücken stehen mit orangefarbenen Kollegen.

Ich steige von unten herauf. Der erste Blick fällt auf die postmoderne Glaskuppel des Hauses Chausseestraße/Oranienburger Straße: das ist die Kuppel von Burger-King, dem Bouletten-König; dahinter die goldene Kuppel der Synagoge, die der „beherzte Reviervorsteher“ vor den Nazis gerettet hatte, so daß die Engländer oder Amerikaner sie zerbomben mußten.

Darf man in solchen Konsekutivsätzen denken? Nein! Ich habe immer gedacht: nein. Die Bomben der Alliierten waren gute Bomben, es waren Bomben gegen den Faschismus. Heute bin ich ein alter Mann, der das Leben behalten möchte, also denke ich: Bomben sind Bomben mit Bombenschuld. Ich muß nicht die Bomben der 40er Jahre beurteilen, das sollen die Historiker tun, ich denke an die heutigen Bomben. Sie sind böse.

Wer Bomben wirft, wird durch Bomben umkommen. Mit solchen Gedanken biege ich aus der Torstraße (Wilhelm Pieck ist gestrichen, und die Wilhelmstraße weiter unten heißt nicht nach Wilhelm Pieck: aber wer will, kann's ja glauben) ein in die Borsigstraße.

Ich sehe zwischen den Plattenbauten, in denen hinter den Fernsehschüsseln die Menschen wohnen, die Golgathakirche. Ich betrachte ausführlich die Fassade der Kirche und des ästhetisch angeschlossenen Pfarrhauses mit dem knieenden Engel, der unter ausgebreiteten Flügeln die Vorübergehenden segnet, die Verweilenden vielleicht nicht, wie ich gleich erfahren werde. Ich erinnere mich an die Zeit, in der wir um die Ecke Günter Gaus besuchten in der Hannoverschen Straße; da sah die DDR für uns aus wie ein richtiger Staat, vor dessen Polizei man Angst zu haben hat. „Vernichtet die Polizei“, steht jetzt gegenüber angesprayt, aber das stammt nicht von damals. Wenn man wirklich gegen die Polizei vorgehen muß, erlaubt sie den Schülern nicht, Parolen an die Wände zu schreiben. „Ich weiß keine Parolen mehr“, hat ein nachdenklicher Sprayer in einem anderen Hauseingang vermerkt.

Im Hof der Golgathakirche arbeitete (und arbeitet wohl noch) das Evangelische Konvikt. Das ist nun, denke ich im Anblick dieser Pastorenschule, die Gegend, aus der die Interimsaußenminister hervorgingen, diese liebens- und lobenswerten Leute mit den dichten Bärten und der anspruchsvollen Sprache; jetzt halten sie sich auf den mittleren Bundestagsbänken und auf den mittleren Seiten westdeutscher Wochenzeitungen. Ich kann so gut ironisch über sie reden wie über mich. Einige von ihnen nenne ich jetzt „Genossen“; ich bin viel länger Sozialdemokrat als sie, und sie zucken noch immer ein unmerkliches bißchen zusammen, wenn sie das Wort hören, das wir uns von der SED nicht

klauen lassen wollten: eine Beharrlichkeit, deren sozialen Wert wir nun selber nicht mehr realisieren. Einer wie ich muß sich Mühe geben, von den Erinnerungen, die hier aufkommen, nicht im hervorhebenden Unterton der 68er Jahre oder der Bürgerrechtlichkeit zu reden; am Satzende begänne die Eigentlichkeit. Zwischen Biermann (Chausseestraße 131) und Dieckmann (Konvikt, Borsigstraße) liegen wohl Entfernungen, die größer sind als die geographischen damals, aber alles zusammen (und die eigenen Irrtümer ehrlicherweise dazugezählt): ein Nischendeutschland. Auch unsere Wirklichkeit ist eine Wirklichkeit, aber keine sehr repräsentative, es tun sich in ihr viele Ritzen auf in die Innerlichkeit, in die einer und eine schneller abgestürzt ist, als sie sich versahen: Christa Wolf eine andere Ina Seidel?

Unter solchen Gedanken, von denen hier jeder sieht, daß sie geordnet werden müßten, habe ich die Straße überquert. Meinen kleinen Schreibblock in der Hand – ich habe schon Hunderte Vorgänger vollgeschrieben – bin ich durch die Toreinfahrt des Konvikts, in den ersten Hof gelangt, ich höre hinter den Fenstern Klavier üben, stehe eben im Durchgang zum zweiten Hof, in dessen Hintergrund ich eine gemütliche Bank sehe, auf die ich mich von Anfang an nicht zu setzen gewagt hätte, da fällt mir wie ein Wurfgeschoß eine Eichel vor die Füße, einen Moment lang denke ich: eine Haselnuß.

„Ist das eine Haselnuß?" sage ich zu der großen Frau, die plötzlich vor mir steht. „Eine Eichel", sagt sie verächtlich, weil sie mir offensichtlich nicht glaubt, daß ich ihr eine ernsthafte Frage gestellt habe.

„Was wollen Sie hier? Ich beobachte Sie schon die ganze Zeit." Verwirrt von der aggressiven Unfreundlichkeit der langbekleideten jungen Frau versuche ich mich zu entschuldigen und verspreche meinen unverzüglichen Rückzug, da sehe ich, daß mir der Rückweg durch einen jungen Mann versperrt ist, es könnte ein Jungpfarrer sein, er sieht aus wie eine junge Ausgabe derer, an die ich eben auf der anderen Straßenseite gedacht habe. „Was machen Sie hier!" ruft er. „Sie schreiben sich Namen auf!" In zunehmender Verwirrung reiche ich ihm mein Notizbuch, daß er sich überzeuge: keinerlei Namen. Aber ich fühle mich ertappt. Wegen der Namen.

Ich kam tatsächlich wegen der Namen. Wegen ganz anderer Namen allerdings, und während mir klar wird, daß ich diesen jungen Zukünftigen nicht von der Harmlosigkeit meiner Absichten werde überzeugen können, habe ich ein

Erlebnis der Zeitverschiebung. Denn nun werde ich gefragt: „Können Sie sich ausweisen?“ Ich habe einen Dienstausweis der Innenverwaltung in der Tasche. Mir wird blitzartig klar, welche Bestätigung ich mit diesem Plastikkärtchen gegeben hätte. Können Sie sich ausweisen – die berühmte Anfangsfrage, mit der manche DDR-Schikane begonnen hatte. Daran erinnere ich mich nicht mehr. Ich würde mich weigern, irgendeinen von denen wiederzuerkennen, die damals nach solcher Frage ihre Machtspielchen trieben. Als die Stasi das Konvikt in der Borsigstraße begutachtete, mußten sich, die drinnen saßen, verfolgt, aber sie durften sich auch wichtig fühlen. Jetzt kommt niemand mehr, der sich ihre Namen aufschreibt und in ihre Predigten drängt, der Atheismus des Landes ist wieder etwas ganz Normales. Daß ich gekommen bin mit einem kleinen Spiralbuch, taugt nicht fürs Erinnern. Ich bin auch gleich wieder gegangen.

In Annas rührendem Papierwarengeschäft in der Schröderstraße (gehen Sie da doch auch mal hin) habe ich den Stift gekauft, mit dem ich diesen Text geschrieben habe im Café Malete.

Das ist eines der beiden Kaffeehäuser, von denen Wolf Biermann heute umrahmt wäre, wenn er noch wohnte, wo man ihn damals nicht wohnen lassen wollte. Jetzt wird er nicht mehr wollen. Heute ist es dort vielleicht ein bißchen zu laut für andalusische Gitarren.

Eine Straße, die es nicht gibt

Die Neue Friedrichstraße soll ein Beispiel sein. Diese Straße gibt es nicht mehr. Kein Name der Stadtgegenwart erinnert an sie. Es gibt Reminiszenzen. Man kann die Straße in der Vorstellung rekonstruieren. Man kann sie hervorholen aus ihrer Vergessenheit und in eine Wirklichkeit versetzen, die zwar imaginär ist, aber verglichen werden kann mit der Wirklichkeit, die gerne denkt, daß sie die einzige sei. Die Stadt besteht aus mehreren Schichten. Gepreßtes Gestein. Ein Baum, dessen Ringe man zählen kann. Die Stadt – das sind Städte. Die Geographie ist Illusion.

Es sagt nichts zu sagen: Die Neue Friedrichstraße, diese einstmals berühmte Berliner Straße, die Adresse so vieler, die in den Lexika begraben liegen, begann an der Friedrichsbrücke. Heißt nach irgendeinem Friedrich wie die Wilhelmstraße nach irgendeinem Wilhelm. Die Gegenwart hält die Dynasten nicht auseinander und denkt nicht an die Fürsten. Wer weiß denn – sagen wir in der 8. Grundschule von Berlin-Mitte –, was ein Kurfürst war und dächte nicht an Omas warme Bäder?

Wo die Neue Friedrichstraße begann, heute: das Rot eines Liebherr-Baggers, das Blau der Dixi-Toiletten (die sich „Sanitärsysteme" nennen), das Weiß-Rot der Absperrbänder, rechts das Goldglitzern des Palastes der Republik, in der linken Mitte das Goldglitzern von Radisson-Plaza, früher Palast-Hotel, noch früher – fast stimmt es – der „König von Portugal".

Der Gasthof kommt bei Lessing vor, in „Minna von Barnhelm" hat er ihn zum „König von Spanien" verfremdet, es geschieht aber nur Preußisches darin. Berühmtheiten stiegen hier ab, Besucher der Könige, Könige der Feder, Grillparzer zum Beispiel, aber wer will wissen, wo Grillparzer in Berlin geschlafen hat, da er doch vom ganzen Grillparzer nicht einmal einen halben Vers kennt? Grillparzer war nicht zufrieden mit Berlin; kein Vergleich mit Wien, das eine wirkliche Metropole der alten Welt war. Berlin wurde erst noch Weltstadt und ist es bis jetzt nicht lange gewesen. Nun versucht es, eine zweite Weltstadtkarriere zu starten. Wir sind die Zeugen.

Gegenüber der Baustelle, der ich hier auf den Grund sehe, wohnt die Theologische Fakultät der Humboldt-Universität. Hat es hier Versuche gegeben, die Pastoren innerlich umzustülpen, ehe man sie Worte verkünden ließ, die zwar von Gott kamen, aber den Umweg über die Normannenstraße genommen hatten? Traten hier Leute in das Licht der Sonne, die Orden erhalten hatten in verschwiegenen Gästehäusern? In die Neue Friedrichstraße können diese Räte nicht gekommen sein, wenn sie auch später Sinn entwickelten fürs Imaginäre. Die Straße heißt hier jetzt Burgstraße. „Eine feste Burg“: der theologische Beginn der Neuen

Das Haus der HU-Theologen, die auch manchmal dem Kaiser mehr gaben, als ihm gebührte.

Friedrichstraße. Garnisonkirche; das Predigerhaus ist noch da; des Hofpredigers und „Volksschriftstellers“ Emil Frommel wird auf einer Tafel gedacht: der Hof ist fort, auch das Volk, das die Bücher dieses „Volksschriftstellers“ gelesen hat; bei Fontane ist er eine Anekdote. Im „Stechlin“ traut er den jungen Stechlin in der Garnisonkirche mit Armgard von Barby und erzählt dem alten Stechlin eine Anekdote über Wilhelm I. und nennt den Monarchen, der in seiner prinzlichen Jugend die Demokraten hatte niederschießen lassen, tatsächlich „den letzten Menschen, der noch ein wirklicher Mensch war“: Thron und Altar, Theologen aus der Neuen Friedrichstraße haben für verschiedene deutsche Staaten gut gesagt, über die es nicht viel Gutes zu sagen gab.

Der berühmte Roman, in dem Fontane das Preußen beschreibt, das von der Neuen Friedrichstraße ausging (und von der Klosterstraße, die später kommt), führt den Sturm im Titel. Jetzt sieht jeder, daß es ein Orkan war, ein Wirbelwind, der manche Nachfolger hatte. Im Hof des Predigerhauses hat der bisher letzte weltgeschichtliche Hurrikan Verfall hinterlassen.

Unterm Laubendach steht ein Trabbi wie ein Denkmal, ein Environement, ein Happening der jüngsten Vergangenheit. An der Wand: Sprayers Hoffnung: „Kein 3. Weltkrieg!“ und: „Ihr Auto trinkt Blut“; da hat er recht: Die Vampire der ersten Welt trinken das Blut der dritten, ob Trabbi oder Mercedes S.

Nebenan hat ein kleiner Wanderzirkus sein Zeltchen aufgeschlagen. Dort könnte ich mich ein Stündchen verstecken vor der Weltgeschichte und der Weltgegenwart und vielleicht Kindern zusehen, die sich freuen, weil sie die Vergangenheit nicht kennen und an die Zukunft noch nicht zu denken brauchen.

Die alte Neue Friedrichstraße

Wenn ich die Neue Friedrichstraße, die nicht gepflastert ist, weil es sie nicht mehr gibt, von der Burgstraße aus weitergehen will, muß ich zwischen den Hochhäusern an der Spandauer Straße hindurch. Sie sind von Röro-Gerüstbau mit blau geklebten Planen eingehüllt wie von einem bürokratischen Christo.

Rechter Hand liegt das Gebäude der Wirtschaftswissenschaftlichen Fakultät der Humboldt-Universität, gebaut als Handelshochschule, 1906 durch eine private Initiative, als der Staat noch nicht glaubte, daß Kaufleute akademische Bildung haben sollten. Damals, in privater Hand, war das eine hochmoderne Schule, heute, in der Hand des Berliner Senats, sieht's hier nicht aus wie in einer zentralen Ausbildungsstätte eines aufstrebenden Landes.

Ich trinke in der Behelfsmensa einen Kaffee und füge für einen Augenblick die Melancholie, die mir mein eigenes Alter vermittelt, der Melancholie hinzu, die die Geschichte des Ortes als grauen Staub auf den falschen Marmor legt. (Den Staub erzeugen in Wirklichkeit Handwerker, die zu lauter Zeitgeistmusik aus ihren Radios die Gegenwart erneuern. Als ich mich von der Maurermusik entferne, zurück in die imaginäre Neue Friedrichstraße, verformen meine Einbildungen den Technorock für eine kurze Weile zu einem schwebenden Orgelklang.)

Hinter den Hochhäusern an der Spandauer Straße finde ich ein Haus, das wirklich noch an der Neuen Friedrichstraße gestanden hat. „Hier baut Heitkamp schlüsselfertig", dieBaufirma verspricht, aus dem Altbau ein „Bistroant" zu machen.

Das Wort ist mir neu, ich habe es noch nie gehört; es wird nicht in meinen Sprachschatz vordringen, es geht mir zu schwer über die Zunge.

Auch gegenüber hat ein Haus überlebt, an dem man die Fluchtlinie der Neuen Friedrichstraße noch ablesen kann: das Bistro Rosenstraße; daneben RTL: Mit fünf Schüsseln

Rosen-/Ecke Rochstr. an der ehemaligen Neuen Friedrichstraße.

auf dem Dach fangen sie aus dem Himmel die Nachrichten herunter, die sie unten zu „Kommunikation“ verarbeiten. Die Kommunikationswerkstatt steht Schulter an Schulter mit einem Gebäude, das aus der deutschen Geschichte in die Berliner Gegenwart hineinragt, viel direkter als man ihm zugestehen will.

Mitte 1933 lebten in Berlin 161 000 jüdische Bürger, 1939 waren es noch 75 000. Mit dieser Zahl beendet die mit Senatsunterstützung zur 750-Jahr-Feier der Stadt erschienene „Geschichte Berlins“ ihre statistische Revue und schweigt über das Folgende.

Nun begannen die Züge zu rollen. Am 11. Juli 1942 verließ der erste Reichsbahnzug mit 210 Berliner Jüdinnen und Juden den Bahnhof Grunewald direkt ins Mordlager Auschwitz. Der letzte fuhr am 31. März 1945. Viele Berliner haben diesen Morden Beihilfe geleistet, widerstanden haben wenige. Die große Volksgemeinschaft der Täter hat hernach schnell die Entschuldigung verbreitet: Widerstand sei unmöglich und zwecklos gewesen.

Der Platz, an dem ich jetzt ein wenig abseits von der verschwundenen Neuen Friedrichstraße in der Rosenstraße stehe, versendet eine andere Botschaft. Wir müssen sie nicht aus den fernen Kommunikationshimmeln herabholen. Sie steigt aus der gequälten Erde auf und sinkt von den düsteren Mauern herab.

1943 haben hier Berliner Frauen Tag und Nacht vor dem Haus gestanden, in dem Berliner Polizei ihre jüdischen Männer zum Abtransport „gesammelt" hatte. Dieser Widerstand jedenfalls war möglich gewesen, der Protest war erfolgreich, fast alle Verhafteten haben überlebt. Gerade deshalb vergäße man das Datum wohl gern.

„Die Deutschen wollen und können mit dem Holocaust nicht umgehen, sie wollen von ihrer Schuld nichts wissen, niemand will daran erinnert werden", sagt die Bildhauerin Ingeborg Hunzinger. Von ihr stammt das Denkmal, das dem denkmalswürdigen Haus gegenüber auf der kleinen Wiese steht; vor dem gelben Bauzaun sieht es aus wie Baumaterial, auf das man nicht mehr so großen Wert legt.

Das Haus der versuchten Untat wirkt auf mich, als befände es sich nun selbst im Strafvollzug. 1997, hat man vor Jahresfrist gehört (von dem Ex-Senator Nagel, der gerade das Adlon so wieder aufbaut, wie es auch in den bösesten Zeiten ausgesehen hat), 1997 soll der Platz „würdiger" gestaltet werden. Es geht gar nicht um Würde. Es geht um Lehre und Lernen. Berlin hat zur Zeit wenig Zeit für die Lehr- und Lernstunden, die im Curriculum seiner Geschichte reichlich ausgewiesen sind. Erst brauchen wir viele neue Bistroants und Büros, dann müssen wir die vielen neuen Büros vermieten, dann werden alle tot sein, die noch an ihr eigenes Leben denken müssen, wenn der historische Untergrund vermessen wird, auf dem diese neue Metropole wachsen soll. Die meisten gehen jetzt schon über die deutsche Geschichte, ohne sie unter dem Beton der Gegenwart noch zu spüren.

Straße aus Nichts

Ich hole die Neue Friedrichstraße aus der Geschichte hervor. Ich vergleiche diese Straße, die nur noch in Sätzen vorhanden ist, mit der Gegenwart der Orte, die sich nach ihr benannten, als sie noch durch die bewohnbare Wirklichkeit verlief.

Nachdem sie an der Rosenstraße vorbei ist, führt sie über einen lebhaft bespielten Kinderspielplatz. Ich umrunde ihn auf einem Galerieweg, der im Rücken der Hochhäuser der Karl-Liebknecht-Straße entlang führt. „Verband Bildender Künstler der DDR“ steht an einer offenstehenden Blechtür, die also den Eingang in eine Vergangenheit verspricht, die hier tatsächlich längst in eine ziemlich künstlerlose Gegenwart verwandelt ist.

Mitten durch das gelungene städtebauliche Ensemble führt die Neue Friedrichstraße direkt auf Kaisers Verbrauchermarkt und auf das „Berlin Carré“ zu. Dort bleibt sie stecken. Es gibt Billig-Ware.

Links die 8. Grundschule, eine junge Frau kommt die Stufen herunter und versucht, gelangweilt auszusehen; es muß eine Lehrerin sein, sie will uns Außerschulischen zeigen, wie eilig sie es hat, ins wirkliche Leben einzutauchen.

Sollen wir sagen: Daß es mitten in der Stadt Platz für solche Plätze gibt, das zeigt, daß es noch keine Weltstadt ist?

Die Bewohner kommen in Berlin noch in ihrer Eigentlichkeit vor, sie sind noch keine Funktionen der Metropolität. Indem ich den Billig-Waren den Rücken drehe und der Lehrerin nachblicke, bin ich zufrieden mit Berlin, wie es jetzt ist.

Unter McDonalds komme ich, die Neue Friedrichstraße etwas links lassend, hervor auf die Liebknechtstraße wie auf einen Fast-Food-Rummelplatz.

Unter der blauen Bank, auf der ich diesen Text zu schreiben beginne: eine grüne Flasche mit einem Rest Vermouth, eine halb aufgegessene dicke Wurst, die in der Sonne fest und rund geworden ist, viele Zigarettenkippen; das Lokal gegenüber heißt: „Zur Deponie am Alexanderplatz“.

Indem ich die Liebknechtstraße überquere, gehe ich um eine Altstadt herum, die es nicht mehr gibt. Die Marienkirche ist noch da, aber sie paßt nicht hierher. Bei Käse-König kostet die heiße Bockwurst 1,–DM. Die beiden ABM-Frauen mit dem Brust-Schildchen „tourist - service“ blicken sich auf die Frage nach der Neuen Friedrichstraße unschlüssig an. Als sie sagen: „Neue Friedrichstraße? Gibt's hier nicht“ stehen sie vor einem Haus, an dem die Fluchtlinie der versunkenen Straße noch ablesbar ist.

Aus dem Café, in dem die Kellnerinnen sorgfältig darauf achten, daß nur Gäste die Toilette benutzen („sonst eine Mark!“), betrachte ich den dicken Fuß des Fernsehturms, der der neuen Friedrichstraße hier im Wege steht.

Um das Erd-Ende des Fernsehturms liegt eine Atmosphäre der Vorläufigkeit und Nichtbeständigkeit. Es ist eine Gegenwart über die Vergangenheit gelegt, zu der man nicht viel Vertrauen hat. Hier stand früher das Sedanpanorama, mit dem die Preußenkönige dem Volk, das es doch besser hätte wissen müssen (aber nicht besser wußte), die Schönheit einer europäischen Bruderschlacht schilderten: Dekorationen, aus denen später das Blut auch wieder herausfloß, über das man hier Ästhetik gelegt hatte.

Die Obdach- und Heimlosen, die mich jetzt gesprächsbereit ansehen inmitten der Paletten von Becks-Bier, sitzen gerade an der Front der Neuen Friedrichstraße, nahe dem Fußgängerweg, der von Peter Behrens' schönen Torhäusern (Berolina- und Alexanderhaus) zum Roten Rathaus führt.

Ich überquere ihn auf der Neuen Friedrichstraße, die die Biertrinker nicht sehen und die nun unter einem breiten Hochhaus hindurchführt. Chinalokal Jasmin und Postamt liegen an der unsichtbaren Straße.

Mitten in der Neuen Friedrichstraße stünde das merkwürdige Denkmal, das sich hier nicht erklärt.

Auf seiner Rückseite stellt es einen Hutlosen dar, der mit spitzem Finger auf einen behelmten Arbeiter zeigt, als wolle er mit selbstentschuldigendem Vorwurf sagen: Der ist es gewesen, der ist schuld, ich bin es nicht gewesen.

Neue Friedrichstraße, versunkene Straße der Verdrängungen und Einbildungen.

Ungefähr hier stand das Geheime Staatsarchiv, das eine Erinnerung zu bürokratisieren suchte, aus der Vorwürfe und Ansprüche hätten hervorgehen können.

Jetzt wohnen hier Leute und schicken Briefe ab. Es werden auch Liebesbriefe darunter sein, aber selbst Liebe – und gerade die nicht – garantiert nicht für Wahrheit. Aus Papier sind die Gespenster.

Von hier konnte man schon die große Kadettenanstalt sehen, in der in preußischer Dürftigkeit Heldentode vorbereitet wurden. Eichendorff wohnte dort in der engen Dienstwohnung bei seinem Schwiegersohn. Darüber türmt sich jetzt der Justizpalast: „O Täler weit, o Höhen“.

Von der Friedrichsbrücke lief die Neue Friedrichstraße, immer parallel zur Stadtmauer, in einem weiten Bogen auf das Wasser zu.

Ich habe noch ein Stück zu gehen. Die preußische Romantik macht mir das Herz schwer. Die rührenden Lieder sind schwer zu singen.

Direkte Wege

In ihrem letzten Stück ist sich die Neue Friedrichstraße noch am ähnlichsten. Dort hat sie vorher „Hinter den Baraquen und Casernen“ geheißen, noch früher „Gouverneursstraße“ und „Bei der Pomeranzenbrücke“: alles Namen, die uns sagen, was hier los war oder eben nicht. Seit 1951 heißt dieses Straßenstück Littenstraße nach einem aufrechten Mann. Seine Söhne, die damals in der 68er Studentenbewegung mitspielten, konnten stolz auf ihren Vater sein. Das können in dieser Generation nicht viele Deutsche. Litten war Rechtsanwalt. Er ist nur 35 Jahre alt geworden. Weil er seinen Beruf ernstgenommen hat, haben ihn seine Landsleute 1938 in Dachau ermordet. Der Straßenname bringt es vielleicht zustande, daß gelegentlich einer seiner heutigen Juristen-Kollegen an ihn denkt, wenn er an seine Arbeit geht (und Folgerungen aus dem Andenken zieht: aber welche?). An den Kollegen Paul Meyer wird kaum noch jemand denken im Gerichtsgebäude an der alten Neuen Friedrichstraße. Für die kurze Weile dieser Sätze rufe ich den Justizrat herauf von den Schatten:

1891 erhielt Fontane den Schillerpreis (vor ihm hatte ihn Wildenbruch erhalten, der ihn auch nach ihm wieder erhielt), im Jahr darauf machte er sein Testament; es mußte im Gericht in der Neuen Friedrichstraße beglaubigt werden; der Notar Meyer begleitete den Schriftsteller. Sie mußten auf dem Gang warten. Der Vertreter des Amtsrichters, ein junger Mann, Assessor oder Referendar, kannte den Schriftsteller nicht, ließ sich den Namen buchstabieren. „Juristen lesen keine Romane“, sagte der Justizrat zu Fontane, als sie wieder draußen waren in der frischen Luft der Neuen Friedrichstraße. „Halb wehmütig, halb erheitert durch diesen Beweis für seine Popularität, sah mich der Dichter an.“ Justizrat Meyer selbst las Romane. Er ist 1935 gestorben. Da war sein Kollege Litten schon verhaftet. Ihm selbst, dem Anwalt Fontanes, war die Zulassung zu deutschen Gerichten entzogen. Sein Neffe, Hans Sternheim, der die Anekdote über die

Testaments-Registrierung aufgeschrieben hat, in der Fontane schließlich über sein ganzes Werk sagt: „Was soll der Unsinn?“, ist von seinen Berliner Landsleuten nach Auschwitz gefahren und dort ermordet worden. Neue Friedrichstraße: Von Fontane nach Auschwitz.

Berlin ist eine unheimliche Stadt. Wo man ein bißchen am Sichtbaren ritzt, tritt das Furchtbare ans Licht, das uns bis in die Träume ängstigt. Die Stadt steht auf unsicherem Boden. Es gibt keine Sicherheit hier; was geschehen ist, kann wieder geschehen. Während ich die Justizbeamten beobachte, die den Gerechtigkeitspalast schon vor Ende der Dienstzeit eifrig verlassen, denke ich an jenen Hans Sternheim. Er war Fontanes Patenkind. Seine Mutter war Marie Sternheim, eine Freundin von Fontanes Tochter. Fontane hat sie noch zwei Tage vor seinem Tode gesehen und sich an ihr gefreut. Fontane nennt sie „ so ziemlich die normalste, angenehmste und liebenswürdigste Frau, die ich kenne.“ Dieser sympathischen und Sympathie erzeugenden Bemerkung fügt der große Schriftsteller und Epochenkenner einen Satz hinzu, über den wir nachzudenken haben, weil wir das Ende in Auschwitz kennen: Fast sei es so, sagt er, als ob bei der angenehmen Frau Sternheim „das Altmärkische, das ich sehr hoch stelle, das Jüdische wohltuend beeinflußt und doch die guten Judenzeiten bei Kraft und Leben erhalten hätte“ (24. 11. 1891). Wie man es auch dreht und wendet: Das ist eine Bemerkung, der im untersten Untergrund Rassismus und Antisemitismus zugrunde liegt. So haben Zelter und Goethe über Mendelssohns gesprochen. Es führt ein direkter Weg aus der deutschen Geistesgeschichte nach Auschwitz.

Ich blicke zum ehemaligen Dienstzimmer des Präsidenten Töplitz hinauf. Es kennt ihn keiner mehr. Der Mann ist auch in die Geschichte versunken wie das ganze Oberste Gericht der DDR. Dafür ist die Zeit nicht, das aufzuarbeiten. Könnten wir statt dessen versuchen, gemeinsam mit dem Nationalsozialismus fertig zu werden und mit dem Nationalismus, den manche schon wieder entdecken wollen als die

Weltanschauung von morgen? Ich gehe weiter an der Mauer entlang, die die Littenstraße von der Waisenstraße trennt. Es gibt so viele Mauern in Berlin. Sichtbare und unsichtbare. Hier – um die ehemalige Klosterkirche – begann das „alte Berlin", das Berlin „vor dem Sturm", vor den Umgrabungen, die die französische Revolution verursachte, die mit kaiserlich französischen Truppen hier einmarschierte (und diese Franzosen waren tatsächlich oft Deutsche). Die evangelische Parochialgemeinde, zu deren Gemeindehaus hier ein schönes Tor führt, kündigt ein Benefizkonzert an für die „Opfer des Stalinismus": in der Neuen Friedrichstraße liegt immer noch alles nebeneinander.

Am Ende der Neuen Friedrichstraße residiert heute die GASAG. Um das Haus läuft ein Fries mit Köpfen, die aus der Mauer blicken, als ob sie alle Cäsaren gewesen seien. Ich kann die Stelle noch ausmachen, an der die Waisenbrücke, die fort ist wie die Neue Friedrichstraße, über die Spree führte. Zwei Angler stehen dort. „Wir müssen nichts fangen", sagt der ältere. „Man angelt, damit man nicht zu Hause sein muß." Ein Stück weiter unten, in dem Schaukasten, der die Geschichte der Schleusen erläutert, steht: „Du hast ja keine Ahnung, wie schön du bist, Berlin".

Rosa im November

Ein Sonnabend im November. Nieselregen. Wie in Wolken. Es ist 2 Uhr mittags. Wohin soll ich heute in Mitte spazieren? Im linken Fuß habe ich Gicht. Melancholien im Herzen – Gicht im Fuß: eine Parole des Alters. Ich fahre in die Rosa-Luxemburg-Straße. Vor kurzem hat Rudolf Scharping, der SPD-Spitzen-Mann, gemeint: Nach Rosa Luxemburg solle man in der Hauptstadt ebensowenig eine Straße benennen wie nach Clara Zetkin. Vielleicht haben wir ihn mißverstanden. Rosa Luxemburg war die längste Zeit ihres Lebens eine SPD-Spitzenpolitikerin, an ihrer Ermordung waren vielleicht SPD-Spitzenpolitiker beteiligt, die SPD-Spitzenpolitiker der Enkelgeneration, die im Verhältnis zu Rosa aber längst Urenkel wären, vergessen sie jetzt. Kaiser-Wilhelm-Straße werden sie Rosas Straße nicht wieder nennen wollen. Kaiser-Wilhelm-Straße hieß der Straßenzug, der das Berlin des Schlosses verbinden sollte mit Alt-Berlin und mit den großen Straßen, die die Menschen aus den Vorstädten heranführen. 80 Jahre hieß der Straßenzug nach dem Kaiser, der als junger Mann einen brutalen Bürgerkrieg geführt hat. Die erste deutsche Republik hat das nicht gestört. 30 Jahre heißen die Straßen jetzt nach den Pazifisten. Die Rosa-Luxemburg-Straße liegt mit der Weydinger Straße neben dem oberen Stück der Karl-Liebknecht-Straße wie ein ekstatisch aufgerecktes Doppel-Kreuz, als wolle Rosa den Platz umarmen, der jetzt nach ihr, zuvor nach Horst Wessel und davor nach Bülow hieß. Dieser Bülow hat als Reichskanzler die politischen Wegmarken zum Jahrhundertbeginn auf Krieg gestellt; 1909 mußte der Kaiser ihn entlassen; zum Trost bekam er kurz darauf den Platz, den er im Mai 1933 an Horst Wessel abgeben mußte. Was sollen wir über Horst Wessel sagen, den Pastorensohn aus dem Nikolaiviertel, dessen schrilles Nazi-Lied die Deutschen durch Europa brüllten? Er ist nur 23 Jahre alt geworden. Da paßt es schon, daß Rosa ihre Straße die Arme aufrecken läßt, als ob sie schriee. Aber das sind Einbildungen, Kopfgeburten. In der Wirklichkeit sieht man davon nichts. Die Rosa-Luxemburg-Straße hat nicht viel von Rosa Luxemburg. Sie heißt bloß so. Sie beginnt als eine Abzweigung von der Karl-Liebknecht-Straße. Links ein Hochhaus, an dessen glatten Wänden sich irgend jemand empfiehlt als „Ihr Partner für die Erfassung und Abrechnung von Wärme und Licht". Das Licht erfassen – was für eine Aufgabe. Auf der rechten Seite am Straßeneingang die flachgeschossige „Marktschenke", Neuzeller Klosterbräu, hinten blinken Automaten. Das ist ungefähr die Stelle, wo die große Zentrale Markthalle, der Bauch von Berlin, riesenhaft stand und wo begann, was heute in den Kaufhäusern glitzernd endet. Dieses erste Stück der Rosa-Luxemburg-Straße bis zur Memhardstraße ist viel ruhiger als der zweite Teil der Straße, der die Autos herunter führt aus Pankow, Wedding, Prenzlauer Berg. Wenn der Spaziergänger den kleinen, fast eleganten Bogen abgeschritten hat, mit dem die Rosa-Luxemburg-Straße unter der S-Bahn hindurchführt, sieht er schon die Volksbühne vor sich. Sie begrenzt die Straße für den langsam aufwärts gehenden Spaziergänger und schließt sie ab. Wenn ich nordwärts blicke, fühle ich mich in einer Schublade der Geschichte, die tief drin steckt im deutschen Hin-und-Her, und wenn ich mich umdrehe, schaue ich in die Gegenwart zurück, die Spitze des Fernsehturms verliert sich im Nebel, unten eine bewegliche Leuchtreklame: Eine leichtbekleidete Frau in rotem Busenschmuck wirft aus der blauen Pfanne gelbe Eierkuchen in die Höhe und fängt sie wieder auf. Im schönen BVG-Haus an der Ecke zur Dircksenstraße sind an diesem Sonnabend drei Fenster beleuchtet. Die Ecke gegenüber wartet noch auf Bebauung, behilft sich solange mit Altautos und einer dicken Reklame für einen dicken Berliner Makler, der sich für alles anbietet. Der Buchhandlung daneben geht es hoffentlich gut. Die bunte Bücherwelt ihres Schaufensters wirkt stärkend im Novembergrau. Indem ich aufwärts gehe, weiß ich, über welche Geschichte und Geschichten ich hinschleiche. Was man sieht, ist der kleinere Teil der Wirklichkeit. Bald kommt die Hirtenstraße. Wenn man davon ab-

Das laufende Rad vor der Volksbühne.

sieht, daß sie sich urspünglich nur eine Gasse nannte, führt sie einen der ältesten Straßennamen. Fast 300 Jahre erinnert sie daran, daß der Magistrat von Berlin einst Kuhherden unterhielt und einen Magistratshirten, der dort hinten im Kuhhaus wohnte. Ach, es wohnten noch ganz andere Leute hier. Die Weydingerstraße, in die ich kurz nach dem Babylon einbiege (das viel mehr ist als nur ein Kino wie andere), nun auf das Karl-Liebknecht-Haus zugehend, hieß mehr als anderthalb Jahrhunderte lang nicht nach diesem Tuch- und Wollfabrikanten, der sie nun auch schon länger als ein Jahrhundert benennt, sondern: „Vierte Scheunengasse“. Da sagt uns der Name schon, wo wir hier sind. Das jüdische Getto begann weiter hinten. Schon in der Kaiserzeit hatte man Pläne, das verruchte „Nutten-, Rotlicht und Schwarzhandels-Viertel“ zu sanieren. Nach dem ersten Weltkrieg kamen die Vertriebenen aus Gallizien, meist Juden. Hier an der Stadtbrache des Bülowplatzes ließen sie sich nieder, das war der Platz, an dem der Antisemitismus in Berlin am wenigsten schlimm schien, hier waren andere Juden, hier fanden sie Freunde, Verwandte, ihresgleichen. Mitten unter ihnen stieg die Volksbühne auf. Oskar Kaufmann entwarf das humane Gebäude, das prächtig war und nicht protzte. Bruno Wille hieß der Organisator des Volksbühnenvereins. Am Bülowplatz sollte ein Zentrum der Arbeiterkultur aus dem Elend der Stadtbrache hervorwachsen. Die Bühne entstand, an der Ecke gegenüber entstanden die Wohnbauten von Hans Poelzig. In den 20er Jahren war hier ein Mittelpunkt der deutschen, ja der europäischen Theaterkultur. Die KPD errichtete nebenan unter nationaler, ja internationaler Aufmerksamkeit ihr Parteihauptquartier. Aber 1923 gab es hier auch einen deutschen Plünder- und Raubzug gegen die Juden, einen Pogrom, mit dem die Berliner zeigten, was sie wollten und was die Nazis ihnen dann gaben. „Das Chaos ist aufgebraucht, es war eine schöne Zeit“ ist in der Kleinen Alexanderstraße, dem Hinterausgang des Babylon gegenüber, angesprayt. Ich weiß nicht, welche Vergangenheit damit bewältigt wird. Es ist 4 Uhr nachmittags. Es dunkelt schon. Die Inschrift „Volksbühne“ ist unterdessen von hinten erleuchtet, aber nur schwach. Auf dem weißen, links über die ganze Fassade fallenden Transparent bildet die Volksbühnendirektion das laufende Rad, rechts ebensogroß ein Ausrufezeichen. Ich kann das Ausrufezeichen nicht leichter deuten als das auf Menschenfüßen und -beinen laufende oder schreitende oder schwer und steif gehende alte Rad.

Das große „OST“ auf dem Bühnenhaus ist von der Gerüstbedeckung durchgestrichen.

Platzrunde

Die Geschichte ist unten, oben ist alles Gegenwart. Der U-Bahnhof Rosa-Luxemburg-Platz ist mit Collagen geschmückt, deren Aufklärungswert größer wäre, wenn sie nicht versuchten, Kunst zu sein.

Der Obdachlose betrachtet den aufklärerischen Wandschmuck nicht, er sucht im Müllbehälter eine weggeworfene Zeitung, findet eine, kennt sie schon und wirft sie enttäuscht zurück.

Ich steige über die Treppe zur Torstraße aus der Unterwelt hervor. Unvermittelt stehe ich mitten in den Blumenarrangements eines ambulanten Händlers. Das am Gitter angekettete Vorderrad eines sonst ganz verschwundenen Fahrrades gibt einen ironischen Kommentar zu dem Kunst-Rad auf Beinen, das ein Stückchen weiter vor der Volksbühne aussagt, daß die Räder der Menschen schließlich auch nicht schneller laufen als die Menschen selber.

Die Torstraße, die von der Straßenbahn in Hüben und Drüben geteilt wird, zitiert einen alten Weg, der in unerinnerter Zeit an der Stadtmauer entlang lief und Prenzlauer und Schönhauser Tor verband.

Dieser Weg trug den schönen Namen Schönhauser Communikation. An diesen Namen hätte der Senat von Berlin sich erinnern sollen, als er Wilhelm Pieck, der der Straße mehr als 40 Jahre den Namen gegeben hat, aus der Berliner Geschichte auswies.

An der glatten Wand gegenüber bietet sich die „Lehmann Crew“ für die „Organisation und Produktion von Familienfeiern“ an. Rechter Hand an der kleinen Bude auf dem Rasenstück zwischen Rosa-Luxemburg-, Linien- und Torstraße steht: „Nieder mit dem Killer-Staat USA“, darunter: „Freiheit für Abu Jamal“; das heißt soviel wie: Weg mit der Todesstrafe! Für diese Forderung stehe ich auch. Ein anderes Land als die USA wüßte ich trotzdem nicht, wenn man mich hier vertriebe.

Blick in die Bartelstraße, das Karl-Liebknecht-Haus rechts (von Osten).

Ich biege in die Zola-Straße ein. Wenn ich mich umwendete und blickte am postmodernen Neubau der Deutschen Immobilien Leasing vorbei, sähe ich am Ende des Guckkastens Straßburger Straße den Wasserturm Belfort-Straße. In seinen Kellern folterten die Nazis. In den Sträuchern des Kinderspielplatzes zu meiner Linken pfeifen und singen die Spatzen. An denen hätte Rosa Luxemburg ihren Spaß gehabt.

Der Sonder- und Separatplatz, den Weydinger-, Linien- und Bartelstraße bilden, ist ein empfehlenswerter Beobachtungspunkt.

Am auffälligsten ist das aktuelle Rosa eines Bankneubaus. Die Bank für kleine und mittlere Unternehmen hat hier ihren Sitz, der Name des Staatsunternehmes im Privatanzug klingt hübsch, gegenüber im Liebknecht-Haus unterhalten Banker und Bankerinnen eine Beratungsgesellschaft.

Wenn man die Linienstraße zuende blickt, sieht man das kahle Gesträuch des St. Marien- und St. Nicolai-Friedhofs und als Bildbegrenzung das Haus, in dem man auch an den Werken von Rosa-Luxemburg gearbeitet und lange gebraucht hat, bis man den schönsten ihrer Sätze zum Druck freigegeben hat: „Freiheit ist immer nur Freiheit des anders Denkenden“.

Die Bartelstraße, die das Karl-Liebknecht-Haus rückwärts begrenzt, ist heute kaum noch eine Straße, sie endet in einer Tiefgarage und ist mit einer Schranke verschlossen. Wenn ganz Berlin privatisiert ist, wird es viele solcher Straßen geben, die sich nur auf die Plastikkarten der Besitzer öffnen. Unter der Herrschaft des Zensurstaates, lernen wir hier, war es also genauso.

Am Liebknecht-Haus gehe ich vorüber und an Gregor Gysis Praxis.

Ich friere schon ein bißchen. Für einen Milchkaffee gehe ich ins „Tati“, das dreieckig neben dem Kino Babylon in Poelzigs Haus liegt und den Namen des französischen Komikers festhält, der die Moderne karikierte. Die Postmoderne hätte er sich auch vorgenommen. Das „Tati“ ist ein angenehmes Kaffeehaus. Wenn es draußen dunkel ist, ist es auch drinnen ein bißchen dunkel. Ich schreibe im gelben Licht der Bogenlampe von draußen. In der Männertoilette über den Urinalen ist eine grünliche Tafel angebracht, auf der man – wenn man's kann – schreiben kann, während man pißt.

„Oh Castorf!“ steht oben, darunter hat einer zu schreiben versucht: „Schreiben und Pissen“, ein frustrierter Intellektueller hat darunter gesetzt: „Fressen und Ficken. Was sonst!“ Die wichtigste aller Begnadigungen, will dieser Mann vielleicht zitieren, ist die Befreiung des Menschen vom Schuldgefühl. Trink, iß, schlafe, schnarche, träume!

Unten im U-Bahnhof steht unter Käthe Kollwitz und überm Kriegsgräberfeld: „Saatfrüchte dürfen nicht vermahlen werden“. Das Leben ist eine Falle.

Vorwärts von Brecht zu Fontane

Manchmal stelle ich mir vor: Die Entschlafenen, deren Gebeine auf dem Dorotheenstädtischen Friedhof an der Chausseestraße eingegraben sind, beleben eines Nachts ihre müden Knochen, stehen alle auf und erkennen sich.

Da wird es manches Erstaunen geben. Mancher wird sich in unklarer Gesellschaft finden. Hegel wird – leicht beleidigt – schweigen, Schinkel wird zu zeichnen beginnen, John Hartfield sucht nach einem Fotoapparat. Und Brecht? Was wird Brecht tun? Vielleicht wird es ihm ein bißchen peinlich sein, daß er direkt neben seiner Frau steht, und Helene Weigel wird vielleicht auch nichts mehr mit ihm anfangen können. Viele können nichts mehr mit ihm anfangen. Endlich wird es Morgen. Die berühmten Toten ziehen die Chausseestraße aufwärts wie eine Touristengruppe, weil Anna Seghers gesagt hat, man solle Fontane besuchen.

Diesen Weg mache ich jetzt auch. Es ist der Weg der Brüder Humboldt. Denn Chaussee- und später Müllerstraße verdanken ihre Existenz dem Wunsch der weltberühmten Brüder nach einer möglichst schnellen Verbindung zwischen Berlin-Mitte und Tegel, wo sie ihre antiken Gipse aufbewahrten und wo Schinkel ihnen den Himmel an die Decke gemalt hatte.

Ich verabschiede die Toten vom Dorotheenstädtischen. Es ist nicht gut, allzu lebhafte Vorstellungen über die Verstorbenen zu entwickeln. Von ihnen brauchen wir eine Zeitlang Gedanken und Werke, dann müssen wir sie in die Lexika versinken lassen und lebendige Menschen suchen, die auf unsere Fragen Antworten wissen. Was für Antworten sollte uns z. B. Borsig zu sagen haben? Er war gerade 50, als man ihn hier eingrub unter einem feinen Denkmal von Schinkel. Die Chausseestraße – die Straße des Maschinenbaus, eine hochkapitalistische Straße. Chausseestraße 6 (jetzt13) das Borsigsche Geschäftshaus, Reimer und Körte hießen die Architekten, Chausseestraße 1: Borsigs erste

Maschinenfabrik, 1837 bis 1888, 1841 lief hier die erste Lokomotive vom Stapel, in Borsigs Todesjahr die 500. Als die 1000. Lok im Blumenschmuck das Werk verließ, war es ein Volksfest; die ganze Stadt – wie man so sagt – nahm an dem Ereignis teil. „Hier wurde die Bedeutung Berlins für den Weltmarkt gelegt", sagt J. Kastan in „Berlin wie es war".

Neben Borsig hatten hier auch Schwartzkopff, Pflug und Wöhlert ihre Maschinenfabriken. Ihre Straßen biegen weiter oben von der Chausseestraße ab und führen zu ihr zurück. 1867 verließen die ersten 12 Güterzugloks das Werk von „Schwarzkopf und Nitsche", Pflug baute seit 1831 hier Eisenbahnwaggons, und Wöhlerts Maschinenbauanstalt und Eisengießerei bestand seit 1843. Eine Straße der Unternehmer, also auch eine Straße der Arbeiter. Karl Liebknecht hatte hier mit seinem Bruder Theodor eine Anwaltskanzlei. Gerade neben der Akademischen Buchhandlung von Paul Schober (1897 gegründet) und dem ehemaligen Hotel Bavaria, das nur noch als blasse Inschrift vorhanden ist, im Rücken Brechts und neben dem langsam verfallenden Supermarkt: der Gedenkstein, auf dem Liebknecht den Spartakus feiert als Feuer und Geist, Seele und Herz, Wille und Tat: Ach, die Polit-Lyrik verblaßt auch, die Zeit hat die Decke des Vergessens darüber gelegt.

Ein Brachfeld, wo das Stadion der Weltjugend war und noch früher Kasernen; auf der rechten Seite arbeiteten die Arbeiter für die Unternehmer, auf der linken rückten sie ein für den König, den Kaiser, den Staat, das Vaterland: Vor der Kaserne, vor dem großen Tor – das war hier. Hier hat Hans Leip den Text geschrieben, auf den einen Weltkrieg später der Nazi-Mitläufer Norbert Schultze das Lied der Sehnsucht für die schrieb, die ihre Leben drangeben sollten und wußten nicht warum und wofür und sagten trotzdem nicht nein. Wie einst Lilli Marlen.

Menne & Marquardt steht an dem Gewerbekomplex, den wir rechter Hand nun durchfahren. „MS-Station" und „NS-Station" heißt es am Eingang mit Pfeilen nach oben und unten. Aber niemand ist da. Ausgestorben.

Nach vier Höfen führt ein Ausgang auf die Schwartzkopffstraße. Schwartzkopffstraße Nr. 10 ist strahlend gelb restauriert. „Tür der Freiheit“ steht an der Tür in der Mauer, die die Schwartzkopffstraße verschließt; früher führte sie bis zur Stettiner Bahn. Die Tür der Freiheit ist zu. „Früher Secura, Registrierkassen“, sagt eine alte Frau, die Turadj, der mich fährt, in der Pflugstraße fragt. „Zu Fontane, da hinten“, sagt sie und lächelt. Heinz Knobloch hat den DDR-Weg zu Fontane in seinem Buch „Berliner Grabsteine“ unvergleichlich beschrieben.

Der Weg ist auch jetzt noch gangbar, er führt durch einen großen, trotzdem fast intimen Hof. Nun soll aber wieder der offizielle Eingang gelten, am Plastikschild heißt es: Zugang über Liesenstraße. Liesenstraße Nr. 7: eine Drahttür. Über den ehemaligen Todesstreifen gehen wir zu den Toten.

Mehrere Wegweiser: Zur Ruhestätte Theodor Fontanes. Sie ist leicht zu finden. Die Daten von Emilie Fontane auf dem schwarzen Granit verblassen. Das Grab wirkt trotzdem

nicht hundertjährig. Zwei Lebensbäume, Friedhofszypressen, Heidesträucher, Tannenzweige, daß Fontanes es warm haben. Am 18. September 1898 hatte er an Emilie, die verreist war, geschrieben: „Ich erschrecke vor allem, und selbst wo sogenannte Vergnüglichkeiten in Sicht stehen, ist mein Trost: Um 9 Uhr ist alles aus." Am Morgen des 20. der letzte Brief des großen Briefschreibers: „Das sind nun die letzten Zeilen", denn zwei Tage darauf sollte die Empfängerin aus den Ferien zurück sein. Gegen neun Uhr am Abend, nach dem Abendessen, war alles vorbei, Herzschlag. Am 24. September wurde er hier eingegraben. Es war ein bunter Herbsttag. Spätrosen, rot und weiß, weiße Malven: „Du hast die Ruhe nun, Erde wird zu Erden".

Als wir ein Stück vom Grab fort sind, um das Häuschen der Friedhofsverwaltung zu besichtigen, das an Grabsteinen lehnt, kommt uns ein Ledermann entgegen, Leder bis in die umkordelte Mütze. „Wo is nun der Fontane", fragt er uns. „Ick hab det erst auf det weiße Schild wahrgenommen."

Wir weisen zurück: dort hinten.

„Ick mach nämlich och so wat Ähnliches wie der Fontane", sagt er erklärend.

Das kann ich von mir wohl nicht sagen.

Leipziger Platz weder gestern noch morgen

Wo ist der Leipziger Platz? Er hat eine Vergangenheit; eine Zukunft hat er wohl auch. Aber hat er eine Gegenwart? An diesem kalten Wintersonnabend habe ich sie gesucht. Den Potsdamer Platz sieht zur Zeit auch niemand als einen Platz. Aber es scheint ihn zu geben. U- und S-Bahn-Stationen verkünden seinen Namen.

Ich komme die Stresemannstraße herauf. Es gibt viel Nichts mit großen Ankündigungen. Gegenüber der mittelmeerisch blauen Tafel der „A+T Projekte am Potsdamer Platz" bleibe ich stehen und beobachte die Menschen, die aus dem Untergrund der U 2 kommen. Wohin gehen sie? Es sind hier kaum Sonnabends-Ziele. Doch: die Info-Box ist ein Ziel. Das grell-rote Rechteck auf Stelzen wirkt wie ein Ding für die Meere zur Beobachtung der Welten unter den Wassern. Am langsamen Fahrstuhl frieren die Besucher. Auf die Dachterrasse über die Außentreppe. Das kostet 2,– Mark, Wechselgeld nur im 1. OG: „Hinauf um hinaufzukommen, wie macht man das?" fragt mich ein englischer Student.

Im Inneren des Kastens kann man „heute die Stadt von morgen sehen". Ich werde heute nicht prüfen, ob ein Magier in der Box tatsächlich dieses unerfüllbare Versprechen erfüllt; heute will ich die Stadt von heute sehen. Die Gegenwart ist immer vorbei. Ehe das Wort ausgesprochen ist, ist sie Vergangenheit; ich will die Zeit bis zum Anbruch der Dunkelheit als Gegenwart ansehen.

Solange es hell ist, will ich den Leipziger Platz suchen; seine klassische Achteckigkeit bilden die Stadtpläne noch immer ab. Die Grenze zwischen den Bezirken Kreuzberg und Mitte ist nicht auszumachen. Je normaler die Zeiten sind, um so weniger sieht man die Grenzen. Ein nachträglich verbunteter Mauerrest steht noch da. Im Sommer auf den Touristenbänken der Erfrischungsbude kann es heißen: Damals war's ... Das Gelände rechts nennt sich mehrfach „Bannkreis", ein Wort aus dem Hexenalphabet; wovor muß das Parlament sich mit solchen Schildern schützen? Komische Rechtserinnerung an die Jugend der Demokratie, als sie eine schmale Schneise im Feudalstaat war; hier ist der Leipziger Platz also nicht. Ich versuche einige Minuten lang, die Leipziger Straße zu überqueren, aber dafür bin ich zu alt. Ich benutze den Straßentunnel des U-Bahnhofes.

Unten ist es lebhafter als oben, Ruhleben, Vinetastraße: schöne Untergrundnamen. Unten ist die Welt schon wieder ziemlich in Ordnung. Sind die Menschen eigentlich Höhlenbewohner? Der Ausgang der U-Bahn-Station nördlich der Leipziger Straße heißt natürlich auch „Potsdamer Platz", die gegenüber liegende Bushaltestelle heißt „S- und U-Bahnhof Potsdamer Platz", sie liegt aber vielleicht am Leipziger Platz. Ich bilde mir das jedenfalls ein, während ich neben den gelben Züban-Containern heraufsteige und zwischen weiß-roten Absperrungen wieder auf einer falschen Straßenseite stehe. Die Züban-Container gehören zu der Baustelle Mosse-Palais. Hier, an der Baustellentafel, zum ersten Mal eine Adresse, die den Leipziger Platz im Namen führt. Die Baustelle ist aber stillgelegt. Sie ist in die Verwaltungsgerichtsbarkeit verlagert. Eine Baugenehmigung soll fehlen, der Bauherr hat der Macht des Faktischen zu sehr vertraut, die zuständige Stadträtin ist auf dem Fahrrad vorüber geradelt und hat sich gewundert.

Die CDU will hier – hört man – hauptstädtisch unterkommen. Zur Zeit legen der Winter und das Baurecht ihre weißen Planen über die Versprechungen; Büroflächen werden großflächig angeboten, im Alleinauftrag von Angermann, aber gleich daneben auch von Müller, Maklerkonkurrenz um eine Zukunft, die sich mühsam aus der Gegenwart erhebt.

Die Vergangenheit des Hauses, das auf seiner Nordseite hinter grüner Plastikumkleidung eine hoffnungsfrohe Farbe wirft, verbindet mit vielem, jetzt steht es in seiner Zweiteiligkeit allein. Der Leipziger Platz ist eine Brachfläche hinter Drahtgittern, „Baustellensicherung Billka Dallgow", diese kleine Inschrift ist alles, was hier auf Baustelle hindeutet. Die weiße Fläche überdeckt einen Krater; von dem Ort geht die Ruhe akzeptierter Zerstörtheit aus. Mehr als ein halbes

Jahrhundert hat alle Welt akzeptiert, daß hier nichts ist. Mehr als ein halbes Jahrhundert war die Stadt ein Körper, dem das Herz ausgerissen war, eine lebende Leiche. Hier ist sie noch nicht reanimiert. „Straßen verbinden“ steht auf dem großflächigen Plakat neben der geschlossenen Souvenir-Bude, hier trennen sie zur Zeit noch. Die Plakate sind das Lebendigste am Leipziger Platz. Vom Brandenburger Tor her klingt Musik. Ein Zirkus. Er nennt sich Aeros; auf den Plakaten setzt er das anfängliche A in neckische Klammern, in der Abendvorstellung also kein Unternehmen „für die ganze Familie“. Ich gehe auf die Reste des Hitler-Bunkers zu. Vom dritten und überhaupt vom deutschen Reich sieht man – wenn mans weiß – nur noch diesen öden Hügel. Ich biege in die Voßstraße ein. Mitten in Berlin bin ich hier ganz allein, keine anderen Menschen. Das Beste, was die DDR

Leipziger Platz, Blick über den Stadtbezirk, wo vor Zeiten Weltgeschichte versucht wurde.

hinterlassen hat, sind die Wohnhäuser nördlich der Voßstraße, sagte Deutschlands bester Bauhistoriker gestern zu mir. Vor allem, daß es Wohnhäuser sind, die traut sich niemand abzureißen; statt Ministergärten Parkplätze für die Mieter der WBM. Es gibt viele freie Plätze.

Der Leipziger Platz heißt seit dem 15. September 1814 nach der „Völkerschlacht" von Leipzig; Russen, Schweden, Österreicher gegen Franzosen, die aber wie ihre Feinde auch oft Deutsche waren. Das Volk siegt über sich selbst, eine ironische Schlacht, „Freiheitskriege": weil das Volk, indem es seine Söhne sterben ließ, seine Freiheit aufgab für Fürsten von gestern. Es geschieht einem so benannten Platz ganz recht, daß man nichts mehr von ihm sieht. Hier hat Berlins prächtigstes Kaufhaus gestanden, fertig 1904, ein Palast des Konsums, „kein Kaufzwang" vermerkt der zeitgenössische Baedeker, um die Touristen hineinzulocken. Jetzt verlockt hier nichts. Im Plattenbau die „Repräsentanz" der Stadt Hamburg, am anderen Ende die „Vertretung" des Landes Hessen, über dem Eingang vom Hausmeister geschmückt mit drei weißen und drei roten Christbaumkugeln. Hier ungefähr ist das BGB, das hier wieder und immer noch gilt, geboren worden. Der Geburtsort ist fort. Die Straße „An den Kolonnaden" führt nicht zu irgendwelchen Kolonnaden. Gegenüber lag einst das Reichsmarineamt. In einen großen gelben Container verstauen Adoleszenten die Leiche eines Weihnachtsbaumes, mit der sie nicht wußten wohin, zufrieden schlagen sie sich in die Hände. Rechts in die Wilhelmstraße, um an den Ministeriumsresten vorbei zum verschwundenen Platz zurückzukehren.

Die Sprayerbotschaften an den Wänden lauten: „Gott ist unter uns. Rettet unsere Seelen! Nie wieder Deutschland!" und: „Deutschland halts Maul!"

Grenzgänge I: Vom Parlament zur Alten Feuerwache

Ich stehe fast auf dem Punkt, an dem die Bezirke Kreuzberg, Tiergarten und Mitte an der Kreuzung von Köthener- und Stresemannstraße zusammentreffen. Es ist ein schöner, blauer Januar-Sonntag. Er zieht die Menschen an die Baugruben. Ich höre einem Paar mit Freund zu, die diskutierend von der Info-Box kommen: „Ich versteh das nich ..." „Nee. Ich auch nich." „Irgendwelche Häuser; schließlich werden es irgendwelche Häuser."

Die Berliner wissen noch nicht, ob sie ihre Stadt wiedererkennen werden. Sie sind skeptisch. Immer waren sie nicht

Kran-Zauber am Treffpunkt von Tiergarten, Kreuzberg, Mitte in der Köthener Straße.

skeptisch. Die Bezirksgrenze, die einst eine Weltengrenze war, läuft weiter unten über die Stresemannstraße; jetzt ist die Grenze etwas Imaginäres wie alle Grenzen, wenn sie nicht zu Mauern ausarten.

An dem Straßenmast, der die Stresemannstraße, die Niederkirchnerstraße, Überholverbot, Halteverbot, Vorfahrtsregelung, Abstände von Gullis und Leitungen und das Abgeordnetenhaus anzeigt, weist die „2. Ersatztafel des aktiven Museums Faschismus und Widerstand“ auf Käthe Niederkirchner hin; deutsche Landsleute haben sie ermordet, die Mehrheitsfraktion des Abgeordnetenhauses wollte sie von dem Straßenschild und wohl überhaupt aus der deutschen Geschichte streichen. Eine Schneiderin aus der Pappelallee, ihr Namensvorgänger war ein Prinz von Unter den Linden. Ich bin auf Seiten der Schneiderin. Hinter mir ein rostiger Kubus, nicht auszumachen, ob Kunst- oder Alltagswerk: „Ihr Mediensäue“ ist aufgesprayt. Gegenüber wächst ein Bewag-Gebäude aus der Baustelle: „Energiezentrale zur Versorgung des Areals Potsdamer/Leipziger Platz mit Wärme, Kälte und Strom“. Zu sehen sind zwei groß werdende Häuser, die ein bißchen abweisend wirken, aber gar nicht wie eine Zentrale von Energie. Auch der nebenliegende „Preußische Landtag“ sieht nicht aus wie eine Zentrale von Energie.

Zwischen Parlament und Parlamentsparkplatz eine hohe Wand, die nach Interpretationen ruft, ein steinernes Stück „Bannkreis“. Die Fassade des Gebäudes paßt nicht zu einem demokratischen Länderparlament. Es ist eine preußische Fassade für das Staatshaus einer Möchte-Gern-Großmacht. Zwei Polizisten gehen in zivilem Schlenderschritt über die rutschigen Steinplatten, die vor dem „hohen Haus“ einen kleinen Straßen-Platz bilden. Ein „Club-Bus“ fährt vor. Wer die Ausstrahlung jener Schülergruppen vergessen hat, die in Westberliner Zeiten so charakteristisch waren für die unjugendliche Wiedervereinigungspädagogik, mit der unsere Kollegen ein schnelles Zubrot verdienten, der kann sich hier erinnern. Die Fahnen vor dem Parlament hängen träge am Mast, die

Fahnen auf den Bewag-Neubauten flattern im naßkalten Winde.

Hinter Abgeordnetenhaus und Gropius-Bau ist die Niederkirchnerstraße selbst ein Denkmal. Sie verläuft hier als ein Fußgängerweg zwischen Mauern. Die Mauer links gehört zu dem ersten Nazi-Hochbau in Deutschland. Die Mauer rechts ist ein Rückstand der historischen Mauer; sie ist durch Drahtzäune vor den Menschen geschützt. Am Drahtgitter eine merkwürdige Schrift: „Menschenrechtler in aller Welt kämpfen für ... Erhaltung und für den teilweisen Austausch durch vollständig bemalte, originale Segmente sowie fabrikneue, nicht bemalte ..." Die Fabriken gibt's also noch, bei denen wir jederzeit eine neue Mauer bestellen können. Da soll es ein Menschenrechtswerk sein, die verfallenden Betonplatten zu erhalten und immer wieder zu restaurieren? Dahinter der „Gedenk- und Lernort" Topographie des Terrors, ebenfalls verfallende Ruinen, Ruinenrestauration als Erinnerung?

Wo das Erinnern keine Gegenwart hat, muß Geschichte inszeniert werden. Aber was sich als Geschichte inszenieren läßt, ist nicht die wirkliche Geschichte. Hinter der Nazi-Mauer entsteht schon die Baustelle des Bundesfinanzministeriums. Sie werden die Mauer brauchen können. Die überraschende Maueröffnung in der Straßenmitte wird bald wieder geschlossen sein. Nach der Wilhelmstraße heißt die lang gestreckte Grenzstraße, durch die mich mein heutiger Spaziergang führt, Zimmerstraße. Sie heißt schon seit mehr als 2 1/2 Jahrhunderten so; sie hat niemals anders als nach den Zimmerleuten geheißen, die ihre Hölzer hier stapelten, als die Friedrichsstadt entstand; da hat es „im Prinzip" – wie man hierzulande gerne sagt – vielleicht ähnlich ausgesehen wie heute.

Die Zimmerstraße ist eine Straßen der Lücken und Baustellen. Wo die Mauer stand, erkennt man kaum noch. Es wird nicht lange dauern, daß man nur noch an der Häufung von Postmoderne sieht, was die Moderne sich hier geleistet hatte. An der Zimmerstraße hat das Berliner Zeitungswesen seine kurze internationale Geschichte erlebt. Gleich hinter der Wilhelmstraße links ein umzäuntes Brachfeld; man müßte die Gräser studieren, um sie hinter dem Stacheldraht wenigstens benennen zu können.

„Gestern habe ich nun in der That und wirklich einen großen Kauf gethan, nämlich eine Zeitung nebst Buchdruckerei", so Leopold Ullstein am 15. Juli 1877 an seine Tochter Käthe. Das war hier. Zimmerstraße 94.

Das größte Zeitungsunternehmen der Welt nahm hier einen schnellen Anfang, es dauerte zwei Generationen: Ullstein. In dem Häuserblock Zimmerstraße/Jerusalemerstraße/Schützenstraße: das zweite Berliner Welt-Zeitungs-Unternehmen: Rudolf Mosse, wenige Häuser weiter Zimmerstraße 40: der dritte Berliner Groß-Zeitungs-Konzern: Scherl, aus dem später Hugenberg und der deutschnationale Untergang der deutschen Zeitungsinternationalität erwuchs. Weiter unten führt die Zimmerstraße an der Druckhalle des Springerverlages vorbei, der sich von der Kochstraße hierher erstreckt, wo er früher militant an die Mauer reichte; jetzt wirkt die dunkelbraune fensterlose Springerwand selbst wie eine Mauer. Wo die Zimmerstraße auf die Lindenstraße stößt, heißt die alte Straße jetzt nach dem Verleger der Bild-Zeitung. Dort – auf Kreuzberger Gebiet – die alte Feuerwache, in der die Pfadfinder ein angenehmes Café betreiben. Selbst von der Geschichte der Antispringer-Demonstrationen der 60er Jahre weiß hier niemand mehr etwas.

Es ist keine Zeit für Erinnerung. Die Geschichte ist das, was wir vergessen wollen. Santayana hat gesagt: Wer die Geschichte nicht zur Kenntnis nehmen will, ist verurteilt, sie zu wiederholen.

In Deutschland ist die Geschichte noch nie so erzählt worden, daß man etwas daraus lernen konnte.

Grenzgänge II: Von Springer zu Döblin

Wie sich das anhört: Von Springer zu Döblin! Es ist aber ein direkter Weg. Der Döblin-Platz, in dessen Nähe mein heutiger Weg enden wird, hat noch ein bißchen von dem Berlin, in dem Alfred Döblins Alexander-Platz lag. Und das braun-goldene Springer-Hochhaus in der Kochstraße, das wie ein Wachturm an der Grenze steht, hat noch etwas von der alten Bundesrepublik. Mein heutiger Weg an der Grenze von Mitte und Kreuzberg verläuft aber in einer Gegenwart, in der DDR und Alt-BRD prähistorisch sind: Wir können zwar noch sehen, wo diese Staaten waren, aber gerade diese Reste sind dafür da, sich nicht zu erinnern. Die Gegenständlichkeiten nehmen uns die Arbeit des Erinnerns ab. Ich komme aus der U-Bahn, Kochstraße. Mein Spaziergang beginnt in der Zimmerstraße mit roten Arbeitern vor dem blauen Himmel über der grau-blau verchristoten Baustelle der „12 Geschäftshäuser mit Läden, Büros, Tiefgarage"; im Frühling wird die Verpackung fallen und den direkten Rossi freigeben. „Scheiße", ruft einer der Arbeiter vom gleißenden Dach. Die Wirklichkeit ist zu direkt, sie produziert Kalauer. Gegenüber den „12" Geschäftshäusern, die in ihrer Verhüllung wie eine einzige Burg aussehen, ein Abstellplatz mit Mauer-Memorabilien, die niemand mehr braucht. Das mannshohe Holzkreuz mitten unter den Baumaterialien, Erinnerung an einen dramatischen Mauertoten, wird nicht lange mehr hier bleiben. Und wenn es hier bleiben wird, wird es eine Verfremdung erfahren haben, in der der Name Peter Fechter nicht mehr der Name eines Menschen sein wird, kaum eines Ereignisses, ein verrosteter Säbel, den Kinder auf dem Schlachtfeld ihrer Großväter finden, Hoppehoppereiter.

Von der Axel-Springer-Straße in die Kommandantenstraße. Kommandante Springer. Er war erst 33, als er seinen Verlag gründete, 36 als er das „Hamburger Abendblatt" hatte, gerade 40 mit der Bild-Zeitung, die Alt-BRD ist gar nicht denkbar ohne ihn; als wir riefen „Enteignet Springer!"

Gedenkkreuz und Gedenkstätte für Peter Fechter, Zimmerstraße, inmitten der Baustellen.

meinten wir wohl nicht ihn; was? Ich habe es vergessen, um nicht prüfen zu müssen, ob ich damals im Irrtum war oder jetzt. Es ist wie mit Fechter. Ich zähle 12 Kräne. Der Wind ist kalt. „Bundesbauamt Berlin II Bauleitung Bundesdruckerei". Eine postmoderne Beliebigkeit: Produktionsgebäude für Geldscheine aus Deutsch-Mark, Briefmarken, das Bundesgesetzblatt. Herren in schwarzen Mänteln halten die Terminkalender mit gefalteten Händen vor den Bauch. Sie kontrollieren, ob die anderen arbeiten, Know-how-Träger, „Symbolanalytiker", unser Rohstoff. Der wüste Parkplatz gilt angeblich nur für Anwohner mit dem Anwohnerparkausweis Zone 2. Die anderen müßten sich Zettelchen aus dem Automaten holen: „Betriebsbereit. Bitte zahlen", niemand fühlt sich angesprochen. Gegenüber, fast an der Alten Jakobstraße, etwa da, wo der Stadt-Kommandant wohnte, nach dem die Straße benannt ist, das „Mode-Centrum Berlin Mitte", im Hausdurchgang aus Metall ein nackter Mann mit flehenden Händen: Er muß angezogen werden; „Fabrikverkauf" um die Ecke: „Damenmode für jedermann": ironische Widersprüchlichkeit der Wortwahl.

Um die Ecke in die Stallschreiberstraße. Nur auf der Kreuzberg-Seite Häuser, auf der Mitte-Seite Brache, der Wind pfeift durch das trockene Unkraut. „Privatgrundstück" ist angeschildert, darunter aber in kleinen Buchstaben: „Bundesvermögensamt 2": ein Staatsgrundstück also in Wirklichkeit, enteignet von den einen, nicht zurückgegeben von den anderen, immer deutscher Staat. Die gepflasterte Stallschreiberstraße liegt in Kreuzberg, eigentlich ein Sandweg in Mitte, Familien von Krähen am Boden, sie weichen mir kaum aus, warten, daß ich weiter gehe, beobachten, krächzen heftig, dann schweigen sie, ich werde ihnen gleichgültig.

Der Alexandrinenstraße, die ich nun erreiche, würde ich ihren alten Namen zurückgeben: „Die Demmerung", das würde ich lesen als den Namen des Zwischenbereichs zwischen Tag und Traum (und nicht als den Damm, der vor Jahrhunderten den langen Weg befestigte). Wo das Schild steht „Feuerwehrzufahrt und Anleitermöglichkeit für Mittelwohnungen", das mich aus dem Schatz bürokratischer Wortschöpfer mit einem neuen Wort beschenkt, verweile ich, um die Brachfläche in mich aufzunehmen, in die nur die Halle der Grundschule in der Luisenstadt hineinragt. „Rot Front lebt" ist angesprayt, der Text widerlegt sich selbst. Die Stadtbrache ist ein zeitliches Denkmal, in ein paar Jahren wird es fort sein, die Stallschreiberstraße ist Jahrhunderte alt, längst weiß niemand mehr, was ein Stallschreiber war, die Stadt ist dauerhafter als ihre Beherrscher. Die Sebastianstraße gleicht der Stallschreiber-, Häuser in Kreuzberg, in Mitte Brache. Umgeben von undurchsichtigen Sistra-Wänden ein Containerdorf, ein Lager, TV-Schüsseln ragen hervor: Hier wohnen die Arbeiter. Unter silbrig-blau glitzernden Aluminium-Fähnchen eine Gebrauchtwagenschau. Viele Reifenspuren im Sand: wie auf dem Manövergelände, Manöver des Kapitalismus, zuerst kommt er mit Autos.

Jetzt stehe ich, neben einem Bodengitter „made in GDR", direkt über der U-Bahn, Zug-Geräusche dringen herauf, der Boden zittert. Über die Heinrich-Heine-Straße weiter durch die Sebastianstraße, die Kreuzberger Seite sieht jetzt aus wie aus dem Lehrbuch der Baustile. „Suchen Sie was?“ ruft aus einem oberen Stockwerk ein Mann, als er mich die Fassade betrachten und schreiben sieht. Öffentliches Schreiben erweckt schnell Aufmerksamkeit. „Nächstes Mal fragen Sie bitte, bevohr Sie unsere Blätter wegschmeißen“ steht auf dem Glas eines Schaukastens vor den Baracken der Neuen Waldorfschule, der Text gefällt mir in Schreibweise und Formulierung, das Bundesbauamt hatte weiter oben kein „bitte“ nötig: „Fußgänger andere Straßenseite benutzen“, die sich aber nicht benutzen ließ.

Vom Döblin-Platz, vor den Resten der Markthalle VII stehend, habe ich einen weiten Blick in die heranwachsende Mitte, hinten die bunten Häuser der Heinrich-Heine-Straße, rechts im nahen Horizont die Fassade der Michaelkirche mit dem ragenden Engel, der trotz allen Unheils, das er in dieser Gegend gesehen hat, nicht auf- und davongeflogen ist. Auf der Straßenbrücke zwischen Legien- und Leuschnerdamm verweile ich, hinter und vor mir eine der schönsten Stadtanlagen Berlins: Urbanhafen, Wassertorplatz, Oranienplatz, Engelbecken, am Ende die Michaelkirche mit dem treuen Engel. „Lebt und lest“ ist gegenüber angesprayt.

Grenzgänge III: Von Legien zu Faust

Auf der Waldemar-Brücke war ich stehen geblieben. Das ist die einzige Brücke, die übrig ist vom Luisenstädtischen Kanal, gegraben 1848 ff in einer Arbeitsbeschaffungsmaßnahme, in einer anderen in den 20er Jahren wieder zugeschüttet, ist jetzt Zeit, ihn mit ABM wieder zu schaufeln?

Hinterlassen hat er die schöne Straßenanlage, die auf die Michaelkirche zuläuft und den Straßenbogen von ihr fort an der Thomaskirche vorbei zur Schillingsbrücke, er verband die große katholische Kirche mit der größten evangelischen, aber als die Kirchen fertig waren, hörten die, die hier wohnten, schon auf, ihr Heil in Gebeten zu suchen.

Von der Waldemarbrücke sehe ich Legien, jedenfalls den Kopf des Gewerkschafters, der an zwei geschichtlichen Wendepunkten die Lage nur unklar erkannt hatte, kopflos; daß man auf der kleinen Säule von ihm nur den Kopf sieht, ist also vielleicht Ironie, melancholisch blickt der Körperlose zur kleinen Markthalle hinüber. Das Denkmal hätte zu Leuschner, dem hingerichteten Widerständler, besser gepaßt. Vergessen sind die Arbeiterführer beide. Straßennamen helfen nicht, die Zeiten aufzuhalten; Irrtum und Heroismus sind eins in der Gemeinsamkeit des Vergessens.

Der Bethaniendamm führt Seit' an Seit' mit dem Engeldamm an zwei erinnerungsschweren Gebäuden vorbei: das erste Gewerkschaftshaus Engeldamm 62–64, seit 1903 Sitz der Generalkommission der deutschen Gewerkschaften, und ein kleines Stück westlicher, Engeldamm 70, das Haus des Transportarbeiterverbandes, fertig 1930, als schon nicht mehr viel freie Zeit war, erbaut von Max und Bruno Taut: ein Hauptzeugnis der architektonischen Moderne.

Hier sieht man, was Gewerkschaften einmal waren, welche Traditionen sie trugen. Hinter der Adalbertstraße, im Rücken des ehemaligen Diakonissenhauses, in dem Fontane apothekerte, ist der Bethaniendamm zur Zeit keine öffentliche Straße. Die Rollheimer packen aber ihre Sachen schon zusammen, räumen ab, sie werden vertrieben von hier, wohin, wissen sie nicht.

Gegenüber auf der Brandmauer, die aus der Köpenicker Straße herüberragt, steht: „Die Grenze verläuft nicht zwischen den Völkern, sondern zwischen oben und unten".

Die, die unten leben, haben sich aber bisher jedesmal gegen ihresgleichen aufhetzen lassen, und auf Befehl von oben haben sie sich gegenseitig umgebracht. Ist es damit zuende? Soll ich das glauben, hier, wo jahrzenhntelang Leute von unten auf beiden Seiten der Grenze entlanggegangen sind und sich voreinander bewacht haben?

Die Schillingbrücke heißt nach dem Chef des Aktienvereins, der die Brücke gebaut hat. Von der Brückenmitte betrachte ich die Bezirksgrenze dort, wo sie auf zum Wasser abfallenden Industrieplätzen unzugänglich ist. Bleßhühner, wilde Birken. Hinter Kapella-Fahnen eine weitere Wagenburg; im Gegensatz zu ihrer Kollegin am Bethaniendamm

Blick von der Schilling- zur Michaelbrücke, die Birken links stehen in Mitte.

hat sie fast etwas Bürgerliches, gemeinsamer Briefkasten, große Pfeile: „Hier Post für 10243 Berlin-Schillingbrücke"; ein Hund macht sich auf den Weg, ich bilde mir ein: zum Bethaniendamm, wo er eine Liebste hat, an der Straßenkante wartet er, blickt nach links, nach rechts und läuft erst hinüber, als grün ist.

Ich gehe durch die Köpenicker Straße, hier der grenznächste Weg, die Straße der Treibels: „Frau Jenny Treibel oder: Wo sich Herz zu Herzen find't". Von Theodor Fontane, Roman, 105 Jahren alt, dasselbe Thema wie auf der Fassade von vorhin, an deren Vorderseite ich nun vorübergehe: mit dem Herz zu Herzen gibt es allen Schlagerliedern zum Trotz Schwierigkeiten: „Ich höre so gern von glücklichen Ehen, namentlich in der Obersphäre der Gesellschaft", sagt Jenny Treibel, „eine gefährliche Person" (nennt sie Professor Schmidt, ihr Verlobter aus ärmeren Tagen).

Nr. 41 in einem Resthaus aus der Treibel-Ära nebeneinander „Ihr Friseur-Team", „French Bistro" und „Bestattungen Tag und Nacht".

Durch die Michaelkirchstraße, auf die Brücke zu, komme ich der Grenze wieder näher. Die Bewag modernisiert das Heizkraftwerk Mitte hinter einer Mauer gelber Baucontainer von Hochtief. Den Namen dieser Baufima empfinde ich – daran sieht man, daß ich kein Auftraggeber bin – als metaphysisch. Das Hohe und das Tiefe sind im Grunde (oder in der Höhe?) ähnlich. „Untiefe" ist auch ein solches Wort, das offen läßt, ob etwas flach ist oder tief. Wie die Erinnerungen, die über uns herfallen oder aus uns aufsteigen. In dem postmodernen Haus Nr. 13 bietet Artur Caesar Berendt Läden an; ein früherer Artur Cäsar Berendt war Handelsrichter in der Kammer für Handelssachen, deren Vorsitzender ich in einem anderen Leben war, ich nannte ihn den „Oberhandelsrichter", ich könnte Geschichten erzählen über den Immobilienmakler, er ist tot, ich bin auch nicht mehr, der ich war, die Namen sind sich noch ähnlich. Neben der Mitropa der „Kiez-Treff", die kleine wilde Birke, die aus dem oberen Stockwerk wächst, ist noch da, ich habe sie hier schon beschrieben, gelegentlich sehe ich nach ihr, bald wird sie fort sein und nur in meiner Erinnerung (und meinen Texten) eine Zeitlang weiterleben. Der drei-schiffige Bahn-Neubau an der Holzmarktstraße interpretiert den architektonischen Fachbegriff „Schiff" neu: Die Eisenbahnkapitäne in ihren Haus-Schiffen – ist das Diversifikation oder Mißtrauen gegen die Schiene, die sich womöglich rapide in Schwebehöhe entfernt? Die Symbolik des Bauwerks ist so dick wie es Überseedampfer wären auf der Spree. Auf der anderen Seite der Holzmarktstraße gibt es ganz andere Stadtsstimmung.

Die Grenze, die ich erkunde, führt hinter den Häuserblöcken der Lichtenbergerstraße entlang, durch einen weiten Innenhof. Er ist das Gegenteil der Innenhöfe des steinernen Berlin. Inmitten liegen Schulen; „Faschos müssen draußen bleiben" ist an die graue Schulwand gesprayt, die Kinder sehen freundlich aus, die Wände der Schulgebäude nicht, die Wohnungsbaugesellschaft Mitte scheint für das Aus- und Ansehen dieses Quartiers mehr Verantwortlichkeit zu empfinden als die Stadt Berlin; die WBM hat das Haus, auf das ich nun zugehe, in verschiedenen Grün- und Gelbtönen verfreundlicht und eine Fassadenverzierung angebracht, die wie der eckige Kopf eines gehörnten Stieres aussieht.

Am Strausberger Platz hat sie die bescheidenen Metallbalkone blau und weiter unten grün angestrichen. Als man diese Straße Stalinallee nannte und ihr „Zuckerbäckerstil" vorwarf, sagte mein Vater: „Seit wann ist ein Zuckerbäcker was Häßliches?"

Das Eingangshaus zum Strausberger Platz zitiert: „Solch ein Gewimmel möcht ich sehn, auf freiem Grund mit freiem Volke stehn": der Mann, der das sagt, ist blind und liegt im Sterben, er wird nur noch 34 Wörter sagen, das erste dieser letzten Wörter hieß: „Ein Sumpf zieht am Gebirge hin, verpestet alles ..."

An der Schillingstraße verschwinde ich in der unteren Welt.

Grenzgänge IV: Vom Classic zum Tati

Mein letzter Spaziergang (Grenzgänge III) endete bei Faust. Da paßt es, daß mein heutiger im Classic beginnt. Das ist ein angenehmer Ort an der Grenze von Friedrichshain zu Mitte, er hat also gar nichts Grenzhaftes: ein Caféhaus.

Ein Kind wählt unter den Eissorten. „Bedenke, du hast bloß einen kleinen Magen“, sagt der Großvater, vielleicht kann er sich nicht an die Zeit erinnern, als er sechs Jahre alt war, vielleicht hat er auch als Kind niemals ein Eisangebot erlebt wie das hier.

Über meinen Milchkaffee beobachte ich den Strausberger Platz. Die vielen Autos nehmen ihm viel von seiner Platzhaftigkeit. Plätze entstehen durch Geschlossenheit, der Strausberger Platz ist zu offen. Zu groß für Menschen zu Fuß. An den Ampeln muß man lange warten. Ich empfinde den Platz trotzdem als schön. Man könnte Schlager über ihn schreiben wie über die Champs-Élysée.

„Coca-Cola“ steht hoch an dem einen, „Vereinsbank“ hoch an dem anderen Entreehaus, nach Mitte ein weiter Blick auf den Turm des Forum-Hotels und den Fernseh-Turm: Da haben wir alle Insignien der gültigen Alltagskultur.

Der grün-weiß gekachelte Gewerbehof, der im Rücken von Karl-Marx-Allee 49 übrig geblieben ist, bezeugt eine Stadtzeit, die hier so vergangen ist, daß sie kaum noch wirksam bezeugt werden kann. Die Brandmauer ist eindrucksvoll, die Backsteine haben in ihr Individualität, überhaupt: daß Backsteine zu sehen sind, nicht nur breitflächige, farbige Fassaden; vorm Tor des verfallenden Garagenhäuschens wächst eine kleine Weide, die sterben müßte, wenn man die verbretterte Tür offnen wollte. Sie bleibt geschlossen.

Dieses Zeitengemisch im Rücken der Allee, wie man hier abkürzt, im ruhig-weiten Innenhof, der das bürgerliche Gegenstück bildet zum staatsrepräsentativen Strausberger Platz, würde ich unter Denkmalsschutz stellen, damit alle Vorübergehenden wüßten: Es gibt nicht nur die zeitlose

Kleine alte Garage im Rücken der Karl-Marx-Allee.

Gegenwart, in deren kloniger Ähnlichkeit man sich verirren kann, ohne daß Bilder und Eindrücke sich änderten.

Die Weydemeyerstraße verhält sich zur Karl-Marx-Allee wie Joseph Weydemeyer zu Karl Marx. Als früher Sozialist hatte der Ex-Offizier Weydemeyer an der Zeitung von Karl Marx gearbeitet, ehe er in USA in dem grausamen Bürgerkrieg gekämpft hat, aus dem die Weltmacht entstand; als die Cholera sein Leben beendete, war er Finanzstadtrat von St. Louis: vom Krieg abgesehen ein guter Lebenslauf für einen Sozialisten, am Ende geht es darum, Einnahmen und Ausgaben ins Verhältnis zu bringen.

Weydemeyers Straße erschließt im Rücken der Prachtstraßenhäuser an der Allee des Meisters niedrig-geschossige Laubenganghäuser. Aus ähnlichen wollte Hans Scharoun das ganze Quartier erneuern, er nannte sie „Wohnzellen", da bin ich froh, daß die Geschichte ihm in den zeichnenden Arm gefallen ist. Einige dieser Häuser der Weydemeyerstraße renoviert Bärbel Knobel in blassen Farben, grünlich, rötlich, bläulich: die Bläßlichkeit ist in, man sieht sie hierinnen mehrfach, auch die Wohnungsbaugesellschaft Mitte bevorzugt sie; das gibt dem Areal etwas Lichtes: so freundlich wie – beispielsweise – die meisten Friseusen freundlich sind: Man geht gerne hin.

Manche Wege in diesem weiten Innenstadtgeviert bezeichnen sich als Privatwege. Was öffentlich ist und was privat, vermischt sich hier, wir könnten soziologisieren. Am Kunstrasensportplatz kann man beobachten, daß die Korbjäger von Alba bereits Alltagswirkungen hinterlassen: An vier Stellen versuchen die Jugendlichen, Bälle durch Körbe zu befördern, die Fußballtore stehen unbenutzt.

Der Schulhof der neunten Grundschule an der Berolinastraße, die als eine Straßenalternative zu KMA und Mollstraße das Gelände durchquert, wird neu gestaltet, vielleicht ein bißchen übergestaltet; die Kinder haben Ferien. Die Kinderbilder an den Schulfenstern zeigen Dorfidyllen. Ist das ein Kommentar der Kinder zu dem, was sie hier mit Augen sehen? Oder einfach Planerfüllung nach Lehrerauftrag?

Mit drei Betonkernen wächst das Haus, das das Bezirksamt schon vorab von Trigon gemietet hat. Die Baustelle wirkt wohl geordnet. 80 Pfennige müssen die Bauarbeiter im blauen Container für einen Kaffee zahlen. Einer singt ein griechisches Lied. Von den Bauarbeiterprotesten heute in der Stadt merkt man hier nichts.

Die Berolinastraße heißt nach der 1889 aus Gips und Ton, 1895 aus Kupfer gegossenen dicken Frau, die schließlich auf dem Alex stand und die Stadt selbst symbolisieren sollte. 1942 hat man sie eingeschmolzen, um Kanonen aus ihr zu bauen, mit der man die Nachbarn bombardieren konnte.

Aus Nr. 10 kommt ein schönes, mittelaltes Paar, lustig, Mann und Frau, als ob sie eben eine nachmittägliche Liebesstunde zugebracht hätten. Am schönsten ist Liebe am Nachmittag, nachher geht das Leben gleich weiter.

Am Haus mit den langgezogenen roten Balkonen komme ich auf die Magistrale zurück. Sie heißt hier nach Joseph Moll, er war erst 35 Jahre alt, als er 1849 sein Leben ließ für eine deutsche Republik; er hätte lieber in London bleiben sollen, wohin er schon geflohen war vor den deutschen Richtern.

Die Straßenkreuzung Moll-/Otto-Braun-Straße hat etwas Wüstes. Der Tunnel, der stadteinwärts die Straße und die Autos unter der Grunerstraße verschluckt, beruhigt.

Ich biege in die Wadzeckstraße ein. „Haupteingang vom Hof" steht an den Häusern, der Weg hintenherum ist also der richtige. „Dann mußt du es hintenrum versuchen", sagte meine Großmutter, wenn man auf regulärem Weg nicht bekommen hatte, was man brauchte.

In Containern vor dem dunkel-schönen Kraftverkehrsamt werden Autoversicherungen und Autoschilder angeboten, hier gibt's, was man braucht, um an der heiligen Beweglichkeit regulär teilnehmen zu können.

Der Eingang in die Linienstraße von der Karl-Liebknecht-Straße wirkt fast privat. Der Hof des Hauses Nr. 13 bildet ein zugemauertes, aber durch private Tür zugängliches Eckgrundstück: eine Verbindung der Gegensätze, würdig des Denkmalschutzes, aber Denkmals-Senator Strieder wird mich nicht ernst nehmen.

Die Linienstraße führt ins Ruhige, durch die Weydingerstraße (über die ich weiter oben schon geschrieben habe) komme ich zum Tati. Dort im Poelzig-Haus neben dem Babylon beende ich meinen heutigen Spaziergang.

An der grünen Schreibtafel über den Urinalen des Bistros steht heute: „Der Tod vereint alle, niemand nimmt ihn", ein Kommentator schreibt: „Trotzdem freu ich mich auf Weihnachten".

Grenzgänge V: Vom Schönhauser Tor zum Drei-Bezirke-Eck

Das Schönhauser Tor wird immer mehr Tor, Eingang und Ausgang, Mitte, Prenzlauer Berg, unten und oben, von der Torstraße steigen die Straßen auf, sie fallen zu ihr ab. Kommunikation hieß die Straße die längste Zeit ihrer Geschichte, Verbindung, Verständigung, Austausch.

Bei Favella, brasilianische Bar, biege ich, dicht an der Bezirksgrenze, in die Gormannstraße ein. Mit dem Straßenzug Gormann-/Choriner Straße hebt Berlin sich an. Bis zur Fehrbelliner Straße steigt die Stadt; das Eckhaus Nr. 85 an dem kleinen Straßenplatz zur Zehdeniker Straße, zeigt seine alte Fassade vor einem jungen blauen Himmel.

Schwarze Pumpe heißt die Kneipe, in der an der Ecke Fehrbelliner Straße freundliche junge Frauen anständiges Frühstück verkaufen. Drei junge Frauen am Nachbartisch unterhalten sich mit plastischen Gesten über die Männer der vergangenen Nacht.

Viele Häuser sind hier wie sie ein Jahrhundert lang wurden, aber viele auch erneuert im Versprechen einer verwandelten Stadtzukunft. An manchen Wänden kann man noch lesen, wie man hier lebte, „Brennholz und Kartoffelschalen“, neue Ansprayungen zeigen, wie mancher heute hier denkt: „Kein Gott, kein Staat, kein Mietvertrag“.

Links liegt am Straßenende die Zionskirche; ich lasse sie auf diesem Spaziergang mehrfach links liegen; eine „Votivkirche“ heben die Führer hervor, als ob jeder heute noch wüßte, was eine Votivkirche ist; zur glücklichen Errettung – heißt es – des Königs vor einem Attentat; daß der König/Kaiser sich gerade hier Dankbarkeit erwartete, werden viele der damaligen Quartiersbewohner eher als Drohung aufgefaßt haben. Rettet die Erde, steht an der Turnhalle der 1. Grundschule Prenzlauer Berg über exotischen Wandbildern; hier haben sie Sprayer als Künstler offizialisiert.

Dort biege ich in die Schwedter Straße nach Westen. Die Straße verläuft in einer eleganten Biegung zur Kastanienallee. Diese Allee liegt noch ziemlich unrenoviert da, die Apotheke gegenüber heißt Concordia, Eintracht, am westlichen Ende der Straße sehe ich das Handelszentrum aufragen, ich denke an Schalck-Golodkowski und seine westlichen Geheimdienstkollegen, die Straße verläuft direkt auf den Tegernsee.

In Wirklichkeit führt sie mich an der Griebenowstraße vorbei, benannt nach dem Großgrundbesitzer, dem die ganze Gegend gehört hat. Da hat er schwer Pinke gemacht, nachdem Hobrecht, der Städteplaner, hier eine Straße in seinen Plan gezeichnet hatte. 1862 war das. Die Kommune nannte die Straße nach dem Millionär, der abgesahnt hatte, die Witwe sponserte dafür das Pfarr- und Küsterhaus der Zionskirche, Gott hat sich gefreut, die Häuser sind noch da; Geld schafft Erinnerung.

Die Griebenowstraße ist schön; die Eckhäuser hat die WBM elegant renoviert, dann kommt eine leichte Biegung, und wieder sehe ich die Zionskriche vor mir. Ein indisches Restaurant, das evangelische Pfarrbüro mit Ankündigung einer Veranstaltung übers Judentum, der Kiezladen; er bietet selbstbewußt oder laut pfeifend im kapitalistischen Billigwald „unsere Produkte“ an, gegenüber heißt es an der Hauswand: „Den nationalsozialistischen Konsens liquidieren!“.

Wer sind die Nazis, gegen die hier auffällig viele Sprayer demonstrieren?

Welche Verschwörung wird befürchtet? Verführung des Wohlstandes, des Individualismus, des Solipsismus? Während der Nazismus doch eine deutsche Massenbewegung war, auch viele, die hier wohnten, wählten Hitler und sind mitmarschiert in den braunen Kohorten.

Der Frühlingswind weht mir den Geruch gegrillter Billighähnchen entgegen vom Saskun Imbiß und Gewürzdüfte vom Kung Fu, Ecke Fürstenberger Straße, die ich hinuntergehe, um einen Blick auf den Arkonaplatz zu werfen, den ich so schön finde, in jeder Jahreszeit.

In meinem Text „Vom Arkona- zum Vinetaplatz" (unten Seite 191) habe ich dieses Jahr schon über seine Winterlichkeit geschrieben. Jetzt liegt er im Forsythiengelb.

Wo die Schwedter Straße aus Mitte und die Oderberger Straße aus PrenzlBerg auf die Bernauer Straße treffen, stoßen drei Bezirke aneinander. Ich versuche auf der geodätisch richtigen Stelle zu stehen. Hier ist es kühl und windig. Gegenüber beginnt eine Rasenfläche, die sich Mauerpark nennt.

Schon die jüngste Geschichte muß erklärt werden. Und unter ihr liegen viele andere wie die sieben Mauern Trojas unterm Schutt der Zeiten, sie konnten nicht mehr zu Wirklichkeit ausgegraben werden, alles Mythen. Eine Mythe, eine Leseerinnerung steigt in mir auf, fast zufällig. Erich Schmidt. Im April 1933 „schon im Zustand sozialdemokratischer Halblegalität" (wie Willy Brandt schreibt) wurde dieser aufrechte Demokrat, ein junger Mann aus Prenzlauer Berg, Vorsitzender der SAP, der sozialdemokratischen Ar-

Bernauer Straße, dahinter Schwedter- und Oderberger Straße vom Eingang zum Mauerpark, hier treffen sich die Bezirke Prenzlauer Berg, Mitte und Wedding.

beiterjugend, von einem Parteivorstand aus der SPD ausgeschlossen, der die Partei eben aus der politischen Wirklichkeit ausgeschlossen hatte, um ein Lesebuchblatt zu gewinnen.

In seinem Buch „Meine Jugend in Gross-Berlin“ hat Schmidt, als er längst US-Amerikaner war, auch diesen Ort hier, an dem die Gegenwart dreier Bezirke im Winde liegt, beschrieben: Aus der Schwedter und der Oderberger Straße kamen wir heraus zum „Exer“, zum ehemaligen Exerzierplatz, der „ein riesiger steinener Sportplatz geworden war … Ein Anziehungspunkt für Zehntausende … Der Exer war zum Drachensteigen ideal. Vater baute ein zwei Meter langes Monsterexemplar, ein richtiges Statussymbol, mit langen bunten Ohren und einem sechs Meter langem Schwanz“, im starken böigen Wind steigt der Drache auf, hält sich in der Luft, jetzt sehe ich ihn hier, ein Zeichen, eine unklare Erinnerung, nichts war golden an den 20er Jahren, bis hierher kam die Avantgarde nicht.

Der kleine Eckplatz an der Schönholzer Straße eröffnet einen Blick in einen engen Hinterhof; auf der anderen Seite Schönholzer-/Ecke Brunnenstraße eine ähnliche Aus- und Einsicht. Ein schwer Betrunkener kommt auf mich zu: „Wat siehsde hier?“; die Vergangenheit, die Gegenwart; auf dem roten Plakat der IG Bau steht: Die da oben streichen ein, die da unten werden gestrichen.

Grenzgänge VI: An der Bernauer Straße

Bernauer Straße: dieser Name löst bei mir immer dasselbe Bild aus: eine alte Frau, in einem Fenster, sie traut sich nicht loszulassen, um in das Tuch der Feuerwehr zu fallen. Es ist ein undeutliches Bild. Es bildet nichts ab, was ich in Wirklichkeit gesehen habe. Es ist mir mitgeteilt worden. 1961 hatte ich noch keinen Fernseher. Also habe ich das Bild, das meine Erinnerung beschäftigt, vielleicht in der Wochenschau gesehen oder in der Zeitung. Vielleicht habe ich es verfertigt aus anderen Bildern, die ich anderswo über andere Plätze gesehen habe. Wo immer es herkam in meine Erinnerung: damals war ich noch nie in der Bernauer Straße gewesen, später häufiger, um die Veränderungen zu besichtigen, die die Mauer mit der Straße bewirkte. Ich sage: die Mauer. Ich gebe mir Mühe zu vergessen, daß die Mauer kein handelndes Wesen war. Wer weiß, daß sie da war, der merkt, daß sie hier war.

Der Blick die Strelitzer Straße südwärts, also abwärts, an der Kreuzung mit der Rheinsberger, ist ein ruhigerer Blick als der Blick nach Norden. Nach Süden fällt die Strelitzer Straße sanft ab, im Hintergrund liegt Schinkels Elisabethkirche und der Fernsehturm, wirklich eine städtebauliche Glanztat, er befestigt die Stadt am Himmel, deshalb (sagen manche) zeigt er im Sonnenglanz ein Kreuz, aber der Himmel gehört nicht den Christen allein.

Der Blick nach Norden zeigt Wedding auf der Höhe, bald auch die Brache: das abfallende Rasenstück, das auf der Mitte-Seite der Bernauer liegt und von dem das Bundesvermögensamt behauptet, daß es ein Privatgrundstück sei. „Betreten verboten“ steht auf dem Staatsschild. Der Staat kann in dieser Gegend nicht aufhören, zu verbieten, Befehle zu erteilen und Unwahrheiten zu sagen. Aber die Menschen halten sich nicht an das Verbot. Das Bundesvermögensamt hat uns nichts zu sagen. Auch ich gehe also über diesen weiten Rasen, der auf der Karte von Mitte als eine weiße Fläche eingetragen ist, als sei’s das Innere des

Kongos, unerforschtes Geheimnis, Herz der Finsternis oder Schnee.

Der Löwenzahn blüht gelb, es gibt schon wieder Zäune hier, sie machen Wege unmöglich, die lange möglich waren; der Friedhof wächst zur Straße herauf, er will Land für die Toten; gegenüber der betonigen Versöhnungskirche stehen zweimal umzäunt die drei Glocken, die sich durch keine lesbare Inschrift Mühe geben an etwas zu erinnern, was nicht mehr da ist. Die Glocken sind auch tot. Ein scharfer Wind weht Sand auf.

Friedhofsallee mit fernem Blick auf die Bernauer Straße.

Die Ackerstraße hat Schwierigkeiten, sich selbst zu finden, auf der Weddinger Seite gibt sie sich als Sackgasse, auf der Mitte-Seite wird vor ihr gewarnt: „Achtung Gehwegschäden“, es ist das größte der vielen Schilder dieses Inhalts in dieser Gegend, in der sich einige Jahrzehnte die Weltgeschichte aufgehalten hat und aus der sie nun fort ist unter Hinterlassung einiger ihrer Instrumente: ein paar Betonklötze, Mauerreste, zwischen Straße und Friedhof, im Streit, liest man gerade heute; eine Zeitung schreibt, wer diese Mauerstücke nicht fühlt, der sollte nichts zu sagen haben in dieser Stadt. Ich habe nichts zu sagen, ich bin so frei: Die Mauerreste sind kein Denkmal. Man soll keinen Versuch machen, Wunden immer wieder aufzureißen, wenn man keinen Versuch machen will, die innere Wundheit zu heilen. Wir sollten uns nicht gestatten, unsere Probleme in den Denkmalschutz umzuleiten.

Dieses Straßenstück der Ackerstraße zwischen dem Elisabeth-Friedhof mit der niedrigeren Mauer links und dem Sophienkirchhof mit der höheren Mauer rechts, ist von eigener Schönheit, es führt mitten durch Melancholien; ich zeichne das gußeiserne Eingangstor zum Elisabethkirchhof mit den beiden vergoldeten Sonnen. „Arbeiten Sie hier auf dem Friedhof?“ fragt mich die alte Frau von eben; so sah die Frau aus, denke ich, die im Fenster der Bernauer Straße …

„Nee“, sage ich.

„Ich meine nur: weil Sie so viel schreiben“.

„Mein' Sie, wer aufm Friedhof arbeitet, der muß viel schreim?“

„Jaja, meistens is det doch so. Oder?“

Eine Beerdigungsgesellschaft entfernt sich langsam von einer hinteren Grabstelle. „Guck mal“, sagt die Alte vorne auf der Bank zu ihrer Nachbarin: „Guck mal, nu heuln se!“

Gegenüber der Anklamer Straße entleert der Wind die Müllcontainer an der Friedhofsmauer. Das Haus Anklamer Straße 58 hat einen neuen Dachausbau, aus dessen westlichen Fenstern man einen schönen Friedhofsblick haben muß.

Die Ecke Acker-/Anklamer Straße kommt mir sehr typisch vor für Berlin wie es jetzt ist, wohl nicht lange. Die drei Brandmauern, die an das unbebaute Eckgrundstück herandrängen, scheinen dichte Geschichten zurückzuhalten, das vergangene Leben. „Wir haben das Zeitalter der Sklavenhalter niemals verlassen" ist angesprayt.

Die Anklamer Straße setzt sich über den Friedhof fort, an Kollo, Lortzing, Bach, Bechstein vorüber, den Gräbern der Musiker, Musikerenkel, Instrumentenbauer; die Allee vom Versöhnungskreuz aufwärts, westwärts läßt die Bernauer in einer herzergreifenden Ferne liegen: Laßt uns alles vergessen.

Die Bergstraße ist verriegelt, das Grünflächenamt hat sie zugeschlossen, durch Gebäude und Höfe der 3. Grundschule könnte ich die Gartenstraße erreichen.

An der Ecke Invalidenstraße wird hinter einer Absperrung gerade ein Richtfest gefeiert, der Redner bedauert, daß Diepgen nicht da ist, den Bürgermeister von Mitte begrüßt er gar nicht, aber ausführlich die Niederlassungsleiter der zuständigen Bank, die sind wichtiger, der Kob sieht mich schreiben draußen am Absperrzaun, er kommt langsam auf mich zu, die privaten Wachmänner mustern mich und verschränken die Arme vor der Brust.

Golden zeigt sich mir oben der „Nordbahnhof" an, dort verweile ich einen Augenblick an der Stelle, an der die Weddinger Grenze spitz nach Mitte hineinspringt. Ich bin froh, daß es nur die Weddinger Grenze ist. „Jugendliche und Gesellschaft gehen aufeinander zu" steht unten am Bahnhofsperron an zulässigen Spraybildern.

Als der S-Bahnzug mich unter der Stadt fortzieht, denke ich wieder an die Alte, die nicht wußte, ob sie sich von der einen Gesellschaft in die andere fallen lassen sollte.

Grenzgänge VII: Zwischen den Zeitstühlen

Zur Garten- und Bernauer Straße. In gotischen Lettern steht es im Nordbahnhof. Die Grenze zwischen Wedding und Mitte ist hier schon immer eine Mauer. Es ist eine Mauer, die sich Mühe gibt, nur gegenüber dem Gartenplatz ist sie einfach Mauer, sonst ist sie auch Gestalt, sie drückt etwas aus oder will etwas verbergen.

Wer heute an dieser langen Mauer lange entlang geht, bis sie oben an der Liesenstraße um die Ecke biegt, der empfindet Ruhe. In den Wohnhäusern gegenüber vermutet man Leute, denen man sich zuzählen könnte, befriedete Genossen eines Arbeiterkampfes, den keiner mehr führt, führen muß oder der daneben gegangen ist in unklarem Ausgang. Aber die bittere Not, die Ausbeutung und die Menschenverachtung, mit der hier, nahebei, der deutsche Kapitalismus begann, davon sieht man nichts mehr.

Der Kammerherr von Soundso, er verdient es nicht, mit Namen genannt zu werden, errichtete hier die ersten Mietskasernen, Ausbeutungsburgen, wie der große Cicero im al-

Eingang zum Stettiner Tunnel.

ten Rom seine insulae, in denen er die römischen Arbeiter ausbeutete, während er in idyllischem Landhaus unsterbliche Schriften schrieb und dem abendländischen Geist hinzufügte, was er bis heute nicht missen will.

Bettina von Arnim reiht sich geistesgeschichtlich ein: In dem Buch, das sie über die Gartenstraße schrieb, verbreitete sie ein Muster, das die Deutschen gut gelernt haben: der gute König habe nichts gewußt von dem Bösen, das seinen Untertanen geschah, „wenn das der Führer wüßte …“: wir wollen unsere Vorurteile über unsere Führer nicht aufgeben, wie über unsere Väter nicht, auch über die nicht, die ihre Kinder vergewaltigen.

So liefen mir die Gedanken fort an dieser Mauer entlang, die so harmlos tut. Sie grenzt die Eisenbahn ab von den Arbeitern, die sie erbauten; einen Tunnel gab es, hinüber zu den Maschinenfabriken der Borsig, Schwartzkopff, Wöhlert, Stettiner Tunnel, der Eingang ist noch zu sehen, vermauert.

Wie ein Blitz fährt dieses Grenzstück zwischen Mitte und Wedding über die Karte, Bernauer Straße, Gartenstraße, Liesenstraße. Wo Liesenstraße und Gartenstraße aufeinandertreffen und mit der Scheringstraße unter den Bahnbrücken einen Platz bilden, auf den man zwischen den Autos schwer hinüberkommt und auf dem das klassische Blechpissoir vergittert ist wie alle solche aus dem Bedürfnis in den Denkmalsschutz überwiesenen Installationen, dort habe ich den Eindruck, am Eingang von Mitte zu stehen: ein Eisenbahneingang, früher Stettiner Bahn; 30. 7. 1842 erster Zug nach Eberswalde, Alexander von Humboldt fuhr mit. „Die übrigen Fahrgäste waren meist Verwandte, d. h. keine Blutsverwandte, sondern Actienverwandte, Actienverwandte halten viel fester zusammen als Blutsverwandte“.

An der Liesenstraße verwandelt sich die Eisenbahnmauer in eine Friedhofsmauer, die eine lange Reihe spitzer Lanzen festhält, dahinter alter Domfriedhof.

Der französische Friedhof ist bescheidener eingezäunt, nur mit Draht, aber mit festem Draht, die Tür ist ankündigungswidrig geschlossen. Hinten liegt der Grabstein, der den zerstörten Grabstein vertritt, unter dem die Reste von Fontane in der Erde liegen, wenn die nicht auch von der Granate zerstört worden sind, die den alten Stein zerstört hat.

Dann führt der Weg als Trampelpfad über die Mauerbrache, die die historische Mauer hinterlassen hat. So komme ich zur Chausseestraße, ich bleibe stehen, blicke zurück über die Wiese zwischen den Friedhöfen und der Straße, diese Hinterlassenschaft der Staats- und Weltengrenze, hinten die Bahnbrücke, vorne eine Kapelle, die Spitze des Kirchturms von St. Sebastian rechts.

Das ist wieder ein solches Grenzerlebnis, ein Kulturerlebnis, eine kurze Lehrstunde: Mitten in der Groß- und Weltstadt das Ungeordnete, Ungeregelte, Nichtbeschilderte, die Beweise dafür, daß unter dem Asphalt die Natur liegt; die Ewigkeit ist nicht sehr lang, die Friedhöfe beweisen es: „Angehörige bitte melden", Ablauf der Ruhefrist, sonst Einebnung oder einfach Verfall. Hier werden die Totenstätten restauriert. Die Wiese will wieder Grabfeld werden.

Mir gefällt es so, wie es jetzt ist. Jetzt ist es so, wie es nicht bleiben wird. Jetzt hat es den Charme des Zwischenzeitlichen. In dem Bistro „Stadion der Weltjugend", wo ich jetzt einen Milchkaffee trinke, hängt Walter Ulbricht so unkommentiert an der Wand, daß die Ironie unübersehbar ist.

Hier habe ich tatsächlich einen Blick auf das Stadion der Weltjugend, das nicht mehr da ist und also auch auf die Kasernen, die nicht mehr da sind, vor deren Tor der Füselier Habersaath stand, als Offiziere ihn erschossen im November 1918. Auch Lili Maleen stand dort, von der – wie John Steinbeck sagt – das schönste Liebeslied der Welt handelt, aber leider ist es nur schön, wenn Krieg ist und wenn's Soldaten gibt, also ist es nicht schön.

Ich suche die Boyenstraße. Erst gerate ich zum Abwasserpumpwerk und zum Bundeswehrkrankenhaus. Ich stehe unter der Bewachungskamera. Durchgang mit sperrigen Gegenständen nicht möglich, Mobiltelefone verboten. Der Kasernenkommandant.

Das war hier schon immer militärisches Gelände, Sperrbezirk, Militär- und Regierungslazarett, es folgen die Invalidenstätten: den Menschen ihre Vollständigkeit nehmen und sie dann in ihrer Unvollständigkeit auf den Bänken sitzen lassen, bis man sie mit Gepränge zum Friedhof der Unvollständigen bringt: Invalidenfriedhof, Helm ab zum Gebet, wenn alles zu spät ist.

Die Boyenstraße ist eine Baustelle, der Öffentlichkeit fast verloren gegangen. Am Ende ist Schluß, man kommt die Scharnhorststraße nicht hinüber, durch den Parkweg am Weddinger Eisstadion also bis zur Kieler Brücke, Brücke seit 1893; die jetzige Ausführung, blau und vier Jahre neu, spannt sich elegant über den Berlin-Spandauer Schiffahrtskanal.

Die Kieler Straße wird eine schöne Uferpromende, vielleicht bis zum künftigen Wirtschaftsministerium, neben der Sandkrugbrücke. Jetzt ist sie von Bauzäunen abgesperrt. Ich stehe an der Stelle, wo Wedding, Tiergarten und Mitte sich gleich neben der Brücke berühren. Dann gehe ich, also auf Tiergartener Gelände, die Heidestraße hinunter, am Containerbahnhof entlang.

Auf der Sandkrugbrücke verweile ich, blicke das Grenzstück übers Wasser zurück und freue mich, daß hier nichts Gegenständliches die Grenzerlebnisse zitiert, die hier viele hatten in jener Zeit, von der wir langsam aufhören uns vorzustellen, daß es sie gegeben hat. Auch die Zukunft kann ich mir nicht gut vorstellen. Oder ich kann sie mir vorstellen und hoffe deshalb die vergebliche Hoffnung, daß alles bleibt, wie es ist. Ich lehne am Brückengeländer, zwischen den Zeiten, Veränderung links, Veränderung rechts, ich in Ruhe.

Grenzgänge VIII: Von der Sandkrug- zur Marschallbrücke

Die Sandkrugbrücke zittert. Die kurzen Schwingungen sind Zeitzeichen. Solange die Brücke so zittert, ist Berlin nicht geteilt. Auf dem weißen Stein zwischen den Zierpfeilern ist zu lesen: Grenzübergang Invalidenstraße 1961 – 1981, aber jeder sagte: Sandkrugbrücke.

Der Sandkrug war eine Wirtschaft mit Garten an der steinernen Brücke. Jetzt ist die Brücke das Zentrum einer großen Baustelle. Ich zähle 15 Kräne, 6 Bagger, 12 Schilder von Baufirmen. Vom Wirtschaftsministerium staubt Schutt krachend durch die hell- und dunkelgrünen Gliederrohre in die blauen Container. Das Wirtschaftsministerium entsteht hinter einer Fassade von Barock-Imitat.

„Früher: Regierungskrankenhaus“ schreibt die Bundesbaudirektion auf dem Bauschild, weiter als bis zur DDR reicht die Erinnerung nicht. Die Fassade wirkt auf mich als ein Kommentar. Das Wirtschaftsministerium einer Welt-Wirtschaftsmacht: abgekehrt von der Moderne, umkleidet mit Scheinbarkeit.

Daneben der Hamburger Bahnhof, der nur eine kurze Zeit wirklich ein Bahnhof war. Die schwarz-grünen Fahnen auf seinen modernisierten Türmen kündigen keineswegs Anarchie an. Drinnen ist alles gut arrangiert, das Gebäude ist eine Sehenswürdigkeit, licht und schön, der Inhalt nennt sich „Museum der Gegenwart“, aber nichts ist hier wirklich Gegenwart; Kunst-Stücke, die sich im Besitz eines Baulöwen überlebt haben und jetzt komisch wirken; die 10 „Portraits“ von Immi Knoebel, die es mir angetan haben, sind nicht mehr da, der Uniformierte unter dem Schild „Information“, zuckt mit den Achseln „Die hier sagen doch unsereinem nüscht“. Das ist die 8 Mark Eintritt alleine wert: Anspruch und Wirklichkeit; im Hamburger Bahnhof macht ein Geschäftsmann Geschäfte mit Hilfe des Staates, das paßt in die Nähe des Wirtschaftsministeriums.

Robert Koch auf dem Robert-Koch-Platz unter den Kastanien.

Ich suche das Alexanderufer. Es heißt seit 1856 nach Alexander von Humboldt. Mehr als 1000 Straßen, Plätze, Gewässer, Berge, Pflanzen, Tiere, Minerale, sogar Teile des Kosmos heißen nach ihm. Das Alexanderufer ist fort. Ohne Hinweis. „Fußgänger verboten. Vor Einfahrt beim Pförtner melden". Wo ist hier ein Pförtner?

Als die Mauer gefallen war, konnte man auf dem Asphaltweg der Grenzschützer lange zivile Wege gehen. Diesen Weg hätte man erhalten sollen. Das wäre ein lebendiges Denkmal gewesen.

Auf dem Robert-Koch-Platz blühen die Kastanien. Robert Koch sitzt weiß auf seinem Denkmal, er sieht wie ein Mönch aus, die Texte sind kämpferisch, der Arzt wird ein Führer im Kampfe genannt, gegen Seuchen, Viren, Bakterien.

Der Platz wirkt heftig und laut. Auf der einen Seite Baustellen, Kräne, Bagger, Betonmischmaschinen, „Der Betonknacker ist da" steht auf einem Auto; nach der anderen versucht er historisch zu wirken, die Bundesärztekammer hat die Kaiserin Friedrich wieder golden angeschrieben an das Haus, in dem unten die Ärztebank amtiert.

Wogegen wird heute hier gekämpft? Gegen den Verfall? Gegen die Vergangenheit? Gegen das Nichts? Gegen die Zeit. „Leute los! Macht ran! Die Zeit läuft uns weg!" ruft der Polier.

Die Straße, die durch den Platz läuft und dann durch die ganze Charité, heißt Luisenstraße, nach einer schönen Königin, der die Geschichte eine politische Bedeutung angedichtet hat, die sie nicht besaß. 20 Jahre hieß sie nach einem sozialdemokratisch-kommunistischen Funktionär; die eine Geschichte gilt, die andere gilt nicht, unsere Geschichte sind beide nicht.

Vorbei am Langenbeck-Haus. Wer weiß noch was von Langenbeck? „Die bildschöne Herrenreiterin Carola Renz war abends im Zirkus gestürzt und wurde sterbend in unsere Klinik gebracht. Als nun dieses schöne Haupt geöffnet werden sollte, stellte sich heraus, daß kein Wärter vorhanden war, welcher der schweren Arbeit des Rundherum-Aufsägens des Schädels gewachsen gewesen wäre. Also mußte Friedländer, der Gelehrte, selbst heran. Es mißlang. Auch Israel blamierte sich. v. Langenbeck war kribbelig geworden, schüttelte das Haupt: ‚Aber meine Herren! Von der Pike dienen! Von der Pike an!' Nahm die Bogensäge und mit ungemeiner Akkuratesse und einer technischen Meisterschaft hob er die durchsägte Schädeldecke von der durchbluteten Hirnhaut ab". Der Bestseller, in dem das steht, heißt „Besonnte Vergangenheit", in den 20er Jahren erschienen, Carl Ludwig Schleich, ein Thema für sich.

Die Luisenstraße geht tatsächlich durch die Vergangenheit. Auch die Neubauten der Charité wirken merkwürdig historisch. Hier hatte die Medizin früher als anderwo einen industriellen Höhepunkt erreicht, die Medizin der Anstalten, der Sanitätsburgen, die großen Ärzte die großen Generäle, die Kämpfer, wir anderen das Menschenmaterial.

Die Marschallbrücke am Straßenende ist nur noch ein schmaler Fußgängersteg mitten in einer heftigen Baustelle.

Die Uferstraßen versperrt. „Durch die Baumaßnahmen unterliegen die Mieter großen Belästigungen. Das betrifft jetzt auch den Müllbereich". Regierung und Parlament machen sich breit. Ich will ein Stück näher ans Wasser. „Baufeldfreimachung" steht auf dem hohen Schild.

„Halt! Verboten!"

„Warum?"

„Sehn Sie doch!"

„Ist das keine Straße mehr?"

„Nicht für Sie."

Grenzgänge IX: Blick durch den Zeittunnel

Von der Marschallbrücke sieht man Berlin. Natürlich sieht man nicht Berlin von der Marschallbrücke. Aber man sieht, wie der Hauptstaat sich niederläßt in der Hauptstadt. Er hat die Stadt besichtigt, hat sie ungenügend gefunden, nun macht er sie neu.

Von der Marschallbrücke blicke ich in alle Himmelsrichtungen. Die Uferwege sind aufgehoben; sie haben ihre Öffentlichkeit zunächst an Frau Süßmuths Baggerfirmen verloren. Hier heißt „Deutscher Bundestag": nicht für Bürger, Entbürgerung. Aber die Baustellenpalisaden werden fallen, man wird die gesperrten Wege wieder entsperren. Könnte man es nicht jetzt schon an Ort und Stelle versprechen? „Liebe Bürgerinnen und Bürger, liebe Besucher Berlins, der Schiffbauerdamm, das Kapellenufer, das Reichstagsufer müssen für die Reichstagsrenovierung und für Neubauten des Deutschen Bundestages gesperrt werden bis zum … Sie sind dann für alle wieder offen. Wir bitten um Ihr Verständnis".

Die Marschallbrücke ist währenddessen nur ein enger Fußgängerweg zwischen hohen Drahtgittern. Die ältere Frau, der es schwer fällt, die engen durchsichtigen Metallstufen hinabzusteigen, sagt: „Also Türme besteigen, das könnt ich nicht mehr!" Der Steg scheint im Winde zu schwanken. Ein weißhaariger alter Mann, dem ein freundlicher junger Mann, der vom Fahrrad gestiegen ist, erklärt, was er sieht, sagt ängstlich: „Ich hätte nicht raufkommen sollen, nun muß ich wieder runter." Der junge Mann hilft ihm hinab: „Sehn Sie, das ist Berlin", sagt er.

Dann fährt er die Luisenstraße nordwärts. Dort liegt überwiegend Gestern: ganz hinten das hohe Querhaus der Charité; in der Nähe ist die DDR parlamentarisch verziert worden, in einem Haus, das nach zwei Hauptkünstlern der Amputation benannt ist: im „Langenbeck-Virchow-Haus" hatte 26 Jahre lang die Volkskammer der DDR ihren Sitz, hier ist Wilhelm Pieck als einziger Präsidenten dieses Staats der großen Hoffnungen und geringen Erfüllungen zweimal bestätigt worden.

Die Mieter der Plattenhäuser rechts vorne, dicht an der Brücke, sind nun mitten drin im werdenden neuen Staat. Von ihren Balkonen sehen sie, wie Deutschland umgegraben wird. Die Wegweiser nach Osten weisen zu „Brokers Bier Börse, Restaurant ab 8 Uhr, Spekulieren ab 18 Uhr" und zum Berliner Ensemble wie zu einem Museum. Von Peymann ist weit und breit nichts zu sehen; wer weiß, wie's hier aussieht, wenn er wirklich kommt; wer weiß, ob er wirklich kommt und ob es das BE dann noch gibt. Hinten links liegt es. Bertolt Brecht ist erst 100 Jahre alt und schon sehr klassisch.

Der Bahnhof Friedichstraße über den Spreewassern ist grau verkleidet. Wenn man von der Marschallbrücke nach Westen schaut, kann man sich nicht mehr vorstellen, wie vollständig und wie erhalten der Reichstag aussah, als Christo ihn verkleidet hatte. Er sah aus, als ob er lange in Frieden gelegen hätte, jetzt sieht er aus, als ob er lange im Krieg gelegen hätte. Über der Fassade erhebt sich bereits eine hölzerne Andeutung der Neokuppel. Sie wird eine Erinnerung an die geschichtliche Kuppel sein, mit der das 2. Deutsche Reich das Parlament als Schloß verkleidete. Ich habe Schwierigkeiten mit einem neu verkuppelten Reichstag. Die Kuppel ist undemokratisch; sie zitiert aus falschen Texten, unter der Kuppel wird es der Bundestag schwer haben.

Vor dem Reichtstag arbeiten die bunten Kräne, sie bauen Büros für die Abgeordneten. „Was bei uns der Lange Eugen ist", sagt ein rheinischer Vater zu seiner müde folgenden Familie, „das bauen sie hier wieder. Und das Haus, an dem wir eben vorbei sind, das war auch schon für den Bundestag". Alles scheint unfertig, was man von der Marschallbrücke sieht, auch das, was schon fertig war. Der Kontext ändert sich. Nur im Süden, hinten am Pariser Platz, dem Platz der Täter, das Adlon, grünbedacht und scharz-rot-gold beflaggt: fertig und in Erwartung.

Auf der Treppe des Hygiene-Institus sitze ich und schaue den Kränen und den Baggern zu. Die Tür hinter mir öffnet

Blick von Osten auf den Reichstag mit hölzerner Kuppel-Andeutung.

sich in eine andere Welt. Die medizinischen Größen von gestern in Fotos an der schmutzigen Wand, stille freundliche Studenten kommen herein und gehen hinaus. Ich hocke auf der Grenze zwischen dem Gewesenen und dem Werdenden, habe nicht das Gefühl, mich im Seienden aufzuhalten. „Mensch, hier muß man sich ja trauen", sagt eine Frau, die die obere Wilhelmstraße offenbar für ungangbar gehalten hatte. Viele Fußgänger sehen hier aus wie Expeditionsteilnehmer.

Zwischen den dicken Betonwagen ein bunter holländischer Touristenbus. Was sehen die Nachbarn hier? Deutschland legt Baustellen zwischen sich und seine Geschichte. Die Dorotheenstraße, die im neuen Deutschland nach einer Kurfürstin heißen muß und nicht nach einer Parlamentspräsidentin heißen darf, ist eine einzige Baustelle, am schmalen Fußgänger-Weg ein kleines Plakat der IG Bau: „17 000 Bauarbeiter in Berlin arbeitslos. Wir haben die Schnauze voll". Rechts die obere Ebertsstraße liegt hinter einer abweisenden rot-weißen Schranke, „Baustellenzufahrt Dorotheenblöcke"; das Bauschild verkündet: „Die zentralen Baumaßnahmen des Deutschen Bundestages im Parlamentsviertel Spreebogen"; gegen das Wort „Maßnahme" sollte es ein Vorurteil geben, „Parlamentsviertel" ist für die Gegend ein neues Wort, auch eine Umbenennung des Gewesenen. Am grünen Zaun der Ebertstraße, deren Namen die deutsche Geschichte stets linientreu nachvollzogen haben, weiße Kunststoffkreuze mit Namen von sogenannten Maueropfern; wenige sehen genau hin. Sogar an das „unbekannte Maueropfer" ist gedacht. Dieser Anklang an den unbekannten Soldaten versucht ins Heldenhafte zu transponieren, was man moralisch und persönlich nehmen müßte – das ist postmodernes Denken (oder uraltes: Das Volk bringt die Opfer und darf nachher der Geschichte auf schmalen Wegen ein bißchen zusehen). Dieser Teil der Ebertstraße, zwischen Reichstag und Brandenburger Tor, ist eine Kurz-Meile, eine postmoderne Meile gedrängter Geschichte, ich müßte sagen: Geschichtsphilosophie. Aus Westen und Osten biegen die Autos ein, die gelben Betonsilos verstellen das, was übrig geblieben ist, die Betonkerne neuer Häuser, die später mit Fassaden der Scheinbarkeit verkleidet werden, rücken von der Seite eng an das Brandenburger Tor heran, auf der sich früher das „Reich des Bösen" befand. Man sollte diesen Teil der Ebertstraße Bonner Straße nennen (nicht nur den Platz vor dem Tor), damit mitten im neuen Deutschland eine Erinnerung bleibt an das knappe halbe Jahrhundert, in dem Deutschland teilweise ein Staat ohne Ehrgeiz war. Ach nein, der Satz klingt professoral, hohl, ich verwerfe den Vorschlag: Die deutschen Erinnerungen sind nicht eindeutig, Verdrängen ist besser als Erinnern.

Grenzgänge X: Paris – Bonn – Berlin

Auf diesem zehnten Spaziergang an den Grenzen des Bezirks Mitte entlang bin ich jetzt am Brandenburger Tor angekommen. Das Tor ist noch da. Man sieht es noch.

Niemals hätte ich – sagen wir: im Jahre 1986 – gedacht, daß ich das Brandenburger Tor jemals in einer solchen Gesellschaft sehen würde wie jetzt. Daß der Pariser Platz wieder werden würde wie er war, quadratisch wie nur ganz wenige Plätze auf der Welt, das sieht man zur Zeit nicht; das muß einem gesagt werden.

Es wird ja gesagt. Schon sieht man es. Das Adlon ist schon da, das Haus Sommer, das Haus Liebermann, die Dresdner Bank auch schon fast, die DG-Bank erhebt sich demnächst aus der Grube. Ob das die Akademie der Künste aushält, weiß man nicht. Vielleicht stürzt auch ihr Rest in sich zusammen vor so viel Wiederherstellung rechts und links.

Das wäre die Strafe dafür, daß die Akademiker auf einer Glasfassade bestanden haben und nicht gleich bereit sind, in der alten Säuleninszenierung zu spielen. Irgendwann ist hier alles wieder, wie's mal war. Das muß einem dann aber auch gesagt werden. Denn es weiß ja keiner mehr, wie's hier mal war.

Auch der Ex-SPD-Bausenator Nagel nicht, der jetzt halbwegs in Adlons Diensten steht und der wohl seinerzeit energisch gesagt hatte: Der Pariser Platz muß wieder werden, wie er mal war. Wann war? Der Pariser Platz war ja schon verschiedentlich. Er hatte viele Vergangenheiten.

45 Jahre war er ganz weg. Oder war das auch eine Vergangenheit, die es gegeben hat, als Berlin sich hier nicht aufgebaut hat, um aller Welt zuzuschreien, daß es mal in Paris einmarschiert ist, aus Rache dafür, daß Paris in Berlin einmarschiert war?

Die Städte sind gar nicht marschiert. Immer nur die Potentaten, und die dummen Berliner und Pariser sind jeweils mitgelatscht und haben sich zu Zehntausenden abknallen lassen. Daran erinnert mich der Pariser Platz umso deutlicher, je vollständiger er wird, wie er mal war. Noch ist er eine Baustelle und ein billiger Souvenirladen der asiatischen und indischen Völker.

Wenn ich könnte, ich ließe den Pariser Platz so, wie er gerade jetzt ist, im Sommer 97, heute, als ich befürchtete, daß es gleich regnen würde, und nicht genau wußte, wo ein passendes Kaffeehaus ist. Daran mangelt es noch. Ich kann doch nicht ins Adlon gehen, wo die Leutchen schon in den Korbstühlen sitzen, den Baggern zuschauen und den anderen draußen sagen: Wir sind schon drin.

Eine Geschäftigkeit herrscht hier, die nicht so recht weiß, warum und wohin. Die Touristen freuen sich, daß sie Kameras dabei haben, da können sie sich was vor die Augen halten.

Als ich eben vor dem „Raum der Stille“ stand, wo es ganz schön laut ist, sagte eine kleine Blonde zu ihrem langen Freund, der auf seinen dicken Turnschuhen auch etwas ratlos da stand: „Das soll das Brandenburger Tor sein?“ Das war schon fast keine Frage mehr, sondern eine Feststellung: Schon richtig, das soll das Tor sein, von dem damals, gleich hier, einer, der nun auch längst von der Weltbühne verschwunden ist, verlangte, daß man es öffnen solle, obwohl er doch zuvor meinte, daß dahinter das Reich des Bösen begänne. Das soll das Tor sein. Ein Imperativ. Es ist dieses Tor nicht mehr. Eine Erinnerung an sich selbst. Ein Zitat. Die Bilder in den Geschichtsbüchern sind echter.

Das repräsentativste Gebäude auf dem Pariser Platz, dasjenige, das am deutlichsten vertritt, was er einmal war, ich möchte beinahe sagen: das einzige, das wirklich fertig ist, ist der Gebäuderückstand, den die Preußische Akademie der Künste hier hinterlassen hat. Man kann daneben durchgehen, dann erreicht man, wenn die propren Wachtmänner einen lassen, die Behrenstraße, und dort gegenüber ist ein denkwürdiger Fußweg wie in eine gewesenene Schrebergartenkolonie.

Über diesen Weg kann man dicht an das Hügelchen herankommen, das zwischen den Bauwagen und alle dem Baugerät jetzt aussieht wie nichts; man übersieht es: Es ist der oberirdische Rest der Reichskanzlei, die letzte Metamorphose des größten deutschen Reiches. Hier endete der Mörderhäuptling. Das ist sein Denkmal. Da braucht man doch keine Colloquien mehr, die neue Denkmäler ersinnen sollen.

Auch der Ort, von dem ich jetzt eben komme, der Monolith der Akademie der Künste, ist (noch) ein solches Denkmal. Das ist auch der Rest eines Mördertempels. Hier, am Pariser Platz Nummer 4, residierte der Speer, der „Generalinspektor für die Neugestaltung der Reichshauptstadt". „Noch im Februar (1937) forderte Hitler kurzerhand das ehrwürdige Gebäude der Akademie der Künste für meine Behörde, kurz G.B.I. genannt, freizumachen. Seine Wahl fiel auf dieses Gebäude, weil er dorthin, von der Öffentlichkeit unbemerkt, durch die dazwischenliegenden Ministergärten gelangen konnte. Bald machte er von dieser Möglichkeit reichlichen Gebrauch."

Der Mann, den der großdeutsche Mörder da besuchte und den er eben zum Professor ernannt hatte, damit es besser aussah, der Professor GBI, war keineswegs nur ein Architekt, den der Staatsinhaber bauen ließ, was er wollte, und der sich deshalb von ihm verführen ließ und die Verbrechen nicht mehr sah.

Speer und seine Companie – das war eine skrupellose Bande von Tätern, auch wenn sie von der Art waren, von der wir selbst leicht sein können, wenn wir nicht aufpassen. Wenn ich den Pariser Platz wieder werden sehe, wie er war, denke ich: Speer und die, die um ihn waren, haben gesiegt, das sind die Sieger, diejenigen, die fürs Zerstören sorgten, damit sie aufbauen können, im backsteinlichen und im übertragenen Sinne.

Unter diesen Tätern vom Pariser Platz 4 war ein späterer Bonner Staatssekretär und ein späterer Senatsbaudirektor. Der Staatssekretär war ein Ehrenmann gewesen in der ersten deutschen Republik, Stadtkämmerer von Berlin, weit war sein Weg nicht vom Stadthaus hierherüber: ein kurzer Weg, auf dem er allen Anstand verloren, aber eine große Karriere gewonnen hat. Als er spät starb, hat der jetzige Finanzminister ihm noch getragene Trauerworte gewidmet. Es wird alles so, wie es mal war. Zur richtigen Crew muß man gehören.

Den Platz vor dem Brandenburger Tor, um den die Bezirksgrenze im Halbbogen herumläuft, würde ich trotzdem „Bonner Platz“ nennen. Eigentlich ist es kein Platz. Bloß ein Plätzchen, ein Stückchen in der neuen deutschen Hauptstadt, die sich hier solche Mühe gibt, die alte zu sein. „Die Bonner Republik war doch relativ anständig“, hörte ich neulich jemanden sagen, der derartiges nicht gesagt hat, als es diese Bonner Republik noch richtig gab.

Dieser Alt-Revolutionär, der jetzt nur noch seine Rechtsanwaltspraxis bestellt und einige anständige Ehrenämter versieht, für die es nicht viel gibt, meinte natürlich nicht: der Staat von Bonn hätte bleiben sollen wie er war, und das Brandenburger Tor hätte Anlaß bleiben sollen für Präsidentenzitate; er meinte einfach: Bonn hat seine Sache ganz gut gemacht, man hätte eine Staats-Sache viel schlechter machen können: siehe Berlin; was hat denn die Hauptstadt Berlin gemacht, als die Hauptstadt Bonn die Deutschen zurückführte in den Kreis derer, vor denen die anderen nicht die Hände heben müssen wie vor einer Räuberin?

Ich gehe – immer an der Bezirksgrenze entlang – die Ebertstraße südwärts. Jetzt heißt sie wieder Ebertstraße. Sie paßt ihre Namen den Staatsformen an: Kasernenstraße, Schulgartenstraße, Königgrätzer Straße, Budapester Straße, Sommerstraße, Friedrich-Ebert-Straße, Hermann-Göring-Straße.

Ihr schönster Name war vielleicht der zweite, Friedrich der Große hatte der Königlichen Realschule hier, vor der Stadtmauer, einen Garten geschenkt. Innerhalb der Mauer hieß die Straße „Brandenburger Kommunikation“. Auch ein schöner Name. Seit 1947 wieder Ebertstraße. Auf ihr stand die Mauer, die die Welten trennte. Und Leben kostete, die verantwortet werden müssen, wenn es auch in dem langen kalten Krieg nicht sehr viele sind.

Auch an der heutigen deutschen Ostgrenze sind in den letzten Jahren schon über 60 Menschen totgeschossen worden, las ich heute. Das soll man nicht vergleichen? Natürlich nicht. Aber tot ist tot.

Rechts der Tiergarten, links die Mauerbrache, die sich in eine Baustelle verwandelt hat, auf der man täglich eine neue Vorrichtung beobachten kann, um das Alte wiederherzustellen. Bei der interimistischen BVG-Haltestelle mache ich Halt und blicke mich um. Hier wird es bald gewaltig staatlich aussehen, viele Aktenköfferchen werden geschäftig auf und ab gehen; die Grenzschützer werden uns sorgfältig beobachten, weil sie Wichtige zu bewachen haben, dann wird kaum noch jemand an die Zeiten denken, in denen uns die Grenzschützer hier von rechts und von links schon einmal sorgfältig beobachteten, damit wir nur ja keine Verletzung begehen an staatlichen Imaginationen, damals der Grenze, nun der Bannmeilen, der Paraden, der Helme-ab-zum-Gebet, der Gelöbnisse und Ehrenformationen.

Ich biege links in die Behrenstraße ein, um die fensterlose Seite des Adlon zu betrachten: die riesige Brandmauer, die das Hotel, dem ich Gäste wünsche bis in die letzte Dachkammer, zur Wilhelmstraße zeigt. Hier wird demnächst die englische Botschaft stehen. Ich kann mich jetzt schon nicht mehr genau an die Wüste erinnern, die hier lag, als man den Stein aufstellte, auf dem steht: Hier stand die englische Botschaft und hier kommt sie wieder hin. Der Stein ist noch da.

Zu Hause habe ich das Buch des Viscount D'Abernon hervorgeholt, er war englischer Botschafter nach WK I in Berlin, in der „Zeitenwende“: „Die Behrenstraße in Berlin, die der Lombard Street entspricht, erinnert mich an San Francisco nach dem Erdbeben. Fast jede Bank wird erweitert oder umgebaut, und man kann kaum die Straße überqueren. Das Ganze hat eine gewisse Ähnlichkeit mit der Seifenblase der Südsee“. Unter dem 28. Oktober1921 schrieb das der geistreiche Engländer, an einem Schreibtisch, der hier stand, wo jetzt neben dem Adlon noch das Nichts ist. Berlin wird wieder, wie es war. Ist es schon so?

Grenzgänge XI: Sonnenzirkus

Mit Blick auf den Ort, der vor einem halben Jahrhundert Großdeutschlands letzte Metamorphose zeigte und jetzt noch einen hügeligen Rest davon, bin ich bei meinem vorigen Spaziergang an der Bus-Haltestelle Ebertstraße stehengeblieben.

Als ich mich heute dort einfinde, um meine Grenzgänge zu beschließen, hat sich hier – das könnte gar nicht besser passen – der Cirque du Soleil eingefunden. Die vier Hauptmasten stehen schon, breiträumig verseilt, die Stahltrossen kreuzen und überschneiden sich zu einem filigranen Netz, das den Sommerhimmel einteilt.

Neben dem hohen weißen Wagen, der die Supervisors beherbergt und die Kassen, die erst morgen öffnen, stehe ich am Hillka-Drahtzaun und sehe den Zirkusarbeitern zu, den Zeltmachern: hohe Spezialisten, junge Männer, denen das Herz nach Welt ist, sie arbeiten mit sichtbarer Präzision, gebündeltem Eifer und ruhiger Schnelligkeit, stemmen – ihr bisheriges Werk betrachtend – die Arme in die Hüften, kreuzen sie vor der Brust, treten ein Stück zurück, blinzeln die Augen zusammen, um konzentriert zu blicken, schauen nach oben, nach unten: Etwas soll in die Höhe, der metallene Zeltkranz, die Zeltplanen, die der Maniscoper bringt. Sie scheinen sich selbst bei der Arbeit zuzusehen, unsichtbar arbeitet eine Kraft mit ihnen, der Geist des Zirkus, der Schaustellung. Der arbeitet so schnell, daß ich – wenn ich nicht schon hier stünde – fast befürchtete, zu spät zu kommen.

Wenn ich mich umdrehe, auf die Baustellen von Debis und Sony blicke und die Kräne zähle, dann ist, wenn ich bei 20 bin, das Zelt bereits aufgegangen: Der eben noch ganz technische Anblick ist buchstäblich in Windeseile zu einem luftigen Kunstanblick geworden: Von der Technik zur Ästhetik, das Traum- und Sonnenhafte erhebt sich über dem Eisernen-Stählernen und läßt die Materialien hinter sich.

Das wäre etwas für ihn, denke ich, indem ich die Straßenseite wechsele, um mich im und in Tiergarten auf eine Bank zu Füßen Goethes zu setzen. Wie kann man aber, beim Anblick eines Denkmals, auf dem geschrieben steht „Goethe“, an Goethe denken?

Hier steht am Sockel: „Goethe errichtet 1880“; der Mann, den der Bildhauer Schaper gemacht hat, ist nicht Goethe, sondern „Goethe 1880“: Der Goldschnitt-Goethe, der Bücherschrank-Goethe, der drei berühmte Gedichte geschrieben hat, von denen die Leute mit Abitur die ersten anderthalb Zeilen kennen.

Der Mann blickt nach Osten, in eine unbestimmte Weite. Er hat nichts von dem gesehen, was hier seit 1880 geschehen ist. Wo der Zirkus gleich sein Zelt auffalten wird, da war der Garten des Reichspräsidenten. Von dieser Sorte gab es – wenn wir Hitler und Dönitz weglassen – nur zwei. Nach dem ersten heißt die Straße, auf die Goethe hier blickt, der andere hieß Hindenburg: Ein Menschenschlächter, der sich dadurch, daß er die Männer des Volkes zu Hunderttausenden umbrachte, dafür qualifizierte, von ihren Witwen, Kindern und überlebenden Verwandten zum Präsidenten gewählt zu werden.

„Privatgelände. Betreten verboten. Schuttabladen verboten“ schreibt das Bundesvermögensamt auch vor den Ort, an dem Hitler hervorkroch aus seiner letzten Unterwelt, um sich das Leben von Kindern mit Blechkreuzen zu kaufen, dicht standen sie neben dem Sonnenzirkus, die Augen leuchteten.

Hinter Goethe dagegen Wiesen; das Gartenbauamt Tiergarten beschreibt sie auf ausführlichen grünen Schildern als Lang-Gras-Wiesen: „Schmetterlinge, Vögel und viele andere Tiere finden hier Lebensstätten … Lang-Gras-Wiesen sind sehr empfindlich gegen Betreten, Befahren und Lagern.“

Tiergarten: Wiesengarten, Mitte: Geschichtsgarten. Die Weltengrenze, die hier verlief, verwächst sich, gerade hat der Senat von Berlin beschlossen, daß das demnächst nicht einmal die Grenze zwischen zwei Stadtbezirken sein soll, überhaupt keine Grenze mehr.

Eine hohe Stufe (oder eine tiefe) zwischen den Empfindungen gab es hier mindestens seit den Zeiten, in denen der Außenminister Walter Rathenau nur einen kurzen Gang zu machen brauchte, vom Garten seines Ministeriums zum Garten seiner Mutter in der Bellevue Straße.

Eine Empfindungs-Einheit bildete die Stadt und der schöne Garten nach Charlottenburg zu vielleicht gerade noch, als Felix Mendelssohn dort hinten, wo jetzt das Abgeordnetenhaus Ferien macht, das Zauberstück schrieb, das die Deutschen dann nicht mehr hören wollten: Sommernachtstraum, Ouvertüre.

„Hier arbeiten Streickbrecher" steht am Bauwagen von Louis Lohde Wasserversorgung und später: „Dieser Betrieb wird bestreikt", das zieht mich wieder hoch aus der Zeitenspalte, in die ich eben gerutscht war.

Ich bin wieder mitten in der Baustelle, achtzehn Kräne sehen von hier so aus, als ließen sie schwere Kugeln auf die Erde fallen, um ihrer Beständigkeit zu prüfen. Sie hält. Die Erde hält.

Im ersten Alt-Haus an der Stresemannstraße dokumentiert cityscope die „fortlaufende Entwicklung des Potsdamer Platzes im Internet" und vermittelt „die Komplexität des urbanen Wandels in zeitgenössischer und transparenter Form".

Da komme ich mit meinem Schreibstift nicht mit, und Resignation würde mich erfassen, wenn die Internetler nicht abschließend schrieben: „zu kaufen nebenan im Ristorante Romagna". Diese altertümliche Form der Nachbarschaftskommunikation sagt mir immerhin, daß es auch meine Welt noch gibt.

Damit biege ich in die Niederkirchnerstraße ein, wo ich im Februar bei Schnee und Regen meinen Spaziergang um den ganzen Bezirk Mitte begonnen habe.

Das Ende hat den Anfang gefunden.

Jägerstraße

Aus der Unterwelt der U-Bahn komme ich in „Stadtmitte“ hervor. Unter der Erde ist die Station weit verzweigt. Man muß wissen, wo man hin will, leicht kommt man an der falschen Stelle hervor und merkt es erst gar nicht, alles sieht hier aus wie Baustelle, die gerade aufhört, eine zu sein.

Ich bin auf dem Weg in die Jägerstraße, die ich von Anfang bis Ende durchwandern will. Der Anfang ist, entscheide ich, in der Mauerstraße, im Westen. Zu diesem Beginn der Jägerstraße gelange ich durch die Taubenstraße. „Blockflötenviertel“ soll in DDR-Zeiten die Gegend hier genannt worden sein. Denn die Taubenstraße hieß zwei Jahrzehnte nach Johannes Dieckmann, dem Mitgründer der LDPD, und die benachbarte Jägerstraße über 40 Jahre nach Otto Nuschke, dem CDU-Vorsitzenden. Dieckmann war nach der Wende der FDP und Nuschke der CDU peinlich, das Vermögen dieser Schwesterparteien waren ihnen nicht peinlich, und Dieckmann und Nuschke hätten ihnen auch nicht so peinlich zu sein brauchen, daß sie hätten Geschichte ausstreichen müssen. Nuschke war immerhin ein Parteigenosse von Theodor Heuss gewesen, den seine Stimme für Hitler auch nicht gehindert hat, Bundespräsident zu werden.

Die Jägerstraße beginnt an einer langen Ministeriumswand, hinter der sich künftig das Arbeitsministerium aufhalten wird. Der südliche Teil dieses massigen Komplexes heißt Kleist-Haus. Eine schwarze Tafel nennt Heinrich von Kleist, den unglücklichen Sprachkünstler, der hier zwei Jahre bis zu seinem Tode am Wannsee gewohnt hat. Aber was heißt „hier“? Von der Umwelt, die Kleist hier umgeben hat, ist nichts übrig. In bezug auf Kleist ist das nur ein katastermäßiger Ort, kein wirklicher.

Man sollte auf die Tafeln schreiben, was naheliegt und noch zu sehen ist. Etwa was im dritten und vierten Deutschland hier war und Wesen trieb, woran die Eltern beteiligt waren und die Großeltern und manche von denen, die auch jetzt beteiligt sind.

Das Eckhaus Jägerstraße 1 hat einen schönen Erker und eine angenehm geweißte Proportion. „Neue Justiz Zentralredaktion" steht dran, hinter dem Briefkastenschlitz ist kein Briefkasten, also erwartet man wohl nicht wirklich Briefe. Diese langweilige juristische Zeitschrift aus DDR-Zeiten hätte nicht in die neue Zeit übernommen zu werden brauchen.

In dem schönen, aber jetzt etwas nutzlos aussehenden Haus Nr. 2–3 meldet sich ein Unternehmen, das sich „West-östlicher Divan" nennt, um inhaltlich den klassischen Namen auf europäische Initiativen einzuschränken.

Am Türschild macht sich ein Kulturring in Berlin namhaft mit einem Seniorenkunstservice. Kunst zu Leuten bringen, die nicht mehr zur Kunst kommen können? Das rührt mein sozialpädagogisches Herz. In dem Haus aß ich mit den Damen und Herren des ARD-Gremiums, dem ich damals angehörte, im Winter 89 auf 90 waren manche Wessis begierig, die Luft des Ostens zu schnuppern. Die Speisen wurden sehr langsam serviert, wir saßen studenlang, es war sehr heiß, die Fenster konnten nicht auf- und die Heizung konnte nicht abgestellt werden. Auf der Straße war es dunkel. Wir hatten das Gefühl, an einem abgelegenen Ort zu sein. An der Straßenkreuzung der Jäger- mit der Friedrichstraße verharre ich lange. Leiser im rötlich schwarzen DDR-Haus, Lafayette und Benetton im schwarzen Glaspalast, Escada und die FriedrichstadtPassagen, die eigentlich keine Passagen bieten, sondern überdachte Innenhöfe und offene Geschosse: Es sieht aus wie überall.

Während ich an Guccis Shop (mit dem gelangweilten Personal) vorübergehe, wird die Jägerstraße ein bißchen kalt. Nicht lange, denke ich, denn jetzt gehe ich auf den Gendarmenmarkt zu. Bei Möhring im Eckhaus nehme ich Platz für einen Milchkaffee und zwei Eier im Glas, die dem Koch nicht gelingen. Die Sensation sind die Spatzen. Jetzt sitzen vier auf meinem Tisch. Einer versucht sogar aus der Milchkaffeeschale zu trinken, fast stolpert er und fällt. Da lachen die Nachbarn.

Vorbei am Schauspielhaus komme ich auf den berühmten Platz. Der schönste Platz der Welt, hat Georg Forster gesagt, zu seiner Zeit der Europäer, der am meisten von der Welt wußte. Heute würde er das nicht sagen. Die beiden Gontard-Kirchen neutralisieren die Postmoderne nicht. Und ehrlich gesagt: auch Schinkels Schauspielhaus hat Schwierigkeiten, sein Postkartenbild, die postmodernen Eiligkeiten und den DDR-Fertigteil-Luxus bis zum Vergessen zu übertreffen. Die Bänke sind unbequem. Es fehlt Grün. Es fehlen Brunnen. Es fehlen Menschen. Die Geschichte tut es nicht. Die Geschichtsauswahl, die hier erlaubt wird, wirkt leblos. Die Touristen bleiben ratlos. Sie gestehen sich nicht ein, daß sie hier eine große Niederlage der Repräsentationsarchitektur der zweiten Hälfte des 20. Jahrhunderts sehen, die NeuBRD ist da nicht viel besser als die AltDDR.

Der Platz unterbricht die Jägerstraße nur für die Autos. Ich stelle mich zwischen Französischen Dom und Schauspielhaus in die Straßenmitte, nach Osten und Westen überblicke ich die Straße. Der westliche Teil wirkt verschlossen, der östliche Teil ist straßiger. Das machen die kleinen Linden und das lustige Rot-Gelb, das von der belgischen Fahne übrig ist, die dort an der Außenstelle der belgischen Botschaft das nationale Schwarz ganz fortgewickelt hat. „Zur Polizei“ sagt das grünliche Straßenschild.

Aber ich will zu Rahel. Jägerstraße 54 ist eins der berühmtesten Häuser der Berliner Geistesgeschichte. Hier betrieb Rahel Levin ihren ersten Salon. Manche kamen, die sie hinterher nicht mehr kannten, auch manche, die sie gar nicht leiden konnten, aber wußten, daß sie aus ihrer Dachwohnung nicht fortgehen würden, ohne etwas gelernt zu haben. Alexander von Humboldt war unter ihnen, aus Rahels Fenstern konnte er das Haus betrachten, in dem er geboren war. Jetzt: Berlin-Brandenburgische Akademie der Wissenschaften. Aber das Haus ist nicht mehr das, auf das das Gedenkschild verweist.

Die Jägerstraße hat nichts mehr mit Alexander von Humboldt zu tun. Die Jägerstraße wird die Straße von Sat 1 werden. Das ganze Straßenkarree wird von dem zeitgeistlichen Medienunternehmen aufs beste renoviert und bebaut. SAT 1 wird ein Schmuckstück der Hauptstadt sein, nein der Stadt; der Hauptstadt schickt der TV-Sender dasselbe wie dem ganzen Deutschland: Medien-fast-food, Whopper-Fernsehen, warum nicht, im Fernsehen ist mehr Jahrhundert als in derAkademie.

Vor mir sehe ich nun den grauen Klotz, der das Außenministerium beherbergen wird, vorher das ZK der SED, Finanzministerium, Reichsbank. Abgesperrt jetzt als werdende Baustelle wie später sicherlich als gewordenes Außenministerium. Die halbhohen Versorgungsrohre, die sich über Straßen und Plätze spannen, sind hier das Charakteristische, an den Betonfüßen wird rot angekündigt: Harald Juhnke als Hauptmann von Köpenick, wieder ab 2. August. „Wenn er nicht besoffen ist", sagt der Penner, der auf der Bank sitzt, Bier aus der Dose trinkt und sieht, daß ich das Plakat lese. Ich weiß keine Antwort, zucke die Achsel. Archimedes umgezogen, heißt es am Eckhaus des Hausvogteiplatzes, der die Vergangenheit schon verlassen und die Gegenwart noch nicht erreicht hat.

Aus der Unterwelt der U-Bahn steigt schwere warme Luft herauf. Ich steige hinab.

Taubenstraße von Ost nach West

Stadtmitte heraus, ich kam mit der U 2, da wäre ich mit wenigen Schritten schon mitten auf der Taubenstraße, aber der Beginn ist entweder im Westen oder im Osten; die Taubenstraße fängt heute bei Schleiermacher an; das Pfarrhaus der evangelischen Kirchengemeinde am Friedrichswerder, ockergelb, aus einer ganz anderen Geschichtszeit als seine Nachbarn, war sieben Jahre lang das Wohnhaus Schleiermachers.

Aber Schleiermacher gehört längst nicht mehr hierher. Die Taubenstraße ist keine Umgebung für Friedrich Schleiermacher, wo ist überhaupt für ihn heute eine Umgebung?

Der Theologe, Patriot, Hellenen-Transporteur ruht in der Geschichte, er spielt keine aktuelle Rolle, die Gedenktafel leistet nichts, fast ließe sich sagen: sie lügt.

Für die evangelische Gemeinde heißt die Straße noch nach dem Altpolitiker Johannes Dieckmann, Blockflöte, Blockflötenviertel, vorbei, auch vorbei, von der Gegenwart der Straße gehört kaum noch etwas der DDR. „Was hier Verfall ist, ist DDR", sagte einer. Da zucke ich die Achseln. Das Neue, Unklare, Postmoderne, Zu-Vermutende – das wäre die BRD neu, das wenige Alte, Geschlossene, Abblätternde – DDR? Es gibt Deutschlands davor. Die Epochen der Geschichte sind nicht so klar geschieden, wie die Mauer hüben von drüben schied.

An der Mauerstraße beginnt die Taubenstraße mit dem Arbeitsministerium, zu dessen abweisender Front der Straßenname paßt. An diesem Sonnabend-Nachmittag: ein paar Autos, nicht viele, hin und her, wenige Menschen, die Straße beginnt nicht in einer Mitte.

Ist das jetzt Vorspiel, Ruhe vor dem Metropolensturm? Es sind doch alles Bürohäuser; das eine Haus aus dieser, das andere aus jener Zeit, die Straße verläuft in einer imaginären Zeit. Das Stückchen Schauspielhaus, das man von hier aus sieht, wirkt unzugehörig, aufgestellt wie das Schloß oder die

Bauakademie aus Bühnendekorationen, Gaze, Pappmaché. Neben Schleiermachers das sogenannte Zürichhaus; das bis auf die Straße reichende Plakat „Bodenseelandschaften" mit einem urwüchsig bärtigen Schweizer Handwerker auf dem Arbeitswege wirkt deplaziert.

„Büroflächen zu vermieten. Nur noch 4. OG frei": in diesem „Nur-Noch-Stil" wird jetzt überall in Berlin um Mieter geworben, damit die Zinsen bezahlt werden können.

Gegenüber Nr. 46 „Geisteswissenschaftliches Zentrum", auf diesen Inhalt käme man von selbst nicht; die HU-Institute sind mit dicken Gittern verschlossen, das Haus sieht am Samstag geheim aus. Abweisendes Zusperren hat man in der Hauptstadt gern, das Wachpersonal, die Schranken: „Suchen Sie wen?" – das ist hier nicht unbedingt eine Frage freundlicher Hilfsbereitschaft. Bewachtwerden – ein Statussymbol, Vorfahren im gepanzerten Mercedes und ein anderer hinterher, aus dem die jungen Polizisten hüpfen, wenn angehalten wird für das Interview, das nur im Fernsehen öffentlich ist und hinter dessen Populismen man schnell entschlüpft auf ein lächelndes Zeitungsfoto, beide Hände in den lässigen Taschen. n-tv in der Stadtburg aus Imitat-Renaissance bewacht sich nach Stasi- und Grenzschutzart mit Videokameras. Die glatt geschliffene Fassade der DKB Deutschen Kreditbank versendet eine Anmutung von Kaserne, das Ministerium von Frau Nolte auch, die müden Fahnen sind schmutzig vom Baustaub der Deutschen Treuhandgesellschaft, deren Fassade noch hinter Gerüsten verborgen ist, das Computerbild auf dem Bauschild verheißt nichts Gutes, der Architekt ist einer von denen, die in den Magazinen leicht eine bessere Figur machen als in den Städten.

Dagegen ist Nr. 10 von 1906 ein Oho-und-Aha-Haus; das Alte, Übriggebliebene wird – und wenn es auch noch so sehr etwas Nachgemachtes ist – allein deshalb als schön empfunden. Das ästhetische Alltagsgefühl prostestiert gegen die Gegenwart, kein gutes Zeichen für die Zukunft. Die beiden nackten Menschen, die an der Fassade der Kreditanstalt für Wiederaufbau ohne sichtbare Anstrengung den nutzlos kleinen Zierbalkon tragen, wenden den Blick ab und verdecken die Augen.

Im Eckhaus daneben: „Versammlung von Christen", jeden Dienstag Viertel nach 8 abends: „Wortbetrachtung": ein verführerisches Wort aus Gegensätzlichkeit. Damit gehe ich schnell über die Friedrichstraße, längst noch keine Großstadt-Einkaufsstraße, aber doch belebter als die Querstraßen, bald hinter den postmodernen „Quartieren" links und rechts, kann ich die Menschen wieder an den Händen zählen; in dem bunten „Veneziana", wo es Glas und Masken aus der versinkenden Stadt am Meer gibt, sitzt die Verkäuferin müde, keine Kunden, gelegentlich Schaufensterbetrachter.

Da bin ich – noch immer „Wortbetrachtung" denkend – bei Nummer 31, dem Eckhaus. Als ich von der Tauben- zur Charlottenstraße über den Innenhof, der zur Musikhochschule gehört, hindurch gegangen bin und die Anschriften der Mieter (vom Konzerthaus Berlin bis zur RIAS-Big-Band) notiere und die Inschrift auf dem goldgeputzten Gedenkschild von 1890, hält ein Polizeiwagen neben mir, die Beamten beobachten sorgfältig, was ich tue, einer klopft ungeduldig aufs Türblech.

Blick vom Gendarmenmarkt in die Taubenstraße, vorn rechts das Schauspielhaus, dahinter das Eckhaus Taubenstraße 31, an dieser Ecke wohnte und starb E. T. A. Hoffmann.

Das goldene Schild erinnert an Hoffmann, hierorts, heißt es, habe er gewohnt: dann wäre dies hier eines von Deutschlands tollsten Wortbetrachtungs-Häusern, oben hat er gesessen, sterbend herunter geblickt und „Des Vetters Eckfenster“ diktiert.

Ach nein, ach nicht. Dies war das Haus nicht. Es stand allerdings ein Haus an dieser Stelle, in dem hat der große E. T. A. gewohnt, hat gesehen, was wir hier nicht mehr sehen, jetzt nicht und demnächst nicht, E. T. A. Hoffmann ist Literatur, nicht verdorben durch Schule und Kultusministerkonferenzen, lesbar, die Stadt, die dort Berlin heißt, ist aber nicht dieses Berlin, der Gendarmenmarkt im Text ist nicht der, auf dem gerade ein philippinischer Frauenchor mit Elektroverstärkung ein merkwürdiges Potpourri singt.

Endlich ist mal was los auf dem Gendarmenmarkt. Sehr viele Leute sind trotzdem nicht da. Holländische Touristen bleiben gelangweilt im haltenden Bus sitzen, zum Aussteigen nicht genug Sensation.

Die Taubenstraße führt wie die Jägerstraße direkt über den Platz, zwischen den Bauwerken, die die postmoderne Erneuerung, hinten und vorne, in die ästhetische Beliebigkeit verweisen.

Auf der östlichen Seite der Taubenstraße, zwischen Gendarmenmarkt und Hausvogteiplatz, entsteht das zweite und viel bedeutendere Medienunternehmen dieser Straße, SAT 1, viel versprechend neben dem „Preussischen Kontorhaus“, das – wie Roland Ernsts Gendarmenmarkt-Karree gegenüber – heftig Mieter oder Käufer sucht, die der Hamburger Hypo Gesellschaft leisten. Auch aus SAT 1 werden die Nachrichten und die Fairy-Tales aufsteigen in die verbreitenden Lüfte, draußen von der Taubenstraße sieht man nichts davon, gelegentlich ein paar Köfferchenträger hinein- und hinaus, die beiden gepanzerten Mercedes halten hier manchmal, streng blicken die Portiers. Hausvogteiplatz hinab, mit der U-Bahn unter dem Platz hindurch und fort.

Dereinst – jetzt

Als die beiden vorausgehenden Texte in den Zeitungen erschienen, haben sie manchen nicht gefallen. „Sie wollen uns doch nur schlecht machen … wahrscheinlich sind Sie in der NSDAP-Nachfolgepartei CDU … Nur ausspucken kann man vor Ihnen.“ Naja, dazu kann man nichts sagen. Da ist einer aus der Zeit ausgetreten und hat sie vorüberziehen lassen, nun wundert er sich, daß sie weg ist und ruft ihr ein unentschlossenes Halt! hinterdrein. In gewissem Sinne geht es uns allen so. Weil wir Wesen aus Zeit sind. Ein ganz anderer Leser schrieb mir: „Traurig, traurig“ und meinte es gerade umgekehrt. Habe ich mich über Tauben- und Jägerstraße ganz mißverständlich ausgedrückt, zu niederdrückend, nicht recht erhebend? Fast einen ganzen Tag habe ich vorgestern dort verbracht, um diese Frage zu beantworten. Ich kam vom Friedhof am Mehringdamm. Auf Hoffmanns Grab lag eine weiße Schleife, goldfarben bedruckt: „Unserem E. T. A.H./Zum 175. Todestag“. Wer gebraucht hier, überlegte ich mir auf dem Weg zum U-Bahnhof Hallesches Tor, in bezug auf Hoffmann das besitzanzeigende Fürwort, da er uns doch allen gehört, sofern wir ihn nur lesen? Ich bin jetzt auf dem Weg zu seinem Wohn- und Sterbehaus. Französische Straße steige ich aus dem Untergrund hervor, da stehe ich mitten auf der Friedrichstraße, blicke nach Norden und Süden. Die Friedrichstraße ist wieder eine Straße, nicht nur die Erinnerung an eine Straße wie jahrzehntelang.

Die Blumenverkäuferin hier ist ein ganz hübsches Mädchen, strebend nach höherer Kultur des Geistes; sowie sie der Handel nicht beschäftigt, liest sie. Ein lesendes Blumenmädchen ist für einen belletristischen Autor ein unwiderstehlicher Anblick. Ich faßte mir ein Herz, trat heran, fragte: Was lesen Sie denn da, mein schönes Kind? Alle Himmel, es war wirklich ein Werklein von mir. „Wie gefällt Ihnen das Buch?“„O das ist ein ganz schnakisches Buch, bald muß man lachen, bald ist einem weinerlich zumute.“

„Hier, mein süßer Engel“, lispelte ich, „steht der Autor dieses Buches vor Ihnen.“ Sie starrte mich sprachlos an, mit großen Augen und offenem Munde.

Ich suchte ihr auf alle mögliche Weise die Identität mit dem Verfasser des Buches darzutun. Nichts entschlüpfte ihren Lippen als ‚Hm-so-I das wäre- wie‘. Das Mädchen, fand sich, hatte niemals daran gedacht, daß die Bücher, welche sie liest, zuvor geschrieben werden müssen. Es kam der fromme kindliche Glaube ans Licht, daß der liebe Gott die Bücher wachsen lasse wie die Pilze.

Da war ich auf dem Gendarmenmarkt, Anfang Juni 1822.

Ich sitze bei Möhring, betrachte, wie an der französischen Kirche ein Arrangement aufgebaut wird, für jemanden, der heute Abend hier Gäste empfangen will, vielleicht wird er, hoffe ich, hinaufzeigen zu dem Hoffmann-Fenster und sagen: dort, dort oben. Der Gendarmenmarkt wird als Adresse immer beliebter. Man fängt wieder an, seinen Freunden und denen, die es werden sollen, zu sagen: „Morgen auf dem Gendarmenmarkt ...“

Auf der gegenüberliegenden Straßenseite folge ich in gemessenem Abstand einer Touristengruppe, die sich von einem Weißbejackten die historischen Orte erklären läßt. Jetzt stehen sie vor Jägerstraße 54. Der Stadthistoriker wird jetzt über Rahel Levin reden.

Ich gehe in das Haus zu dem Geldautomaten. Als ich meine Karte eingeschoben habe, verkündet er mir: „Ihr Wunsch wird bearbeitet“. Welch eine Verheißung ... Einmal dabeisein, im Dachgeschoß oben, während Rahel mit Wilhelm von Humboldt spricht … nein, von dem will ich nichts wissen, aber von Alexander, dem hier in der Jägerstraße Geborenen, Rahel fragt ihn nach Aimée, seinem Freund, den die Sehnsucht zurückgezogen hat in die grünglänzenden Wälder. Über dem bin ich nun in der Höhe von SAT 1, dessen Produkte – wie jener Leser schrieb – ich nicht hätte Medienfastfood nennen sollen. Da überfällt mich geradezu die Vorstellung, daß SAT 1 mit seinen Rohren und Schüsseln hier schon gewesen wäre, als die Barrikade hier stand. Im Nu bin ich durchgesaust durch den Zeitentunnel, stehe zurückgedrückt in der Toreinfahrt, gegenüber der Belgischen Botschaft.

„Die Barrikade an der Jägerstraße wurde alsbald von ihrer Besatzung verlassen. Nur zwei Leute in Handwerkertracht erwarteten furchtlos den Feind. Der Ältere, der 19jährige Schlossergeselle Glasewald, feuerte, erhielt aber sofort einen Schuß, der ihm den Arm zerschmetterte. Die Barrikade hatte jetzt nur noch einen Verteidiger, den Schlosserlehrling Ernst Zinna (17). Das Militär rückte heran, der Knabe stürzte aus der Barrikade hervor, sogleich entladen sich 6 oder 8 Gewehre auf den kühnen Knaben, der, sich gewandt bückend, dem fast sicheren Tode glücklich entgeht. Er raffte nun drei Pflastersteine auf und schleudert sie den nach der Taubenstraße vordringenden Soldaten entgegen. Von den vielen Kugeln, die man nun auf ihn abfeuerte, hat ihn eine erreicht. Er bedeckte die heftig blutende Wunde des Unterleibs mit seinen Händen, und flüchtet sich in die geöffnete Haustür, unerschrocken, kein Anzeichen des physischen Schmerzens in seinen Zügen. Bald darauf verschied er."

Das war hier am 18. März 1848. Jener Lehrling Ernst Zinna, wohnhaft Jägerstraße 4 bei Leining, ist einer von denen, nach denen die BVV Mitte den Platz vor dem Brandenburger Tor jetzt benennen will. Der Text, aus dem ich ihn eben hervorgeholt habe, ist aus einem Buch, das mir teuer ist. Es heißt: Der Vorkampf. Erschienen 1914. In diesem Jahr hat das Exemplar, das ich besitze, mein Vater in Jena/Thür. gekauft. Da war er fast so alt wie jener Zinna. Es war das Jahr, in dem man ihn zum ersten Mal in einen Weltkrieg schickte. Nicht Hölderlin hatte er im Tornister, sondern von Mieses die „Schachmeisterpartien" und dieses Buch. Am 18. Juni 1918 hat er es im Marinelazarett in Brügge ausgelesen, was er auf im Innendeckel vermerkt hat. Wenige Stellen hat er angestrichen; in dem obigen Stück die Wortteile -geselle und -lehrling, denn er stammte aus einem Handwerkerhaus. Und dann folgende Sätze: „Heldentum ist eine wundervolle Sache, … aber es muß echt sein. Und zur Echtheit, auch in diesen Dingen, gehört Sinn und Verstand.

Fehlt das, so habe ich dem Heldentume gegenüber sehr gemischte Gefühle". Von Fontane. 150 Jahre alt.

Neben mir bei Möhring nehmen drei kurzgeschorene Jungmänner Platz, goldene Ringe im Ohr, durch Handy beschreiben sie ihren Mietzen – wie sie sich ausdrücken– ihren gegenwärtigen Standort. „Wir sind hier …. wie heisdn das hier … ja, Gendarmenmarkt. Gleich beim Lafayette rechts rum … bis gleiheich, alles klar, okidoki." Zur Zeit bin ich Unteroffiziersanwärter, erzählt einer der Jungmänner, wahrscheinlich lande ich beim Panzerkorps. Er macht eine Spezialausbildung, sagt er, schießen geht jetzt ganz leicht, ich stelle die Entfernung ein, drücke den Knopf, fertig, ganz einfach. „Wir ham uns grade über Schießübungen unterhalten", werden die ankommenden Mädchen instruiert. „In der Bundeswehr sind drei Sachen wichtig: Material, Menschen und (die dritte hab ich vergessen). Im Krieg kommt es bloß aufs Material an." Die Mädchen stoßen sozusagen quittierend ein paar kurze hohe Töne aus. Hochmütig sprechen sie mit der Serviererin. Ich sehe zu Hoffmanns Fenster hinauf. „Ja, Vetter", rief er mit einer Stimme, die mein Innerstes … mit herzzerschneidender Wehmut erfüllte: „Et si male nunc, non olim sic erit". Wenn es jetzt auch schlecht geht, wird es einmal doch besser werden.

Jetzt sind wir aber beim Besserwerden, sagt am Abend meine Lebensfreundin, als ich ihr meinen dramatischen Tag zwischen Tauben- und Jägerstraße erzählte. Oder? Ich dachte an den Leser, der vor mir nur ausspucken kann. Der ist da vielleicht anderer Meinung. Aber: „Sein Geist zieht sich in seine Klause zurück."

Von Herzog zum Adlon

Wenn ich mich recht erinnere, sprach er über das Gewissen. Antrittsvorlesung an der FU Berlin. Später sagte mein Verleger, der Professor habe gesagt, die Studenten sollten ruhig noch ein bißchen demonstrieren und den Lehrveranstaltungen fern bleiben, dann bleibe er selbst auch fern und könne das Staatsrechtslehrbuch noch rechtzeitig zuende schreiben. Heute schreibt er nicht über Staatsrecht, heute macht er Staatsrecht. Ist Bundespräsident. Sitzt in einem Schloß. Macht seine Sache gut, und ist kein Heuchler. Aber geht er zu Fuß?

Weiß der Bundespräsident, was zwischen Reichstag und Bellevue, zwischen Adlon und Bundesschloß passiert? Es ist ein Zwischenort in einer Zwischenzeit, in rascher Veränderung. Da müßte man jeden Tag auf und ab gehen. An den kleinen Veränderungen würde man die großen erkennen.

Wir haben die Zeit nicht, die Geschichte zu erleben, zu der wir später gehören werden. Wir hier unten noch eher als Professor Herzog dahinten, der es zu einer Marginalie bringen wird in den ganz genauen Büchern. Er hat wahrscheinlich viel nachzuholen, wenn er das Amt los ist, da muß er erst mal gucken, wo er überall gewesen ist. Vielleicht fährt er dann auch mal mit der S-Bahn hierher – wie ich jetzt –, steigt aus im Bahnhof Bellevue, der gerade neu eingekleidet ist, und geht den schönen Uferweg an der Spree entlang. Man kann die Touristeninstrukteure hören, wie sie auf den Pleasure-Boats die Mauer erklären, hinter der der Herr Herzog jetzt noch wohnt und dann ein anderer, wenn er in Freiheit ist.

Ich ziehe mein Notizbuch hervor, um zu notieren, daß ich in dem Schloß sogar ein Stück der Kreissparkassen-Treppe sehe, die wohl unter Lübke reingekommen ist, dessen Frau so tat, als ob es ihr privates Haus sei. Da sind die beiden Grenzschützer schon heran.

„Was schreiben Sie denn da?“ fragt mich die junge Frau in der Uniform des Bundes, das Panzermützchen keck

über den Ohren. Wie ich es die Studenten lehre, frage ich zurück:

„Wo ist die Anspruchsgrundlage für diese Frage?"

Das versteht die sympathische Polizeimeisterin nicht.

„Ich hab Ihnen doch eine ganz normale Frage gestellt. Sie brauchen nur zu sagen: Ich schreib was ganz Privates, dann ist die Sache erledigt." Die Polizisten sehen nicht ein, daß sie mir auch keine „normalen Fragen" stellen dürfen, auf die ich antworten müßte. Sie sind aber sehr freundlich und wirken aufgeschlossen. Die jungen Leute sind in Ordnung, nur ihre Ausbildung scheint nicht in Ordnung zu sein.

Am Eingang 1 zur Baustelle Bundespräsidialamt wird zweimal vor dem Hunde gewarnt, der auch pflichtgemäß hervorkommt, als ich stehen bleibe. Am Drahtzaun gibt es in zwei Sprachen Informationen. Die Idee ist lobenswert (Inhaltlich gäbe es Kritik: das presseamtliche Faltblatt redet das Beton-Ei, das da im Tiergarten hinter schwarzen Fassaden entsteht, architektonisch hoch und vergißt zu erwähnen, daß der Neubau im büroraumreichen Berlin überhaupt überflüssig war). Ich gehe an dem grauen Betonskelett vorbei über den Trampelpfad zu dem monströsen Bismarck hinüber, während der Schäferhund mich an der Innenseite des hohen Drahtzauns aufmerksam verfolgt. Zur Siegessäule, der er mit seinem Bestiarium gegenüber steht, sieht der hochbrüstige Bismarck, in dessen Rücken Herzogs Hund nun zurückbleibt, gar nicht hin.

Die Gold-Else auf der Hurra-Säule blickt auch nicht herüber, sondern nach Westen mit gesenktem Blick; niemand hat ihr beigebracht, daß die Franzosen im Westen nicht mehr unsere Erzfeinde sind.

Die jungen Leute, die zu Füßen der Jungfrau auf den breiten Stufen lagern, wollen vielleicht gar nichts erklärt haben über die goldenen Kanonenrohre, unter denen sie hier die Sonne genießen; bis zu den Vorfahren, die mit diesen Kanonen erschossen worden sind, reichen die Familienerinnerungen meist nicht zurück. Die meisten kennen nicht mal die Geburtstage ihrer Großeltern.

Ein Japaner fotografiert seine Frauen in Elses Säulenkolonnade, seinen Sohn zu Füßen Bismarcks, der die Welt gerade abgeschossen hat wie einen Fußball; er sieht ihm nicht hinterher, so daß ihm entgeht, wie darunter auch der stärkste Mann zusammenbricht. Auf der Westseite des Großen Sterns formieren sich 9 Wannen, 4 Polizisten auf Motorrädern, 3 Streifenwagen. Martinshörner sind von Ferne zu vernehmen. Jetzt fällt mir auf, daß ich überhaupt keine Privatautos sehe. Der Platz ist abgesperrt, die Straße des 17. Juni offenbar auch. Was ist los? Weiter unten fragt einer, den man, wie er so bräsig auf seinem Fahrrad sitzt, einen typischen Berliner heißen könnte:

„Wass issn hier los, Demo oder was?"

Der freundliche Polizist mit der Haltekelle ist kommunikationsbereit:

„ Hanf-Parade. Wissen Se: det Zeuch, wo man Rauschgift draus machen kann. ... Un der Mann aus dem Schloß soll ooch unterwegens sein."

„Dehn würd ich doch inn Arsch haun. Es jibt so vielle Leute, die sich nich bewejen könn, die sollten se mal inn Rollstuhl rumschiehm, jutet Werk tun!"

„Machs du aber ooch nich", sagt da seine Frau mit leiser Stimme und erweist sich damit auch als eine echte Berlinerin. Ab, Richtung Wedding.

Ich gehe in Richtung Reichstag weiter, durch den Tiergarten, über Rüstern-, Kastanien-, Platanenallee. Rechts und links grillende Familien, von den Müttern in sorgfältiger Ordnung gehaltenes multikulturelles Großstadtszenario.

Ich verweile auf den Stufen des sowjetischen Ehrenmals, das in westberliner Zeiten dicht bewacht war und jetzt trotz seiner Panzer und Kanonen auch nicht anders aussieht als die Bismarck- und Moltke-Postamente weiter hinten.

Ich sitze auf der Nordseite, auf der man die kyrillischen Namen von Männern liest, die hier noch Ende April 1945 ihr Leben lassen mußten. Diese hier wenigstens auf der richtigen Seite. Aber tot ist tot. Da nützt keine Richtigkeit.

Vor dem Denkmal friedliche Blumenrabatten. Ich steige über die tiefhängenden Zierketten und werde nun ostwärts mitgenommen zur „Hanf-Parade", die sich als ein ganz normales Bratwurstfest darstellt, am Bonner Platz in Buden, die in ein potemkinsches Rothenburg gekleidet sind.

Den Platz, den ich hier nach unserem populären Vorschlag Bonner Platz nenne, will die BVV Mitte nach den Märzgefallenen von 1848 nennen, wohl um den 17. Juni, der der breiten Allee den Namen gibt, geschichtlich ein bißchen einzuebnen. Diese Benennung ist nicht populär, auch im Stil nicht zeitgemäß. Aber die Namen der Straßen und Plätze gehören der classe politique, nicht dem Volk.

Wo Liebermanns Haus stand, komme ich auf den Pariser Platz. An dieser Stelle ist jetzt ein Haus fast fertig, das sich

Liebermanns Namen nur umhängt. Der Zeitgeistarchitekt Kleihues ist eher in Albert Speers als in Liebermanns Nachfolge geraten. Auch das alte Liebermann-Haus war aber nicht wegen des Hauses berühmt, sondern wegen des Bewohners.

Schräg gegenüber das Adlon hat – wie ich später im TV sehe – gerade den Bundespräsidenten zu Gast. Hoffentlich hat dieses Imitat seiner selbst auf die Dauer genug zahlende Gäste. Das Adlon der Postmoderne. Immerhin schön, daß es da ist.

Schön, daß wir hier sind, wir alle, Hanf-Parädler, Touristen, der ordentliche Bundespräsident, der alte Walter Jens, der nachher drinnen seine Lesefrüchte ausbreitet, und meinesgleichen, die niemals dachten, daß sie sich in ihrem Leben noch mit den Problemen beschäftigen dürften, die es jetzt auf dem Pariser Platz zu besprechen gäbe.

Bei Dressler, der auch Unter den Linden, wo es an Kaffeehäusern fehlte, eins aufgemacht hat, beginne ich, bei Milchkaffee aus zwei getrennten Töpfen – wie es hier die Spezialität ist – diesen Text zu schreiben: Von Tiergarten nach Mitte, immer mitten durchs protëische Berlin.

Von Claire zu Waldoff

Während sich die Spree fünf oder sechs Mal von Norden nach Süden und von Süd nach Nord hebt, zackt der Straßenzug Alt-Moabit/Invalidenstraße nördlich über den Fluß, als hätten sich die Stadtplaner vorgenommen, das fließende Rund des Naturwerkes menschenwerklich durch ein eckiges Auf-und-Ab zu kommentieren.

Die Straße Alt-Moabit, wenn man dort, wo sie sich treffen, nicht in die Invalidenstraße einböge, würde in einem fast rechtwinkligen Bogen direkt ins Regierungszentrum führen und über die beziehungsvolle Entlastungsstraße auch gleich wieder hinaus. Der Weg über die Invalidenstraße führt dagegen nach Mitte hinein und ist also der städtischere Weg; er macht dem Spaziergänger deutlich, daß Bundesparlament und Bundesregierung im großen Berlin keineswegs das Hauptsächliche, sondern etwas sind, was man ganz leicht auch rechts liegen lassen kann. Es wird nicht die Hauptstadt sein, die die Stadt, sondern umgekehrt die Stadt, die die Hauptstadt definiert. Wo Parlament und Regierung sind, wird hier immer auch etwas anderes sein. Auch hier in der Turmstraße, von der nur noch wenige wissen, daß sie ein paar Monate auch Ernst-Thälmann-Straße hieß, und in Alt-Moabit, das nach einer biblischen Heimat Vertriebener benannt ist, auch hier ist der Spaziergänger freilich an einem Ort, an dem bald Regierung stattfinden soll.

In den Neubauten am Spreebogen, zwischen Alt-Moabit und Spree, einer Art Gründercity, soll – freilich wenig passend zur Planungsidee – ein Bundesministerium untergebracht werden. Vielleicht stimmt es nicht.

Der Bürgerpark „Kleiner Tiergarten", zwischen den Straßen, endet an der Johanniskirche. Die Kirche ist ein Beispiel, sie gehört in die Bau- wie in die Sozialgeschichte; vom großen Schinkel entworfen, vom bedeutenden Stüler vervollständigt; ein Feldzeichen jenes preußischen Staatskirchentums, das politische Rolle zu spielen hatte: „Beruhigungskirchen“ habe ich geschrieben, ein Pfarrer hat mir das übelgenommen, entschuldigend hat er auf Johann Hinrich Wichern verwiesen, den christlichen Reformer, aber gerade hier, wo wir jetzt bald sind, entschuldigt der Wichern gar nichts, im Gegenteil.

Hinter der Kirche kommt ein Kirchhof, dann beginnt die Justiz. Folgt die JVA, Justizvollzugsanstalt, Gefängnis. Auch da hat Schinkel mitgemischt, der überhaupt ein großer Freund von Anstalten war. Einer der frühen Bebauungspläne für das Gefängnisareal ist von ihm, sein letztes städtebauliches Werk, darauf ist er in Geisteskrankheit verfallen. Und: Proletariererziehung durch Einzelhaft – das erhob jener Wichern zum Programm.

Vor 30 Jahren war ich hier auch Richter, die Zeit könnte ich in meiner Biografie vermissen. Ich sitze ein Weilchen auf dem Kirchhof in der Wilsnackerstraße, wo letzte Opfer von Krieg und SS eingegraben sind, über 500. Der Anblick der dicht gegenüberliegenden Gerichtsfassade ist bedrückend. Die silbrigen Rolläden sind gegen 15 Uhr schon unten, hier kein Eingang, vor allem – denkt man – kein Ausgang.

Ich beeile mich wegzukommen, ich habe meine Gedanken nicht in der Zucht der ruhigen Vernunft, ich werde mich noch unbeliebt machen.

Als ich in die verkehrsberuhigte Otto-Dix-Straße einbiege, habe ich das Gefühl, etwas Schweres und Beschwerendes hinter mir zu lassen. Ich muß freundlichere Seiten der Stadt aufziehen. Zwei Straßen gibt es in Berlin, die nach der Berlin-Chansonette Claire Waldoff aus Gelsenkirchen benannt sind.

Von der Claire-Waldoff-Promenade hier in Tiergarten zur Claire-Waldoff-Straße, die von der Friedrichstraße einen nördlichen Bogen ins Halbprivate zieht, gehe ich jetzt.

Es gibt Kiezähnlichkeiten zwischen hier und da. Aber die sind natürlich zufällig, auf die Gastwirtstocher aus dem Ruhrpott, die dann berlinischer war als Berlin, können sie nicht zurückgeführt werden.

Wo die Invalidenstraße von Tiergarten nach Mitte wechselt, ist sie eine aufregende Baustelle. Eine Stätte heftiger

Blick auf die Baustelle am Lehrter Bahnhof, wo Berlin sich besonders nachhaltig von einer geteilten Stadt in eine vereinigte Hauptstadt verändert.

Veränderungen. Die aktuelle Vorläufigkeit bereitet lautstark eine Regierungsendgültigkeit vor, um die aber Berlin trotzdem nicht anfängt, eine ganz andere Stadt zu sein.

Während ich nun auf der im heftigen Lkw-Verkehr zitternden Sandkrugbrücke stehe und aufs werdende Wirtschaftsministerium blicke, bin ich freilich nicht sicher, ob mich die bevorstehenden Änderung von Parlamentarismus und Gouvernementalismus nicht doch ein bißchen beunruhigen. Manchmal denke ich, Bonn ist vielleicht solider als Berlin, Berlin ist extrem, himmelhoch oder grubentief, von schwankender Mentalität, zitternd wie die Brücke, über einem anarchischen Untergrund, dem die schwärzliche Fahne steht, die auf dem Hamburger Bahnhof über einer Kunst flattert, die vielleicht gar keine Kunst sein will.

Mit solchen Gedanken gehe ich an dem in glatten Marmor gekleideten Robert Koch vorüber, der sich an der Luisenstraße nur mühsam gegen die Baucontainer behauptet.

An das Archiv der Akademie der Künste schließt jetzt das Louisen Carree an. Vorne steht noch in sich selbst ironisierenden Containern die „Welt der Erotik“ von der bis in die Geschlechtsteile desinfizierten Beate Uhse, über die

Straße ragen die gelben Kräne, rechts liegt die Charité, so sehr Stadt in der Stadt, daß der Unterschied von Gesundheit und Krankheit sich vor der Stadt nahezu aufhebt.

Domizil der kurzen Wege – ist der Werbeslogan jenes Louisen Carree. Auf seinem Werbeplakat wird die Kolonne:

- Verkehrsminister 200 m
- Wirtschaftsminister 400 m
- Reichstag 800 m
- Kanzler 900 m

fast ironisch zusammengefaßt zu: Komische Oper 5 Minuten.

Die Erweiterung der Katholischen Akademie wird ein Stück weiter so angezeigt, daß der Unkundige denken könnte, die Erweiterung solle in den Dorotheenstädtischen Friedhof hinein erfolgen, dessen berühmteste Gäste jedenfalls nicht katholisch waren.

Vor kurzem ist Jürgen Kuczynski dort eingegraben worden, ohne jede Beteiligung des Stadtregiments. Mancher sagte: Das war das Jahrhundert, weil er fast so alt war wie dieses. Auch Hegel war nicht das Jahrhundert. Borsig schon eher. Das Jahrhundert ruht in unbekannten Gräbern. Klag- und klanglos geht es zum Orkus hinab.

Ich beende meinen heutigen Spaziergang im „Malete“. Zur Straße der Claire Waldoff gehe ich jetzt doch nicht mehr.

Die U-Bahnstation Oranienburger Tor ist richtig hübsch geworden, die Bahn hat sich gewaschen. Berlin hat sich überhaupt gewaschen. Obwohl es einem an manchen Stellen, auch hier, heftig Sand entgegen bläst. Das ist der Sand der Veränderung, der Streusand der Zukunft; indem ich ihn mir von der Brille wische, freue ich mich zu leben. Hier, in Berlin. Es wird jeden Tag schöner.

Gestern in Berlin zu Haus

Wenn er nicht einen Sohn hätte, den er als gescheitert und eine Schande hätte bezeichnen müssen, dann wüßte man von dem Reichsgerichtsrat Ditzen rein gar nichts. Bevor er Reichsgerichtsrat wurde, war er Kammergerichtsrat und wohnte also in Berlin, in der Luitpoldstraße in Schöneberg. Der Sohn hat mit der Zeit an verschiedenen Stellen in Berlin sein Leben zugebracht: in der Luitpoldstraße – wie gesagt –, in der Calvinstraße, in der Meraner Straße, im Eisenmengerweg in Niederschönhausen, in der Nußbaumallee in Westend und noch anderswo. Er nannte sich Hans Fallada, nach einem Pferd, das nicht aufhören konnte, die Wahrheit zu sagen. Fallada hat nun keineswegs immer die Wahrheit gesagt, aber vielleicht unter dem Strich. Gestern bin ich einen Gang durch Berlin nachgegangen, den er in seinem Buch „Gestern bei uns zu Haus“ beschreibt; 1906 von der Luitpoldstraße, den Landwehrkanal entlang, zu Wertheim am Leipziger Platz, zum Schloß.

Der unerlaubte Ausflug des Richtersohnes – einen Spaziergang kann man die Unternehmung gewiß nicht nennen – endet im Scheunenviertel. Er beschreibt es 1941 als ein Viertel von Gesetzlosen, in dem keine Kammergerichtsrätlichkeit gegolten habe. Laufend, rennend rettet er sich daraus. Als ich – drei Stunden lang – Falladas Kinderweg nachging, waren die Straßennamen meist die alten. Muß man darauf warten, daß – nachdem die Stadtoffiziellen sich so viel Mühe geben, das wilhelminische Berlin wiedererstehen zu lassen – die Stresemannstraße demnächst in Königgrätzer Straße zurückbenannt wird? Durch diese Kreuzberger Straße erreiche ich die Stelle, an der der 12jährige Fallada das große Warenhaus Wertheim erreicht hatte. Mehr als die Spielzeuge liebte er die Bettenabteilung: das Meublement für die verborgene und verbotene Seite des Lebens. Wenn nun das Leben, das wir im Traume führen, das wahre Leben ist, und das, in dem ich z. B. diesen Text schreibe, das erträumte?

Ach die Zeit, die Zeit! „Zum Schluß noch die Uhrenabteilung … Wir lauschen dem Ticken vieler, vieler Uhren. Es schien hier gewissermaßen eine Werkstatt der Zeit zu sein, dieses unbegreifbaren Dinges Zeit, das wir nie verstehen konnten, das uns jeden Tag unfaßlich verwandelte, uns uns selber immer fremder machte". Was für ein Gedanke! Das Leben eine Reise, auf der wir uns immer fremder werden. Am Ende sind wir gar nicht mehr wir selbst. Ich denke an Falladas eigenes Ende. Ein Opfer des Rauschgifts, nein … ein Opfer des Lebens. Vielleicht auch der Schriftstellerei, der Imagination, der Kunst. Er hatte sich daran gewöhnt, den Tod „als die einzige ihm noch verbliebene Hoffnung anzusehen, die ihn gewiß nicht enttäuschen würde". Das war 1947, da war er 53 Jahre alt. Als er in der Uhrenabteilung bei Wertheim steht und die Zeit vorbeiticken hört, sind es bis dahin noch über 40 Jahre.

Nun beginnt der interessanteste Teil von Falladas Weg, von Wertheim zum Schloß, vom glitzernden Tempel des Konsums zum dunkel-verschlossenen Schrein, in dem die Ideologie gehütet wurde, an der sie schließlich alle starben. Der 12jährige verläßt Wertheim durch den Ausgang an der Voßstraße, „am düsteren Justizministerium" vorbei in die Wilhelmstraße. Die DDR – das gehört gewiß zu ihren besseren Taten – hat der BRD an der Stelle, an der das Justizministerium stand, ein Wohnhaus hinterlassen; „einen Plattenbau", sagen manche, als ob es hier etwas zu schmähen gäbe. Die städtische Erinnerung an die Wilhelmstraße, in der die Unterdrückungen geplant worden sind und die Kriege, ist ausgelöscht; jetzt wohnen Leute hier, die sich nicht mehr auf den Staat zu beziehen brauchen. In der Voßstraße, wo F. vorbeiging und ich eben jetzt, hat das BGB, das in diesem Jahrhundert 100 geworden ist, das Bürgerliche Gesetzbuch, seine endgültige Fassung und Form erhalten; jetzt macht dort vielleicht, wo Planck aus Hannover das Ehe- und Familienrecht formuliert hat, eine Mutter ihrem Kind die Milch warm. Eine zeitlang hatte die DDR das BGB abgeschafft und durch ein Gesetzbuch ersetzt, das sich lesen lassen konnte, nun ist das BGB, das hundertjährige, wiedergekommen: einer von den mehreren rechtsgeschichtlichen Witzen, die die Vereinigung gerissen hat und über die nicht jeder lachen kann. Wenn der 12jährige Kammergerichtsratssohn nun in die Wilhelmstraße einbiegt und ein Stück aufwärts gegangen ist, kann er den Platz sehen, an dem 40 Jahre später sein endgültiger, sein letzter Tod beginnt: in der Charité, allerletzte Stunde in Pankow, allein.

Über die Wilhelmstraße, durch die jetzt auch ich gehe, will ich nicht schreiben. Ich müßte ein großes Stück deutscher Geschichte aufschreiben. Ich esse ein Eis in „Porta Brandenburga", nicht darüber nachdenkend, welche Geschichte unter dieser freundlichen italienischen Gelateria eingegraben ist wie Gotthelfs schwarze Spinne. Man hätte der Straße den Namen Grotewohls lassen sollen. Nichts für Grotewohl, aber für die Wilhelms doch erst recht nichts. Auch als sie nach dem ehemaligen SPD-Vorsitzenden hieß, führte die Straße durch die deutsche Geschichte. Ein Wunschkonzert ist die deutsche Geschichte nicht. Im Ministerium der silberblauen Margot werden die Bundestagsabgeordneten sitzen, wenn sie kommen. Viele blieben wohl lieber in Bonn; hier in Berlin kommen sie in eine Umgebung mit Spalten und Ritzen, durch die man schnell hindurchfallen kann, und keiner vermißt einen. Links die Akademie, der die Lokalpolitiker vorschreiben möchten, wie sie bauen soll, bloß nichts Modernes, sondern etwas Nachgemachtes, Berlin will eine Imitation sein, die Imitation einer Stadt, die es gegeben hat und nicht mehr gibt und die auch Berlin hieß. „Es war ein trüber Nachmittag im November. Auf dem Mittelweg unter den mächtigen Linden klebte das feuchte Laub sich an unseren Schuhen fest". Der Knabe Fallada kam nun zur Kaiserpassage, und in der Passage ist Kastans Panoptikum. Dort steht jetzt das Grand Hotel. Die Geschichten, die hier von der Hotelgegenwart eingeschlossen sind, halten viele Überraschungen bereit. Im Prestel-Verlag ist vor kurzem ein Buch des besten deutschen Bauhistorikers darüber erschienen, von Johann Geist von der Akademie der Künste. Ein Meisterwerk der Baugeschichtsschreibung, besser geht es nicht. Da wird die Zeit aufgeklappt und wieder zugeklappt; nicht nur vom Wachsfigurenkabinett, in dem der 12jährige Fallada eine Szene in Wachs sah, die er ein paar Jahre später in den Wäldern über Rudolstadt selbst erleben würde: nach einem wahnsinnigen Duell lag ein Freund erschossen zu seinen Füßen. Nur einer von den vielen Erschossenen, die nicht wußten warum.

Dann waren sie beim Schloß, der Kaiser war nicht da. „Die Fanfare seines Autos: Tatü tata klang all seinen Untertanen mit „bald hier, bald da!" in den Ohren. Das Schloß lag grau und düster unter dem grauen, düsteren Himmel." So wird es auch unter einem Sommerhimmel da liegen, wenn man es jetzt erneuern wollte. Wer keinen König braucht, der braucht auch kein Schloß. Jetzt steht der Palast der Republik da; er ist auch nicht außerhalb der deutschen Geschichte entstanden. Wir müssen aufhören, die deutsche Geschichte nach jedem deutschen Debakel so zurechtmodeln zu wollen, wie wir gerne hätten, daß sie verlaufen wäre. Fallada ab in das Scheunenviertel, das nicht mehr da ist, die Reste liegen als Asche am Grunde der Weichsel. Da möchte ich auch davonlaufen, wie Fallada damals davongelaufen ist. Er ist schließlich zu Haus angekommen, und der Kammergerichtsrat hat ihn verhauen. Die Hiebe hat er für die Verspätung gekriegt. Ich würde sie fürs Fortlaufen bekommen.

Von zu Hause in die Geschichte

Ihre Adresse war: In den Zelten 5. Bekannt von Briefmarke und Geldschein: Bettina von Arnim. Geborene Brentano. Aus Frankfurt, wie Goethe. Ich fahre an mit dem stadtberühmten Bus Nummer 100, eine Touristenattraktion, für Billiggeld zeigt er viel von Berlin.

John-Foster-Dulles-Allee steige ich aus; die nach dem vergessenen US-Außenminister genannte Parkstraße führt an der seinerzeit von den Amerikanern gestifteten Kongreßhalle vorbei, die die Berliner „Schwangere Auster" nannten, bis sie zusammenfiel. Von diesem Zusammenbruch hat sich der Bau eigentlich nie erholt; der zärtliche Spitzname wird heute nur noch aus der Vergangenheit zitiert; der Bau hat uns enttäuscht, er hat Mißtrauen in die moderne Ingenieurkunst erweckt.

Heute heißt das Gebäude „Haus der Kulturen der Welt"; aber richtig läuft da wohl nichts. Zur Zeit gibt es eine Ausstellung zeitgenössischer chinesischer Malerei; auf dem Plakat ist China mit einem Ausrufezeichen geschrieben, das – wahrscheinlich nichts als Graphik – genau durch das H führt.

An diesem sonnig kalten Oktobernachmittag bin ich ganz allein auf dem Uferweg, der auf dieses Kulturhaus zu-, an der Dampferanlegestelle der Reederei Riedel vorbeiführt.

Eine metall-rostige Gedenkstele am Ufer erinnert an Magnus Hirschfeld und sein berühmtes Institut für Sexualforschung, ehemals In den Zelten Nr. 9, da wo auch kein Rest eines Hauses mehr zu erkennen ist, eine Stelle gegen die Vorurteile, untergegangen in blutigen Vorurteilen, zerstört von „den Nationalsozialisten", heißt es im Gedenktext, wenn es nun hieße: „1933 von den Deutschen zerstört", wäre das falsch?

Ebenso ist kein Stein mehr da von dem Haus, in dem hier die berühmte romantische Frau gewohnt hat, die – wie gesagt – aus Frankfurt stammte, „also im Judenhaß erzogen war".

Die ganze Straße ist weg. Weder das Bettina-von-Arnim-Ufer noch In den Zelten gibt es mehr: Baustelle. Hier entsteht – eingezäunt – das Bundeskanzleramt. Geschäftig fahren die gelben Bagger auf und ab. Firma Fröhlich, aus Hessen, Kassel, planiert die Gegend, gräbt die Geschichte um, verwandelt die Öffentlichkeit einer Uferstraße in ein geschlossenes Staatsareal; junge Polizisten mit Panzerkäppis patrouillieren, beobachten mich skeptisch, weil ich beobachte und schreibe.

Ich will in der Wirklichkeit den Weg gehen, den Bettina hätte gehen müssen, wenn sie von ihrer letzten Berliner Wohnung zu der Stelle hätte gelangen wollen, an der ihr bestes und wirksamstes Buch spielt; nach dem Tode ihres romantischen Mannes entstanden, als sei sie nun befreit zu denken, was man denken mußte: „Dieses Buch gehört dem König", 1843: eine Anklageschrift. Aus zweiter Hand zwar die Tatsachen, aber später fügten andere Ersthändiges hinzu. Über das Wohnungselend des Voigtlandes. Das war das Wohnquartier vor dem Hamburger Tor. Die Wülcknitzschen Familienhäuser, Torstraße/Ecke Gartenstraße heute: das ist der Platz. Nach dem Kammerherren von Wülcknitz hieß dieses Elendsquartier: der Adlige folgte klassischem Vorbild: Cicero, ein wucherischer Vermieter, trotzdem ein Heros der europäischen Geistesgeschichte.

Dahin wandere ich nun. Es ist ein Weg von Tiergarten nach Mitte, ein aufregender Hauptstadt-Weg, auf dem man die Gegenwart mit der Vergangenheit vergleichen kann, wenn man sich nur ein bißchen auskennt, z. B. ein, zwei Kapitel in Johann Geists klassischem Buch gelesen hat: Das Berliner Mietshaus 1740–1862. In diesem Buch – spannender als mancher Roman – kann man die Geschichte dieses „Trojanischen Pferdes vor den Toren Berlins" lesen, die Geschichte der Gegend, des pauperisierten Voigtlandes: „In dem Fall spiegeln sich die allgemeinen Verhältnisse, in dem Ort die Entwicklung der Stadt und in der Transformation der Gegend der Übergang von feudaler zu kapitalistischer Produktionsweise in Preußen". Dann hätte man die Geschichte bis ans Ende des vorigen Jahrhunderts beschrieben und eine neue Geschichte höbe an, die die Gebäude hervorgebracht hat, deren abblätternde Fassaden heute in postmoderne Renovaturen übergehen.

Das Buch mit dem Titel: „Dieses Buch gehört dem König“ hat Bettina von Arnim 1843 geschrieben; ist ein merkwürdiges Werk, das Beste an ihm wie gesagt ist eine Dokumentation über die Lebensverhältnisse der Arbeiterfamilien hier an dieser Stelle, an der ich jetzt stehe. Im übrigen hat das Werk sozialphilosophischen Inhalt. Es besteht aus fiktiven Dialogen, die Goethes Mutter, die Frau Rat, mit einem Pfarrer, mit einem Bürgermeister, Autoritätspersonen führt; nachgemachter Sokrates, nachgemachter Platon, aber nicht auf die Form, auf den Inhalt kommt es an.

Neulich habe ich ein paar Sätze E. T. A. Hoffmann leise für mich vorgelesen am Grabe des großen Schriftstellers und am Gendarmenmarkt, auf den er sterbend herabsah. Auch heute habe ich einen anderthalb Jahrhunderte alten Satz bei mir, um ihn an Stellen zu bringen, an denen er sich schon einmal ereignet hat. Also habe ich da, wo Bettina wohnte und wo nun das Bundeskanzleramt entsteht vor einem Drahtzaun und einer Trinkwasserstelle, Icme Suju, wo die Krähen Abfall auf der Wiese sammelten und in die Bäume trugen, hier also, wo er hätte geschrieben sein können, und in der Gartenstraße hinter dem lauten grünen Zementlieferanten aus Heidelberg habe ich diesen Satz vorgelesen, freilich so, daß es niemand hören konnte außer mir selbst: „Die Veredlung der Menschheit geht oft an ihrer Sittenverbesserung zugrunde. Dazu gehört die Sündentaxe. Der wägende Richter, den sie auf den Wolkenthron sich denken, steht auf dem Markt und läßt den scharfen Schliff seines Richtbeils im Sonnenlicht blitzen. Der Staat hat seine religiös-moralischen Anlagen, seine Abgrenzung erlaubter Begriffe, die Entwicklung unserer Seelenkräfte auf der Tenne, er drischt wechselweis drauf los, und gewinnet eine unreine Saat der Moral, der Gottheitslehre und verpfuschter Gesetze. Der Staat säet sie aus und ist allein verantwortlich für die Verbrechen, die daraus erwachsen. Das Beil in der eisernen Faust auf dem Markt zückt gegen ihn die Schneide.

Dieses Beil ist die öffentliche Meinung, die mündig geworden ist und ihn verdammt."

Ich bin ein Stück in die Gartenstraße hineingegangen. Das Haus Nummer 114 entsteht neu, daneben ein Neubau ist schon fertig, renovierte Fassaden folgen. Die erbuntete Fassade von Nummer 110 in rötlichem Gelb wirkt fremd vor dem grauen Hauskubus, dessen schmucklose Nordseite die Freifläche südlich begrenzt, die der Vorhof von Nummer 109 läßt. Dort kann man einen Blick in den schmalen Enghof von Nummer 108 werfen: Als ob das tatsächlich noch ein Stück aus dem vergangenen Elend wäre, das nun mit Kraft in eine neue Zeit gehoben wird.

Die Vergangenheit kann hier über die Straße gehen, gegenüber das berühmte Stadtbad Mitte, von Tessenow, dem Lehrer Albert Speers, Ende der 20er Jahre gebaut: hier kann die Vergangenheit sich waschen, um sich der neuen Gegenwart zu zeigen, in der wir schnell alles vergessen, was war. Die Geschichte hat keine Zukunft. Unser Land besteht wie die Welt nur noch aus TV und Gegenwart.

„Was hat eigentlich Günter Grass über die Waffenlieferungen in die Türkei und über die Abschiebegefängnisse gesagt?" fragt mich der philosophische Mehdi Hojat, der mich hier mit dem Auto abholt und der denkt, daß er etwas versäumt hat, weil er eine Woche in der sanften Luft von Mallorca verbracht hat.

Ich lese ihm auch den Satz von Bettina vor, den ich vorhin der Betonmischmaschine vorgelesen habe und verschweige ihm, daß Bettina von Arnim hier im Armenquartier in Wirklichkeit niemals war. Begraben ist sie in Wiepersdorf. In Berlin werden die Namen gelöscht, die an sie erinnern.

Ankunft in Köpenick nach 50 Jahren

Wenn ich „Köpenick“ hörte, dachte ich nicht an den Hauptmann. Sondern an die Olympiade. 1936 besuchten meine Eltern Berlin, um den Sportlerinnen und Sportlern zuzusehen. Ein Kollege hatte eine Tante in Köpenick, die gut gestellt war, da konnten sie kostenlos wohnen. Das war das Köpenick meiner Kindheit, die nun mehr als ein halbes Jahrhundert zurückliegt. Seit 35 Jahren lebe ich in Berlin. Heute bin ich zum ersten Mal in dem wirklichen Köpenick gewesen.

Es ist ein sonniger Samstag im Herbst. Mit „Schienenersatzverkehr“ und „S-Bahn-Pendelverkehr“ brauche ich von Lichterfelde mehr als 2 Stunden. Ich bin sechsmal umgestiegen. Die Gleise werden erneuert. Die Stadt erhebt sich aus ihren Zerstörungen. Ich habe mir diesen ersten Spaziergang durch Köpenick gut überlegt, sogar die Köpenicker Wahlergebnisse aus den 30er Jahren studiert, um mir die Köpenicker Blutwoche zu erklären. Die Nazis bekamen in Köpenick bessere Wahlergebnisse als im Berliner Durchschnitt, aber was erklärt das? Als meine Eltern 1936 eine Woche in Köpenick wohnten, um in Westend der „Jugend der Welt“ zuzusehen, war es schon mehr als 3 Jahre her, daß die Welt zugesehen hatte, wie Hitlers Sturmabteilungen den Reichskanzler Hitler mit Folter und Mord feierten.

Durch die Borgmannstraße gehe ich zum Amtsgericht. Den Mandrellaplatz habe ich mir anders vorgestellt. Er ist weniger Platz, als ich erwartete. Das Amtsgericht hatte ich mir rot gedacht. Aber es ist grau.

Ich setze mich vor dem „Video Corner“ auf eine Bank. „Personen unter 18 Jahren“ ist hier der Eintritt verboten, damit die Personen über 18 Jahren denken, daß man ihnen hier Geheimnisse zu bieten hätte. Für mich liegen die Geheimnisse im Offenbaren auf der anderen Straßenseite. In Efeu und Friedhofsgrün: ein kleiner Platz im Platz: der Gedenkort für Rudolf Mandrella; er war Amtsrichter hier und unterm strengen Scheitel 43 Jahre alt, als man ihn (aber wer hat es wirklich getan?) im Zuchthaus Brandenburg ermordete.

Das Amtsgericht in Köpenick

„Widerstandskämpfer“ nennt man solche Leute, „katholisch“ heißt es hier noch, aber was wissen wir damit von dem Tapferen? Im Brockhaus steht er nicht, auch Werner Seelenbinder, nach dem die große Straße hier heißt, der Ringkämpfer und Antifaschist, steht nicht im Brockhaus. Die meisten, die dort im Artikel „Widerstand“ namhaft gemacht werden, haben erst mal mitgemacht mit Hitler.

Die Gedenkstätte „Köpenicker Blutwoche“ in den Verließen hinter dem Amtsgericht macht am Sonnabend erst um 14 Uhr auf. Ich betrachte die Blumenkübel aus Beton, den Fahrradständer unter dem gelblichen Plastikdach, er sieht so aus, als fände hier auch schulisches Zwangsgedenken statt. Die Erinnerung ist nur noch zeitweise geöffnet; sie hält sich nicht auf Dauer. Schließlich ist alles vergessen. Wenn es nicht Sonnabend wäre, könnte ich ins Gericht hineingehen und einige meiner früheren Studentinnen besuchen, die hier arbeiten.

„Wie geht's?“

„Ach, ja“. Ich weiß selbst, daß es einem nie ganz gut geht, wenn man in einem Gericht arbeitet. Das Amtsgericht wird vergrößert. Die Baufirma nennt sich „lebenswert bauen“– gegenüber einem Gericht empfinde ich das als Ironie.

Die Bahnhofstraße abwärts, am „Modehaus Köpenick“ vorbei, das jetzt nur noch eine Überschrift für Drospa ist, gehe ich zu der Örtlichkeit, die in meinen Büchern „Platz des 23. April“ heißt; ein Schild mit diesem Namen finde ich nicht; vielleicht ist der Name gestrichen, „Befreiung durch die Rote Armee“ – das sehen die Offiziellen heute vielleicht anders.

Der Platz ist ein Garten, ein kleiner Park, am Eingangsweg nennt sich das Grünflächenamt in komischer Behördlichkeit; der Herbst ist bunt, die Bleßhühner sind hungrig, sie schwimmen aufgeregt piepsend auf mich zu und machen sich falsche Hoffnungen.

Ich will mir das Denkmal ansehen, das hier für die Opfer der Blutwoche steht. Oder ist die brutale Betonfaust nicht eher ein Denkmal für die Täter?

Die Inschrift auf der Rückseite ist unter Sprayzeichnungen und Zeitverwüstungen nicht mehr lesbar: „Erreichen wird … leben wird … Unsere … Trotz alledem“.

Das Relief hinter der gewalttätigen Stele verstehe ich nicht; die nachlesbaren Deutungen sind unterschiedlich: „Berufe“ sagen die einen, „sozialistisches Leben“ andere. Die Erinnerung versinkt, entgleitet uns, das Leben besteht aus Verdrängungen.

Die Baumgarteninsel sieht schön aus. Wie kommt man hinüber? Ich hatte bis zum Bellevue-Park gehen wollen, um an Lepel und also an Fontane zu denken. Aber ich bin müde. Das Grau und der Verfall, den die Zeit über die „Neue Sachlichkeit“ von Otto Firles kubischem Gemeindehaus Am Generalshof Nr. 1 a gelegt hat, paßt zu meiner herbstlichen Müdigkeit.

Ich will mir noch das Haus Seelenbinderstraße Nr. 44 ansehen. Hier soll Elisabeth Langgässer gewohnt haben, als sie in Köpenick Lehrerin der Sozialpädagogik war.

Die Erdgeschoßwohnung ist in ein Eiscafé verwandelt. Elisabeth Langgässer ist an ihrem Widerstand gegen die Nazis nicht umgekommen. Töchter hat sie hergeben müssen. Sie steht im Lexikon. Das „Unauslöschliche Siegel“ von 1946 wurde noch 1953 von unserem Deutschlehrer für moderne Literatur gehalten. Ich glaube, jetzt ist sie auch vergessen und ruht bei den Wiecherts und Bergengruens.

Waren die SA-Männer, die 1933 gegenüber im Amtsgerichtshof Mitbürger totgeschlagen haben, vielleicht dieselben, die am Straßenrand standen, als meine Eltern 1936 von Köpenick nach Westend fuhren, um Jesse Owens siegen zu sehen?

Auf dem Bahnhof skandieren betrunkene Sportfans: „Schlagt sie tot, die Türkenschweine“. In kurzem Abstand begleitet sie eine Gruppe junger Polizisten in Kampfanzügen.

Die Faust von Köpenick

Ich lebe seit 1961 in Berlin. Ich fühle mich immer noch nicht als Berliner. Für das vorige Kapitel bin ich wie ein Tourist durch die Stadt gewandert. Da habe ich mich vielleicht ver-sehen. Gestern bin ich deshalb denselben Weg noch einmal gegangen. Der Zufallsweg des sonnigen Oktober erweist sich im grauen November als ein aufschlußreicher Spaziergang. Er führt direkt durch die jüngste deutsche Geschichte. In einem früheren Leben war ich auch Richter. Ich besuche die Gedenkbüste für Rudolf Mandrella vor dem Amtsgericht mit kollegialen Gefühlen. Die meisten deutschen Richter haben die deutschen Staatsverbrecher unterstützt. Einige nicht. Wegen dieser wenigen ist es möglich, heute noch Richter in Deutschland zu sein. Es sollte eine kleine Bank aufgestellt werden neben Mandrellas strenger Büste, damit im Schutz des Lorbeers Liebespaare sich umarmen und müde deutsche Richter über ihren Beruf nachdenken können. Ich weiß nicht, ob das Grün um Mandrella Lorbeer ist. Der Anrufer wußte es auch nicht, der sich darüber beschwerte, daß ich die Stelle gelobt statt kritisiert hatte; das Grünflächenamt hält die Bewachsung nicht niedrig; die Leute pissen im Schutze des Grüns gegen die Stele des Helden. Ich überquere die Werner-Seelenbinder-Straße. Seelenbinder steht nicht im Brockhaus, habe ich geschrieben. Im DDR-Brockhaus steht er aber doch, habe ich zu hören bekommen. Aber die DDR gibt es nicht mehr, und ein „DDR-Brockhaus“ ist kein aktuelles Buch. Auch die Gedenktafel ist nicht aktuell. Sie sagt nichts über die sportlichen Siege. Das müssen die Sportler wissen. Sie müssen sich sagen können – wie ich bei Mandrella –: Die meisten haben mitgemacht und Hurra geschrieen, einige nicht. Wegen dieser wenigen kann man Sportler sein in diesem Lande.

Ich wisse wahrscheinlich nicht, fragte mich eine Anruferin rhetorisch, was der 23. April bedeute. Doch, sagte ich, ich weiß es: Die Sowjetarmee ist angekommen in Köpenick

an diesem Tag vor 51 Jahren. Nein, sagte die Anruferin, sie ist nicht angekommen, sie hat uns befreit. Ja, sage ich, aber ich habe die Sowjetarmee in Thüringen erlebt, dort folgte sie der US-Army, uns haben die Amerikaner befreit. Nein, sagt die Anruferin, die US-Amerikaner waren niemals Befreier. „Sondern?" Befreier allenfalls von der einen Unterdrückung, um eine andere einzuführen: Kapitalismus statt Nationalsozialismus. Hat es in Köpenick keine Nazis gegeben, die immer da gewesen sind und von denen uns niemand befreite? Wir hätten uns selbst befreien müssen. Die Anruferin verwies mich auf die armen Opfer der Blutwoche. Das Denkmal auf der Wiese des 23. April habe ich ganz falsch verstanden, stellt ein Dritter fest. Ich hätte mich sachkundig machen müssen, ermahnt er mich mit strenger pädagogischer Konsequenz. Nun betrachte ich das Denkmal Walter Sutkowskis wie ein Schüler, der befürchten muß, daß ihn falsche Gefühle befallen. Ich fröstle. Die Betonwand bedroht mich. Ich verkenne die Faust. Ich bin mehr als 25 Jahre Sozialdemokrat. Diese Partei hat mir nicht beigebracht, daß Fäuste unterschiedliche politische Gesten ausdrücken können. Die Daumenhaltung ist wichtig. Das wußte ich nicht. Ich bedenke es jetzt. Das Denkmal wird dadurch nicht klarer und nicht schöner. Ich fürchte immer noch, daß die Faust niedersausen und mich zerschmettern will. Es stimmt nicht, daß die Opfer der Blutwoche durch die DDR belohnt worden wären. Sie sind umsonst gestorben. Die Täter haben überlebt. Denkmäler helfen nicht. Einsicht hilft, Reue, Entschuldigung, Vergebung.

Mitten im Novemer blüht auf der Wiese des 23. April ein Strauch. Ich weiß seinen Namen nicht. Da mußt du das Grünflächenamt fragen, sagt ein Kollege.

Von der 3 zur 10

Für den Berlin-Gänger ist S-Bahn-Fahren wie Spazierengehen. In Ostkreuz bin ich in die S 3 gestiegen. Ich habe mich auf eine Querbank gesetzt und blicke nach Südwesten. Die Sonne scheint mir ins Gesicht.

Es riecht nach Schmalz. Der junge Mann, der eben fragte: „Wie lange dauert's noch nach Köpenick?" hat ein Schmalzbrot hervorgeholt. Er macht es sich gemütlich. Im Fenster des Zuges spiegelt sich die Gegenseite, so daß ich gleichzeitig nach Westen und Osten schaue. Die Graffitis am Rande der S-Bahn sind in ihrer Buchstabenhaftigkeit längst langweilig geworden. Aber ein-, zweimal sehe ich Anzeichen für einen neuen Stil.

Der Bahnhof Köpenick hat etwas Erhobenes. Wenn man in guter Stimmung ankommt, hat man das Gefühl, ein bißchen über den Dingen zu stehen. Vor mir geht ein langer junger Mann, der die großen Turnschuh-Füße weit nach außen stellt, er führt uns Geh-Kunst vor. In der Bahnhofshalle und davor ist Budenbetrieb. Die Szene wirkt vorläufig, als läge die Stadt an einer Grenze, wo schnelle Alltags-Geschäfte zu machen sind. Die Dywidag-Container sind unmittelbar an die Straße gerückt, als wolle die Baustelle schon das Endgültige sein. Von Döner-Bude zu Döner-Bude gehe ich die Bahnhofstraße hinunter.

Zum ersten Mal sehe ich das Wort Phlebologie. Eine Ärztin bietet sich dafür an, übersetzt uns das Medizin-Latein aber artig ins Deutsche: Beinleiden. Ein Wort, das den Spaziergänger schreckt. Die Fischgeschäfte zeigen an, daß es eine Stadt am Wasser ist. Ich erwarte die Spree schon. An Otto Firles neuer Sachlichkeit für den evangelischen Generalshof Nr. 1 a vorbei gehe ich zum Fluß hinunter. Er hat hier die Freundlichkeit eines Sees.

Die Spree ist überhaupt ein freundliches Gewässer. Sie ängstigt nirgendwo. Im sogenannten Mecklenburgischen Dorf werden Vergnügungsbuden aufgebaut; Las Vegas wird angekündigt und eine Shaker Street. Die Schwäne und

Enten werden sich über die Menschen wundern, wenn sie nicht auch längst Berliner sind, die in Mecklenburg, in Nevada und in Köpenick gleichzeitig sein können und keinen Wert auf Stileindeutigkeit legen. Gemütlichkeit muß sein und Remmidemmi gleich nebenan.

Ich gehe auf das feierliche Postamt zu, das auch eine Schule sein könnte oder ein Gericht, ein öffentliches Bauwerk aus der Zeit, in der sich der Staat gerne in „Anstalten" organisierte, ein Begriff übrigens, den der große Schinkel bevorzugte; es war eben nicht alles groß an dem großen Mann. Die Kirche neben der Post hat etwas von einer Burg, und die Villa daneben, die das Bezirksamt benutzt, sieht ein bißchen so aus wie die Repräsentativ-Wohnung des Kommerzienrates, dessen Fabrik das Gotteshaus wäre. Ich müßte über die Brücke hinüber, hinunter, untendurch und drüben wieder hinauf, wenn ich an der Bezirksamts-Villa die Löwen genauer betrachten wollte, die am Giebel die Dachluke so stolz halten, als wäre sie ein Ehrenkranz.

Zugehend auf das Haus der Cöpenicker Bank, empfinde ich lebhaft, wie schön der Eingang zur Inselstadt ist. Er bildet einen kleinen Platz, den man als gemütlich empfindet, obwohl er im heftigen Autoverkehr liegt. Ich gehe um die Laurentius-Kirche herum. Das Ensemble aus Verfall und Erneuerung sendet ein Zeitzeichen aus, das wir in Berlin bald wohl nicht mehr wahrnehmen werden. Die Banken sind am weitesten mit der Erneuerung. Sanierung sagt man. Darin steckt eine lateinische Wurzel, die „gesund" bedeutet. Das kann man nur hoffen. Die Fensterrahmen der Kirche sind auch neu gestrichen, in einem schönen Grün. Die grüne Kirchentür ist leider zu.

Gegenüber liegt ein gelbliches KÖWOGE-Palais. Die tüchtige Wohnungsbaugesellschaft wird es sicher bald leuchtend streichen lassen. Dann wird es noch mehr an Goethes Haus erinnern. Kann man sich Goethe in Köpenick vorstellen? Ich stehe in der Tür zur WP-Gesellschaft Pannell, Kerr, Forster (mit den beiden berühmten Namen in der Firma), im Hof hat Dorothea Jennrich ihre Keramik-Werkstatt, gegenüber „S. Francesca" mit einer eleganten

Note. Die Stadt erhebt sich aus den Niederwerfungen ihrer Geschichte zur Zeitgeistlichkeit einer Gegenwart, die in den Wohlstandsjahren des Westens dort vorgefertigt worden ist. Paßt dieses Kleid uns noch?

Nachdenklich gehe ich am Rathaus vorüber, in das der metallene Hauptmann nicht hineingeht, sondern aus dem er herauskommt.

Ist unser öffentlicher Dienst selbstironisch geworden? Das wäre schön. Es würde in der Geschichte, die wir uns wie eine Maske vorhalten, ein Augenblinzeln sehen lassen und der Wortpolitik des Medienzeitalters ein kleines Fragezeichen beifügen, welche dem Rathaus noch ein Bürgeramt hinzufügt, weil sich die Verwaltung eben nicht von vornherein und selbstverständlich um Bürgerinnen und Bürger kümmert.

Eine junge Blonde springt mit Scherensprung über die Straßenketten, die mich am Schloßvorplatz vor unbedachten Straßenüberquerungen hindern.

Ich lasse das prächtige Volksbank-Gebäude hinter mir. Das Schloß bleibt für heute links liegen. Am roten Geländer der grünen Langen Brücke schaue ich zur gelben Straßenbahn hinüber, die drüben die Lindenbrücke überquert.

Die Lange Brücke zittert unterm Autoverkehr. Als ob Pioniere sie eben aufgebaut hätten, und nun fiele die Autozeit ein in die Gemütlichkeit, die eben noch hinter den Wassern lag. Der Blick zurück umfaßt die Türme von Rathaus, Kirche und Bank: ein symbolisches Ensemble. Erwartungsvoll gehe ich die breite Oberspreestraße hinunter, um Max Tauts Meisterwerk zu sehen: Die Alexander-von-Humboldt-Schule, die er 1928/29 als Dorotheen-Lyzeum gebaut hat. Daß Max Taut ein Meister war, sieht man dem Bau immer noch an. Aber der Nachkriegsputz verunstaltet das Bild. Taut hatte Siegerdorfer Keramikplatten verwendet. Wenigstens den Putz sollte man weißen. Gegenüber bietet neben dem „Goldenen Drachen“ der „ Grobbild- und Dolby Surround Spezialist“ seine Dienste an. Ich weiß nicht, was ich da einkaufen könnte, und wenn ich die Jugendlichen, die aus der Schule kommen, dort hätte hineinströmen sehen, hätte ich mich in dem Gefühl bestätigt gefunden, der Generation anzugehören, die abtreten muß, weil sie nicht mehr weiß, wo's lang geht. Schüler steigen in ihre eigenen Autos ein und knallen stolz mit den Türen. Ein alter Wartburg springt nicht an. Hinterm Weihnachtsbaumstand ist der Eingang zum S-Bahnhof Spindlersfeld von weitem schwer auszumachen. Er liegt neben einem kleinen Parkstück. Krähen kann man hier sehen von erstaunlichem Selbstbewußtsein.

Auf dem Bahnsteig der S 10 stehe ich ein paar Minuten ganz allein. Ich habe den Eindruck, ganz weit draußen zu sein. Hier ist – wie vom Bahnhofsschild abzulesen ist – Spindlersfeld ganz groß und Berlin noch ziemlich klein. Gegenüber schlafen viele orangefarbene Kipplaster der BSR. Es kommen immer mehr Leute. Der Eindruck von draußen verfliegt. Die Sonne sinkt. Die Abende kommen jetzt viel zu früh.

Bölschestraße zum See

Der Bahnsteig ist lang für den Sommer. Dann kommen hierher aus der Metropole wohl viele Leute, die die Statistiken Erholungsuchende nennen, meistens wissen sie ihre Wege viel zielstrebiger, als das mit seinem Objekt vereinigte Verbum vorgibt. Jetzt pfeift ein kühler Wind über den Perron. Man muß eine Treppe hinab. Sie führt durch ein spitzbogiges Schein-Gewölbe; es liegt unter acht Fensterchen wie das Eingangstor einer Burg. Es sagt uns: In Friedrichshagen sind wir nicht irgendwo. Hier sind wir richtig.

Die Hauptstraße heißt nach Wilhelm Bölsche. Niemand weiß mehr wirklich etwas von ihm. Bei meinem Vater standen seine populären Bücher über alles und jedes noch herum. Wenn man sie heute läse, erführe man nicht, was ihre Verdienste waren. Er sah ein bißchen wie Karl Marx aus. Bei Hertzis Ausschank kommt mir ein Mann entgegen, der ihm ähnlich sieht.

Die Bölschestraße ist zu Recht geschätzt. Sie ist keineswegs nur ein Weg von der S-Bahn zum Müggelsee. Sie ist eine schöne, interessante Einkaufs- und Spazierstraße; rechts und links von ihr hat der Ort schnell etwas Gärtnerisches, die Stadt staut sich hier nicht auf; wir sind draußen und doch noch daheim. Einkaufsstraßen mit touristischen Zielpunkten sind selten. Niemand geht über den Kudamm wegen des Halensees.

Durch die Bölschestraße zum Müggelsee, da hat man auf einem Spaziergang Stadt und Natur. Das Charakteristikum der Straße sind die unterschiedlichen Hausgrößen. Endzeitlich aufragendes Pseudogroßbürgertum – nur wenig wirklich echtes – Wand an Wand mit denkmalgeschützten kleinen Häuschen, deren Fassaden manchmal nur aus Fenster und Verzierung bestehen: die Häuschen der Baumwoll- und Seidenspinner, Immigrantenwohnungen. Das Gasthaus „Zum Maulbeerbaum“ hat einen eher historischen als botanischen Namen. Maulbeer-Bäume ließ der König pflanzen, als er vorgeschlagen hatte, die Seidenspinner hier anzusiedeln; Preußen eingehüllt in Friedrichshagener Seide. Durch Einwanderung gewinnt ein Land. Die Bölschestraße hat also viel Historisches. Aber unsere Zeit hat nichts Historisches; wir haben genug an der Gegenwart, damit wir nicht an die Zukunft denken müssen. Die Gegenwart der Bölschestraße ist nicht zu beschreiben ohne die Banken. Die renovierten Häuser, diejenigen, die uns sagen: „Es geht aufwärts, die Zeit des Verfalls ist zu Ende“, erkennen wir schnell als Bankfilialen. Ich würdige zuerst die Villa der Commerzbank in Nr. 74; weiter unten an prominetem Ort, an Markt und Kirche, am klassischen Platz der Geschäfte, die Deutsche Bank. Zwischen der Bank und der Kirche, dem Wochenmarkt gegenüber, auf einem kleinen Rasenstückchen, eine Säule mit gekröntem Adler, der da nun festsitzt und nicht fortfliegen kann. Die Säule gedenkt der Gemeindetoten von 1864, 1866, 1870/71, davor tatsächlich im schwarz-rot-goldenen Gebinde ein Kranz: „Unseren Kameraden“; ist also ein ganzes Jahrhundert an Friedrichshagen vorübergegangen oder hat es hier vielleicht gar nicht

stattgefunden, so daß die glücklicheren Freunde der Totgeschossenen, die auch nicht nein gesagt haben, sich immer noch fürs Überleben entschuldigen müssen? Nur Nummer 66 macht eine Ausnahme von dem Erfahrungssatz, daß die am schönsten renovierten Häuser Banken gehören. Ein Westberliner Rechtsanwalt läßt ein betürmtes Eckhaus aus dem letzten Drittel des 19. Jahrhunderts als Baudenkmal erneuern. Das hätten sich die Reformer um die Jahrhundertwende (die Bölsches, Willes, Mühsams, Harts, Hauptmanns und Leistikows), erst recht die späteren nicht träumen lassen, daß die Erzeugnisse des Imitat-Stils des Spätkapitalismus einst in den Rang von Bauschönheiten erhoben werden würden. Nostalgie statt Geschichte. Berlin hat überhaupt – aller Jahrhunderte ungeachtet, die die Jubliläumsmanager zusammenrechnen – nur eine kurze Geschichte. Das Berliner Bürgerbräu gehört als Betrieb, Betriebstyp und als Erinnerung zu dieser Großstadtgeschichte; die italienisierende Villa des Chefs legt sich in der Josef-Nawrocki-Straße, dem Ende der Bölschestraße gegenüber, direkt an das Brauhaus; da tun die Stadtkunstführer genau das Falsche, die die Villa retuschierend von der Brauerei zu trennen versuchen, als reiche ein weiter See aus, um aus der Mark Italien zu machen und aus einem Bierbrauer, der die Großstadtausflügler bedient, einen Förderer der schönen Künste. Aber vielleicht war alles auch ganz anders. In Berlin kann vieles anders gewesen sein, als es aussieht, es ist – warum also hier nicht? – eine Stadt der Einbildungen und der Imitationen, irgendwo kann hier auch der Übersetzer Dantes gewohnt haben. Es ist Montag. Am Sonntag war auf dem zugefrorenen See hier „ein Betrieb –, da is die Alster nüscht dagejen; aber im Fernsehen ham se eben die Alster gebracht"; heute nur drei Figuren, die über das Eis einen Weg finden, ein Paar und ein Mann allein. Die Schwäne, denen das Eis, das sie zu watscheln zwingt, alle Eleganz nimmt, denken, sie bekommen Futter. Seit 1926 gibt es hier den Spreetunnel, durch den Bert Brecht im Film Menschen heraufsteigen ließ mit wehenden Fahnen, als sei die Zukunft angekommen.

Von Hirschgarten nach Köpenick Bahnhof. Erstes Stück

Berlin verwandelt sich schnell in Landschaft. Die Häuser am Hirschsprung, der für die Autofahrer als Sackgasse endet, aber nicht für die Fußgänger, die zur Wiesenpromenade weitergehen, sehen försterisch aus, kunstschriftstellerisch, ich stelle mir hier Christoph Meckel vor oder den Vater von Christoph Meckel, vielleicht paßt auch Günter de Bruyn, Landschaft vorm Fenster, Fouqué im Regal. Die Zahnärztin Sabine Triebel hat hier gebaut; es muß beruhigend sein, bei ihr im Behandlungsstuhl zu sitzen, man sieht auf die Weiden des Erpetals oder in den Himmel darüber mit aufgerissenem Munde. Am Ende der Promenade, die aber einfacher einfach ein Spazierweg heißt, ein Jugend- und Kulturzentrum, die Rolläden unten, es ist vormittags, die Jugend ist in der Schule, Kultur findet jetzt dort statt, hoffentlich.

Der Eingang – man kann wirklich Eingang sagen – zur Seelenbinderstraße ist exemplarisch. Es kommt nun bis zum Brandenburgplatz ein Straßenstück, das aus den Zeiten herausführt: eine Brückenstraße sozusagen, wie nachher auch die Friedrichshagener Straße: aus einer Zeit in eine andere, auf der Nordseite die verlassenen und sich mit neuem Mittelstand füllenden Werkhallen, auf der Südseite Regina's Massagesalon im postmodern renovierten Haus und die Wohnblocks der KöWoGe mit den weißen Briefkastenhäuschen vor den Türen. Dem rechten Mittelstand wünsche ich guten Fliesenverkauf, überhaupt lukrative Geschäfte, den linken Menschen Liebes-Briefe im Kasten, überhaupt fröhliche Kommunikationen. Die Hallenanlage endet am Brandenburgplatz in einem Industriebau aus versammelter Architektur, epochenweit vor jeder Postmoderne. Verlassen jetzt von seiner ursprünglichen Industriebestimmung und umbenannt in „Gewerbehof Seelenbinderstraße", bietet das vom weitbekannten Immobilienehepaar Sauer umgewidmete Gebäudeensemble „Büro-, Hallen- und Gewerbeflächen". Der Internationale Bund für Sozialarbeit ist schon da, auch eine „Fitness Factory": sollen wir an Andy Warhol denken? Ich kann mir den Happening-Künstler hier vorstellen. Die Uhr auf dem Sockel im kleinen Vorgärtchen steht auf 10 vor 9, die Uhr auf dem Türmchen des Torhauses auf 10 vor 8: als ob es immer noch Zeit wäre, rechtzeitig zur Arbeit zu kommen. Der wilde Mischlingshund der gut ausgemalten Frau, die den Platz gerade überquert, bellt den gelben Briefträger an. „Schämst du dich nicht!" ermahnt sie ihn vorwurfsvoll. Je länger ich auf dem Brandenburgplatz stehe, um so zentraler erscheint er mir. Nicht nur wegen der regen Autos, die aus der Bellevuestraße in die Seelenbinderstraße nach Westen einbiegen und umgekehrt, diese beiden Straßen verbindend zu einem Straßenzug und also die Seelenbinderstraße in einen Ost- und einen Westteil trennend. Gemütlichkeit, sagen wir hier: Hirschgartenhaftigkeit verbreiten Autos natürlich nicht, aber doch die maschinelle Beweglichkeit, die wir längst für das eigentliche Zeichen gesellschaftlicher Lebendigkeit nehmen.

Nach der Karte habe ich gedacht, es führte vom Brandenburgplatz ein im flachen S hingebreiteter ruhiger Spazierweg zur Friedrichshagener Straße. Die Wirklichkeit identifiziert den Spazierweg der Einbildung als ein Eisenbahngleis, das aus dem Industrieareal herausführt und hinüber und hinunter zum Wasser wahrscheinlich, wo die Barken angelandet waren, die die Industriegüter auf sachten Wassern in die Welt verschifften. Das Gleis ist verödet. Keine Waggons mehr. „Personendurchgang verboten" steht auf verblassendem Schild. Das Verbot könnte man jetzt doch aufheben. Aus der vergangenen Industrielandschaft, die ins Dienstleistungs- und Sozialgewerbe umfinanziert wurde, gelangte ich direkt in die wirkliche Landschaft, in der ich die Autogeräusche immer noch hören würde, bewahrt davor, in Idylle zu verfallen, aber trotzdem auf einem Weg, der zwischen Vergangenheitssehnsucht und Zukunftsunsicherheit geschichtslos in die Freuden der Hütten führte. Auf diesem Spaziergang gelangte man fast direkt in Stinnes BauMarkt,

Markt großgeschrieben, im „Kaufland", Rotgrün ist die Landesfarbe dieses Landes, mit dessen preiswerten Erzeugnissen wir unsere Privatheit ausschmücken können, wie es alle anderen auch tun. Honda-Frühstück, am 1. Februar um 9 Uhr, ist die Verheißung vom Autohaus Karge, das auf breitem Plakat „Full Service" anbietet in einem Schriftzug wie aus dem Horrorfilm. Das ist ein Zeitgeistgeschäft. Das gehört hierher, zu unserem Leben, das uns im PS-starken Blechkasten ein Versprechen der Beweglichkeit gibt bis zur nächsten Ampel, zum nächsten Stau.

Wo das Gleis über die Seelenbinderstraße führt, mitten auf der Straße, unter einer geschützten Eiche, bleibe ich, Autos vor und hinter mir, einen Moment stehen, versuche den Augenblick festzuhalten mitten in der Veränderung, nachdenkend über den schönen bildlichen Namen, den der antifaschistische Sportler dieser Straße gegeben hat. Die Gegend sieht erst gar nicht so aus, als ob sie Seelen binden könnte. Nach einer Weile tut sie's doch. Weiter unten in der Friedrichshagener Straße wiederholt sie dasselbe Thema. Darüber das nächste Mal.

Von Hirschgarten nach Köpenick Bahnhof. Zweites Stück

Da es also den Weg nicht gibt, den ich hatte gehen wollen, ging ich die Bellevuestraße in Richtung aufs Wasser. Der Name verführte mich. Nicht der Name „Schöne Aussicht"; denn das ist vom Brandenburgplatz aus zu sehen, daß die Schönheit der Aussicht hier nur eine Erinnerung ist. Sondern der Name Salvador Allendes, in dessen Straße die Bellevue übergeht.

Die Gegend hat mit dem ermordeten chilenischen Präsidenten rein gar nichts zu tun. Wenn ich den Namen höre, denke ich gleich an eine Anekdote, in der ich lieber nicht vorkäme. Nachdem Allende ermordet worden war – ich lebte noch im tiefsten Westberlin – ging es in Zehlendorf darum, ob ein Studentenwohnheim seinen Namen bekommen sollte. Ich war dagegen, ich betrauerte den Tod des Präsidenten nicht. Da sah der Kollege Rottka, der später den Ossietzky-Preis bekam, mich erstaunt an und sagte auch etwas, ich weiß nicht mehr was, aber wenn ich daran denke, weiß ich, daß mir die Geschichte besser gefiele, wenn ich für die chilenische Benennung gewesen wäre.

Heute bin ich wieder dagegen. Ich möchte überhaupt keine Politikernamen für Straßen, Plätze, Brücken. Blumen- und Ortsnamen, sie orientieren besser und lenken unsere Alltäglichkeit nicht ab in Bewertungen, deren Maßstäbe nicht mit uns abgestimmt werden.

Ich ging bis auf die Brücke, von der man Alt Köpenick sehen kann hinter dem Wasser und die grauen Wohnblocks, die unter dem chilenischen Namen wie Mauern am Horizont stehen. 18 Kräne zähle ich. Die Pappeln am Ufer zähle ich nicht. Sie sind zahllos. Ufervillen mit Bootsstegen östlich, stille Werkshallen westlich. „Hier standen doch alles noch Gebäude", sagt die Frau eines gut gekleideten Spaziergänger-Duos, das mich überholt.

Die Friedrichshagener Straße, in die ich nun einbiege, macht den Eindruck von Umordnung: Neu und Alt, Gewißheit und Ungewißheit. Also auch eine Brückenstraße – das ist mein Wort für Straßen, die nicht nur in der Gegenwart verlaufen, sondern auf der Grenze zwischen Gegenwart und Zukunft, „Brücken über Ströme, die vergehn“.

Linker Hand das alte Kabelwerk, die Industriebauten im düster rot-braunen Backstein, die in das Leben Tausender hineinragen, die hier gearbeitet haben. VEB IKA – verblassende Abkürzungen am Giebel. „Halt für Fremdfahrzeuge. Meldung bei der Betriebsschutzwache“: Sprache, als ob die Fabrik der Staat wäre, aber es ist eine tote Sprache.

Gegenüber das Neue: Fertigbauhallen, sie sehen vorübergehend aus; wer hier arbeitet, hat mehr einen Job als eine Arbeit, er wird nicht umschlungen. KWO Kabel und noch vier weitere abkürzende Buchstaben. Der Union Jack am Fahnenmast und Schwarz-Rot-Gold vor dem leuchtend roten Pförtnerhäuschen. „Das Rauchen ist auf dem Betriebsgelände verboten“, angesprayt: „Laie“. Die bunten Kommerzplakate links überdecken die dunkle Mauer, hinter der das Vergessen lagert.

Tor 3/4 steht offen. Das Gelände wird planiert. Auf der anderen Seite: Stinnes-Baumarkt in der rot-grünen Farbigkeit des Konsums. Der Eingang zu den Fotomechanischen Werken repräsentiert noch Großindustrie; dahinter: „Mittel und Wege“ – eine „Gesellschaft für soziale Kommunikation“. Kommunikation – das aktuelle Wort. „DeTeWe – Kommunikationssysteme“: 21 Buchstaben für ein einziges Wort; viele aktuelle Mittelstandswörter sind solche langen Zusammensetzungen, ihre Fremdworthaftigkeit soll Zauber verbreiten, Verführung, den Glauben: „Das ist's!“.

Mittelstand statt Großindustrie, Konsum statt Fabrikation, Know-how statt Manufaktur, Umwandlung einer Industrie- in eine Dienstleistungsgesellschaft: Die Friedrichshagener Straße ist ein soziologischer Lehrpfad.

Wer hier entlang geht, sieht, was los ist im Lande. Man müßte die Schüler hindurch führen. Aber sie würden sich langweilen. Sie wollen nicht wissen, was heute ist, ihrer ist das Morgen, von dem sie ungenau wissen, daß sie Geschichte nicht brauchen, um es zu verstehen. Auf der rechten Seite der Bellevue-Park, gegenüber der „Wohnpark Halbinsel Köpenick“: Das Ensemble vervollständigt die Beispielhaftigkeit der Straße. Eine mächtige Eiche steht an deutlichem Platz: „Ich weiß alles, ich sage es nicht, ihr müßt selbst dahinterkommen“.

Das wäre das Ziel des Jobs: am Park, auf einer Halbinsel, am Wasser, auch Zugang haben zu den gehobenen Stimmungen wie sie früher herrschten in den Villen am Fluß weiter oben. Viele Hoffnungen scheitern. Neben den Neubauerwartungen am düsteren Bezirksamtsbau der Musikschule Sozialwerke: „Netzwerk“, „Tausendfüßler e.V.“.

Eine Schumann-Stele, die hier stehen soll, entgeht mir. Was hätte Schumann hier zu suchen? Sein Wahnsinn war nicht der Wahnsinn der Zeiten. Die weiß leuchtenden Neubauten Nr. 6 A ff beschenken mich mit dem mir neuen Wort: „Büroeinheit“; den Worterfinder beglückwünsche ich: das Büro – die Einheit, der Ort, der uns auf uns selbst zurückführt: „Büroeinheiten zu vermieten“.

Ich bin in der Gegenwart angekommen. Das Freiluftmuseum Friedrichshagener Straße ist hier zu Ende oder beginnt hier, Nr. 2 a ein Torhaus zur Welt dieser Straße. Den Neubau daneben errichtet eine italienische Firma, die volkswirtschaftliche Lehrstunde ist noch nicht aus. An der Ecke am Generalshof treffen die Zeiten aufeinander: Über das Haus des Konditors und seine Nachbarn zur Linken und Rechten ließe sich ein baugeschichtlicher Vortrag halten. Die Postmoderne der Italiener (für eine Gesellschaft aus Fürth) sieht hell, glänzend, neu aus, die neue Sachlichkeit von Otto Firles Gemeindehaus dunkel, verstaubt, alt; unter den Farben könnte es genau anders herum lauten.

In der Bahnhofstraße, durch die ich jetzt zum S-Bahnhof Köpenick gehe, gibt es wohl nur einen einzigen Ort, an dem man sitzend einen Kaffee trinken kann. Ich bin an dem kleinen Italiener vorüber, ehe ich mich erinnere, daß er der einzige ist.

Inselort unterwegs

Auf meiner Köpenick-Karte steht „Altstadt" mitten im Wasser: Krusenick, Müggelspree bis Frauentrog – das wäre Köpenicks Altstadt? Die Kartenschrift erzeugt eine phantastische Vorstellung: Die Rathaus- und die Schloßinsel lösen sich von der Leine, an die Müggelheimer- und Lindenstraße sie legten, schippern die Dahme hinunter, vielleicht bis Grünau, legen an, Wendenschloß gegenüber, oder ziehen umgekehrt die Spree seewärts, um das Rathaus in der Rummelsburger See und das Schloß an der Berliner Besichtigungsküste zwischen dem Märkischen und dem Rolandsufer festzumachen: das Köpenicker Schloß zum Märkischen Museum, zu dem es verwaltungstechnisch ohnehin schon gehört.

Diesen Wanderungsgedanken könnte ich auf die Spitze treiben: Köpenick Altstadt austauschen gegen die Pfaueninsel oder einpassen in die Bucht des Großen Wannsees, damit aus Zehlendorf endlich auch was Ordentlich-Historisches wird.

Es lag nicht an Köpenick, daß gerade dort der Hauptmann auftrat. Es hätte überall sein können: Das Lehrstück mit Köpenick im Namen ist nicht zu Ende. Dieses Stück handelt nicht – wie man oft hört – von der Macht der Uniform, so daß man heute einen Karneval daraus machen könnte, sondern von der Ängstlichkeit der Bürokratie; der Schuster enthüllte den autoritären Charakter. Unterwerfung ist eine Disposition der Gehorchenden, nicht der Befehlenden.

Das Denkmal an der Rathaustreppe, an dem ich eben auf meinem Altstadtgang vorübergehe, ist ein untauglicher Versuch, etwas als vergangen darzustellen, was gar nicht vergangen ist.

Denkmal ist: Zurückhaltung des Gedenkens vom Denken, Bewahrung des Gewesenen vor der Analogie. Der bronzene Hauptmann vor dem Rathaus macht zur Episode, was Tendenz, zur Arabeske, was Charakterzug ist. Da muß Köpenick aufpassen. Nicht anlegen, unterwegs bleiben!

„Köpenick – das ist Altstadt und Kietz", sagte ein Freund aus Lübeck, der viele Altstadthäuser restauriert hat.

In Lübeck habe ich Jugendjahre verbracht, in einer Zeit, wo in der alten BRD niemand ans Restaurieren und Erhalten, sondern alle ans Abreißen und Erneuern dachten. Vier Fünftel aller Lübecker wohnen nicht in der Altstadt mit ihren berühmten sieben Kirchtürmen, dem berühmten Holstentor und den Hunderten von Altstadthäusern.

Köpenick hat nur halb so viele Einwohner wie Lübeck, und seine Altstadt ist viel kleiner als die Altstadt Lübecks, das im halbhohen Mittelalter fast eine Weltstadt war. Aber es hätte vielleicht von Lübeck zu lernen, nicht wie die immer tiefer ins Touristische versinkende Hansestadt ein Denkmal seiner selbst zu werden.

„Die Altstadt für die Autos sperren!" sagte vorige Woche die Freundin, mit der ich spazierte. Gottseidank: das geht nicht. Die Altstadtstraßen sind zwar eng, die Autos drücken den Spaziergänger an die Hauswände, auf dem Schloßplatz ist es schwer, über die Straßenbahnschienen einen sicheren Fußweg zu finden. Wir waren fast erleichert, als wir vorbei an der freundlichen Kietzer Apotheke schließlich drüben im Kietz waren, im Niedrig-Wendischen: die meisten Autoren versäumen nicht, die slawischen Wörter zu zitieren, auf die sie den Namen der Stadt selbst und den des Kietzes zurückführen: Kietz – der Wohnort der kleinen, ungebildeten Slawen, die den großen, gebildeten Germanen im Schlosse dienen; dieses Oben und Unten, Herrschen und Beherrschtwerden, das also in den Straßennamen gegenwärtig wäre, das brauchen wir nicht zu beleben.

Wir bleiben bei der modernen, gemütlichen Bedeutung, die die anti-großstädtische Bewegung der 60er Jahre, die jedoch nur in der Großstadt gedeihen konnte, dem Begriff gegeben hat.

Auf der Karte verhalten sich Kietz und Gartenstraße so zu einander als wollten sie den Rumpf eines Schiffes abbilden. „Denkmal" steht groß vor einem Bürgerhaus, das restauriert wird. Wir haben an anderer Stelle über die verdienstlichen Bemühungen der KÖWOGE und ihrer tüchtigen Denkmalpflegerin Haike Kaufmann berichtet. Mit ihr ließe sich gewiß über Lübeck reden und über die soziologischen Voraussetzungen der Denkmalpflege. Und über die zeitgeistlichen.

Denkmalpflege ist gut. Aber Denkmalpflege ist kein Ersatz für Geschichte. Und Geschichte ist kein Ersatz fürs Erinnern.

Wir gehen über Freiheit und Futranplatz zurück. Die Köpenicker Freiheit könnte auch Köpenicker Toleranz heißen – ein Name, den man in Berlin-Mitte vergeblich versucht hat, einer Straße zu geben, für die er gepaßt hätte.

Freiheit soll Freiheit bleiben: Der Name erinnert an eine Zeit, als der Staat, zu dem Köpenick gehörte, wußte, daß er auf Ausländer angewiesen war, wenn er florieren wollte: Freiheit für die Andersgläubigen (damals für die aus Frankreich), das bleibt gültig. Als staatliche Freiheit in Deutschland entstand, war zuvor ein Weltkrieg nötig, dann bürgerkriegsartige Tötungsaktionen, in einer von ihnen hat Alexander Futran (USPD) 1920 sein Leben gelassen: „erschossen von Regierungstruppen" steht im Buch.

Welche Regierung? Wer? Der rechtmäßige Militärminister hieß Noske, Sozialdemokrat seit 1873, ihn kostete der Kapp-Putsch das Amt, Futran, dem Elektroingenieur aus Köpenick, das Leben. Denkt man an Futran? Hat er – unterwegs vom Erinnern ins Vergessen – Lehren, die man den Kindern sagt?

In dem ausführlichen Katalog Köpenicker Denkmäler, der Granit, Sandsteinblock und Waschbeton zentimetergenau vermißt, aber das Todesdatum falsch angibt, heißt es: „In einer Ecke der von Hecken umfriedeten Grünfläche hat das Denkmal einen angemessenen Platz": in einer Ecke.

Manches Denkmal ist fort, auch wenn es noch da ist. Die Geschichte ist immer unterwegs. Unterwegs ins Vergessen.

Aus der Asche geborgen

Am 18. Mai im Jahre 1968 (oder auch später) ging ein alter Mann, man kann sagen: ein Herr, durch den Wald spazieren in Richtung auf ein Dorf, das er Schönholz nannte, das aber wohl Schönblick war. Der Hund lief ihm voraus und kehrte zurück, hin und her, bis er ausblieb. Der Herr, der in Gedanken versunken war, bemerkte es erst nach einiger Zeit. Einen Grund zur Beunruhigung sah er zuerst nicht. So etwas war ihm schon früher vorgekommen. Nach Hause zurückgekehrt läßt er Tor und Tür offen; schläft unruhig. Der Morgen kommt hoch, schon scheint die Sonne, der Hund ist nicht da, er kommt nicht zurück. „Außer mit ihm habe ich niemals mit jemand wirklich zusammengelebt", schreibt der Herr in einem Text über diese Maitage.

Dieser Text ist ein merkwürdiges Stück Literatur; teils berichtend, teils erfindend, Reales mit Fiktionalem mischend, so daß diese Unterscheidung wieder einmal – wie bei dem großen E. T. A. Hoffmann – ganz zweifelhaft wird; das Wort Sozialismus kommt nur ein einziges undeutliches Mal vor; 1968? DDR? Nur Anklänge an die Welt draußen. Der Text heißt: Waldstraße im Hessenwinkel. Ich hatte das Bedürfnis, die Gegend zu sehen, in der der Hund verschwunden ist und der Herr gelebt hat.

Am Bahnhof Warschauer Straße steht angeschrieben: Nach Wilhelmshagen „ca." 29 Minuten, stimmt genau. Frische Waldesluft, ein grauhaariger Herr auf dem Bahnsteig, wie ein Musterexemplar solcher, die ich hier suche. Der Bahnhofsvorplatz ist in seiner vorstädtischen, unberlinischen Gepflegtheit eine Sehenswürdigkeit. Der „3. Wilhelmshagener Frühjahrsputz" ist gerade gewesen. Der einheimische Bildhauer Drake hat ein Paar bronzener Fohlen hinterlassen, davor violette Stiefmütterchen und ein paar gelbe, ein kleines Wasserbecken für die Vögel, die hier besonders hell singen. Was wäre das Land ohne die Lieder der Vögel?

Die GEWO modernisiert das Eckhaus zur Schönblicker Straße, das wie ein Försterhaus aussieht; hier sehen viele Häuser wie Försterhäuser aus. Die Straße führt über einen weiten runden Platz, in dessen Mitte die Taborkirche steht, am Anfang des Jahrhunderts gebaut, vor WK I, Tabor: Berg der Verklärung, Berg der Erscheinung. Paßt das hier? An der Kirchtür drei dicke Engelchen, der linke trägt ein Kreuz, der rechte einen Anker, der mittlere, der einzige mit eindeutigem Geschlecht, ein Herz. Die Kleingartensiedlung, durch die ich jenseits der Fürstenwalder Allee gehe, führt den seltsamen Namen Neu Venedig, unten in Köpenick gibt es noch Klein-Venedig. Mit dem Namen der Königin der Meere verbinden viele Menschen nichts als Häuser am Wasser und gar nicht, was die Stadt so einmalig macht unter den Städten der Erde: nämlich, daß sie als Stadt und eben nicht als Garten und gärtnerisches Ensemble aus dem Wasser wächst und daß sie steinern ist in allen Farben des südlichen Steins.

Von der Mariannenbrücke blicke ich auf ein Wichtelmannensemble, Warnung vor dem Hunde, ein kleiner Pinscher bellt pflichtschuldig zweimal und findet dann selbst, daß er seine Schuldigkeit getan hat. Die Bieberpelzstraße hat schon den Charakter von Villenkolonie. Berlin ist überhaupt eine Stadt von Villenkolonien, die meisten im Westen, deshalb sind die östlichen, so diese, sehenswert.

Von der Triglaw-Brücke betrachte ich den Austritt der Müggelspree aus dem Dämeritz-See, halb gehört er zu Fürstenwalde halb zu Berlin, hinten erkenne ich Neuseeland; die Dämeritzstraße, an deren Ende im Hessenwinkel eine Aussichtsbank steht, setzt sich auf der anderen Seite in Erkner fort. Dahin hat also der Herr geblickt, dessen Ambiente ich hier suche.

Das Haus neben der Bank heißt „Burgfrieden". Es sieht auch aus wie eine Burg. Das Schönste ist, daß der Judenstern, den an der Backsteinseite der Erbauer hat anbringen lassen, sich nicht tilgen ließ. Die Steine überdauern die Menschen, denke ich, während ich den Namen lese, der jetzt am Haus Nr. 35 ausgewiesen ist. Das ist das Haus, in dem der Herr wohnte, der den Hund hatte, der im Mai fortlief und nicht wiederkam. „Hier können Sie ermessen, wie man als Duodezfürst in einer sozialistischen Gesellschaft lebt", hatte Werner Krauss – so hieß der Herr – gespottet über das schöne Haus, das ockergelb auch heute noch dasteht mit seinen vier Supraporten, die Girlanden zeigen oder Bänder von Frühlingsblumen wie von Ludwig Richter. 15 000 Bücher, heißt es, hatte Krauss in diesem Haus.

Ein großer Romanist, sagt man, ich kann es nicht beurteilen, ein Kronzeuge dieses Jahrhunderts, sagt ein Buch über ihn. Das könnte wohl sein. Ein Mann aus bildungsbürgerlichem schwäbischen Hause, in WK I hat er schon mitmarschieren müssen, in WK II wieder, in der Roten Kapelle ist er ein Widerständler geworden, zum Tode verurteilt, in verschiedenen Gefängnissen, als es weit ehrenvoller war, sich in deutschen Gefängnissen aufzuhalten als in deutschen Universitäten, Professor in Marburg, in Leipzig, in Berlin, Akademie der Wissenschaften; die Akademie bewahrt den Text auf, dessentwegen ich jetzt hier stehe, das Haus betrachte und den Schwänen zusehe, die über den Dämeritz-See ziehen. Bei der Taverna Limani, neben Dr. Lehmann's Bäckerei, die aufgegeben ist, nehme ich den Bus zurück nach Wilhelmshagen, S-Bahn.

Werner Krauss hatte nacheinander viele Hunde. Alle hießen Knax. Auch der, der nicht wieder kam. Jetzt kommt er als Erinnerung zurück in diesen Text. Die Vorstellung rührt mich. Ich habe das Gefühl, an diesem Vormittag etwas Nützliches getan zu haben. „Ich wollte nicht", sagt aber Krauss, „daß irgend etwas noch aufgegriffen werden könnte, wie die Fragmente meiner Gedichte, die meine Schwester vor vielen Jahren aus der Asche geholt hat."

Keine Parzelle des Himmels

Was bedeuten Straßennamen für die, deren Wohnungen sie betreffen? Ich wohne in einer Straße, die nach einem ehemaligen Landrat von Teltow benannt ist; der Mann bedeutet gar nichts für mich, kaum weiß ich, wer er war. Geht es der jungen Frau genauso, die ich mit ihrer kleinen munteren Tochter inmitten der hohen Wohnblocks der Salvador-Allende-Straße von der Kita nach Hause gehen sah? Oder der alten Frau, die mich an der Ecke Pablo-Neruda-Straße freundlich fragte: „Wohin wollen Sie denn?“, als ich die Fassaden auf- und absah, um herauszufinden, ob sie für mich einen Zusammenhang hätten mit Salvador Allende und Pablo Neruda.

„Das Schönste hier ist das Schloß“, sagte die alte Frau. „Kennen Sie das Köpenicker Schloß?“ Wendenschloßstraße, Salvador-Allende-Straße, Pablo-Neruda-Straße: Ich gehe erst um das ganze Allendeviertel herum, wegen der blumigen Namen sogar durch die Anemonen- und Gladiolenstraße auf den Müggelschlößchenweg zurück, der 1973 an Pablo Neruda seinen städtischeren Teil abgegeben hat.

Die hohen Häuser des Allendeviertels wurden mit 2670 Wohnungen 1971 bis 1973 gebaut, „in Typenbauweise“ steht im Reclam-Kunstführer, der sich auch sonst sehr fein ausdrückt. Als Straßen und Viertel ihren Namen bekamen, waren Allende und Neruda gerade tot, Allende, rechtmäßiger Präsident Chiles, ermordet am 11. September 1973 unter Beteiligung mancher, die es nicht gewesen sein wollen, Pablo Neruda, Nobelpreisträger für Literatur, gestorben zwölf Tage später.

Jetzt scheinen sie mir schon weit zurückzuliegen in der Vergangenheit der Geschichtsbücher und Literaturgeschichten. Ich war damals längst, was ich auch jetzt noch bin, außerdem Richter am Kammergericht, was ich jetzt nicht mehr bin. Die junge Frau, die von der Kita nach Hause geht über den weiten Hof zwischen Allendes und Nerudas Straße, war damals vielleicht noch gar nicht geboren, und die alte

Frau, die das Schloß liebt, hatte – wie ich –, ohne es zu wissen, schon alles hinter sich, auf das man glaubt, Einfluß ausgeübt zu haben.

Die Altstadt von Köpenick ist ein geschütztes Denkmalsensemble, so ähnlich heißt es auf dem Schild in der Müggelheimer Straße, in der sich die Autos stauen. Aber das Allende-Viertel ist für Köpenick viel typischer als Schloß, Altstadt und Kietz. Auch dieses Hochhausensemble mit innerem Stadtgarten ist aber mit Anspruch und Namen bereits Zitat. Im namenlosen Volkspark zwischen Neruda-Straße und Müggelheimer Damm sitze ich einen Augenblick in der Sonne, ich schaue hinüber auf die hohen Fassaden der Neruda-Straße, die die KÖWOGE „im Plattenbausanierungsprogramm" erneuert, eingeschlossen 928 Wohnungen. Die Fronten mit den verglasten Loggien sehen frisch aus.

Das Feld hieß Amtsfeld mit historischem Namen. Die Gaststätte Amtsfeld verfällt, die Fenster sind zertrümmert, Pappen davor, der Verbrauchermarkt extra daneben ist offen, sieht aber zwischen Moni's und China-Imbiß mitgenommen aus; erst recht der Jugendclub: abgesprayt ohne nennenswerte Gestaltungsleistung, fast nur Geschmiere, allenfalls das Frauengesicht an der Treppe hinter dem Basketballkorb verrät einen gewissen Darstellungswillen, ist aber schließlich auch kaum mehr als ein pubertärer Bewältigungsversuch; da fragt man sich mit dem sozialpädagogischen Kopf: Was bedeutet das hier?

Vor der 5. Oberschule, einer Gesamtschule, steht ein bis in die Augenwinkel silberner Kopf des stark bebrillten Präsidenten Allende; da fragt man sich mit dem zeitgeistigen Kopf auch: Was bedeutet das? Wem bedeutet das Abbild irgend etwas?

In dem Bürger-Info-Kasten nur zwei Anschläge: Der PDS-Sprecherrat Allende-Viertel lädt zum Frühschoppen über Verkehrspolitik ein, die Aktion Knochenmarkspende zum Benefizkonzert. Nun bin ich längst im Innenraum zwischen den Wohnblocks: Einen Hof, wie vorhin, sollte ich die Anlage nicht nennen. Es ist ein städtischer, mittelstädtischer Wohnpark, viel Grün um die Parkplätze, Spielplätze, Kitas, Schulen, Spazierwege. Mit solchen städtebaulichen Vorstellungen sind seit den 50er Jahren überall auf der Welt Planer berühmt geworden. Hier hießen die Architekten Helmut Stingl und Edith Diehl, Kollektive (sagte man), sie haben ihre Arbeit gut gemacht (wer bin ich aber und wo wohne ich, daß ich hier Zensuren verteilen dürfte?)

Stadtlandschaft – hieß das Wort, als ob sich die Gegensätze vereinbaren ließen. Das Allende-Viertel ist eine solche Gartenstadt. Es ist ein in sich geschlossenes Quartier, es wirkt von drinnen vertraulicher als von draußen, nachbarschaftlicher. Der Innenraum hat an manchen Stellen fast etwas Intimes, man muß Bescheid wissen, um auf Anhieb die richtigen Wege zu finden. Hätte man nicht den Innenstraßen eigene Namen geben sollen?

„Zecke verrecke / Deutschland erwecke / Hitler komm wieder / wir schlagen sie nieder“ steht im Pavillon am Spielplatz, „Gez.: Die Zecken“. Ich denke: den Kindern gehts hier gut, den Jugendlichen vielleicht nicht. Ich gehe den Birkenweg auf der Innenseite der Häuser an der Wendenschloßstraße entlang unter dichten Bäumen, bis vorne zum Altenheim, das jetzt an eine Baustelle grenzt. Ich steige die Treppen des Schwefelberges hinauf zum Asphaltplateau, das ungepflegt und ungenutzt aussieht, der Weg abwärts endet in einer umzäunten Baustelle, aus der ich nur mühsam herausfinde.

Das ganze Wochenende habe ich damit verbracht, Neruda zu lesen. Als ich mir am Freitag die dtv-Ausgabe des Großen Gesanges kaufte, hatte ich vergessen, daß ich eine frühere Ausgabe davon längst in meinen Regalen habe. In der DDR ist Neruda früher rezipiert worden, als in der alten Bundesrepublik. Ich schreibe nicht für versessene Kunstjünger. Ich kaufte keine Parzelle des Himmels, den die Priester verkauften. Wie ist der Himmel der Steine beschaffen? Friede für die Abenddämmerungen, die kommen.

Beruhigende Zurufe

Günter de Bruyn hat Bibliothekar gelernt. „Vierzig Jahre“ heißt das Buch, in dem er sein Leben in der DDR beschreibt. Als Berufsleben fing es in Köpenick an. „Schon wieder schicken sie mir einen Parteilosen, der auch noch in amerikanischer Kriegsgefangenschaft war“, rief der Alt-Genosse, der sein Chef wurde.

„Die Kleinstbibliothek, die ich ins Leben zu rufen hatte, sollte im bevölkerungsreichsten und häßlichsten Teil des Bezirks, in Oberschöneweide, stationiert werden, in einer parallel zur Spree verlaufenden lauten Straße, die nicht nur von Autos und Straßenbahnen, sondern auch von Güterzügen befahren wurde.“ Das ist die Wilhelminenhofstraße, denn Wilhelmine hieß die Frau des Oberfinanzrates, dem das Gut Quappenkrug gehörte, das er später nach der Gattin nannte.

Diese Zeit gehört gar nicht mehr hierher. Sie ist unter den Bauten begraben, die auf der Spree-Seite der Straße „Walther Rathenaus AEG gebaut hat“. Unterdessen sind die drei roten Buchstaben am Giebel der Werkshalle zur Edisonstraße ein Erinnerungzeichen an etwas, das es nicht mehr gibt. Eines der ersten Sinngebilde, das meine Tochter, die jetzt eine freundliche soziale Person ist, wörtlich hervorbrachte war: „Aus Erfahrung gut“: AEG.

AEG: Allgemeine Elektrizitätsgesellschaft, damals war sie ungefähr 85 Jahre alt. Nun ist diese Weltfirma, die mehr als nur deutsche Geschichte gemacht hat, bei ihrem letzten Beischlaf in den Armen von Mercedes gestorben: AEG – Aus – Ende – Geschlossen.

Aber Relikte sind noch da, die Hallen stehen, die Namen tönen nach: ein Unternehmen mit gewissen Eigenschaften. Als de Bruyn damals die Anweisung erhielt: weg mit allen reaktionären, dekadenten, pazifistischen Werken, da flog auch „Der Mann ohne Eigenschaften“ aus der Volksbibliothek und B riß ihn sich unter den Nagel, er wußte ihn „damals zwar noch nicht zu schätzen, aber ein Freund verlangte dringend danach“.

Der Mann, den Robert Musil im Mittelpunkt dieses Romans wichtig agieren läßt und mit dem sich vielleicht eine Parallelaktion zur ganzen europäischen Geschichte organisieren ließe, heißt in dem Roman zwar anders, aber es ist Walther Rathenau. Dieser Roman hätte also gerade hierher gehört.

Oberschöneweide ist Rathenau-Gegend. Die Rathenaustraße, durch die ich nachher meinen Rückweg nehmen werde, nennt sich freilich nicht nach Walther Rathenau, dem glänzenden Sohn, sondern nach Emil Rathenau, dem energischen Vater; er machte aus der AEG so schnell ein Weltunternehmen, daß die Erziehung der Kinder nicht zu dieser einmaligen Mischung vergeistigter Praktizität hätte führen können, die hernach den Sohn so romanhaft hervorhob, wenn die Mutter nicht gewesen wäre, eine große, schöne, stolze Frau, die in der Bellevuestraße wohnte, in einer Villa, in der sie immer einsamer wurde, nachdem der Sohn sie eines Abends verließ und tags darauf nicht wiederkehrte.

Walther Rathenau, Reichsaußenminister, von Rechtsradikalen ermordet am 24. Juni 1922. Die Mutter hieß Mathilde, geborene Nachmann; nach ihr heißt seit 1900 die Mathildenstraße, Irmhildstraße hatten die Nazis die Rathenaustraße genannt.

Mir gehen die Gedanken ziemlich heftig durch den Kopf, als ich von der Edisonstraße, deren Name hier genauestens paßt, denn mit Edisons Patenten machte Rathenau sein erstes mächtiges Geld, in die Griechische Allee einbiege.

Es ist nicht richtig (denke ich), die in den hohen Regionen spielende Rathenausche Familiengeschichte über dieses Gebiet zu legen, wo diejenigen wohnten, um die sich die alte AEG auch nicht viel sozialer kümmerte als alle anderen Großkapitalunternehmen.

Einen Werkswohnungsbau fand die AEG kaum nötig. Ihr Chefbaumeister Peter Behrens zeichnete zwar Arbeiterwohnungen, die entfernt ein bißchen nach Stalinallee aussahen, aber er baute nur die Siedlung an der Triniusstraße.

Die Triniusstraße bildet mit der Fontanestraße ein Dreieck, das aus der Schillerpromenade aufsteigt wie der Sektkelch aus dem Stiel und sich zur Wuhlheide öffnet. Die kreuzende Griechische Allee führt mich zur Christuskirche inmitten der Firlstraße. Sie ist im ersten Jahrzehnt des Jahrhunderts erbaut, da ging es hier auch richtig los mit den Industriebauten; die Antoniuskirche, ein bißchen weiter vorn, war ein Jahr früher fertig. Das ist Berliner Stil: Wo die

Familiengrab der Rathenaus.

Fabriken hinkommen, wo die Arbeiter wohnen, da mußte auch die Kirche, die katholische und die evangelische, zugegen sein: Beruhigungsfundamentalismus.

Die Antoniuskirche sieht zugänglicher aus als die Christuskirche, Horst Bittner – „Glocken, Turmuhren, Läutemaschinen“ – oder ein Mann von ihm arbeitet gerade in ihr; „wurde auch in DDR-Zeiten schon für Tonaufnahmen genutzt“, sagt er.

Von hier ist es nun nicht mehr weit zur Wuhlheide. Ich laufe hinauf bis zum Eichgestell, dem schönen Weg weit durch den Wald, und biege herum in den Waldfriedhof.

Die erste Biographie über Walther Rathenau, von dem Grafen Harry Keßler, der in diesem Buch mit viel mehr Sympathie über Rathenau spricht als in seinen Tagebüchern, schließt mit einem Bild in schönem Braunton. Es zeigt ein Stück des Rathenauschen Erbbegräbnisses auf diesem Friedhof hier, das Mittelstück der Südmauer, denn das Grabmal ist mit Steinquadern drei Meter hoch ummauert.

Die Giebelplatte, die bei Keßler und überhaupt sehr oft abgebildet wird, ist nur ein Teil des Ganzen. Alfred Messel, der bedeutende Architekt mit sozialen Verdiensten, hat es gebaut. 1904 war es fertig. Jahrzehnte ohne Namens-Inschriften.

Heute sind eingemeißelt in der Reihenfolge ihres Hinganges Namen und Lebensdaten: Erich Rathenau, des Vaters Lieblingssohn, Emil, der Mächtige, Walther, der weltumspannend Unglückliche, Mathilde, die der Mutter des Mörders verzieh: „In namenlosem Schmerz reiche ich Ihnen, Sie ärmste aller Frauen, die Hand“.

Dann folgt noch eine Bronzeplatte, die Walther Rathenaus Daten anführt und daß er Außenminister war und ermordet. Was fehlte?

In den Stamm der Blutbuche, die aus dem Geviert hervorwächst (oder ist es ein anderer Baum), hat ein M. J. das Datum des 1. 9. 1989 eingeritzt und hinzugeschrieben „1. Tag“, am 29. 3. 1996 hat er ein Herz eingeschnitten, zu seinen Initialen ein Pluszeichen und „A. R.“.

Warum glaube ich, daß M. J. ein Mann und A.R. eine Frau ist? Als ich merke, daß ich mir das überlege, fühle ich auch, wie ich aufsteige aus Vergangenheitsgedanken, die ich auf diesem Spaziergang nicht bewältigen kann.

Von Rathenaus Grab sieht man das Hochhaus, das die Wohnanlage an der Rathenaustraße abschließt. Dort können Mieter also auf den Balkon treten und heruntersehen zum Namensgeber der Straße und seinem Sohn, der in der Chausseestraße geboren war, im Grunewald ermordet, wo er wohnte, der aber nicht nur als Leiche auch hierher gehörte.

Die Trauerfeier seinerzeit im Reichstag begann in heftigem politischen Hin und Her. Große Unruhe und stürmische Zurufe auf der äußersten Linken, verzeichnet das Protokoll. Beruhigende Zurufe von den Sozialdemokraten. Gegenrufe auf der äußersten Linken: Ihr seid erbärmliche Wichte. Dann rief der Reichskanzler: Der Feind steht rechts.

Nichts Gleiches

Müßte man nicht eigentlich Grün-Au sagen? Grüne Aue, grüne Wiese, am grünen Strand der Dahme, grüne Gärten am blauen Langen See?

Aber jeder Berliner sagt Grü-Nau. Was ist Nau, was grü? Das ist ein Beweis dafür, daß das Gesetz der Sprache nicht Sinn und Bedeutung ist, sondern Melodie und Rhythmus.

Ist man vom hochgelegenen Bahnsteig des S-Bahnhofes herunter, in dem unteren Durchgang, in dem sich die Penner friedlich zwischen den Telefonboxen anordnen, geht es links nach Treptow, rechts nach Köpenick: Grünau, zuerst über einen Wochenmarkt.

Während ich durch das dann folgende Wäldchen auf die Büxensteinallee zu-gehe, bin ich im idyllischen Sommertag ganz alleine, kein Mensch, in der Büxensteinallee ist das gleich ganz anders, eine Straße der Renovierungen, Neubauten, Baustellen, Grünau steht auf, nein: Grünau verwandelt sich. Man sieht das oben, wo die Büxensteinallee in die Regattastraße übergeht: Die Stelle ist wieder eine solche „Geschichtszwiebel", wie sie in Berlin vielerorten wachsen: Blatt für Blatt, Schicht für Schicht kann man Geschichte und Geschichten abschälen; zuerst die Straßennamen: Georg Büxenstein, Kommerzienrat, Buchdruckerei, war einer von Deutschlands ersten Rudersportfans, 1881 Gründung des Berliner Regatta-Vereins, seit 1881 Regatten auf dem Langen See, seit den 20er Jahren hat die Ragattastraße ihren Namen, das städtische Arrangement erinnert also an eine Anfangszeit des Sports in Deutschland, in der er eine unvorstellbar andere soziale Erscheinung war als heute; da hatte er nichts Massenhaftes, eher etwas Exklusives, Vornehmes und zugleich abweichend Besonderes.

Unter den Geschichten meines Vaters, mit denen ich aufgewachsen bin, handelte eine von dem Schulgefängnis, dem Karzer, in das er verwiesen wurde, weil er in kurzer Hose an einem Sprungwettbewerb teilgenommen hatte, vor WK I, „Das ist vielleicht was für Arbeiter, nicht für Gymnasiasten", sagte der Direktor in ahnungsloser Verkennung der Ursprünge zu meinem Vater, der der Sohn eines Glasermeisters war. Beim Rudern ging es von Anfang an vornehmer zu. Man sieht es den Bootshäusern aus der Zeit, die hier weiter oben stehen, noch heute an: jetzt wirken sie wie Anzüge, die zu altmodisch, zu prächtig und zu weit sind. Für die Massen bestand das soziale Vergnügen ein historisches Stückchen später darin: am Wasser zu sitzen und Bier zu trinken. Biergarten Grünau, geschlossen jetzt die 200 Quadratmeter-Terrasse, die Festsäle leer, hinter bleichenden Gardinen Verfall, „Europa" gegenüber auch zu: Die Zeit der Großvergnügungsstätten ist vorbei. Links unten die „Riviera", gegenüber von Kaffee Liebig gehe ich ans Ufer hinunter. Auf den Bänken an der Anlegestelle nur eine Frau, die die Schuhe ausgezogen hat und in der Sonne die BZ liest. „Montag kein Übersetzverkehr" steht auf der Tafel der Stern- und Kreisschiffahrt. Das Betreten des Steges ist zwar nur „nach Aufforderung durch das Schiffspersonal" gestattet, ich gehe trotzdem an den Rand, setze mich, lasse die Beine baumeln und genieße den einmaligen Wasser- und Seeblick auf Köpenicks Gegenüberseite.

Von meiner Wohnung am Ku'damm, fällt mir jetzt auf, hierher dauert es mit der S-Bahn des Südrings nicht länger als bis an den Wannsee, wo die anderen großen Boots- und Gesellschaftshäuser stehen. Den besten Blick auf die berühmte sechsbahnige Regattastrecke habe ich nachher, von dem kleinen Uferplatz, der dem Bezirksamt gegenüber der Libboldallee gehört. Auch da sitze ich ganz alleine. Ich versuche, die massenhaften Jubelschreie aus einem anderen August, von 1936 zu hören. Damals wurde Grünau weltberühmt. Bei manchen ist der Name noch immer mit der Nazi-Olympiade verknüpft, so daß sie nicht wissen, daß die Sportgeschichte des Ortes viel älter ist. 1936 haben die olympischen Ruderwettbewerbe hier stattgefunden, erstmalig in der Sportgeschichte Sechs-Bahnen-Start: Gewaltig, heißt es, die Beteiligung des Publikums, Zehntausende säumten die Ufer.

Das Zigaretten-Bilder-Werk über diese Olympiade liebt überhaupt den hymnischen Ton, hier erhebt er sich zur Nationallyrik: „Nichts Gleiches, nicht einmal etwas Ähnliches kannte die Olympia-Rudergeschichte seit ihrem Beginn... USA wurde vom Thron gestoßen – von Deutschland“. Goldmedaille auf Goldmedaille, Gustav Schäfer, Dresden, zum Beispiel, Goldmedaille im Einer, „Tränen strömten über das Antlitz“. Die Sportler trainieren auf Sieg, die Kollektive auf Wahn. So Gerhard Zwerenz, viel später. Die jubelnden Massen wissen ihre Niederlagen zu feiern. Die Regattastraße ostwärts führt sozusagen über die Hintergründe der Sporthäuser, zwischen dem Spaziergänger und dem Wasser, die Einrichtungen. Hier komme ich mir etwas ausgeschlossen vor, ganz allein, keine jubelnden Massen, nur die Tram 68, die elegant durch das Waldstück rauscht. Ich kehre zurück zum Kaffee Liebig, das vielleicht schon bessere Zeiten erlebt hat. Es ist aber immer noch viel von altem Charme erhalten. Die Kaffee- und Teekarte ist bemerkenswert. Der Milchkaffe heißt Kaiser-Melange und ist in der Karte mit dem österreichischen Rot-Weiß-Rot gekennzeichnet. Ich fühle mich wohl auf der Terrasse. Ich werde bald wiederkommen. Nun wandere ich zurück, denn ich wollte hinter dem Grünauer S-Bahnhof noch hinüber auf die Treptower Seite. Dort liegt nicht weit, am Akazienhof, eine der baugeschichtlich berühmtesten, weil ersten Wohnbauansiedlungen der Moderne, Bruno Tauts „Tuschkastensiedlung“, entstanden noch vor Tauts Ruhm, vor WK I und ganz zu seinem Beginn. Da rückte das genossenschaftliche und gewerkschaftliche Volk dicht heran an das Volk der Regattavillen. Die S-Bahn – eine soziale Wasserscheide? Ach nein, das hieße Unterschiede behaupten, wo gar keine mehr sind. Wo die Gegensätze sich berühren, heben sie sich auf.

Ich bin zu müde heute für Taut.

Salvisberg bunt, Stelling tot

Die Wirklichkeit verläuft nicht auf einer einzigen Ebene. Viele halten die Zeit für eine Plattform der Existenz; aber die Zeit, die sie meinen, richtet sich nach numerierten Jahren und benannten Tagen: das ist ein Konstrukt, ein theoretisches System. Während ich den Stellingdamm ostwärts gehe, um das von zwei Rundbogenhäusern gebildete Eingangstor zur Gartenstadt Elsengrund zu erreichen, bewege ich mich durch mindestens zwei Geschichten.

Die eine Geschichte ist wirtschaftshistorischer Art. Mehr aus Zufall als aus systematischer Absicht habe ich in den letzten Wochen acht berühmte Berliner Beispiele des „neuen Wohnbaus" betrachtet, von Messel, Mebes, March, Taut und anderen. Das Kapital wandert dahin, wo die Zukunft liegt. Sagte Ende der 20er Jahre der SPD-Stadtrat Martin Wagner: „Das Kapital liebt Berlin". Da war der Wunsch der Vater des Gedankens. Für den Wohnungsbau in Berlin war vielmehr das Jahr 1924 ein entscheidendes Datum. Mit der Einführung der Hauszinssteuer flossen dem Wohnungsbau Mittel zu, die das „Kapital" durchaus nicht in ausreichender Menge herbeigeschafft hatte.

Die berühmten, bekannten Gartenstädte, Gartenvorstädte, gemeinnützigen Siedlungen entstanden Ende der 20er Jahre. Diejenigen, die von 1918 bis 1924 erschienen, sind mit der Nostalgie der Vor-Geschichte zu betrachten. In diese Rubrik gehört die Siedlung am Elsengrund von 1921. Der Architekt hieß Otto Rudolf Salvisberg, ein Schweizer, er hat weiter hinten, in der Mittelheide, und an anderen prominenten Stellen von Berlin andere bekanntere Bauten hinterlassen.

Hier im Elsengrund war er sozusagen am Anfang. Wenn man heute hinkommt, ist's einem ziemlich wurscht, ob die Häuser von 1921 oder von 1928 sind. Die Geschichte hat unterdessen andere Epochen gebildet. Als ich nun ein Weilchen auf der Bank am Essenplatz sitze, den Gedenkstein im

Rücken, habe ich das Interesse an der Geschichte des Wohnungsbaus, worüber ich früher, als ich noch Bodenrecht lehrte, so gerne sprach, fast ganz verloren. Das Thema hat keine Aktualität jenseits der Spezialität. Die ganze Gartenstadtbewegung (falls man diese Siedlung darunter zählen will) war ein Irrtum.

Aber daß ich nicht hier wohnen möchte, in Berlin und Nichtberlin, gibt mir nicht das Recht, solche sozialarchitektonischen Entwürfe von kleinen Häusern mit kleinen Gärten, diese Dichtnachbarschaften, zu verwerfen oder auch nur zu kritisieren. Ich will Stadt, Wohnbezirke, in denen man sich verstecken kann, in denen man tatsächlich eine Chance hätte, hätte man eine Wohnung mit zwei Ausgängen, nach Bertolt Brechts Rezept.

Da bin ich – nun durch die Janitzky- und Schmausstraße gehend – schon in der zweiten Geschichte, die diese Stadtgegend mir erzählt. Der Stellingdamm heißt nach Johannes Stelling, SPD, vormals Ministerpräsident von Mecklenburg-Schwerin, ermordet 1933, Köpenicker Blutwoche; Paul von Essen, Johann und Anton Schmaus, Erich Janitzky, SPD, KPD auch Blutwochen-Opfer. Sollen wir auch Franz Klein und Walter Apel zu den Opfern dieser blutigen Köpenicker Woche rechnen? Umgekommen sind sie auch, getötet, erschossen. SA-Männer, die Opfer geworden sind, indem sie im Begriff waren, Täter zu sein. Nach ihnen hießen die heutigen Straßen von Janitzky und Schmaus von 1933 bis zu den heutigen Namen, die von 1947 sind. Aus der Straßenbenennungsgeschichte kann man lernen, daß Geschichte überhaupt etwas ist, das von Macht und Zeitgeist bestimmt wird. Es gibt keine objektive Geschichte, sondern nur eine jeweilige.

Auf dem Gedenkstein, vor dem ich vorhin auf dem Essenplatz gesessen habe, steht: „Wofür sie kämpften und starben, ist heute in der DDR Wirklichkeit“. Nun ist auch die DDR keine Wirklichkeit mehr. Wer weiß etwas über die staatspolitischen Vorstellungen von Anton Schmaus? Wodurch unterschieden sie sich von denen des Franz Klein? Auch die Täter waren Leute wie du und ich, auch sie hätten hier wohnen können und haben vielleicht hier gewohnt, in anderen Zeiten waren die Gedenktafeln für sie. Wir müssen die Täter verantworten, ohne sie gegen die Opfer aufrechnen zu dürfen.

Ich empfinde es fast als Erleichterung, daß die schöne, in der Mitte einen eleganten Bogen einschlagende Straße, durch die ich jetzt gehe, in harmloser Landschaftlichkeit „Mittelheide" heißt. Es ist eine schöne Straße. Auch mit Häusern von Salvisberg. Die tüchtige GSW hat viele Haustüren auf Vorschlag des kenntnisreichen, Taut-erfahrenen Architekten Winfried Brenne mit einer interessanten ocker-blaugrünen Farbkombination streichen lassen. Wie man hört, streitet dagegen der Denkmalschutz. Als ob eine Stadt eine kunsthistorische Veranstaltung wäre. Und überhaupt: was schützt der Denkmalschutz? Er schützt die Geschichte vor Mobilität, Beweglichkeit, Gegenwart. Eine elegante kurzlockige Frau mit Krokotasche, keine Kroko-Zier-, sondern eine Art von Kroko-Arbeitstasche, kommt die Stufen herauf, hinter denen sich die letzten Salvisberghäuser über die Straße erheben, und eilt, an einer nun 70jährigen „Ruhenden Mutter" aus Stein vorüber, die Stufen hinab, die zur Rotkäppchenstraße führen.

Die Elegante sieht nicht so aus, als ob sie gerade über Erich Janitzky nachdächte, an den die Tafel vorne an dem expressionistischen Eckhaus erinnert, dessen neue Farbe die freundliche Brenne-Mitarbeiterin, die mir Auskunft gab, rot nennt. Ich könnte dieses Rot auch braun nennen, rotbraun: das wäre doch eine symbolische Farbe. Um Gottes willen: welche Vorurteile überfallen mich da! Und warum soll eine elegante Krokotasche es ausschließen, bei jedem Vorüberlaufen an die ermordeten Nachbarn zu denken. Freilich: Nachbarn der Großeltern. Allenfalls. Die Geschichte ist geschlossen.

Um das Gedenken

Mein voriger Köpenicker Spaziergang führte mich durch Stellingdamm, Schmaus-, Janitzkystraße und über den Essenplatz. Durch eine Gegend also, die nach deutschen Mordopfern genannt ist, zuvor war sie nach deutschen Mördern genannt. Darüber habe ich im vorigen Kapitel ein paar Sätze geschrieben, die manchen mißfielen. Das beschäftigt mich. Wir müssen die Täter verantworten, ohne sie gegen die Opfer aufrechnen zu dürfen, habe ich geschrieben. Niemand hat mir geantwortet: „Da haben Sie ganz recht, auch die Täter der „Köpenicker Blutwoche“ waren Deutsche, sozial und soziologisch gar nicht so sehr unterschieden von uns und ihren Opfern, das gerade ist das Problem“. Aber mehrere haben geschrieben: Unerhört, empörend, Sie setzen die Täter mit den Opfern gleich. Und einige haben mir empfohlen, die „Gedenkstätte Köpenicker Blutwoche“ in der Puchanstraße zu besuchen. Gestern bin ich wieder hingegangen, um zu überprüfen, ob ich früher vielleicht etwas übersehen habe.

Es ist halb drei; die U-Bahn voll bis unters Dach. In der dicken multikulturellen Luft beginne ich über die Geschichte nachzudenken, der ich entgegenfahre und die in Wirklichkeit überall ist, auch nirgends. Die Gegenwart ist dicht und gegenständlich, die Vergangenheit leer und luftig.

„Ein oder zwei Leute“, sagt der Kastellan, kommen täglich in die Gedenkstätte, „jetzt während der Ausstellung über die Kinderlandverschickung sind’s mehr, das haben sie selbst erlebt, das interessiert sie.“

Von der U-Bahn war ich in die S-Bahn umgestiegen. Auch die S-Bahn war voll. Ein Bevölkerungsquerschnitt ist auf der Tagesrückreise; die Mehrheit; Millionäre fehlen, Senatoren sind nicht zu sehen, auch die Volksvertreter sind unterrepräsentiert, aber das Volk ist da. Wechselt seine Standorte. Schlafend, dösend, mit gesenktem Kopf, auch solche mit verstopften Ohren, walk-man-music, aus Fernen, aus Weiten; viele beim Vorgang der Meinungsapperzeption:

mehrere aus Berliner Zeitung, Morgenpost; die Blätter wurden auf der Warschauer Brücke kostenlos verteilt. In Köpenick steigen die meisten aus, wir sind in einer Stadt angekommen; Köpenick ist wie Spandau: in Berlin und für sich. „Willkommen" ruft das baldige Forum auf einem Transparent. Eine aufgeregt, doch planvoll zu Ende gehende Baustelle, die sich weit auf die Straße erstreckt, die Fußgänger hinter Drahtgitter verweist, von wo sie demnächst hervordrängen werden, die hungrigen Löwen des Konsums. Ich schlage mich nach links in die Borgmannstraße; über die von Karstadt nicht besetzte Fläche blicke ich auf das Forum hinüber, auf seine über die Passage gewölbte Glaskuppel, die auch zu einem Hauptbahnhof gehören könnte; die S-Bahn, male ich mir aus, müßte direkt hineinfahren in das Kauferlebnis, der Bahnhof müßte im Forum verschwinden, wo ja auch unsere Öffentlichkeitsbedürfnisse verschwinden; Forum hieß früher Marktplatz, jetzt: Warenhaus, überdachtes und überdeckeltes Konsumleben, Aufforderungs-, Angebots- und Lieferwelt unter eigenem Himmel. Das „Lichtspielhaus" in der Parrisiusstraße heißt ebenfalls „Forum"; abrißbedroht, ein ironisches Memento für den erstehenden Einkaufs-Dom. Es ist der 24. Juni 1945, 10 Uhr vormittags, Lichtspielhaus Forum, „Gedenkfeier zu Ehren der ermordeten Köpenicker Antifaschisten", zu „Aases Tod" von Grieg werden die Angehörigen der Opfer zu ihren Plätzen geleitet, Pastor Buchholz, Ludwig van Beethoven, Bürgermeister Kleine, Rêve angélique, englischer Traum, Herr Okon dirigiert. Von da ist es nur ein kleines Stück Weges, am Amtsgericht vorbei, das erweitert wird, an den Bauzäunen entlang, ein Hup- oder Klingelzeichen, das jeden Eintritt anzeigt, der Kastellan kommt hervor, prüft mich, ich bin willkommen, 16 Uhr, noch eine halbe Stunde geöffnet, lassen Sie sich ruhig Zeit, die Zellen sind oben, dort am Waschbecken vorbei, Zelle 1: „authentische Zellensituation", ich war 20 Jahre lang Richter, ich kenne verschiedene Zellensituationen, alle Menschenkäfige sind furchtbar, gegenüber den Schuldigen sind sie nichts Humaneres als gegenüber den Unschuldigen. Ich bin an einem traurigen Ort. Traurig wegen dessen, was er erzählt; empörend, das stimmt, aber die Mehrheit hat sich nicht empört, empört sich nie, sondern sieht, daß sie durchkommt, erkennt ihr eigenes Interesse erst, wenn's was auf die eigene Nase gibt. Während ich oben die Zellen besichtige, geht der Kustos unten den bespiegelten Gang entlang und paßt auf. Das Gericht gegenüber ist immer noch kein Ort der Gerechtigkeit, sondern lediglich ein Ort manchmaliger Gerechtigkeit, durchschnittlich: ein Ort mühsamer Bürokratie. Aber während ich aus dem hohen Zellenfenster hinaus- und mit solchen Gedanken hinüberblicke, fällt mir ein, daß das das

Die Gedenkstätte Köpenicker Blutwoche im ehemaligen Amtsgerichtsgefängnis in der Puchanstraße.

Gericht ist, an dem Rudolf Mandrella gearbeitet hat, ein Amtsrichter, christlich, katholisch, voller Vertrauen in Gott und voller Mißtrauen in Hitler. Das hat er mit dem Leben bezahlt. Die meisten seiner Kollegen waren für Hitler, dienten ihm jedenfalls. Die Justiz dient meistens der Macht. Die Macht ist klar, die Gerechtigkeit dunkel. Weiter durch die Zellen, Museumspädagogen haben lange Texte an die Wände gehängt, aus Büchern läse man sie besser als von Wänden. Die Geschichte, aus der zu lernen ist, ist keine Gedenkstätte. Das Lernen beginnt mit dem Verstehen, nicht mit dem Gedenken. Am humansten, denke ich plötzlich (und gewiß werde ich mich für diesen Gedanken entschuldigen müssen), war dieser Ort genutzt, als das DDR-Fernsehen hier einen Kostümfundus hatte. Jetzt ist es ein Ort ghettoisierter Erinnerung. Ich bin dafür, daß diese Gedenkstätte als nutzlos geschlossen wird; dafür draußen Tafeln: Die und die jungen Männer erschossen, erschlugen, verwundeten hier zu Tode die und die jungen Männer, auch ältere, weil die einen sich braun, die anderen rot nannten, die einen hatten recht, die anderen hatten unrecht; Menschen zu töten, zu schlagen, zu quälen, auszuweisen, abzuschieben ist Unrecht, unabhängig davon, wer recht oder unrecht hat.

Ach, nein, das ist auch mißverständlich. Moralischen Fortschritt gibt es nicht, die Menschen werden immer wieder rückfällig, der Mensch ist mißlungen, Gott hat gepfuscht ... Der mutige Amtsrichter Mandrella hat da ein ganz anderes Zeugnis abgelegt. Er hat geglaubt, daß es Leben und Liebe jenseits des Fallbeils gibt. Ich glaube: mein Tod wird das Ende sein von allem, was ich ist. Die eine Überzeugung ist so richtig wie die andere. Es kommt nicht darauf an, womit wir uns helfen, wenn es nur hilft.

Das renovierteste Haus an der Ecke Bahnhofstraße ist die blau-weiße Deutsche Bank. Das Ristorante an der anderen Ecke ist geschlossen. Viele Läden in der Bahnhofstraße sind aufgegeben. Das Forum wirft seine Schatten voraus. Die Riesenlaster, die den Schutt abfahren, und die anderen, die bereits Waren bringen, werden von panzerbekäppiten Wachmännern herein- und herausbegleitet, ein dicker Älterer regt sich so auf, daß ich schon höre, wie er heut abend seiner Frau erzählt: „Mensch, das war ein Tag, sag' ich dir ..."

„Mensch, Alter", ruft ein Junger, der mit seinem Auto zurückgehalten wird, „manchmal mußde ooch mal ein normalen Bürger durchlassen." Der 169er setzt sich durch. Eine junge blonde Frau sagt zu ihrem Typen: „Mensch, hier ist's ja wie im Osten!" Ein Angetrunkener stößt mich an, die „Dokumentation über die Gedenkstätte Blutwoche", die sich auch einen Ausstellungskatalog nennt, fällt in den Dreck; entschuldigend fragt mich der Schwankende: „Was hasde denn da?", ich zeige ihm das Heft, er macht eine herabsetzende Bewegung mit der linken Hand und schlurft um die Ecke. Wir sind in Deutschland, wo man die Vergangenheit „wie der Gläubige das heiße Eisen beim Gottesurteil beherzt in die Hand nimmt, um sie mit einem Aufschrei (aber ich bin doch unschuldig!) fallen zu lassen, wenn sie brennt."

Märchen, Wolfsgarten, Uhlenhorst, keine Geschichten

In einem vorigen Kapitel habe ich einen Spaziergang durch die Siedlung Elsengrund beschrieben; er führte nicht nur durch Gegenwart, sondern auch durch Geschichte. Und da die hier heimische Geschichte eine sehr spezielle Geschichte ist, hat manchen nicht gefallen, was ich dort aus dem Gestern gesehen habe. Die Geschichte wird immer einfacher, je weiter die Gegenwart zurückliegt, von der sie zu handeln behauptet. Sie wird immer subjektiver, immer mehr Vorwand, für manchen ist sie schließlich nur noch eine schuldabweisende Ikone. Heute will ich mir deshalb Mühe geben, nur das zu sehen, was man mit den Augen des Körpers sieht (die freilich in ziemlich direkter Verbindung mit der Seele stehen, aus der durch die Filter der Urteile und Vorurteile die Gefühle hervordrängen, sobald ihr gewisse Bildlichkeiten gemeldet werden). Ich fasse diesen Vorsatz in der Tram Nr. 28, die mich von der Fachhochschule für Verwaltung und Rechtspflege, wo ich eben über die Zeugen Jehovas geredet habe und daß sie wahrscheinlich von unserem Verfassungsstaat verfassungswidrig behandelt werden, nach Karlshorst zur S-Bahn bringt. Im Bahnhof Karlshorst sitzt auf der gegenüberliegenden Bank ein Betrunkener und unterhält die Wartenden mit witzigen Weltansichten; predigt, wie ich vorhin, nur witziger; jetzt sieht er mich, in mein Spiralbüchlein notierend: „He! Du da drüben!“, ruft er herüber, „Ich sag' dir, da kannsde schreiben, was de willst, dein Papier bleibt sowieso immer weiß!“ Also: Es hat keinen Zweck, Erkenntnismitteilung sinnlos. Das würde ich ihm glauben, wenn er nicht gerade selbst dabei wäre, Erkenntnisse mitzuteilen. Ich breche meinen Weg nach Köpenick also nicht ab. Hinein in die dickluftige S 3.

„Was mir auf den Senkel geht“, sagt die freundliche junge Frau im S-Bahn-Séparée nebenan zu ihrem Freund: „Dieses ewige: Das hab ich nicht gewußt“. Das allgemeine

Geschichtsverarbeitungsgespräch geht also weiter, als ob es einen die ganze Stadt überstreckenden Zusammenhang hätte. „Zurückbleiben!“ schreit auf dem Bahnhof Wuhlheide der Herr des Bahnsteigs mit barscher Militärstimme. „Jaja“, sagt der Kleine mit dem Schulranzen neben mir, leise, für sich: „Jaja, ich hab’s gehört, Alter“. Da wächst ein echter Berliner heran. Ich freue mich. Ankunft Köpenick 15.09. Hinunter über die Bahnhofstreppe, dicht an dicht, wie durch einen Trichter, Köpenick wird mit Menschen gefüllt. „Original echter Eros-Ramazotti-Wein, lecker, lecker“, ruft der selbstbewußte Obstständler. Vor der Wall-Toilette eine kleine Schlange, ich muß warten. Die 50 Pfennige zahle ich gerne, als ich endlich dran bin. Erleichert dann die Mahlsdorfer Straße nordwärts. Wirklich eine „Ausfallstraße“, jeder sieht: hier geht’s hinaus, die Häuser weichen zurück, rechts in ihrer brenneschen Farbigkeit – denn Winfried Brenne heißt der Architekt, der hier die Häuserfarben verantwortet, die spätexpressionistischen Fassaden, die den Eingang von der Hauptstraße in die Mittelheide schmücken. Vor allen den Türen hat Architekt Brenne eine interessante, neuartige Farbigkeit verliehen, die dem Denkmalschutz mißfällt. Mir dagegen mißfällt der Denkmalschutz, diese Geschichtsversteinerungsbehörde, die nicht weiß, daß Zeit etwas ist, was nicht bewahrt werden kann. Das Leben ist kein Museum. Nach einem kleinen Stückchen Mittelheide, hinaufsteigend zu den höher gelegenen Häusern und über den Rasen die schlechtgeländrige Treppe hinab gelange ich in das erste Märchenstück, die Rotkäppchenstraße; ein 20er-Jahre-Name, als wohl die Optimisten dachten, alles werde gut gehen mit dem Land der Brüder Grimm. Die Straße beginnt mit Sand und Stille, links ein Neubauvorhaben, 6 Eigentumswohnungen, Kimberley, daneben ein neues Walmdachhäuschen, das aussieht wie Goethes Gartenhaus, nur abgekürzt, amputiert. Nach rechts ein Stück Dornröschenstraße. Die Gegend hat tatsächlich etwas Dornröschenhaftes, Verschlossenes, Erweckungsbedürftiges. Auf einen Prinzen wartet aber hier wohl niemand. Gegenüber der Filiale von Tip Discount, die hier wirkt wie ein Stück Wirk-

Mittelheide – am Übergang zur Rotkäppchenstraße.

lichkeit im Märchen, biegt der Rautendeleinweg ab, ein Name wie ein Kurzgedicht, Köpenicker Haiku. Hier bin ich ganz allein, kein Mensch sonst, aus der Stadt ausgetreten. Auf diesem Weg komme ich zu Rotkäppchen zurück. Die Gegend wirkt jetzt immer märkischer, der Gebietsleiter der Bausparkasse wohnt hier passend. Die Genovevastraße grenzt schon an den Wald, noch eine Schrebergartenkolonie, dann ist die Stadt zu Ende. Auf der anderen Seite der Mahlsdorfer Straße heißt diese Straße „Unter den Birken“, eine schöne Straße mit beruhigend breitem, birkenbestandenem Mittelstreifen. Auf dem Granit an ihrem Beginn steht: „Zum Gedenken an die Opfer der Köpenicker Blutwoche. Hier sind im Juni 1933 im ehemaligen SA-Sturmlokal aufrechte Antifaschisten mißhandelt und ermordet worden“. Rechts und links folgen immer mehr Goethesgartenhäuser. Nach links über Güldenauer Weg – viele Straßen heißen hier nach Orten in der Exprovinz Posen, ihre gültigen Namen sind polnisch – in die Pflanzgartenstraße, die mit der Dammheide einen dreieckigen Platz bildet, der wie ein Satzzeichen wirkt: ein Punkt hinter die Sätze der Stadt. Eine Gegend –

man sieht es – die immer bevorzugter wird bei solchen, die an der Stadt das Nichtstädtische lieben. Dann gehe ich beschleunigten Schrittes die Filehner Straße hinunter, weil ich nicht möchte, daß mich hier die Dunkelheit überrascht. Fast hätte ich die Straße schon abgelehnt, als ich zur Rechten das Birkenwäldchen sehe, so schön, rührend, daß die Motorsäge, die ich hinten höre, mir fast ins Herz schneidet. Weiter unten ist die Straße städtischer. Bunte Neubauten, aber das Bauschild der tüchtigen KÖWOGE belehrt mich darüber, daß es sich um „Instandsetzung und Modernisierung von industriell gefertigten Wohngebäuden" handelt. In die lila Kita gehen junge Mütter mit ernstem Arbeitsgesicht und kommen lächelnd heraus, nachdem sie ihre Kinder gesund wieder haben. Gegenüber dem Wohnhaus von Erich Janitzky komme ich zum Anfang meines ungeschichtlichen Märchenwegs zurück. In der untergehenden Sonne leuchtet die frische Fassade braunrot. Ich habe Hunger. Mit dem Bus ins Forum Köpenick. Es sind mehr Menschen drinnen als draußen, endlich gibts hier in der Gegend vertretbaren Kaffee. Hier bin ich nicht mehr in Köpenick, sondern in der Überallwelt der Centers und Foren. Die Epoche der Foren und Zentren. So wird man unsere Gegenwart nennen, wenn wir Vergangenheit geworden sind. Aber jetzt ist jetzt. Die Eule der Minerva schläft noch in ihrem Horst. Ich fühle mich märchenhaft. Als der barsche Bahnhofschef in Wuhlheide diesmal sein wölfisches „Zurückbleiben!" bellt, fahre ich schon.

Zurück nach Wedding

Vor 30 Jahren war ich Amtsrichter am Wedding. Ich kam aus Lübeck. Ich mußte erst lernen, daß man „am Wedding" sagt, nicht „in Wedding", denn „Wedding" ist etwas, was wie ein hoher Berg von den Menschen immer ein Stück hinweg rückt, so daß sie nur an seinem Fuße wohnen.

Alles war mir fremd. Was mich nach Wedding, ins Amtsgericht an der Pankstraße, am Brunnenplatz gebracht hatte, war ein Fall aus dem Lehrbuch. Ich hatte gedacht: Das gibt es nur in Lehrbüchern, aber nicht in der Wirklichkeit, daß ein Amtsrichter in Geisteskrankheit verfällt, und alle seine Urteile sind nichtig. Aber meinem Vorgänger war es passiert. Später genas er. So wurde ich als Ersatzmann Zivilprozeß-Richter am Wedding.

Fast alle Zeit, die mir mein übervolles Dezernat ließ, verbrachte ich auf Weddinger Straßen und in Weddinger Kneipen, um das Leben von Wedding zu erlernen. Es fiel mir schwer, die Ackerstraße, die Bergstraße, die Gartenstraße zuende zu denken, über die Mauer hinaus. Kaum war die Mauer durchlässig geworden, bin ich die Ackerstraße in umgekehrter Richtung gegangen, von Mitte nach Wedding, und habe die Weddinger Erinnerungen aus den 60er Jahren wieder gesucht.

Das habe ich auch heute getan: vom Nordbahnhof die Gartenstraße aufwärts. Oben links weiß ich das Grab Theodor Fontanes, nicht in Wedding, in Mitte, an der Grenze: an der Grenze seiner Welt; Wedding ist kein Ort in den Romanen des größten Berliner, sagen wir ruhig: deutschen Romanciers. In den „Wanderungen durch die Mark Brandenburg" belegt er den Wedding mit der Formel: „prosaische Dürftigkeit". Das hätte er, als er starb, schon anders sehen müssen.

Am Ende des Jahrhunderts paßten andere Adjektive bereits besser. Da war der Wedding ein Bereich dramatischer Zuspitzungen: Die Folgen von Kapitalismus pur waren hier aufregend sichtbar. Wie lange hat es gedauert, bis Lehren daraus gezogen wurden? Und ist die Lehre für immer gelernt?

Ich komme an der Ernst-Reuter-Siedlung vorüber. Damals in meiner Weddinger Wanderzeit lag sie ganz am Rande, jetzt liegt sie mitten drin. Sie dokumentiert die Stadterneuerungs-Gedanken, die im Westen der 50er, 60er Jahre auflagen und die den Wedding so verwandelt haben, daß er heute wenig vergleichbar ist mit Mitte, Prenzlauer Berg, wo das 19. Jahrhundert des Spätkapitalismus länger als ein halbes Jahrhundert langsam zugrunde gegangen ist, während wir im Westen dachten: „Fort mit den dunkeln Quartieren, freundliche Wohnlandschaften für die Arbeiterschaft!" Ein hochherziger städtebaulicher Gedanke, auch wenn ihm oft ernüchternde Taten gefolgt sind.

Ich ziehe im Geiste den Hut vor den Politikern, die diese Gedanken vertraten, vor Ernst Reuter vor allem, auch vor den Architekten, die zu ihrer Verwirklichung taten, was sie konnten: Felix Hinsen, Fritz Eggeling; auch das „Entwurfsbüro der DeGeWo" war dabei bei der Erbauung der Ernst-

Amtsgericht am Brunnenplatz.

Reuter-Siedlung über dem alten „Thomashof" der Hinterhöfe und Zilleschen Lebenswelten.

Da muß man nicht sagen – wie ein Professor aus Darmstadt – wir (damit meint er im Vergleich zum Osten den Westen) wir haben beim Wiederaufbau die Substanz der Städte kaputtgemacht, während sie dort nur mit langsamer Freundlichkeit verfielen.

Ich habe Gicht im linken Fuß. Mein erster Wedding-Spaziergang neuer Zeitrechnung ist also gar kein Spaziergang. Ich sitze im Auto, ich lasse mich fahren. Ich weiß, daß der Höhepunkt meines ersten neuen Wedding-Besuchs das Amtsgericht sein wird. Höffis neue Möbelwelt, die Moderne oder schon die Postmoderne im Rücken, blicke ich über Pankstraße und Brunnenplatz auf das Amtsgericht.

Der sakral-feierliche Charakter der Fassade ist mir damals in seiner Komik nicht aufgefallen. Das ist Theater-Architektur, Verdeckungs- und Verschleierungs-Architektur: Es ist eben keine Kirche, sondern ein Gericht.

Da drinnen ist es niemals heilig zugegangen. Da beruhigt es mich beinahe, daß ich Höffi im Rücken habe; in seiner architektonischen Kundenbezogenheit sagt mir dieses Gebäude des Kommerzes: Die Welt ist weitergegangen, den Menschen geht es besser als damals, aus den Ausgebeuteten sind Kunden geworden. Passen wir auf, daß sie es bleiben und nicht über Nacht wieder Staatsgebärden, wie sie das Amtsgericht immer noch ausführt, das Verhältnis der Herrschenden und der Beherrschten charakterisieren.

Deshalb gefällt es mir so, daß den Architekten des nördlichen Gerichts-Anbaus nicht gelungen ist, was sie sich vielleicht dachten. Der Anbau hat eher etwas Arabisch-Maurisches als etwas Gotisch-Renaissancehaftes, in dem sein Mutterhaus dahindunkelt.

Wir biegen schnell um zum Nettelbeckplatz. In den 60er Jahren war er mehr Platz als heute. Er zeigt, daß die spätkapitalistische Düsternis des Wedding längst zuende ist. Nun sind wir in der Müllerstraße. Das ist eine der brauchbarsten Einkaufsstraßen Berlins. Das ist keine Übertreibung.

Keiner, der den Wedding früher gesehen hat und keiner, der ihn nicht mit Schablonen dekorieren will, würde sagen. „Wedding – der Hinterhof Berlins“, wie jüngst die Autoren eines Berlin-Buchs des Rowohlt Verlags, das behauptet, Berlin „im Griff“ zu haben. Sie sind nicht in den 60er Jahren hier gewesen, als im Reichstag ein Bundespräsident gewählt wurde und die Sowjetjäger so schnell und so tief über den Wedding donnerten, daß die Scheiben sprangen. Nicht alles war Irrtum, was man damals dachte.

Die Müllerstraße auf und ab

Ich komme die Chausseestraße herauf. Auf dem Neuen Französischen Friedhof besuche ich das Grab Theodor Fontanes. „Der sogenannte Wedding beginnt", hat er geschrieben, nicht wissend, daß er den Platz seiner letzten Ruhe beschrieb, „und an die Stelle der Fülle, des Reichtums, des Unternehmungsgeistes treten die Bilder jener prosaischen Dürftigkeit, wie sie dem märkischen Sande ursprünglich eigen sind."

Über diese Worte sind nun mehr als 100 Jahre hingegangen, und nun sieht es ganz anders aus. Das Fontane-Zitat paßt eher auf den umgekehrten Weg. Man sieht noch, wo der Todesstreifen verlief. Hinter Fontanes Grab kommen 50 Meter Brachland, ehe man den Zaun erreicht zur Liesenstraße Nr. 7.

Kurz bevor man draußen ist, kommt man an einem bemerkenswerten Obelisken vorüber. In französischer Sprache wird da derer gedacht, die pour la patrie, für deutsches Vaterland und preußischen König, gefallen sind, auf französischer Erde kämpfend gegen Franzosen, derer auch auf Französisch gedacht wird, wenn sie auf „richtige" Weise gestorben sind. Die Hugenotten, die Refugies. Die Sprache jedenfalls macht die Nation nicht. Bestand Deutschland also umgekehrt nicht doch aus zwei Nationen, als der Todesstreifen hier verlief? Der Obelisk muß ein bißchen restauriert werden. Der Französische Friedhof muß seinen richtigen Eingang wieder erhalten von der Weddinger Seite, damit er nicht aussieht wie ein Schrebergarten, den man vergessen hat, sondern wie der Geschichtsgarten, der er ist.

Der benachbarte katholische Friedhof der Domgemeinde ist schon ein Stück weiter, das von der Mauer beiseite gerückte Eingangsportal entsteht wieder, die beiden Engel mit den ragenden Flügeln knien wieder da, wo sie hingehören.

Allmählich wird man vergessen, daß die Chausseestraße von Mitte und die Chausseestraße von Wedding in getrennten Welten verliefen. Mir steht vor Augen, wie es hier zuging, als die Grenze schon da war, aber die Mauer noch nicht. Erst recht ist mir die Mauer in Erinnerung, die die Friedhöfe zusperrte und die Chausseestraße beiderseits zur Sackgasse machte. Die Wunden verheilen langsam.

Die Müllerstraße hinunter. Links das Erika-Heß-Stadion, ich erinnere mich der Bürgermeisterin, ich kannte sie in Zehlendorfer Zeiten, einen Teil unserer sozialdemokratischen Vergangenheit haben wir gemeinsam verbracht. Gerade ein Eis-Stadion – sie hatte nichts von einer Frau aus Eis.

Rechts die westliche Variante von Plattenbauten. Und das Reich von „Tip-Autozubehör"; „unglaublich!" sagt Touradj, der mich begleitet; er ist Taxiunternehmer, er weiß, wovon er redet. Das Schering-Hochhaus sieht so aus, als ob es gestützt werden müßte. Links die so endgültig wirkende Glaskuppel von Schering, rechts an der Lindower Straße einstöckige Verkaufsbaracken, die an die Vorläufigkeit von Ost-West-Zeiten erinnern, als hier die Systeme aufeinander stießen und zu schnellem Kauf animierten wie überall, wo Grenzen sind und die Leute auf der einen Seite haben, was die auf der anderen gerne hätten.

Das SPD-Gebäude zur Linken. Früher gab es einen Hof zur Burgsdorfstraße. Den vermisse ich. In der Nacht, als Walter Momper gewählt war und seine rot-grüne Koalition, stand dort ein Zelt, in dem wir uns dicht an dicht versammelten.

Mancher glaubte, eine neue Epoche in der Berliner Nachkriegsgeschichte hätte begonnen. Es folgten quälende Kommissions-Sitzungen, manche von uns versuchten, die Welt neu zu erschaffen. Was eine neue Epoche sein sollte, war bald nur noch eine kleine Episode. Die Geschichte schlug andere Wege ein. Jetzt ist das Haus eingerüstet. Die SPD erneuert sich. Oder mindestens ihre Fassade.

Rechts das Arbeitsamt, links in der Straßenfront die katholische St.Josephs-Kirche, 1909 gebaut von einem Pater aus Maria Laach, es soll eine weiträumige Basilika sein, ich habe schon manchen Versuch gemacht hineinzukommen, aber es ist immer zu. Die Fassade wirkt karolingisch, sie blickt auf die Müllerstraße mit einer vertrauten Fremdheit, das Tor scheint in eine andere Welt zu führen, die ganz dicht neben unserem Alltag liegt, aber doch weit von ihm entfernt.

Am Leopoldplatz führt die Müllerstraße an einer anderen Kirche vorüber; sie steht in den Lehrbüchern der Baukunst. Die evangelische Nazareth-Kirche von Schinkel, Muster eines Kirchbau-Sparprogramms, vier solche Bauten hat Schinkel 1832 bis 1834 für die nördlichen Vorstädte entworfen.

Gegen Ende des Jahrhunderts wurde das elegante Billig-Kirchlein für die Gemeinde zu klein, in den 1890er Jahren baute Max Spitta weiter hinten die Neue Nazarethkirche, die nun längst zu groß ist. Aber diese Kirchen, und vor allem der Platz, geben der Müllerstraße bis heute eine Spannung, die sie aus der Beliebigkeit aufhebt zu einer selbstbewußten, lebendigen Einkaufsstraße.

Ich gehe die Müllerstraße bis ans Ende, wo sie zur Scharnweberstraße wird und wo der Wedding aufhört. Viele Geschäfte sehen so aus, als ob sie mich gut bedienen könnten. Belle et triste, schön und traurig, die Buchhandlung neben dem Rathaus, auf der anderen Seite Wohlthat, auf dessen Namen sich wohlfeil fast reimt.

Pergamon Gold nennt sich geheimnisvoll ein Juwelier. Es gibt auffällig viele Juweliere in der Müllerstraße. Viele Armbänder, Ketten, Ohrringe werden zu Weihnachten Schenker und Beschenkte finden.

News – bietet uns keine neuen Nachrichten, sondern alte Klamotten. Die Müllerstraße ist also auch ein bißchen ironisch, selbstironisch. Im Fenster von C & A stehen die Männerpuppen, als ob sie alle Mozarts wären. Das Fenster der Friedhofsgärtnerin Gisela Schubert ist eine Ausstellung für sich. Im Hofdurchgang des Paul-Gerhardt-Stifts leuchtet ein vielzackiger Stern. Der Herr ist auferstanden. Nr. 72, das ehemalige Centre français, ein Jugendhotel jetzt und Sitz des europaberühmten Sozialpädagogischen Instituts (SPI).

Nun die afrikanischen Straßen. Carl Hagenbeck hatte in den Rehbergen einen Zoo aufmachen wollen, zu Beginn des

Jahrhunderts, mit afrikanischen Tieren, auch mit afrikanischen Menschen: „Völkerschauen“: Menschen von zu Hause fortholen und sie als Exoten vorzeigen an weiße andere, die sich als die Normalen ansehen konnten, weil sie zu Hause waren. Die Namen der Straßen wecken ungute Erinnerungen an deutsche Kolonialzeiten, die auch Zeiten ausbeutenden Mordes und Totschlags waren. Vielleicht wollen die Straßennamen, daß wir's nicht vergessen. Ach, es ist schon vergessen, und manche von uns sind längst dabei, viel schlimmere Schuld zu vergessen.

Café Nostradamus will uns an den mystischen Wundermann erinnern, der wußte, was kommen würde. „Zum Korken“ in nächster Nähe: das ist handfester und einfacher zu begreifen. Oder „Futtern wie bei Muttern“ – das scheint zu passen.

Aber die Müllerstraße ist eine Straße, in der es alles gibt, multikulturell die Imbißstände; nur ein richtiges Caféhaus fehlt, wo man ordentlich sitzen kann und einen Parkplatz vor der Tür findet.

Auf dem Dach von Karstadt sitzt ein Weihnachtsmann und guckt auf die Schinkel-Kirche, er sieht überhaupt nicht so aus, als ob er sich viel für Baugeschichte interessierte. Vielleicht ist er ein bißchen unglücklich. Weil er da oben sitzen muß und nicht herunter darf auf die wuselnde, lebhafte, glitzernde Müllerstraße, die sich in der vielbelichterten Abenddunkelheit selbst in einen Weihnachtsmarkt verwandelt (den es vor dem Rathaus aber auch noch extra gibt).

Vom Arkona- zum Vinetaplatz

Der U-Bahnhof Bernauer Straße liegt noch in Mitte. Der östliche Ausgang führt gerade auf die Grenze. Fast drei Jahrzehnte war der Bahnhof geschlossen, man sieht es ihm nicht mehr an.

Ich bin nicht gekommen, um mich zu erinnern. Die SED hat das proletarische Berlin zerschlagen, sagt Heiner Müller. Aber sie hat es durch Nichtstun auch erhalten. In Mitte findet man die Quartiere noch, die bis in die späten 70er, frühen 80er Jahre auch für Wedding charakteristisch waren.

Der Wedding von heute ist dagegen ein Stadtteil aus der alten Bundesrepublik, ein Nachkriegswohnort. Die Geschichte liegt zwar noch ziemlich weit oben, nur eine dünne Schicht Vergessen darüber, aber die meisten Weddinger kennen sie nicht mehr. Wedding zeigt uns, was die Leistungen der alten BRD waren, die ein Sozialstaat war, wie es sonst kaum einen auf der Welt gab und in der deutschen Geschichte schon gar nicht.

Aus der Bernauer Straße biege ich rechts in die Ruppiner Straße ein, überquere die breite Schneise aus Stadtwüste, die die Mauer zurückgelassen hat. Auf einer Balkonloggia stehen zwei Alte und blicken von der Westseite herüber, als träumten sie einer Vergangenheit nach, in der das hier End- und Grenzland war. Walter Ulbricht baute die Mauer. Er allein? Hatte er nicht mindestens einen Maurer bei sich? Vor allem hatte er Zuschauer.

„Privatgrundstück“ steht jetzt auf weißem Blechschild; aber dieser Privatier ist der Staat, der hier durch das Bundesvermögensamt so tut als ob.

40 Jahre haben sich die deutschen Staaten hier so staatlich benommen wie es staatlicher gar nicht geht, nun wollen sie Privatleute sein, als ob nichts gewesen wäre. Darüber erreiche ich den Arkonaplatz. Ich weiß nicht, warum die Gegend mecklenburgisch-vorpommersch, rügenhaft benannt ist.

Die Bernauer selbst soll ihren Namen aus religionsgeschichtlichen Gründen haben. Das Ereignis, nach dem sie angeblich benannt ist, lag bei der Namensgebung 1862 schon 430 Jahre zurück; auch damals wird kaum ein Einwohner gewußt haben, wer die Hussiten waren, gegen die sich die Bernauer verteidigten, und warum sie sich überhaupt verteidigt haben, statt der Geschichte ihren Lauf zu lassen.

Der Arkonaplatz sieht seit den frühen 80er Jahren so aus wie heute. Seine bewegte Geschichte rufe ich nicht herauf, weil ich seine ruhige Schönheit genießen möchte. Südlich sehe ich die Zionskirche und den Zionskirchplatz, von dort über den Arkonaplatz und den Vinetaplatz erstreckt sich bezirksübergreifend bis zur Lortzingstraße eine eindrücklich schöne Stadtanlage mit Stadtplatz, Wohnplatz, Stadtpark. Jetzt im Winter-Weiß tritt ihre umfassende Form deutlicher hervor als im Sommer-Grün.

Am Eingang zur Swinemünder Straße stehen zwei Platanen, seit wann wohl? Sie wirken verletzlich, aber die Seele dieser Bäume ist festgefügt, was haben sie hier schon gesehen?

Jenseits der Bernauer Straße öffnet sich die Swinemünder Straße in den Wedding, als wollte sie eine Avenue werden. Den südlichen Häuserblock, der ziemlich frisch gestrichen ist, kann man – geschichtlich betrachtet – vielleicht fast schon einen Altbau nennen, während die Backsteinhäuser am rechten Straßenanfang wohl eine Wohnanlage genannt werden. Der Architekt hat dem Haus die Ecke abgeschnitten und negiert sie durch eine Art hoher Türöffnung, durch die ein sanft aufsteigender Pflasterweg in den Hof führt.

Weddinger Höfe von heute würdigt nur der richtig, der die Höfe der früheren Mietkasernen kannte. Ein architektonisches Problem lag hier vielleicht vor, ein soziales und politisches aber bestimmt. Wenn nicht beide Arten von Problemen gleichzeitig lösbar sind, gilt Vorrang für die letzteren.

Der Vinetaplatz, auf den ich nun gelange, ist eher ein Stadtpark als ein Platz. Vineta hieß die Stadt, die in den Sturmfluten des Jahres 1183 von der Insel Wollin fortgespült worden sein soll, so daß bis heute niemand weiß, ob es sie tatsächlich gegeben hat.

Woran soll uns der Name also erinnern? Es können Katastrophen geschehen, natürliche und von Menschen erzeugte, nach denen niemand die Welt wiedererkennt, wenn es sie dann überhaupt noch gibt. „Unterstützen Sie unsere Arbeit durch rücksichtsvolles Verhalten", für Parks, um die das tüchtige Gartenbauamt sich kümmert, reicht Rücksichtnahme vielleicht, für die Stadt und die Welt nicht.

Wer oben in den Häusern der DeGeWo an der Nordwestecke des Platzes wohnt, freut sich schon auf den Augenblick, da er auf die Terrasse heraustritt und den ersten grünen Schimmer in den Bäumen sieht. Die Wohnanlage ist sorgfältig verwaltet; als ob man sogar mit dem Müll achtungsvoll umginge, heißt es an einer dunkelblauen Tür: „Müllraum", daneben „Fahrradraum"; der Innenhof ist ein

Swinemünder-/Ecke Bernauer Straße.

Platz im Platz, der im leichten Schneefall mit einer solch gesammelten Ruhe daliegt, daß ich fast die Frühlingssehnsucht vergesse.

Wo sich die Wolliner Straße leicht nach rechts in die Graunstraße anhebt, biege ich nach links in die Demminer Straße ein. Den Platz selbst überquert diese Straße – als Autoweg beidseits mit Wendekreisen endend – als Fußgängerweg.

In unentschiedenen Brauntönen zieht sich der westliche Wohnblock um die Ecke der Swinemünder Straße. Unten: Balkangrill, in der Platzdiagonalen gegenüber: Il Paese, ein Italiener natürlich; hoffentlich denken die Bewohner hier so multikulturell wie ihre Kneipen sind: Gaststätten als zivilisatorische Vorreiter einer in Regionen, aber nicht in Nationen gegliederten europäischen Gesellschaft; am Nationalismus, in Arbeit und Krieg, sind viele gestorben, welche hier wohnten, als der Platz noch nicht diesen stadtlandschaftlichen Charakter hatte. Ist die Ruhe, die der Vinetaplatz an diesem Sonnabend ausstrahlt, also Frieden?

„Fröhliches Wohnen" verheißt unten an der Demminer Straße, wo sie schon die Betriebsamkeit der Brunnenstraße aufnimmt, der Lieferwagen von Andreas Schneider, der um die Ecke sein Geschäft für Marquisen und Jalousien betreibt.

In der Station Voltastraße kehre ich in die Unterwelt der U-Bahn zurück, aus der ich eine Haltestelle früher gekommen bin. Der Erweiterungsbau der Bankgesellschaft Berlin, durch den der Zeitgeist-Architekt Kleihues die Südseite der Brunnenstraße mit einer Riesenmauer abschließt, denunziert die Nordseite der Straße, auf der die Menschen sind und sich – vielleicht mit Hilfe der Familienvideothek – einzurichten versuchen in ihrem Alltag und in der Stadt, von der sie hier unten schon nicht mehr sicher wissen können, ob es ihre ist.

Ist der Weg vom Arkonaplatz zum Vinetaplatz ein Weg von Insel zu Insel?

Vom Gesundbrunnen zur Osloer Straße

Ach, der Gesundbrunnen. Der Gesundbrunnen ist immer mit ach oder oh. Jetzt: Zwei Großbaustellen, unter der Humboldt-Höhe die Bahn AG, arbeitend an ihrem berühmten „Pilz", auf der anderen Bahnhofseite das „Einkaufscenter Gesundbrunnen", das die Behmstraße wie eine Mauer zur Bahn abschließt.

Ach, so sieht es hier jetzt aus! Als ich Amtsrichter war im Wedding, in den 60er Jahren, sah es hier ganz anders aus. Und es gab täglich Leute, die sagten: Ach, wie es hier aussah, als die Mauer noch nicht stand! Oft traf ich auch Menschen, die sagten: Ach, der Gesundbrunnen, wie der aussah vor dem Krieg! Damit war WK II gemeint. Wie es hier aussah vor dem ersten Krieg – ich habe nie jemanden getroffen, der mir das erzählen wollte, aber es gibt Zeugnisse, Bücher, Bilder. Zu schweigen von den sozusagen prähistorischen Zeiten, die in den Touristenbüchern meist als die Geschichte des Gesundbrunnens ausgegeben werden: woher er den Namen hat.

Die Badgeschichte war eine Episode aus Zeiten, als noch ganz weit draußen war, was Jahrzehnte später das Zentrum Berlins bildete. Wenn man das Zentrum einer Stadt da sieht, wo sie sich am dichtesten zusammenballt, dann war zwischen 1880 und 1910 hier das Zentrum Berlins, hier und ein Stück weiter unten zur Chausseestraße hin.

Davon sieht man nichts mehr. Die wirkliche Geschichte der Stadt taugt nicht als Dekor für Besserverdienende. Am Gesundbrunnen ist das wirkliche Leben in immer neuer Gestalt. In den 60er Jahren, als ich hier Abende und Nächte verbrachte, sprach es noch nicht so gut Türkisch wie heute.

Ich will aus dem Bahnhof direkt zur Zingster Straße gehen, aber die Tür ist mit weißen Brettern verschlagen. Die Baustelle ist dicht herangerückt. Die Zingster Straße wirkt dunkel, die Fassaden könnten gesäubert werden, aber es sind feine Fassaden. In stilisiertem Pflanzenschmuck ziehen sie sich in einem eleganten Schwung zur Bellermannstraße hinunter. Ich gehe die Bellermannstraße aufwärts zur Swinemünder Brücke, „Millionenbrücke" sagte man, weil ihr Bau 1902 bis 1905 so teuer war. Noch in den 70er Jahren konnte man von hier sehen, wie die Hauptstadt eines Reiches ausgesehen hatte, das das Blut der Arbeiter trank.

Wenn die Leute oben sitzen im fertigen Einkaufscentrum, wo es doch ein schönes Café geben wird, werden sie herabsehen auf die Gegend, an der sich ihre Voreltern geplagt haben und werden sagen: Ach, der Gesundbrunnen, wie's früher hier aussah.

Die Nebenstraßen liegen an der Badstraße wie Nebenräume am großen Wohnungsflur. Ich besichtige jedesmal die Grüntalerstraße. Die „Berufsschule für Metallarbeiter", gebaut 1913 bis 1915, als die Arbeiter schon verheizt wurden auf französischen Feldern, auch die SPD hatte nicht Nein gesagt; jetzt „Willy-Brandt-Oberschule", eine Gesamtschule. Daß wenigstens die Gesamtschulen übriggeblieben sind von den bildungspolitischen Versuchen. Willy Brandts Berliner Schulsenator Carl-Heinz Evers ist gerade 75 geworden. Ich grüße ihn.

Das berühmteste Stück der Badstraße beginnt gegenüber der Paulskirche. Die Paulskirche steht in den Kunstbüchern, weil sie von Schinkel ist. Hoffentlich versteht der heutige Pfarrer mehr vom Leben der Menschen, die wahrscheinlich kaum noch in den Gottesdienst kommen, als seine Vorgänger Buttmann und Bellermann, die wohl mehr Diener des Königs waren und die Arbeiter für ihn gefügig zu machen versuchten.

Auch der große Schinkel hat sich nicht genug interessiert für die Absichten, die mit seinen Kirchen verbunden waren. Vier davon baute er wie Stützpunkte einer Kolonialmacht in einem auszubeutenden Lande. Solange ich hier vorbeigehe, erbittert mich die Schönheit der Formen und die Bosheit der Gedanken.

Die Paulskirche ist wirklich ein Mahnmal. Niemand läßt sich mahnen. Auf der breiten Treppe sitzen Obdachlose, trinken Bier aus Dosen und warten, daß das Leben vergeht.

Aus den Resten der bürgerlichen Bade- und späteren Kaffeegartenkultur ist die Stadtbibliothek am Luisenbad geworden. Die Bibliothek und die Anlage darum herum ist allein den Wedding-Besuch wert. Viele junge Leute geben Bücher ab und holen sich neue.

Im Rücken der Arnheimschen Tresorfabrik und vorbei an ihren Hallen, die jetzt Bildhauerateliers beherbergen, geht der kleine Weg auf die Betriebswerkstätte der BVG zu, die seit den 20er Jahren gegenüber an der Gropiusstraße liegt. Das ist derselbe Gropius, nach dem in Kreuzberg der Gropiusbau heißt. Zur Zeit läuft dort eine Ausstellung über den amerikanischen Action-Künstler Kienholz; was man da als Kunst besichtigen kann, kann man hier im Wedding an manchen Stellen als Realität sehen (z. B. in der Grüntaler Straße das Environment aus Wirklichkeit neben Mario Lampes Werkstätten und dem Haus Nr. 78).

Jetzt biege ich an dem prächtigen Eckhaus, überhaupt einem Muster von Eckhaus, an der Uferstraße in die Exerzierstraße ein. Sie hat ihren Namen von der Artillerie, die hier lag – wie man so sagt –, nachdem sie weiter nördlich geschossen hatte.

Die Straße hat noch immer etwas Ausgezirkeltes. An der Stelle, wo sie als Schulstraße nach links auf den Nauener Platz zuläuft, bildet sie nach rechts einen kleinen Stadtplatz um eine Wasserpumpe, die Eckhäuser aus der Exerzier- und aus der Schulstraße (Nr. 62) laufen mit bedrohlich spitzen Ecken auf einen Hausturm zu, der rot-weiß in der Mitte steht, als sei er aus Siena, „Bienvenuti" heißt das italienische Restaurant, das uns hier begrüßt.

Nun gehe ich am jüdischen Krankenhaus vorüber. Es wird gebaut, „Ersatzbau eines Wirtschaftsgebäudes" steht auf dem Schild vor den grünen und weißen Kränen, auch der Kranführer ist grün gekleidet. Die Gegend verbreitet trotzdem eine Atmosphäre der Stille und des Gedenkens.

Das Krankenhaus der Jüdischen Gemeinde war einer der Schreckensorte, an denen Menschen, Nachbarn womöglich, Nachbarn versammelten, um sie zur Ermordung abzuführen. Wenige überlebten. Aus den Kellern krochen sie im

April 1945 in eine veränderte Welt. Die Straße endet mit Kleingärten. „Kleingartenkolonie Nordkap e. V.“, vor dem Nachbarhaus, direkt neben dem Krankenhaus, steht ein Lieferwagen: „Alaska. Abenteuer-Reisen, Hundeschlitten-touren“.

Unter der Erde im S-Bahnhof Osloer Straße strahlt das norwegische Rot-Weiß-Schwarz, ein Kreuz des Friedens in dieser Gegend, unter deren Pflaster eine Geschichte begraben liegt, von der ich bei jeder Nachricht über Ausländerhaß und Xenophobie fürchte, das sie wieder aufsteht und uns alle verschlingt.

Ufer-/Ecke Exerzierstraße.

Forsythien am Wedding

„Er bog in die kleine Straße. Die ärmlichen Läden waren schon geschlossen. Nur aus den Kneipen fielen trübe Lichtstreifen auf die menschenleere Straße. Hinter den Fenstern der hohen, dunklen Häuserreihen brannte hier und da das ärmliche Licht von Petroleumlampen ... In den engen Stuben umspülte die stickige Luft die Gesichter der Schlafenden. Der Geruch der Menschen drang durch Wände, Spalten, Verschläge. Mieter, Untermieter, Schlafburschen, Kinder, von denen kaum eins im eigenen Bett schlafen konnte. Die kinderreichste und kinderelendste Straße des großen, hungernden Berlins ...!"

Das ist die Kösliner Straße. Das ist sie nicht. Die Kösliner Straße ist das Gegenteil der Kösliner Straße. Ich komme an diesem Märzmontag, an dem noch Schnee fiel, vom Leopoldplatz. Bei Karstadt bin ich aus der Unterwelt emporgestiegen, fast direkt in den „Ostermarkt auf der Aktionsfläche". Osterhasen aller Größen, süße Osterlämmer aus Stoff, Blumen aus Kunststoff, Forsythien aus Plastik, Ostereier aus buntem Holz und aus Schokolade ...

Die italienische Eisdiele in dem zweiachsigen Haus Müllerstraße 156d unter den Jugendstil-Imitaten ist noch geschlossen. Gegenüber biege ich ein in die Antonstraße – Name ohne historischen Bezug, wie später die Maxstraße – Name auch ohne historischen Bezug, also die Straßen für viele Männer, für jeden Anton, Toni, Andy, Maximilian, Max, Maxe, Mac, demokratisch.

Die Plantagenstraße beginnt neben dem Häuschen des Friedhofsverwalters an der Ruheplatzstraße; es sieht aus wie Goethes Gartenhaus, das der Bauhistoriker Johann Geist den Prototyp des deutschen Einzelhauses nennt und den Ursprung des bürgerlichen Seelenstrebens, in einem Haus zu wohnen, um das man herumgehen kann.

Solche Häuser bekam hier niemand, viele bekamen einen Ruheplatz für sich allein erst, wenn die amtlichen Ruheplätze, nach denen die Straße hier seit 1828 heißt, für sie zuständig wurden.

Der Schornstein des Krematoriums ragt hervor wie das Ausrufezeichen hinter einem bedeutenden Satz. Bedenke: Feuer, Asche, Rauch! „Werte erhalten, mit Farbe gestalten" wirbt ein Malermeister.

Die Plantagenstraße heißt nach der Baumschule, die ein Gastwirt mit dem romantischen Namen Corsica hier betrieb, als in Frankreich die französische Revolution stattfand. Die Straße ist ein Schmuckstück, sie führt von einem schmucken Platz zu einem anderen; an der Prinz-Eugen-Straße restauriert Zukunft Bauen e.V. das Eckhaus; es führt eine Blaumantelmadonna an der Stirn wie die Barkasse des Prinzen die Gallionsfigur.

Hätte es den savoyardischen Prinzen nicht gegeben, las ich jüngst, und seine Siege, den bei Malplaquet zum Beispiel, dann wäre Europa heute islamisch, moslemisch, die Osmanen hätten bei Wien nicht Halt gemacht; nein, sagt ein anderer, das waren die Perser, die die Osmanischen von der orientalischen Seite so beschäftigt haben, daß das Christentum in Mitteleuropa überlebte. Hat es überlebt? Und warum hätte es überleben sollen? Am Bauwagen steht: „Deutsche Waffen, deutsches Geld morden auf der ganzen Welt".

Plötzlich wirkt der rote Sonnenschirm auf einem Balkon wie eine rote Fahne.

Über die Reinickendorfer Straße in die Weddingstraße. Der Installateur-„Meisterbetrieb seit 1903" muß also schon hier gewesen sein in der Zeit, die ich hier suche. Und nicht finden werde.

1. Mai 1929: „An den 23 Vorderhäusern der Kösliner Straße 80 rote Fahnen. Die Arbeiter sahen, daß die Straße, die keine Nebenstraßen hat und auch über die Höfe hinweg nur geringe Ausweichmöglichkeiten bietet, eine gefährliche Mausefalle war, in die sie von der Polizei hineingetrieben wurden, um schutzlos vor den Mündungen der Polizeipistolen zu stehen.

Genossen – ich sage, die Polizei darf nich mehr in de Gasse ... Draußen liegen Baumaterialien – wir müssen damit sofort ein Hindernis quer über die Straße legen ..."

Dann ging es los. Salve auf Salve krachte ... pfeifend klatschten die Bleikugeln der Polizei gegen die Häuser, von denen der Putz rasselnd nach unten fiel ...

„Schießt doch ... schießt, ... mordet, tötet. Was wollt ihr eigentlich töten? Könnt ihr unsere Elendswohnungen totschießen ... unseren Hunger ... unsere Krankheiten ... unsere Arbeitslosigkeit? Ihr Arbeitermörder! Es lebe, es lebe, was ihr nie totschießen könnt: Es lebe der Sieg der Weltrevolution." Die Gesichter der Polizisten wurden blaß ...

In der Kösliner Straße (und am Hermannplatz in Neukölln), hatten die Ereignisse ihren Höhepunkt, die manche den „Blutmai 1929" nennen, nannten. Viele tote Arbeiter, 25, 26, mehr. Der Polizeipräsident hieß Zörgiebel, ein SPD-Mann. Die publizistisch-politischen Angriffe gegen ihn kamen von links und von rechts. Die Roten nannten ihn einen Verräter der Arbeiterklasse, die Rechten warfen ihm vor, nicht energisch genug gegen die Kommunisten vorgegangen zu sein. Sag mir, welche Gegner du hast, und ich werde dir sagen, wer du bist.

Nein, nein, so einfach ist das nicht. Die Republik, in der Zörgiebel Polizeipräsident war, ist hin, die Weltrevolution, für die in der Kösliner Straße so viele rote Fahnen wehten, ist auch hin. Der Familienkrieg SPD–KPD ist aus. Die KPD ist auch hin. Übrig bleiben heißt nicht unbedingt siegen.

Die Kösliner Straße ist auch hin. Aber sie ist auch noch da. Die Zeiten, die dazwischen liegen, haben sich ihre Opfer millionenfach unter denen geholt, die in den Kösliner Straßen der Welt wohnten.

Ich gehe an dem Haus Nr. 6 entlang, von der Kösliner Straße zu dem Spazierweg in ihrem Rücken an der Panke, in dem Balkongarten auf der kleinen Wiese ein bunter Osterbaum, das Grün bricht aus den Zweigen, die Forsythien blühen. Wenn jetzt einer käme, der die „historischen Fassaden" Berlins so liebt und sagte: Besonders schön sind diese Nachkriegs-Häuser aber nicht, dann würde ich vielleicht sagen: Lies doch mal den Roman „Barrikaden am Wedding".

Klaus Neukrantz hieß der Verfasser, kein Dichter, ein Journalist. Von den Nazis bis ins KZ verfolgt, im Irrenhaus gestorben.

Ich gehe durch die Schererstraße, die nach einem Literaturprofessor heißt, der Neukrantz gewiß nicht zur deutschen Literatur gezählt hätte, durch die Maxstraße, über den schönen Platz hinter der Nazarethkirche in die Utrechter Straße. Der Buchhändler Mackensen hat dort seinen Laden. Er hat den Roman über die Kösliner Straße aus dem Jahre 1931 neu aufgelegt, aus dem ich in diesem Text zitiert habe.

Durch die Turiner Straße zurück zur Müllerstraße, noch über den Friedhof. „Blühe, Deutschland, überm Grabe mein, / jung, stark und schön als Heldenhain" – das haben sie hier angeschrieben noch vor dem Mai 1929 und bevor das zweite große Völkermorden kam, das wieder von den Kanzeln und Kathedern eingeleitet wurde: „Deutschland muß leben, wenn wir auch sterben müssen".

Können wir sicher sein, daß solche Sprüche nicht wieder auferstehen werden von den Stelen, die das Grünflächenamt hier pflegt? Vielleicht ist das kein Friedhof. Sondern ein Geschichtsmuseum. Wie die Kösliner Straße, der man nichts ansieht von Geschichte. Die Gegenwart ist die Geschichte, die Story, die Erzählung. Hinter blauen Plastikplanen wird gewaltig gebaut.

Früher Courbière

Dicht beim neuen Parteihaus der SPD, das noch etwas verloren an der Wilhelmstraße steht, liegt die U-Bahn-Station Hallesches Tor, in der Nähe die Redaktion des Bezirksjournals. Dort steige ich in den Untergrund, um an der Station „Wedding" wieder heraufzukommen.

Da ist auch ein SPD-Haus. Das neue heißt nach Willy Brandt, das alte nach Kurt Schumacher, unten: Gardinen-Schulze. Gegenüber am Arbeitsamt flattert eine Europafahne; wie Ironie: das Europa der Arbeitslosen. Der Platz, an dem das hilflose Amt liegt, hieß seit 1897 nach Courbière, einem alten preußischen General; durch alle Staatsformen galt: Soldaten vergehen, Generäle bestehen, bis 1995.

Rentner träumen auf den Parkbänken, den Obdachlosen geht es etwas besser, es ist Frühling. Ruheplatzstraße: schon der Name beruhigt; Plantagenstraße: der Name kann Träume wecken; an der Ecke der beiden Straßen bleibe ich stehen, um das Häuschen der Friedhofsgärtnerei zu betrachten. Es erinnert mich an Goethes Gartenhaus, Weimar, im Tale der Ilm, füllest wieder Busch und Tal …

Aber jetzt steht nicht der Mond am Himmel, sondern die Sonne, sie wärmt mir den Rücken, während ich den Friedhof umrunde, um den Eingang in der Gerichtstraße zu finden gegenüber der streng-schönen Fassade des Postamts. Durch den geschwungenen Bogen trete ich ein ins Feld des Urnenfriedhofs, hinten das Krematorium, ich möchte ihm ein Adjektiv geben: berühmt, das älteste, also im Entstehen am meisten umstrittene. Krematorium – das bleibt nun für alle Zeiten in Deutschland ein beladenes Wort, da treten die ideologischen Kämpfe zwischen Freidenkern und Christen, Feuer- oder Erdbestattung ganz zurück.

Es ist nicht möglich, nicht an Auschwitz zu denken, nicht an die Zentner von Asche am Grunde der Weichsel. Dem Vorkämpfer für Freidenkertum und Feuerbestattung Max Sievers, Opfer des Faschismus, enthauptet am 17. 1. 1944, steht auf einer Stele am Eingang zur Feierhalle; ich denke nach am würdigen Platz über das unwürdige Verbum. Mir wird kalt ums Herz. Ich sitze eine Weile auf der Bank vor dem Eingang zur Westhalle, blicke den schönen Schornstein hinauf, dessen festes Grau vor blauem Himmel steht; sein himmelnächstes Stück sieht geschwärzt aus, wie von Rauchresten, die die Seelen noch abstreifen, ehe sie entschweben.

Die (wirklich!) edle, weiße Fassade der Schule an der Plantagenstraße und die elegante Front des rötlich-braunen Nachbarhauses mit den schwarz-braunen Markisen stehen hinter der Friedhofsmauer mit den vielen leeren Urnenplätzen; von dem bunt bepflanzten Balkon dort kann man gewiß heruntersehen auf das Aschengehäuse von Eugen Gutmann: „Gründer der Dresdner Bank" rufen ihm seine Kinder noch ins Nichts nach.

Daneben eine frische Grabstelle, Blumen, Schleifen: „Vom Seniorenheim" und ein kleiner Janosch-Löwe aus Stoff, vielleicht vom Enkelkind für den Großvater, der fort ist, vielleicht auch der letzte Gegenstand, der einem verwirrten Alten die Menschen vertrat; aber es hat immerhin einen Menschen gegeben, der das freundliche Tierchen hergebracht hat. Das tröstet meine Rührung, während ich mich

Grabstätte Preuß auf dem Urnenfriedhof.

umwende und an die Erinnerungsstätte trete, derentwegen ich hierher gekommen bin.

An einem kleinen Platz, in dessen Mitte eine Birke wächst; an ihren Füßen ummauert mit einem steineren Wogenmotiv, von Tulpen umstanden, liegt die letzte Stätte des Ehepaars Preuß; Else 1869 bis 1948, von ihr weiß ich nichts; Hugo 28. Oktober 1860 bis 9. Oktober 1925, der erste Innenminister der ersten deutschen Republik, ein Professor; ein schönes Stück deutscher Literatur stammt von ihm: die Weimarer Reichsverfassung von 1919. Er hatte sie sich ein bißchen anders vorgestellt, als Friedrich Ebert sie schließlich unterschrieben hat, zentralstaatlicher, mit Österreich als Reichsland und Wien als sozusagen zweiter Hauptstadt, jedenfalls aber demokratisch.

Hugo Preuß, sagt ein Zeitgenosse, war vielleicht der einzige demokratische deutsche Staatsrechtslehrer, ein Links-Liberaler, Parteifreund Rathenaus, Deutsche Demokratische Partei, die mit Zentrum und SPD die sogenannte Weimarer Koalition bildete. Ein Jude, wenn er ein Stückchen länger gelebt hätte in Deutschland, dann wäre er vielleicht durch den Schlot ganz anderer Krematorien gegangen.

Zu denen, die Adolf Hitler ermächtigten, gehörten auch Leute aus Hugo Preuß' ehemaliger Partei, Theodor Heuß z. B., der erste Bundespräsident; die Sozis sagten nein, rechtzeitig zwar für Heldenmut, aber zu spät für Deutschland.

Vom Preuß-Grab kann man fast die Fenster sehen, hinter denen im Kunstamt Wedding zwei Räume liegen, die auffallenderweise bis 20 Uhr geöffnet sind: Es ist das in seiner Beharrlichkeit beinahe rührende Anti-Kriegsmuseum; der Gründer, in der Republik mit der Hugo-Preuß-Verfassung 13mal wegen Beleidigung der Reichswehr verurteilt, starb nach WK II als Franzose.

Am einfachen Museums-Tisch sitzt eine Germanistin, die hier auf ABM arbeitet. Ich kaufe das fast schon klassische Buch des Museumsgründers Ernst Friedrich: Krieg dem Kriege, erstmals erschienen 1924, jetzt fast 230000 Exemplare verkauft. Genützt hat es nichts:

Wir Kriegsdienstgegner müssen endlich ... aussprechen: ... ein vom Staat bezahlter Berufsmörder, der in staatlich konzessionierten Mörderschulen (genannt Kasernen) ausgebildet wird ...

Für solche Sätze wird man auch heute noch Opfer der Staatsanwälte. Der Justizminister, der sich in der Nachfolge von Hugo Preuß fühlt, will eine Spezial-Straf-Norm gegen solche Wahrheiten.

Aus dem Anti-Kriegsmuseum blickt man auf den Platz, der generationenlang nach dem alten General hieß; drinnen steht ein Anerkennungschreiben von Willy Brandt wie eine Ikone. Ich verschwinde in der Erde, um bei Willy Brandts Haus wieder heraufzukommen, auf dem die halbrote Fahne lustig flattert im Frühlingswind.

Zu Max Josef Metzger

Zu Max Josef Metzger führt kein irdischer Weg mehr. Seine Überreste ruhen in Meitingen bei Augsburg. Die Reise dorthin hatte Schwierigkeiten gemacht. Inständige Bitten, heißt es, des Bischofs von Berlin, des berühmten Kardinals Bengsch, bei den DDR-Behörden waren erforderlich gewesen, damit man sie hat reisen lassen vom St.-Hedwigs-Friedhof in Berlin. Den Weg zum Gottesacker von St. Hedwig hatten sie 1946 gefunden, unter großer Beteiligung der Menschen, die nun anfingen zu wissen, zu welchem Leben diese Überreste gehört hatten.

Der Staat hatte Max Josef Metzger kein bekanntes Grab geben wollen, nachdem er ihn am 17. April 1944, nachmittags 15.26, in einem justizförmigen Arrangement in Brandenburg-Görden durch den Scharfrichter und seine hohen juristischen Vor-Richter ermordet hatte. Schwestern der Christkönigsgesellschaft brachten es aber fertig, die vom Staat nicht freigegebene Leiche aus dem Gefängnis zu holen und in aller Stille – wie man so sagt – auf dem dortigen Friedhof in Gottes Erde zu betten.

Im Zuchthaus Brandenburg hatte Metzger seit dem Todesurteil durch den Volksgerichtshof ein halbes Jahr zugebracht. Am 17. April 1944 kamen 30 Nazi-Gegner unters Fallbeil. Metzger als letzter; er hat sogar den Scharfrichter beeindruckt, erzählt man, „noch nie", soll der gesagt haben, „habe ich einen Menschen mit so frohen, leuchtenden Augen in den Tod gehen sehen."

Froh, leuchtend, Tod: „Nichts könnte meinem Leben einen sinnvolleren Abschluß geben, als wenn ich für den Frieden Christi im Reich Christi mein Leben hingeben dürfte".

Metzger war bei seinem Tode 57 Jahre alt, ein Pazifist, Friedensbund Deutscher Katholiken, Weltfriedensorganisation (seit Mitte der 20er Jahre Christ-Königs-Gesellschaft), seit WK I ein unermüdlicher Friedenskämpfer, 1939 aus

Nazihaft an Papst Pius XII: „Ich leide darunter, daß die Völker an den Fronten widereinander stehen und gegenseitig auf ihr Verderben sinnen".

Die Kirche, in der Metzger in den 40er Jahren gearbeitet und neben der er gelebt hat, die Joseph-Kirche in Wedding, schaut mit ihrer Vorderfront auf einen Straßenplatz, der von vielen, die schnell über die Müllerstraße eilen, gar nicht als Platz wahrgenommen wird; er hieß 122 Jahre lang nach einem preußischen General, seit 1995 heißt er nach Metzger.

Die bürgerliche Adresse von Max Josef Metzger hatte gelautet: Willdenowstraße 8 A, jetzt noch die Adresse des Katholischen Pfarramtes, des Pfarrers, der Kirche. Der Namensgeber der Straße, Karl Ludwig Willdenow, war ein Apotheker, Botaniker, Direktor des alten Botanischen Gartens in Schöneberg, er hat von 1765 bis 1812 gelebt, mit Wedding hatte er gar nichts zu tun.

Als 1993 das Bezirksamt die Straße nach Metzger benennen wollte, waren Anwohner dagegen. Die Gedenktafel für Metzger an der Willdenowstraße ist 1981 gestohlen worden, mußte erneuert werden, jetzt sind zwei Tafeln da, draußen an der Straße, drinnen im Hof.

Der Weddinger Baustadtrat Bernd Schimmler ist Staatsanwalt gewesen. Er hat sich als solcher mit der Nazijustiz beschäftigt, hat über Metzger geschrieben und weiß, wer er war. Auch ihm ist es bisher nicht gelungen, den statt der deutlichen Straße nach Metzger benannten undeutlichen Platz auch mit einem deutlichen Straßenschild als seinen Platz zu kennzeichnen.

Als ich Amtsrichter in Wedding war, in den 60er Jahren, hörte ich von Metzger, Kardinal Bengsch sprach von ihm, als ich im Landgericht arbeitete, fand der Prozeß statt gegen einen von Metzgers Mördern.

Der Mann war Kammergerichtsrat wie ich. Er hieß Rehse; er rechtfertigte sein Todesurteil gegen Metzger auch, nachdem er Zeit zur Einsicht gehabt hatte: „Dr. Metzger war für das Reich sehr gefährlich ... Es mußte verhindert werden, daß das feindliche Ausland bereits 1943 erfuhr, wie führende deutsche Katholiken dachten".

Als Richter Rehse von Richtern, die meine Kollegen waren, freigesprochen wurde, schrieb ich – da war ich ein junger Mann und neigte zu wortreichen Sinnlosigkeiten – im Tagespiegel: Ich schäme mich, wie Sie ein deutscher Richter zu sein. Der Präsident sagte zu mir: Es wird ein

Die Joseph-Kirche liegt in der Front der Müllerstraße und blickt auf den Max-Josef-Metzger-Platz.

Disziplinarverfahren gegen Sie beantragt: warum reden Sie auch so unbedacht? Dienstlich sind Sie ein ganz freundlicher Mensch, aber sowie Sie zur Feder greifen …

Als ich neulich um den Platz ging, das Antikriegsmuseum besuchte und auf dem Urnenfriedhof nach den Resten des Verfassungsschöpfers Preuß suchte, hatte ich Max Josef Metzger ganz vergessen. Es kommt mir vor, als hätte ich ein Stück meines eigenen Lebens vergessen.

In den Tagebüchern von Kardinal Bengsch steht, aus einer Zeit, in der er noch längst kein Kardinal war, sondern ein junger Mann, Student, Soldat in der Armee Hitlers, wenige Wochen vor Metzgers Tod: „Wenn die Heere der Toten sprechen könnten … würden sie sagen: Weint nicht über uns, sondern über euch“ und später: „Alles Weinen an Gräbern wird immer auch ein Weinen über eigene Schuld sein.“

Ich kann höchstens sagen: Pazifist bin ich auch. Daß ich für diese Überzeugung noch keine nennenswerten Opfer habe bringen müssen, verdanke ich vielleicht jenen, die diese Opfer gebracht haben.

Aber: gibt es immer noch Krieg auf der Welt?

Barfus nach Bristol

Hans Albrecht Barfus war ein General des 17. Jahrhunderts. Zu den Hauptereignissen dieses Jahrhunderts zählen die Geschichtsbücher den Sieg christlicher Heere über islamische Armeen 1683 vor Wien. Da machte Barfus mit. Viel hatte nicht gefehlt und das Christentum wäre damals auch in Mitteleuropa durch den Islam ersetzt worden.

Daß die Geschichte Europas deshalb sehr anders verlaufen wäre, glaube ich freilich nicht. Und so habe ich auch von den Leistungen des Barfus keine sehr hohe Meinung, von den meisten Generals-Taten nicht. Daß gerade hier, in dem vielleicht berühmtesten Arbeiterviertel Deutschlands, ein solcher General mehr als ein Jahrhundert lang eine lange Straße benennen darf, bedeutet auch jetzt noch etwas, obwohl sich niemand mehr für den Türkengeneral interessiert.

Mit ihrem in einer eleganten S-Kurve verlaufenden Mittelstück teilt die Generalsstraße den Schillerpark in zwei Hälften. Der Park ist eine gärtnerische Leistung erster Klasse. Der Gärtner, der ihn knapp vor dem ersten Weltkrieg geschaffen hat, hieß Friedrich Bauer; die städtischen Gärtner, die ihn jetzt erhalten, kenne ich nicht mit Namen. Ich möchte sie loben, wie das Weddinger Grünflächenamt überhaupt, tüchtige Leute.

Hinter dem Schillerpark biege ich in das englische Viertel ein. An Eduard VII., einen großen Erotiker, König von England/Irland und Kaiser von Indien, denke ich jetzt nicht, 1909, im Jahr vor seinem Tode, besuchte er Berlin, und sein Cousin, der zweite deutsche Wilhelms-Kaiser, ehrte ihn mit englischen Straßennamen im Wedding, als ob das sein privater Hausgarten sei.

Die Straßen, durch die ich jetzt im Norden des Schillerparks wandere, sind erst in den 20er Jahren mit ihren englischen Namen versehen worden.

Wer von der Straßenkreuzung Barfus-/Schwyzer Straße nach Norden blickt, der sieht zuerst nicht genau, daß die

Straße dort fast rechtwinklig in die Arosaer Allee umbiegt, so daß sie vor dem Eingangstor der schönen Wohnsiedlung Schillerhof, die gerade weiß-blau neu gestrichen wird, zu enden scheint wie vor einer Schloßeinfahrt.

Der Straßenwinkel, den Barfusstraße und Arosaer Allee nach Westen bilden, umschließt einen Friedhof, der drei evangelische Gemeinden im Namen führt. Es ist kein Mensch auf dem Gottesacker, in kurzen Abständen überqueren ihn Flugzeuge, niedrig und laut, die Toten stört das nicht.

Neben dem Friedhof, auf dem Werkstatthof des Steinmetzgeschäftes Runschke verheißt eine Stele: Die Sonne scheint für alle.

Sie scheint jedenfalls an diesem Mittwoch Vormittag, als ich in die Bristolstraße einbiege wegen Bruno Taut. Die Wohnsiedlung am Schillerpark kommt in vielen Architekturbüchern vor, sie ist ein Musterstück der Baukultur der ersten deutschen Republik. Der Architekt hieß Bruno Taut; er hatte seine Tätigkeit als SPD-Baustadtrat von Magdeburg gerade beendet, als er nach Berlin kam und in den endenden 20er Jahren diese und mehrere andere beispielhafte Wohnsiedlungen baute.

In Magdeburg verkaufte man einen bunten Likör, der hieß „Taut“. Denn Taut war bekannt und wurde noch bekannter als der Architekt, der Grau rauszwang aus den Mietshausfassaden und Bunt rein. In der Siedlung an der Weinertstraße in PrenzlBerg kann man solche Farbigkeit jetzt wieder bewundern (und seit längerem schon in Zehlendorf in der Argentinischen Allee und in PrenzlBerg in der Rietzestraße).

Hier im englischen Wedding gibt es keine Taut-Farben. Hier baute er in Backstein und in Weiß. Hans Hoffmann restaurierte in den 50er Jahren die Anlage und erweiterte sie. Sie hat ihren beispielhaften Charakter erhalten. Mit ihren Loggien und verglasten Balkonen macht sie einen großzügigen Eindruck.

„Das ist gebauter Sozialismus“, sagte Wassili Lunatscharski, als er Sowjet-Volkskommissar war über die Hufeisensiedlung Tauts in Neukölln, aber Taut bestand darauf, daß es „Sozialismus im unpolitischen Sinne war, fern von jeder Herrschaftsform".

Ich verweile auf dem Hof in der Windsorer Straße inmitten der klaren Backsteinfassaden, dem Spielplatz folgt eine freie, gut gemähte Wiese, baumumstanden, vorne ein Sitzplatz für die Bewohner.

Kein Menschen-Laut stört das Zwitschern der Vögel. Draußen auf der Straße lassen zwei Knaben ihre ferngesteuerten Autos laufen. In der Taut-Siedlung in der PrenzlBerger Grellstraße sagte mir neulich ein alter Bewohner: Wer hier wohnt, der zieht nicht so leicht aus. Vielleicht ist es hier beim Weddinger-Taut genauso.

Jenseits der Dubliner Straße liegen Kleingärten. Die Kolonie hat den schönen Namen Freudental.

Bei der Korneliuskirche („Café offen, Kirche offen") biege ich in die Edinburger Straße ein, an der die DeGeWo eine anständige Wohnanlage anständig erhält, ehe die Straße ein breiter, im Mittelstreifen blühender Spazierweg zwischen den Friedhöfen wird. Der Domkirchhof gibt ein neues Beispiel der Mahn-Rhetorik, die nicht nur auf Berliner Friedhöfen auffällt. „Wir wollen einen gepflegten Kirchhof. Da jede Grabstätte Teil der Gesamtanlage des Kirchhofs ist, muß sie von den Nutzungsberechtigten gärtnerisch angelegt und bis zum Erlöschen des Nutzungsrechts gepflegt sowie in einem verkehrssicheren Zustand erhalten werden."

Die Feierlichkeit, mit der man Begräbnis und Gräber umgibt, die Vorstellung, daß es um Gräber still sein muß, daß man auf dem Friedhof mit gedämpfter Stimme reden muß, alles das sind Formen der Distanzierung der Lebenden von den Toten, Mittel, eine empfundene Bedrohung durch die Nähe der Toten von den Lebenden fern zu halten. Sagt Norbert Elias.

Ich suche das Grab des ersten Berliner Bürgermeisters auf diesem Friedhof also nicht, sondern gehe an ihm vorüber. Die Straße endet direkt vor einem Baudenkmal der Moderne. Der jetzige Omnibusbetriebshof der BVG; Ende der 20er Jahre von Jean Krämer gebaut; Arbeitsstätte und

Wohnungen drumherum, expressionstisches Bauen, zu dem die kleinen Jägerzäune lustigen Kontrast bilden, mit denen die Bewohner der unteren Wohnungen die Balkonbrüstungen erhöhen und der Fassade Farbe geben.

Die Plastiken an Front und Seitenflügel haben keine Ähnlichkeit mit den Buspiloten, die in blauer Jacke und mit kleinem Aktenköfferchen aus dem U-Bahnhof Afrikanische Straße heraufkommen.

Während ich dort auf die U-Bahn warte, schreibe ich meiner Mutter in Bad Schwartau eine Karte, die sie später zu der Frage veranlaßt: „Afrikanische Straße? In Wedding?" Das ist aber eine andere Geschichte.

Von Wedding nach PrenzlBerg und zurück I

Dieser Spaziergang wird über alle Straßenverbindungen zwischen Wedding und PrenzlBerg führen. Er hat viel länger gedauert, als ich auf dem Stadtplan dachte. Viereinhalb Stunden.

Wenn man sagte: Zwischen der Bösebrücke und der Bernauer Straße schlägt das Herz Berlins – falsch wäre das bestimmt nicht. Nicht der Hauptstadt Berlin. Aber die Hauptstadt Berlin ist auch in der Zeit nicht Berlin gewesen, als sie sogar Reichshauptstadt war und das Reich eine Weltmacht. Die Hauptstadt ist dort unten, hier oben ist Wedding.

Der französische Literaturnobelpreisträger Martin du Gard sagte in den 30er Jahren nach einem Empfang im Auswärtigen Amt: „Hier ist Berlin nicht. Berlin ist auf den Straßen", seitdem nahm er an keinem Hauptstadtempfang mehr teil, sondern wanderte durch die Straßen, vor allem durch die Straßen im Norden, „wo so viele selbstbewußte junge Frauen sind".

Als ich mich an dieses Zitat erinnere, sitze ich in der S 1. Das Ereignis in der S-Bahn sind aber nicht junge Frauen, sondern ein junges Kätzchen, das in den Armen eines Mannes bitterlich weint und sich nicht beruhigen will, so heftig es sein neuer Vorgesetzter streichelt.

Ich steige Bornholmer Straße aus, hinauf zur Bösebrücke, die vor Jahren zur Weltgeschichte gehörte. Ich zittere immer noch ein bißchen, wenn ich auch nur den Namen höre. Grenze, Grenzübergang, Weltenende, enges Mauerloch. Heranfahren, umdrehen in dem gemauerten Straßenrondell, das die Straße an ihrem westlichen Ende aussehen ließ wie ein Schlüsselloch. Soll man die Erinnerungen pflegen oder vergessen?

Die Ballustraden und die weiten Treppen, die die Brücke östlich und westlich ein- und ausleiten, sind auf der Weddinger Seite nach unten mit Drahtzäunen zugesperrt. Ein Abfallplatz für Blechdosen. Die Blechdosen- und die Spraydosenhersteller … von denen müßte man doch wenigstens eine kommunale Abgabe verlangen.

Ohne Ampel käme ich hier kaum auf die andere Seite. Die Ampel ist ein Wiedervereinigungserzeugnis. Wo das städtische Leben erstarrte, pulsiert es jetzt besonders kräftig. Die Straßenbahn ist über diese Brücke wieder nach Wedding gekommnen. Ich kann mich noch gut an die Zeit erinnern, als in Westberlin das Weg-mit-der-Straßenbahn zur verkehrspolitischen Correctness gehörte.

Die Bösebrücke fängt von der Weddinger wie von der Prenzelberger Seite die Straße ein wie die Öse die Schuhbänder. Auf der Seite von PrenzlBerg führen die Freitreppen tatsächlich hinunter. Ich erreiche dort die Norwegerstraße und kann die junge Kirschenallee bewundern, die „japanische Bürger aus Freude über die Vereinigung unseres Volkes gepflanzt haben“, irgendwann werden die Bäumchen in sanftem Rosa blühen und so hoch wachsen, daß auch die Kolonisten auf der Weddinger Seite sie bewundern können.

„Unter den Zweigen der blühenden Kirschbäume ist keiner ein Fremder“, sagt der japanische Dichter. Die ruhige Norwegerstraße, die ich nun südwärts gehe, ist – einseitig bebaut – mit der natürlichen Begrünung des Bürgersteigs und der Doppelreihe kleiner Bäumchen an der östlichen Mauerbegrenzung zur Bahn typisches Berlin-Gelände: Ruhig und mittendrin, klein und groß.

Was für An- und Ausblicke gab es hier – sagen wir – im November ’89, als die Weltgeschichte mit Tamtam vorüberkam. Jetzt ist es wieder still. Aber es wird lauter werden. Die große Behmbrücke ist fast fertig, das letzte Stück nach PrenzlBerg fehlt noch. Solange geht es nur auf einer Fußgängerbrücke hinüber. Ein ganz einmaliger Großstadtstandort.

Ich verweile lange auf dieser Fußgängerbrücke, die sich nach Wedding steil absenkt: ein gutes Anlaufstück für kindliche Radfahrer, sie kommen herauf und holen Schwung fürs kreischende Hinab. Wedding beginnt mit einer Reihe

Blick auf die Behm-Brücke.

stolzer Pappeln, die das von hier prächtig wirkende Schulgebäude an der Ellerbeker Straße und den kunstgrasgrünen Sportplatz umgrenzen.

Als ich den Schwung bewundere, mit dem die Straßenbrücke sich von Wedding aus geradezu auf die Höhe der Prenzelberger Augustinuskirche zu erheben scheint, die ihr goldenes Kreuz wie ein Ausrufezeichen in den Himmel streckt, kommt ein Polier auf mich zu und erzählt mir mit freundlicher Bereitwilligkeit, wie es mit der Brücke weitergehen wird, die schweren Elemente, die noch fehlen, kommen nächste Woche aus Bayern, den Sprayern haben sie ein Schnippchen geschlagen, wegen Anti-Spray-Behandlung werden die Spraywerke abgehen wie Wasserfarbe. Es ist eine Senatsbaustelle.

„Der Senat sitzt dahinten in der Bude", sagt der Arbeiter, der Senatsbaustellenleiter wird mir bestimmt gerne Auskunft geben. „Nee", sagt der vietnamesische Kollege, „nix Senat, Senat Feierabend".

Auf dem Sportplatz trainieren drei Weddinger Jungen mit beeindruckender Energie eine bestimmte Torschußszene, Flanke von links und direkter Torschuß, zu dem sich der Stürmer schräg in die Luft legen muß, die meisten Schüsse gehen noch daneben, aber lange dauert's nicht mehr, dann kann Mehemet es.

Die Schulgebäude für Haupt- und Grundschule rechts erheben ihre nachklassizistischen Fassaden aus einem Kleingartengelände, das um Mönkeberger, Ellerbeker und Sonderburger Straße einen sehenswerten Stadtteil für sich bildet. Die Kolonie heißt Sandkrug 1925. Sie hat also schon eine spannende Geschichte hinter sich. Sie hat in der ersten deutschen Republik begonnen, als es eine Zeitlang schien, die Menschen die hier im Wedding, in PrenzlBerg, im steinernen Berlin in dramatischer Bedürftigkeit wohnten, die Opfer der Weltmachtstellung des Reiches, könnten Einfluß gewonnen haben auf den Staat. Da bekamen sie Gärten mittendrin.

„Sind Sie Lehrer", fragt mich Herr Schmidt, der seine Hecke schneidet. Die Hecken sind hier überall aufs genaueste geschnitten. „Hunde sind an der kurzen Leine zu führen."

„Nee, bin ich nich, ich geh hier nur so rum"

„Ich hab nämlich 'ne Siegerurkunde gefunden. Die hat einer weggeschmissen. Oder sie ham sie ihm geklaut und hier über die Hecken gefeuert. Was mach ich jetzt damit?"

Bis zu Nr. 323, bis zu Hechts, folgt Kolonievilla auf Kolonievilla, man kann „Villa" sagen, bis die Mönkeberger auf die Klever- und Jülichstraße trifft und mit ihnen einen kleinen unbenannten Platz bildet, eine ganz stille Gegend, obwohl sie doch mittendrin liegt, von einer inneren Abgeschiedenheit, möchte ich sagen, inmitten städtischer Zentralität. Das Lokal gegenüber heißt Bunte Bühne.

Ich stehe unter einem großem Straßenahorn, während es heftig zu regnen beginnt und das dichte Grün von Sandkrug 25 immer grüner wird.

Von Wedding nach PrenzlBerg und zurück II

Ich stehe auf der Swinemünder Brücke, auf der Millionenbrücke, weil sie Millionen gekostet haben soll, mitten in einem einst engen, barbarischen Mietshausviertel, in dem so viele Menschen – wie Zille sich ausdrückte – mit ihren Wohnungen erschlagen worden sind nachhaltiger als mit Äxten.

Sie sind aber auch mit „Äxten" erschlagen worden, indem man sie über die Schlachtfelder Europas geschleppt hat für Interessen, die nicht die ihren waren. Sehr viel von diesem alten Wedding sieht man hier nicht mehr.

Auch von Senator Schwedler sieht man nichts mehr, Westberliner SPD-Bausenator unter Willy Brandt. Er war einer der Hauptverantwortlichen für die Kahlschlagsanierung. Sie hat Berlin fast genauso tiefe Wunden geschlagen wie der Krieg.

Das Gebiet, auf das ich jetzt zugehe: Swinemünder-/Lortzing-/Graunstraße kommt in dem historischen Gutachten des TU-Professors Peter Koller vor von 1963, das ein Zeichen setzte gegen die Vernichtungssanierung: „Wir haben nicht nur eine technisch-wünschenswerte Lösung ins Auge zu fassen, sondern die gesamten sozial-ökonomischen Auswirkungen zu prüfen."

Das sollte heißen: Sanierung für die Menschen, nicht nur für die Wohnungsbaugesellschaften. Das Abgeordnetenhaus von Berlin nahm das damals nicht zur Kenntnis: Totalabriß und Neubebauung sei „die beste Möglichkeit, einen höchstmöglichen Effekt zu erzielen". Willy Brandt versprach auf öffentlichen Druck: „Stadtsanierung wird behutsam erfolgen", aber so richtig ernst war das 1964 nicht gemeint.

Ich kann mich erinnern. Ich war damals Amtsrichter hier. Ich habe mich gewaltig aufgeregt. Jetzt habe ich das alles vergessen. Während ich nun auf dem kleinen Platz stehe, den Swinemünder- und Ramlerstraße hier bilden, mir an dem türkischen Obststand einen Apfel kaufe und mich vor der Schule niedersetze, um an Ort und Stelle meine vergessenen Erinnerungen zu überprüfen, fällt mir ein, daß das monumentale Buch über das Berliner Mietshaus meines Freundes Johann Geist gerade hier, in dieser Gegend, endet, ein bißchen resigniert, wie mir scheint, mit aufgehobenen Händen: „Die Wohnungsfrage zu lösen, ohne die Verteilungsfrage zu regeln, bleibt eine Utopie".

Ich weiß nicht. Ich überlege, wer da als Regler in Frage käme. „Bitte ab sofort keine Hunde vor dem Eingang befestigen. Denkt an die Kinder. Der Hausmeister." Die Kirchen stellen vielleicht Räume zur Verfügung, daß wir uns versammeln können, etwa weiter oben Sankt Afra. Durch die Biegung der Ramlerstraße komme ich dorthin, an Nr. 19 A vorüber, wo an der Altfassade die Erker von einer Jungfrau ohne Unterleib gehalten werden, die trotzdem vielleicht eine Aphrodite ist. Das Unmögliche ist möglich.

Der Mittelinsel in der Gleimstraße, da wo sie aus Wedding zur S-Bahn abfällt, sieht man an, daß da die Welt lange Zeit zu Ende war. So sagten wir das: Die Welt zu Ende. Weil eine S-Bahn-Unterführung vermauert war. Am Ende dieses Inselarrangements zwei steinerne Schachtische. Ob da jemals viel Schach gespielt worden ist? Und ob nun diese gartenamtliche Grünidylle mitten in der Straße noch lange da sein wird? Denn nun ist die Welt ja längst wieder offen. Auch drüben, auf welcher Seite man auch steht, ist Welt.

Berlin, dieselbe Stadt, wenn auch anders erzogen, dieselbe Stadt also vielleicht doch nicht. Sollen wir uns Berlin als Zwillingsgeschwister vorstellen, aus demselben Stoff, aber mit individuellem Schicksal, ehe sie zu neuem Gemeinsamsschicksal wieder zusammegezogen sind?

„Schau auf die Sonnenseite des Lebens" ist an die S-Bahnbrücke angesprayt: Das ist nun auch schon eine historische Inschrift. Mancher solche Sprayer hat unterdessen Schatten entdeckt auf dieser Sonnenseite.

Ich kehre nach Wedding zurück. Die Graunstraße aufwärts, an St. Afra vorbei, die inmitten der roten Balkonreihen der DeGeWo gar nicht so sehr nach Kirche aussieht.

„Hier wohnte Robert Schumann", als Student, Anfang des Jahrhunderts, der französische Politiker, der aus den europäischen Bruderkriegen gelernt hatte: Wir müssen aufhören, Nationalstaatler zu sein, Europäer werden.

Hinter der Straßenfront liegt ein schöner Sonnenhof, die Kirche liegt nach hinten heraus, begrünt, ein flacheres weißes Haus innen; da möchte man wohnen; das hätte man – sagen wir – 1930 nicht gedacht, daß man mal den Wunsch haben könnte, hier zu wohnen, wenn man anderwo wohnen konnte.

Der Block schließt oben an der Lortzingstraße mit einer Gedenktafel. Der Erinnerte hieß Erwin Schlager, Polizeiwachtmeister, 1953 erschossen – heißt es – im Einsatz für Recht und Freiheit. Ich kenne den Fall nicht. Die Worte sind groß. Die Heldenfrage ist offen.

Über Demminer und Ruppiner Straße nun am Vinetaplatz vorbei, von dem Geist sagt, daß er vollgestellt ist mit gartenamtlichem Zeug, das niemand richtig braucht. Ich habe etwas mehr Sympathie für den Platz. Gott will durch uns zu Wort kommen, verkündet die Friedensgemeinde links, viel klarer wird's da aber nicht werden mit dem, was Gott meint, wenn es auf unser Reden ankommt.

Links in die Bernauer Straße, an der Bezirksgrenze entlang. Neben dem Güterbahnhof der sogenannte Mauerpark, ein paar breite Stufen führen hinauf ins Nichts, früher Exerzierplatz, der „Exer" vieler Arbeiterjugenderinnerungen, das Stadion hinten seit denWeltjugendfestspielen von 1951, aus getrennten Welten also, ich bin jetzt für: Vergessen statt Erinnern.

Ich traue den Geschichtsschreibern nichts zu. Und wenn sie Juristen sind, schon gar nichts. Manche Mauerprozesse müssen wohl trotzdem sein. Aber sie bedeuten nichts. Und leisten nichts über das „Es muß wohl sein" hinaus.

Mein Spaziergang zwischen Wedding und PrenzlBerg endet in der „Blechtrommel" an der Oderberger Straße. Da kann man sich fragen, in welchem Bezirk man seinen Milchkaffee trinkt. Es könnte sogar Mitte sein. Das ist das Drei-Bezirke-Eck. Das habe ich hier schon bei anderer

Gelegenheit beschrieben. Nachdenkend über die Geschichte und wie man sie lehren könnte, gehe ich zurück durch die Bernauer Straße, in die U-Bahn. Hinab.

Blick in die Graunstraße mit St. Afra.

Wollank, Prinzen, Pank

Über den S-Bahnhof Wollankstraße freue ich mich jetzt jedesmal. Heute gibt es dafür einen zusätzlichen Grund. Ein mittelaltes Ehepaar, der Mann saß mit Aktentasche im selben S-Bahnwagen seit Potsdamer Platz, seine Frau erwartete ihn am Bahnsteig. Sie küßten sich zärtlich, freuten sich, sich wiederzusehen. Um solche Seelenfreuden komme ich, ich kann nicht auf den S-Bahnzug pünktlich sein.

Ich folge den Zärtlichen, die zur Wollankstraße hinuntersteigen, und laufe dann die Nordbahnstraße zurück zu dem nördlichen Bahnhofsein- und -ausgang; das ist geradezu eine S-Bahn-Villa, schön renoviert; es ist aber vor allem der Durchgang, der das Berliner Herz erhebt: heute führt er nur von Wedding nach Pankow, aber gerade dieses „nur" ist das Erhebende: wo die Welten sich gegeneinander abschlossen, begegnen sich jetzt die Bezirke; indem wir das „nur" einfügen, äußern wir unseren kleinen bürgerlichen Triumph über die Weltgeschichte.

Der Platz, der sich an diesem Bezirksdurchgang auf Weddinger Seite auftut, von Nordbahn- und Sternstraße gebildet, ist eine Berliner Sehenswürdigkeit. Das ehemalige Restaurant zur Nordbahn ist zwar nur noch ein Name über dem geschlossenen Tor, aber die prächtige Eckbebauung erinnert noch an die Glanzzeiten der Eckkneipen. In der dunkelnden Prachtfassade erhalten sich die Einschußlöcher vergangener Schlachten.

Über Stern- und Gottschalkstraße durch eine städtische Wohnzimmeratmosphäre zurück zur Wollankstraße. Gegenüber gestattet die Martin-Luther-Gemeinde den Durchgang zum Elisabeth- und Sophienkirchhof, eine vielbänkige „Erholungsstätte", Pfarrer Zimmermann und Heidrun Brzenska unterrichten auf einer Schautafel über die Hauptdaten der Straßengeschichte .

Die Kirchen-Gemeinde war grenzüberschreitend; die von der Weltgeschichte verursachte Gemeindetrennung hat die Mauer aber wohl überdauert; die Weddinger Luther-Gemeinde heißt Pankow West.

Den Friedhof auf diesem Wege zu betreten, bereitet mir an diesem späten Sommerabend eine überraschende Herzergreifung. Es ist ein schöner, nicht überpflegter Friedhof. Er erstreckt sich weit nach Osten. Im Rücken der Häuser, die auf die typisch berlinische Friedhofsart dem Totenacker die Höfe zuwenden, ist man mit einem Mal in einem weiten Park landschaftlicher Ruhe.

Das Eckhaus an der Nordbahn- und Sternstraße.

Natürlich hört man das Auto-Hin-und-Her der belebten Wollankstraße noch, aber es lärmt in einem emotionalen Außenvor. Alte Frauen sitzen auf den Bänken in den schönen Alleen und lassen ihre Erinnerungen an sich vorüberziehen. Arm in Arm kommt ein altes Ehepaar herein, sie blicken um sich, als betrachteten sie ihren künftigen Ruheplatz, sprechen leise zueinander und lächeln.

Ich gehe durch die Wollankstraße der Toten und suche mir einen Spruch, ein Zeichen, an dem ich die Gefühle festmachen kann, die mich überwältigen wollen.

Auf dem Grabstein von Horst Pahl sehe ich ein Kreuz, Ähren und einen Volleyball mit Schläger, oder ist es ein Tennisschläger?

Der Grabstein daneben zeigt zwei junge Liebende in kniender Umarmung, ein alter Mann hat ihn für seine alte Frau gesetzt mit dem schluchzend schönen Rilkevers: „Wie soll ich meine Seele halten, / daß sie nicht an deine rührt? / Denn alles, was uns anrührt / dich und mich / nimmt uns zusammen / wie ein Bogenstrich / der aus zwei Saiten / eine Stimme zieht“.

Der süße Engel am Marmorkreuz von Pelagia Fuchs und den Ihren ruft in mir Erinnerungen wach an den großen Grabengel, den der Roman „Schau heimwärts, Engel“ im Namen führt; dieses Literatur-Stück hat meine Jugend in einer gewissen Nachkriegszeit erschüttert. Ich dachte es jedenfalls; vielleicht war es aber nur die Pubertät. Heute abend will ich anfangen, das zu überprüfen.

An dem überkreuzten Haupteingang, durch den ich den Gefühlspark verlasse, stehen zum Aussuchen die Grabsteinmodelle, ich könnte vielleicht sagen: den dort dorthin, und darauf ins Imperfekt den Vers: „Die Schwalben streifen die Fluten ...“, die Gaststätte am Friedhof gleich nebenan, nur ein paar Schritte, bietet sich an für unsere Feier, auch das Café Wollank gegenüber steht „zu jeder Feierlichkeit zur Verfügung“.

Ich laufe durch den schmalen Vorstadtpark, der bis zu dem Rundweg um den theoretischen See, das Pankebecken, nächst der Kolonie Panke, und über einen Spielplatz zurück um den Kirchhof der Französisch Reformierten Gemeinde herumführt und mir mehrmals vorspiegelt, daß es auch von hier einen Eingang in diesen Friedhof gäbe.

Es gibt aber nur den Eingang von der Wollankstraße, Nr. 50. Gegenüber liegen hier auf der östlichen Straßenseite die sog. Posadowsky-Häuser, nach einem Reichsinnenminister benannt; für den „Vaterländischen Bauverein" Anfang des Jahrhunderts, vor WK I, errichtet von Carl und Walter Köppen, symmetrisch um drei Höfe, der äußere offen zur Straße, hinter hohem Schmiedezaun.

Der Weg zum Friedhof wäre also rechtwinklig zur großen Straße fast eine Verlängerung des Eingangswegs zu diesen Ministerhäusern, die sich vornehm abgittern.

Am Eingang des Friedhofs der Hugenottenkirche stehen die kirchengesetzlichen Vorschriften über die Friedhofsbenutzung, weniger ausschweifend als auf manch anderem Totengarten, aber: „Unbeaufsichtigte Kinder stören den Frieden": kann diese Behauptung nicht überprüft werden?

Norbert Elias hat uns doch darauf hingewiesen, daß die Toten nicht lärmempfindlich sind. Der Friedhof reicht ziemlich eng an die schmalen Vorgärten der Wollankstraße heran, eine Frau sprengt ihren Rasen, eine junge elegante Frau begärtnert ein Grab, dessen Toter schon seit den 80er Jahren hier ist. Das wünsche ich mir, daß an meinem Grab einst auch eine junge Frau kniet, die meiner mit Freundlichkeit gedenkt; ich stelle mir die schöne kluge Kollegin vor, mit der ich eben juristische Probleme erörtert habe, beim Abschiednehmen registrierte sie die Wärme meiner Hand. Es ist sechs Uhr am Abend, Glocken schlagen, letzte Sommersonne wärmt mich ...

Halt! Jetzt aber weg, unter die Lebenden! Die Glocken kamen von der Stephanus-Kirche, von ihrem kräftig nach oben ziehenden Backsteinturm.

Nun bin ich in der Straße, die nach den Prinzen heißt, wie früher der ganze Straßenzug, der sich oben erst später zur Wollankstraße verbürgerlicht hat. Vorüber an dem 20er-Jahre-Bau der stillgelegten Groterjahn Malzbierbrauerei, Bruno Buch hieß der Architekt.

Die Fabrik Osloer Straße, über deren alternative Geschichte ich lange Geschichten erzählen könnte, die nicht nur Erzählungen von erfüllten Träumen sind.

An der Ecke zur Osloer Straße die expressionistische Spitzbogenfassade, die Hans Müller nicht für einen Seelentempel, sondern für die Bewag gebaut hat.

Und Nr. 74 ein Gebäude, an dem mein Herz hängt, weil hier die mit politischem Anspruch so genannte Abteilung „Ausnahme und Regel“ des Sozialpädagogischen Instituts ihren Sitz hat; mit diesem europaberühmten Unternehmen bin ich nun wer weiß wie lange innerlich und rechtlich verbunden, daß sie sich vielleicht schon fragen: Was will der Alte denn noch …

Die Geschäfte schließen, der Abend senkt sich, ich steige an der Pankstraße hinab in die Bahn, die mich von der Prinzenallee zur Prinzenstraße bringt, in deren Nähe ich jetzt diesen Text geschrieben habe.

Himmelfahrt nach Gethsemane

Himmelfahrt nach Gethsemane – das hört sich ganz anders an als: Von Wedding nach PrenzlBerg. Die Himmelfahrts-Kirche am Anfang des Humboldthains war der Wendepunkt. Eben habe ich den letzten Punkt hinter einen Text gesetzt, der (vgl. unten S. 232 ff.) einen Stadtspaziergang von der Gethsemane-Kirche an der Stargarder Straße in PrenzlBerg hierher in den durch seine großen Straßen brummenden Wedding, zur evangelischen Himmelsfahrts-Kirche beschreibt:

Das war – theologisch gesehen – ein Spaziergang in der richtigen Reihenfolge: Erst kam der Verrat des IM Judas und die Schwäche der Freunde, dann die Verhaftung mit berühmten Zitaten (z. B.: Der Geist sei willig, aber das Fleisch schwach, obwohl doch meistens schon der Geist nicht mitmacht), und am Ende der Erdengeschichte: die Auffahrt in den Himmel. Nun wäre die Christensage umzukehren ...

Was gibt das denn für eine Geschichte?: erst aufgefahren ins Imaginäre, dann doch wieder in Händen der Denunzianten, Polizeifolterer, Strafvollstrecker; die Verfolgung des Menschen durch den Menschen, die Treulosigkeit, das Herausreden – das wäre trotz aller „höheren Sphären" unausweichliches Menschenschicksal: So ist der Mensch, am Vormittag Bruder, Freundin – am Abend Gefängniswärter, Spötterin in den Armen des lustigen anderen.

Aber was hätten solche verdrehten Gedanken mit dem Wedding und mit PrenzlBerg zu tun? Liest man die Anschläge im Schaukasten der Pfarrerin Dietlinde Stobbe, lernt man, daß Kirche jedenfalls derzeit eher eine soziale als eine theologische Veranstaltung ist. Diese Himmelfahrtskirche hat trotz ihrer Buntfenster nichts Himmlisch-Bedrückendes, es ist ein Gotteshaus des sozialen Wohnungsbaus, passend zur Umwelt.

Ich umwandere die geweißte Kirche mit integrierter Diakonie-Station von Wall-Toilette zu Wall-Toilette, dieser hilfreichen Einrichtung, die für 50 Pfennige sogar Musik zur

Not-durft liefert, hier scheint sie mir passend zum Park gar grünlicher eingefärbt zu sein als ihre Kolleginnen anderwo.

Zur Linken der fast rührende, schmal überdachte Auszug aus einem privaten Fotoalbum: „Von meiner Firma ausgeführter Kinderspielplatz am kleinen Bunker, Sept. 1950“. Da hat einer in bescheidener Namensverschweigung sich und seinen Mitarbeitern, den Herren Belitzky und Büsing, ein Erinnerungszeichen aufgerichtet, das nun bald ein halbes Jahrhundert überbrückt.

Ich überquere die Brunnenstraße; links das gerade fertig gewordene Gesundbrunnen-Center, das die für verschiedene deutsche Zeiten so charakteristische Stadtgegend nun entscheidend verändert; zu kaufen gab es hier ja schon immer allerhand, Vorstellungen, Waren, Anteilnahme, vor allem, als es noch hüben und drüben gab, Ost und West; jetzt also: Center, hier wären wir also in einer Mitte?

Vielleicht wird unsere Zeit einmal bekannt sein als die Zeit der „Center“ – frage ich mich, während ich am „Gesundbrunner“ vorübergehe; da versucht ein Kneipier sein Bier und seine Kurzen an die Stelle der mineralischen Verheißungen zu setzen; wir müßten also „gesund“ im rein stimmungsmäßigen Sinne deuten und in Anspruch nehmen für die Stunden der sanften Vergessenheit, gar der Räusche, durch die wir uns gelegentlich vom Alltag entfernen, als ob wir nicht wüßten, daß er am Morgen danach um so unversöhnlicher wiederkommt.

Gegenüber auf dem künstlich grasgrünen Sportplatz hinter der Schule mit edelklassizistischer Fassade, auf der zwei Berliner Bärchen südwärts laufen, kicken multikulturelle Kindergruppen auf ein Tor; dem kleinen Schwarzhaarigen mit den dunklen Funkelaugen hängt das gelb-schwarze BVB-Trikot bis in die Kniekehlen, er schlägt prima Flanken und der dickliche Blonde mit dem Bürstenschnitt legt sich klinsmannisch quer, versucht ein übers andere Mal, den Ball mit Direktschuß aus der Luft zu nehmen, bis es ihm schließlich gelingt und alle fünf Knirpse in jubelnder Begeisterung die Arme emporreißen, dem himmlischen Schiedsrichter aller Fußballspiele entgegen.

Hier gibt es gute Laune gratis für jeden Vorübergehenden; jeder kann hier lernen, was wirklich ein Lebensziel ist: gemeinsam etwas tun, gemeinsam schwierige Kunststückchen zustande bringen, sich gemeinsam freuen.

Der Herbst gibt der Gegend, die je östlicher umso ruhiger wird, um sich erst drüben in PrenzlBerg aus einer beruhigten Wohngegend wieder in eine großstädtische Umkrempelgegend zu wandeln, einen – soll ich wirklich sagen – goldenen Glanz, eine Landschaftlichkeit, die jedenfalls nichts mehr erkennen läßt von der Not- und Streitgeschichte, die hier die Menschen bearbeitet hat, als Berlin herausgestoßen war aus seiner Mittelstadtgemütlichkeit in eine Massenstadt der Industrieproduktion. 100 Jahre zurück; 40 bis zu der Großsanierung der 60er Jahre, die hier das Stadtgesicht nachhaltiger verändert hat als der Bombenkrieg.

Links die Millionenbrücke, die Swinemünder, eher ein Denkmal als eine Brücke, ein Rückstand jener Geschichte, die hier ein paar Jahrzehnte lagerte und vorübergegangen ist. In PrenzlBerg sind noch größere Stücke davon vorhanden.

Die Zwillingsbezirke Wedding und PrenzlBerg haben 40 Jahre lang ein getrenntes Schicksal gelebt. PrenzlBerg erinnert noch deutlicher an die Herkunftsfamilie: an die Stadt des 19. Jahrhunderts; Wedding ist eine Stadt der 60er Jahre.

Der Gleimtunnel in seiner abgesenkten feuchten Dunkelheit erhält noch Trennungserinnerungen. Ich beschleunige den Schritt; schon seit der Rügener Straße den spitzen Turm der Gethsemane-Kirche vor Augen über feuerrotem Rathenower Backstein. Die PrenzlBerger Kirche, die den Namen der Verfolgung trägt, ist weitaus prächtig-mächtiger als die Weddinger mit dem verheißungsvollen Namen.

Höher als der Kirchenbau ragen aber die Kräne, die dem bekannten Atze Brauner, der manchen Nachkriegszelluloid-Mythos geliefert hat, ein „Kinozentrum“ bauen, um das berühmte Colosseum herum, seit 1924 ein Lichtspieltheater, 1350 Sitzplätze damals.

Ich bleibe stehen, sehe ein Weilchen der Arbeit der Kräne zu, oder tue doch so, während ich versuche, Wedding und

PrenzlBerg zusammen zu denken: Die Gleimstraße als Stadtlehrpfad. Sie liefert einen Querschnitt durch ein Jahrhundert Berlin, an einer Stelle, die nicht in den Hochglanzbüchern steht, aber die gerade darum echtes Berlin ist; besonders in seinen Imitaten und Nachmachereien, dafür steht die Gethsemane-Kirche, oder in seiner Bemühtheit, dafür steht die Himmelfahrtskirche, dazwischen die Unterhaltungsversuche. „Hör bloß uff mit Hertha", sagt der Colosseums-Bauarbeiter zum Kumpel. „Meinetwegen solln se uns dett Fernsehn abschalten, denn muß ick det Gekicke wehnstens nich mehr sehn."

Von Gethsemane zu Himmelfahrt

Von Gethsemane zu Himmelfahrt – das ist ein ganz anderer Titel als: Von Prenzlberg nach Wedding. Mein heutiger Stadtspaziergang führt von der Gethsemane-Kirche in Prenzlberg zur Himmelfahrts-Kirche in Wedding: Gethsemane – in der christlichen Sagenwelt ist das der Ort, an dem der Gottes-Sohn, Zimmermann von Beruf, verraten und von Polizisten verhaftet wurde, und Himmelfahrt: das ist nach Folter und Strafvollstreckung der Ort der Erhöhung, der Heimkehr könnte man sagen: aber Heimkehr an einen Ort, an dem man noch niemals war, zu einem Vater, bei dem keine Mutter ist, ist eigentlich keine Heimkehr.

Wer sich vornimmt, von der G-Kirche zur H-Kirche zu wandern, der kommt nicht um die Geschichte herum, die zwischen Gethsemane und der Himmelfahrt erzählt wird in dieser Tradition von Geschichtserzählungen, die lange fast identisch war mit Europa und die jetzt hinter den Namen abbricht und vom Vergessen eingesammelt wird. Ich will über die Greifenhagener Brücke zur G-Kirche. Aber: Straßenarbeiten, die Brücke ist unpassierbar: das ist gerade der schönste Zugang zu dem Platz, auf dem die mächtige Kirche nun schon mehr als ein Jahrhundert quer steht; umzäunt, alle Türen geschlossen, verkettet, zwar mehrmals wöchentlich Friedensgebet, aber meistens scheint die Kirche jetzt zu schlafen, sie ist müde, sie ruht sich aus von ihrer Vergangenheit, umgeben von Fassadenfronten, die zu den eindrucksvollsten in Berlin gehören, viele Fenster hinter denen ich wohnen wollte, kurze Wege zu mehreren Bars, Ristorantes, Kneipen, vor allem gegenüber der Thomas-Mann-Schule, die den Namen des Lübecker Patriziersohnes in einer Gegend hochhält, in der der Sprachkünstler wohl niemals war und wo immer Leute lebten, die in seinen Romanen nicht vorkommen.

Ich blicke nach Westen, hinter der U-Bahnbrücke bewegen sich zwei hohe hellgelbe Kräne in der überlegt wirksa-

Gethsemane-Kirche.

men Ruhe, die im gegenwärtigen Berlin an so vielen Stellen fasziniert: auswendig zu lernen fürs spätere „Damals-als-überall-Kräne-ihre-langen-Arme-hin-und-her-schwenkten". Hier bauen sie einen „Kinokomplex" mit 10 Kinosälen, Gastronomie, Läden, Büros, der unermüdliche Film- und Kinounternehmer Atze Brauner ist der Bauherr, eine Landesbank aus der Provinz finanziert. Colosseum heißt das Kino, eine Traditionsstätte des Lichtspielwesens, 1924 entstanden aus einer Wagenhalle, expressionistisch-klassizistische Raumausstattung, ein eigener Lichtspieltheaterstil, originell aus Eklektizismus, Logen, Orchstergraben, 1350 Plätze, seit 1930 mit moderner Fassade, drastisch vereinfacht, keine Zitate mehr aus der Theaterkultur, selbstbewußtes Kino, Kultur für alle, seit '57 Defa-Uraufführungskino.

Ich stehe auf der gegenüberliegenden Straßenseite mit vier anderen Kran-Zuschauern, neben dem Papiergeschäft, das auf Bildchen viele knackige junge Männer ausstellt und auch Überhöhungen liefert, Klaus Mann zum Beispiel, neben dem „Berliner Bilderzauber", montags geschlossen; da bin ich schnell selbst ein Teil dieser typischen Berliner Mischung aus Vergangenheit, Gegenwart und Zukunftserwartung, verfallende und renovierte Fassaden dicht an dicht, bunte Läden unten, Menschen, denen man die Mühen der Alltags ansieht, die unverdrossen ihre Versuche machen, sorgfältig beobachtend, was die anderen tun, immer neugierig auf die Zukunft, immer leicht melancholisch bei den Vergangenheitszitaten und ein bißchen ungenau in der Erinnerung, die die unangenehmen Seiten der Stadt und des Landes gern vergißt. Drei Bauarbeiter kommen vorüber, der mit dem schicken Ohrring sagt: „Ick dürfte hier keeen Unternehmer sein, sonne wie ick, die würden sich bei mir umkieken, kannsde glooben".

Die Straße führt nun nördlich am Falkplatz vorüber. „Nie wieder SPD" ist an Nummer 2 angesprayt. Ein Stückchen weiter haben Susann Albrecht und Jens Kummer ihre Gitarren-Meisterwerkstatt: „feine Konzert- und Flamenco-Solisten-Instrumente". Modernisierung im Rahmen des Milieuschutzes wird für Nummer 60 angekündigt. Auf den Erfinder des Wortes Milieuschutz bin ich nicht neidisch. Die ökologiche Grünanlage gegenüber, die u.a. das Regenwasser aufbereitet, das auf die Max-Schmeling-Halle gefallen ist, wird als „kiez-nah" bezeichnet, sie dient in der bürokratischen Fachsprache der Gartenarchitekten dem „beispielhaften Umgang mit Oberflächenwasser".

„Mauerpark“, ich protestiere gegen den Namen und die Einrichtung und passiere durch den dunkelen Gleimtunnel nach Wedding hinüber, als ginge es unter der Geschichte hindurch. Die 50er-, 60er-Jahre-Geschichte hat den Wedding verändert und dem PrenzlBerg unähnlicher gemacht, als er nach Geburt und Herkunft ist, Zwilling dem Zwilling, die Gleimstraße ist nun viel ruhiger als drüben, erst in Nähe der Brunnenstraße wieder belebt, neben den Zeitgeistlichkeiten des Imitierarchitekten Kleihues Brunnenstraße/Ecke Gustav-Meyer-Allee, erst zum Humboldthain ihre wahre Größe zeigend, liegt die Himmelfahrtskirche von Pfarrerin Dietlinde Stobbe, nicht zu vergleichen mit Gethsemane, mehr eine Kirche für den sozialen Wohnungsbau, unter einem Dach mit der Diakoniestation, „Mach mit, musizier und sing dich fit ... Wir loben Gott, wir treffen uns oft, wir lernen Interessantes dazu, wir sind gemeinsam viel unterwegs, wir sind ein Team“.

Ich trinke einen Milchkaffee in der Nähe, dann gehe ich den Weg in der umgekehrten Richtung. Von Himmelfahrt nach Gethsemane: was ist das für eine Geschichte?

Der Gethsemane-Kirche gegenüber.

An einem Freitag nach vier

Auf dem Bahnhof Treptower Park steige ich aus. Ein junger Mann, der mit mir ankommt, wird von seiner Liebsten abgeholt. Ich folge dem rührenden Paar. Am Orient vorüber. Das ist eine Döner-Bude, die nur gedämpfte Sehnsucht nach anderen Welten erweckt. Ich blicke die Puschkinallee hinunter in den Platanen-Dom. Platanen sind schöne Bäume, aber sie haben auch etwas sehr Trauriges. Sie sehen aus wie in der Fremde.

Baustelle Park-Center. Oft habe ich in der Hochschule ein Projekt angekündigt, das heißen sollte: „Verein zur Tilgung des Wortes Center aus der deutschen Sprache". Der Verein ist ungegründet. Die Centers wachsen. Die bunten Aluminium-Fähnchen des Automarktes Elsenstraße klirren im Winde, als ob wir uns hier niederlassen und die Saaten fressen wollten.

Der Regen treibt mich durch die Karl-Kunger zurück auf der Suche nach einem Schirm, den ich in einer freundlichen Drogerie in der Elsenstraße mit freundlichen Worten über das unfreundliche Wetter bekomme. Ich biege in die Kiefholzstraße ein. Das sind Spaziergänge, die niemand macht. Ich wandere durch ein Alt- & Neu-Auto-Irgendwo, „Sonderschau bei Suzuki", an Siemens vorüber.

Der Weg führt an der Grenze zwischen Treptow und Neukölln entlang. Daß das eine Grenze zwischen den Deutschlands, eine Grenze der Weltsysteme gewesen sein soll, will man kaum noch glauben. Keine Unterschiede zwischen rechts und links. Hat es sie jemals gegebenen? Wir haben uns etwas einreden lassen. Wir haben geglaubt, was wir besser hätten wissen können. In der Treptower Straße bin ich in Neukölln. Puhl & Co, Fabrik feiner Seifen, geschlossen, es ist Freitag nach 4, sonst träte ich ein, verführt von dem feinen Duft nach Sauberkeit und Badezimmergenüssen. Nach rechts in die Heidelberger Straße. Eine Mutter sagt zu ihrem Kindchen, das sie Huckepack trägt: „Es fängt an, meinen Rücken zu überfordern, daß ich dich

Bürgerliches Gesetzbuch.

Vom 18. August 1896.

Wir Wilhelm, von Gottes Gnaden Deutscher Kaiser, König von Preußen ꝛc.

verordnen im Namen des Reichs, nach erfolgter Zustimmung des Bundesraths und des Reichstags, was folgt:

Erstes Buch. — Allgemeiner Theil.

Erster Abschnitt. — Personen.

Erster Titel. — Natürliche Personen.

§ 1. Die Rechtsfähigkeit des Menschen beginnt mit der Vollendung der Geburt.

§ 2 Die Volljährigkeit tritt mit der Vollendung des einundzwanzigsten Lebensjahres ein.

§ 3. Ein Minderjähriger, der das achtzehnte Lebensjahr vollendet hat, kann durch Beschluß des Vormundschaftsgerichts für volljährig erklärt werden.

Durch die Volljährigkeitserklärung erlangt der Minderjährige die rechtliche Stellung eines Volljährigen.

§ 4. Die Volljährigkeitserklärung ist nur zulässig, wenn der Minderjährige seine Einwilligung ertheilt.

Steht der Minderjährige unter elterlicher Gewalt, so ist auch die Einwilligung des Gewalthabers erforderlich, es sei denn, daß diesem weder die Sorge für die Person noch die Sorge für das Vermögen des Kindes zusteht. Für eine minderjährige Wittwe ist die Einwilligung des Gewalthabers nicht erforderlich.

§ 5. Die Volljährigkeitserklärung soll nur erfolgen, wenn sie das Beste des Minderjährigen befördert.

1*

Bürgerliches Gesetzbuch. Erste Ausgabe.

tragen muß". Von einem bestimmten Zeitpunkt an müssen wir auf unseren eigenen Füßen gehen.

Vor Siemens stehen italienische Bäume, gegenüber – schon in Neukölln – leuchtet aus dem Hinterhof ein blau-gelber Neubau, als ob die FDP hier ihr Hauptquartier aufschlagen wollte. Da wäre sie vielleicht doch nicht so richtig angesiedelt. Trotz der engen Nachbarschaft zu Siemens.

Ich bin hierheraus gewandert, um die Straße aufzusuchen, die nach Anton Menger benannt ist. Mengerzeile. Diese kleine Straße mündet auf den Schmollerplatz. Ich gehe um den Platz herum. Das grüne Dreieck, das ein Rasenstück als „geschützte Grünanlage nach dem Gesetz vom 3. 11. 1962" ausweist, verwundert hier durch seine komische Ungeschichtlichkeit. Die Wiese in Mitten des Schmollerplatzes ist schon länger da als dieses Gesetz. Aber geschützt sieht sie nicht aus. Auch nach Oncken, dem liberalen Historiker, heißt hier eine Straße. Bei dieser Namensversammlung haben sich die Namensgeber etwas gedacht: alles „Kathedersozialisten", also keine richtigen Sozialisten, aber Männer, die – solange sie auf den Kathedern der Hoch-

Irgendwo im Wasser an der Lohmühlenbrücke treffen sich die Grenzen von Treptow, Kreuzberg und Neukölln.

schulen – standen, Sinn entwickelten für die Lebensprobleme derer, die jetzt hier z. B. am Schmollerplatz viel besser wohnen und leben als – sagen wir – 1896. Damals war gerade das BGB fertig, das Bürgerliche Gesetzbuch, das immer noch und im Osten gerade wieder gilt, ein Jahrhundert lang, Kaiserreich, Weimarer Republik, Nazireich, BRD und DDR: Das BGB hat die Staatsformen überstanden mit seinen hölzernen, unverständlichen, aber hoch wirksamen Regeln. Anton Menger, unter dessen Adresse man an der Grenze nach Neukölln gut wohnt, hat die berühmteste Kritik am BGB geschrieben, noch bevor das Gesetz in Kraft getreten war, 1896: „Das bürgerliche Recht und die besitzlosen Volksklassen". Lesenswert bis heute. Aber wer liest es? Auch in den Rechtsschulen der künftigen Profis des BGB kommt Menger kaum noch vor. Mit sozialistischen Rechtsauffassungen und mit sozialen läßt sich schlechter Geld machen als mit kapitalistischen und kapitalen. Das ist nun so. Da hilft kein Straßenname.

Ich gehe durch die Mengerzeile. In Wirklichkeit ist sie wohl nicht nach Anton Menger benannt, sondern nach seinem Bruder Carl Menger, einem Volkswirtschaftler, wissenschaftlichen Gegner von Schmoller, über ihn könnten wir auch nachdenken. Jetzt bleibe ich bei Anton, ich mache mir aus Berlin meine eigene Geschichte. Ein giftiger Hund bellt mich an. Der Regen nimmt zu. Mein Notizbuch ist naß.

Die Linien verwischen, die Buchstaben verfließen. Wenn es schöner wäre, sähe ich ein halbes Stündchen den Schwänen am Kiehlufer zu. Und versuchte an der Lohmühlenbrücke die Stelle zu finden, an der hier drei Bezirke aufeinandertreffen. Der genaue Punkt liegt wahrscheinlich im Wasser.

Vom Treptower Park zum Schlesischen Tor

Die weißen Schiffe liegen im weißen Eis. Vom S-Bahnhof Treptower Park sehe ich sie ruhen. „Ein gutes neues!“ ruft der Wirt vom Ambiente am S-Bahnbogen, ich usurpiere den Gruß, der anderen zugedacht ist. Ich bin nicht wegen der Schiffe, sondern wegen der Platanen gekommen.

Die Platanen in der Puschkinallee haben Sommersonne gesammelt, um an solchen grauen Wintertagen einen Schein davon zurückzugeben. Ich gehe langsam durch die vierreihige Allee; auf der Spreeseite erhält sie Erinnerungen an Großbürgerlichkeit.

Ein freundlich aufklärendes Plakat des Bezirksamts vor dem S-Bahnhof informiert über die Nachwendegeschichte des EAW Treptow. Die dort nicht erklärte Abkürzung schließt sich dem Wessi nun auf: „Elektroapparatebau Treptow/Betriebskindergarten“ steht an der Eingangsvilla zur Puschkinallee gegenüber Bines Friseursalon.

Hinter dem Kindergarten erheben sich die „Treptowers“, der östliche Höhepunkt der Baustelle, die sich im Rücken der Puschkinallee an der Spree entlang zieht bis zu Roland Ernsts „Bürozentrum Walter“ in der Eichenstraße. „Weine nicht um mich, Argentinien.“ Die Musik paßt zu den Platanen. Sie kommt aus den Recordern der Bauarbeiter von Tekser-Bau, die hier vier Stadtvillen hochziehen.

Eine US-Amerikanerin italienischer Abstammung singt das Lied eines Engländers über eine Argentinierin für Arbeiter in Treptow in englischen Worten. Von der Internationalität der Alltagsmusik kann der Alltag viel lernen. Laßt uns leben wie wir hören: multikulturell, un-nationalistisch, international. Heißt „Villa“: draußen, vor den Toren, im Grünen? Und „Stadt“ heißt doch: drinnen, Front an Front, geschlossene Fassaden. Heißt dann „Stadtvilla“ Vereinbarung des Unvereinbaren? Die Villa Treibels, des Lackfabrikanten Fontanes, stelle ich mir hier vor (etwas weiter unten in der Wirklichkeit, die aber auch Imagination ist): die Lackfabrik im Rücken, Bewachung der Arbeiter aus dem Salon; Sicherheit kommt dadurch, daß man unmittelbar auf dem Geldsack sitzt; Lust an den Park- und Gartenanlagen erfaßte die Kapitalisten erst später, anfangs blickten sie lieber auf Schlote und Förderbänder als auf Rosen und Asphodelen. Daneben das Parkhaus, das schönste Parkhaus von Berlin, weil es ein Parkhaus in Anführungszeichen ist, nicht für Autos, sondern für die leeren Stunden. Wer sich hier parkt, bekommt Kunst, Musik, Jazz. Ach, Jazz! Immer noch läßt mich schon der bloße Gattungsname erzittern. Musik der Jugend, meiner Jugend. Für Menschen, die noch Hitlerjugend-Lieder gehört hatten und schrill bepfiffene staatliche Marschtrommeln, erschlossen sich Welten bunt-fröhlichen Friedens, als Benny Goodman spielte, Teddy Wilson, Lionell Hampton.

Das Türmchen-Eckhaus, an das sich auch ein Tekser-Bau anschließt, jetzt grau-blau in Planen verkleidet, wie ein Kunstwerk, das auf Enthüllung wartet, verführt mich, rechts in die Eichenstraße einzubiegen. Wie geht das zu, daß man das Ende der Platanen nach Eichen benennt? So sehr ich ein Freund der Platanen bin, so wenig mag ich die Eichen. Das ist nichts Persönliches gegen einzelne Eichen, aber es gibt ein Adjektiv, das Ideologen schnell mit diesen Bäumen verbinden, und staatliche Verwendung des Laubes gab es, die nun auf die an sich unschuldigen Bäume zurückfällt. In der Eichenstraße gibt es aber gar keine Eichen. Die Straße lohnt den Besuch, hinten neben der Bären-Backsteinplastik des Eingangs zum Lkw-Werk: arena, die Stätte der wörtlichsten Jugend-Bewegung, dicht am Büro-Neubau. Links der dunkelblaue Schlot des Heizkraftwerkes Treptow der Bewag, deren Hauptverwaltung sich gegenüber im vierschiffigen Klinkerneubau breit nach Süden hin darstellt, in hanseatischer Backstein-Baulichkeit aus den Musterbüchern der Après-Post-Moderne.

Schöne Bekenntnisse aus der Emotionalität der arena-Stunden an den gegenüber liegenden Wänden: „I love Howie. Gez. Disel“, „Manuel Dombrowski ich liebe Dich bis zu meinem Tode. Wenn nicht noch länger“. Da bin ich schon auf dem Rückweg aus der Eichenstraße. Gegenüber liegt der Schlesische Busch. Der schlappe Leopold Treibel ritt hier vorbei auf seinem morgendlichen Weg in das Treptower Etablissement, wo ihm der Kellner auf mütterlichen Befehl statt des bestellten Sekts Milch servierte.

Am Rande des Stadtparks mit dem fontanischen Namen steht ein Grenzturm im nackten Beton. Steht er wirklich unter Denkmalsschutz? Brauchen wir Rechtsandrohungen, um uns an die Grenze zu erinnern, die wir mitten durch unsere Stadt zugelassen haben?

Die Vergangenheit unseres Landes können wir nicht als alten „Trödel und Kitsch" verkaufen wie die Dinge, für die sich hier zur Rechten der „1. Hallen-Trödel-Markt" anbietet. Über die Freiarchen-Brücke geht's über das Inselchen, das Landwehrkanal und Flutgraben „vor dem schlesischen Tor" hier bilden: am Eingang nach Kreuzberg plötzlich eine Küstenatmosphäre; sogar eine Räucherei ist da („Am 18. Januar steht das Räucherteam wieder voll und ganz zu ihrer Verfügung").

Der Straßenzug, der oben in Treptow unter dem Namen des russischen Dichters, den die Liebe das Leben kostete, so elegant begonnen hat, wandelt sich jetzt ins spätkapitalistisch Industrielle.

Es ist Ironie auf die Platanen oben, daß die Apotheke hier unten sich nach Palmen benennt. Denn nichts gibt es auf dem Weg zum Bahnhof Schlesisches Tor weniger als Palmen, um darunter zu wandeln.

Ein Mal Ehren. Erstes Stück

Namentlich finge mein heutiger Weg ja richtig an: Plänterwald ... das klingt nach Helden, die ich später besuchen will, Tolkien und Michael Ende, aber an der S-Bahn-Station Plänterwald sieht es erfreulich unheldisch aus. Die flache Bahnhofshalle führt auf einen kleinen Vorplatz, der zwischen die S-Bahn und die wilde Köpenicker Landstraße eine schmale Zone landschaftlicher Ruhe legt. An den Fassaden der Wohnbauten rechts beginnt hier eine sachte Farblichkeit, die erst oben hinter der Orionstraße, der 2. Grundschule gegenüber, kräftigere Töne annimmt; die Galileistraße zur Rechten hat fast schon etwas Parkhaftes, früher sagte ich zu solchen Eindrücken: „Bad Pyrmont", aber ich kenne Bad Pyrmont gar nicht.

Als das Rathaus Treptow um die Ecke 1909 oder 1910 gebaut wurde, war hier wohl gar nichts, bloß Landschaft. Bis heute liegt dieses Rathaus, das städtisch aussieht wie irgendein Rathaus, in einer ganz unstädtischen Umgebung. Menschen sieht man nur in Autos. Auch drinnen ist das Amtsgebäude eine Oase der Ruhe. Die Bezirksamtsmitglieder (2 Frauen, 3 Männer) blicken freundlich von Fotos im Entree, die Aushänge sind veraltet, Einladungen zu Sitzungen, die schon waren. „Die Bedienung des Treppenrollstuhls wird durch die Hausmeister gewährleistet".

Wer draußen an der Straßenkreuzung Bulgarische Straße, Neue Krugstraße/Alt Treptow steht, sieht rechts zwar die Spree in einer Umgebung, die man von der anderen Seite einen „Hafen" nennt, aber sonst nur Gewächse, Straßen, Autos. Das Fischerdenkmal, in Weimarer Zeiten vor das Rathaus gestellt, wirkt unpassend. Oder ganz passend, denn das Netz, das der nackte starke Mann nach dem Willen des Begas-Schülers aus dem kleinen künstlichen Bassin zieht, ist leer; jedenfalls hat der Bildhauer die Frage nach den Fangergebnissen unbeantwortet gelassen.

Die Tankstelle (elf: „Blei raus, Power rein") ist zeitgemäßer. Wilhelm Pieck, der früher auch vor dem Rathaus stand, ist weg, beim Senator für Kultur eingelagert; worauf wartet er da oder worauf wartet der Senator?

Der Weg durch Alt Treptow führt vor Uhlemanns Drahtzäunen an den Brandresten eines Parkrestaurants vorbei, das – wie ich an den Buchstabenrelikten ablese – nach dem Plänterwald hieß, dem lichten Wald, der gar nichts Heldisches hat.

Das Heldische liegt auf der anderen Seite. Der Held der Archenholdschen Sternwarte ist nicht Archenhold, der Gründer und schnöde vertriebene Volksastronom, der den Gewerkschaftsbund für die Astronomie begeistert hatte, auch nicht das Riesenfernrohr, das immer noch weltriesig ist, wenn auch veraltet, sondern Einstein.

Es wird behauptet, daß Einstein, der später alle deutschen Orden ablehnte, weil er ein für alle Male nicht mehr glauben wollte, daß „die Kerle Demokraten werden", hier – mitten im ersten Weltvölkermorden, nämlich am 4. Juni 1915 –, den ersten öffentlichen Vortrag über die Allgemeine Relativitätstheorie hielt. Aber er hat diese Theorie doch erst im November 1915 der Akademie der Wissenschaften vorgestellt und im Juni 1915 war er doch in Göttingen, weil die dortigen Mathematiker besser waren als die Berliner, und dann fuhr er mit seiner neuen Familie nach Rügen. Wer hat ihm da in der Sternwarte zugehört?

Die Allgemeine Relativitätstheorie versteht doch niemand, der nicht die höhere Mathematik beherrscht, selbst Nobelpreisträger haben sie damals nicht verstanden, und Alfred Döblin hat sich bitter beklagt, daß die Einsteinsche Theorie so unanschaulich sei, ganz anders als die Theorien von Galilei, Kepler und Kopernikus.

Da hat Einstein gesagt (aber zu einem Nobelpreisträger, nicht zu einem Gewerkschaftssekretär oder Schriftsteller): „Was der Mensch als anschaulich betrachtet, ist eine Funktion der Zeit. Diese anschaulichen Vorstellungen haben ihre Tücken, genau wie der viel zitierte gesunde Menschenverstand." Der Nobelpreisträger, mit dem Einstein da sprach, war bar allen gesunden Verstandes, ein früher Nazi, für den die größte Theorie des Jahrhunderts ein „typisch jüdisches

Blendwerk“ war. Bleiben wir also bei der Legende, daß mitten im Weltkrieg die Gewerkschafter, die die Archenholdsternwarte finanziert hatten, oder vielmehr ihre Frauen, weil sie selbst sich ja für Kaiser und Vaterland gerade totschießen ließen, verstanden, was Einstein ihnen früher als der preußischen Akademie über Relativität sagte. Nachfragen kann ich nicht. Die Sternwarte ist vormittags geschlossen, Mittwoch bis Sonntag nachmittags jeweils nur 1 1/2 Stunden auf, das Riesenfernrohr bewegt sich sonntags um 3 zu einem Kurzvortrag.

Ein Denkmal von Einstein ist nicht vor der Warte. Aber ein kleiner freundlicher Granit-Kopf von Archenhold, auf dem der Volksastronom sympathisch aussieht wie eine Figur von Loriot, sehr menschlich trotz des Granits. Früher gab es hier auch einen „Hain der Kosmonauten“; bildhauerisch wohl keine Glanzleistung, ebenfalls jetzt in Verwahrung beim Kultursenator, aber Gagarin, Jähn und Valerie

Archenhold-Sternwarte.

Bykowski waren doch im All, auch wenn Herr Radunski ihnen vielleicht nicht zugesehen hat?

Im Keller der Sternwarte hat eine Widerstandsgruppe gegen die Nazis falsche Pässe und Flugblätter hergestellt, bis sie verpfiffen wurde, und als Sportler verkleidet, haben sich die Mitglieder des ZK der KPD, heißt es, am Fernrohr zu ihrer letzten Sitzung auf deutschem Boden getroffen. Waren Walter Ulbricht und Herbert Wehner dabei? Oder ist alles nur Legende, weil das Fernrohr, das wie ein fallender Riesenpenis auf dem Dach des Gebäudes liegt, für manche wie eine Kanone wirkt und weil Kanonen noch immer für manche nach Heldentum aussehen.

Während ich zu Zenner hinübergehe, der klassisch-volkstümlichen Vergnügungsstätte, denke ich an Einstein, den Pazifisten, vielleicht ist er nach seinem Vortrag bei Archenhold herübergekommen für ein kühles Bier, Bouletten und Kartoffelsalat. Da hat er auf demselben Stuhl gesessen wie Theodor Fontane, der die Wege von Leopold Treibel ausspüren wollte. Das Volksgasthaus, über das dann WK II ging, hatte Langhans gebaut, der Architekt des Brandenburger Tores.

Das eigentliche Ehrenmal kommt nun aber erst noch, drüben inmitten des Parkes, wo zur Gewerbeausstellung 1896 ein künstlicher See war. Durch die Alleen ging ein kühler Wind. Was er mir zutrug, erzähle ich das nächste Mal.

Ein Mal Ehren. Zweites Stück

Mit der Puschkinallee beginnen die Platanen. Die Platanen in der Puschkinallee und ihre Cousins und Cousinen ein Stück weiter drinnen im Park gehören zum Schönsten, was es in Berlin zu sehen gibt. Sobald man – vom Rathaus oder von der Sternwarte kommend – die Platanen erblickt, verändert sich das Lebensgefühl. Am unmittelbarsten, wenn man allein ist. An einem Wochentag im Februar ist man hier ziemlich allein. Wenn man sich ein bißchen Zeit für die Platanen läßt, vervielfachen sie die Zeitebenen; wie Träume, die es auch in der gemessenen, offiziellen und in der maßlosen, privaten Zeit gibt.

Die sichtbare Wirklichkeit ist doppeldeutig. Das erste Haus sieht wie ein Försterhaus aus, das Tor-Schild kündigt an: Lohnsteuerhilfe. Dann ein Zaun, der viel zu mächtig und zu eisern ist, um noch ein Zaun zu heißen. Das Haus hinter dem Staatsgitter ist auf dem Gold-Schild ausgegeben als „Auswärtiges Amt“. Es rechnet also mit Fremdlingen, die tatsächlich nicht wissen, daß das nicht das Auswärtige Amt ist. Dieses Ministerium hat seinen Berlin-Sitz dort, wo ZK und Reichsbank saßen, klaustrophobische Institute, von denen wir hier am Treptower Park also einen Ableger erleben. Ich kannte eine nette Konsulin, die hier Kurse veranstaltete für Jung-Diplomaten aus Osteuropa. Erträglich wird das Haus erst hinten, wo Raffgardinen hinter den Scheiben hängen und Keramiktiere auf der Fensterbank stehen, hier wohnen die Hausmeister. Mein Vertrauen in das Haus wäre von Anfang an größer, wenn auf dem Schild zu Nr. 36 bis 41 stünde „Lohmeier und Adamek“ statt „Auswärtiges Amt“.

Vor dem Triumphbogen, durch den ich ins Ehrenmal eintrete, stehen 16 Fahnenmasten, eine blaue Dixi-Toilette und ein besprayter grüner Bauwagen. Die 16 Masten stehen für 16 Sowjetrepubliken; die gibt es nicht mehr, die Toilette und der Bauwagen stehen für die Zukunft, die es hoffentlich gibt. Die Inschrift verheißt „Ruhm“; das ist von allen

Wörtern das häufigste in dem Gartenensemble, das hier beginnt und das eigentlich ein Friedhof ist.

Die Anlage wird um so schöner, je weiter man hineingelangt. Man muß sie ansehen, nicht andenken. Die kleinen Bäumchen rechts und links der Allee, auf der man hinein und durch den anderen Triumphbogen auch gleich wieder hinausgelangte, sind auf gleiche Höhe geschnitten, daß sie sprießen. In der Mitte der Allee, auf halbrundem Platz, an

schöner landschaftlicher Stelle sitzt die granitene Mutter und sieht nicht hin. Es soll wohl eine russische Frau sein. Aber in Wirklichkeit ist es überhaupt keine Frau, sie ist zu groß und zu symbolisch. Sie ist die Mutter von keinem der 5000 ehemaligen Männer, deren Knochen weiter oben zu Erde werden. Eine wirkliche Frau, die hier trauernd säße, würde ich fragen, warum sie nicht rechtzeitig nein gesagt hat.

Nein sagen, um gegen den Faschismus zu kämpfen? Nein sagen zum Krieg. Ich bin befangen. Ich bin Pazifist. Ich bin gegen jeden Krieg. Ich kenne keinen gerechten Krieg. Auch die Soldaten, die am oberen Ende der schön ansteigenden Prachtstraße neben dem roten Marmor aus der Reichskanzlei sitzen, sind keine wirklichen Soldaten.

Und der rote Marmor – das sind nicht die gesenkten Fahnen der Roten Armee. Es sind Bronzefiguren, Steinsymbole. Nicht zu vergleichen, mit denen, die tot sind und deren Namen oben im verschlossenen und nicht einsehbaren Buch im Monument eingetragen sind, um das der kalte Wind pfeift.

Der einzige Name, der öffentlich ist, zweimal 8mal, ist der Name von Stalin. Der Name gehört hierher. Die Sätze, die er links auf Russisch und rechts auf Deutsch sagt, können gelesen und bedacht werden. Sie sind richtig und falsch. Die Zeiten verschieben die Werte. Kein Denkmal ist für immer. Schließlich bedeutet es, was das Material bedeutet, aus dem es gemacht ist.

Die Ruhe des Arrangements ist echt. Viele Friedhöfe sind schön. Auch dieser. Schön ist, daß keinerlei Ruhm zugegen ist, wo Tote sich in Natur verwandeln. Das Monument wußte es von Anfang an: 6 mal „Ruhm“ in Russisch und in Deutsch, das schreibt nur, wer sich unsicher ist. Beschwörungsformeln.

Das Bauwerk mit der schönen Aussicht trägt die berühmte Bronzefigur. Das Schwert und die Hand, die es hält, sind riesig, das zerschlagene Hakenkreuz ist riesig, das Kind ist riesig, das der riesige Mann auf dem riesigen Arm hält und das er nicht ansieht mit seinen riesigen Blicken, die in die Weite gerichtet sind, die wohl auch riesig ist. Es war üblich in gewissen Kreisen, dieses Bildhauerwerk des J. W. Wutschetitsch für hohle Sowjetkunst zu halten (oder für ein heiliges Symbol, das ist dasselbe). Es ist nun fast ein halbes Jahrhundert seit seiner Aufstellung vergangen. Wir können es jetzt für schön halten, wie die Gründerfassaden für schön gehalten werden, hinter denen die Berliner hungerten.

Aber Friedhöfe sind keine ästhetischen Veranstaltungen. Friedhöfe fragt man besser nicht nach Bedeutungen. Schließlich gibt es nur eine Bedeutung: Veränderung. Nichts bleibt wie es ist hier unter dem wächsernen Mond. Nichts. An die Südseite des Parks reicht die Stadt Treptow heran mit vergangener Großbürgerlichkeit.

Der S-Bahnhof Treptower Park ist von der Straßenseite gesperrt. „Eingang von der Hafenseite", warum sagen sie nicht: von der Parkseite? Um das Wasser abschlagen zu können, gehe ich ins „Ambiente" unter dem S-Bahnbogen. „Keine öffentliche Toilette" ist an die Toilette angeschrieben. Ich bestelle einen „Wiener Kaffee" und eine Bockwurst. Damit bin ich eingetaucht in übersichtliche Alltäglichkeit, nach dieser heftigen Dosis Heldenhaftigkeit.

Nein, das Ehrenmal taugt doch nichts. Es erzeugt falsche Stimmungen, es nimmt aus dem Alltag alltäglicher Menschen ein Stück heraus und stilisiert es in eine Sphäre, in der diese Menschen, die nun schon lange tot sind, in ihrer Jugend gestorben, niemals gelebt haben und niemals gelebt hätten, wenn man sie am Leben gelassen hätte. Das Wesen von Denkmälern ist, daß sie nichts mit den Menschen zu tun haben, an die sie angeblich denken. Im Ambiente wird mir wieder warm. Die Bockwurst kommt nicht. Ich bestelle einen zweiten Kaffee, das ist nicht gut für meinen Blutdruck.

Platanen. Busch

Kreuzberg verabschiedet sich am Flutgraben mit Pappeln. Die Bäume, die die Puschkinallee zu einer der schönsten Alleen Berlins und zu einer europäischen Straßenschönheit machen, das sind dagegen Platanen. Ich habe einen Weg durch den Schlesischen Busch gemacht, um über die Görlitzer Bahn in weitem Bogen diesen Platanen zu begegnen. Es ist ein Stadtspaziergang mit Wahrheiten über die Stadt, die nicht im Baedeker stehen. Auch die Wahrheit ist nicht immer die Wahrheit. Wo kann man das besser lernen als in Berlin? In Berlin stießen die weltpolitischen Wahrheiten aufeinander und bezeichneten sich gegenseitig als Lügen.

Am Ende der Straße „Vor dem Schlesischen Tor", kurz bevor die Puschkinallee beginnt, sieht man auf Kreuzberger Seite unten noch das flache Straßenrondell, damit der Wessi, der sich damals auf der richtigen Seite der Weltgeschichte fühlte, bequem sein Auto wenden konnte, nachdem er ins „Reich des Bösen" geblickt hatte. Auf der anderen Seite haben das viele gewiß ähnlich gesehen, nur eben umgekehrt. Nun ist Diesseits und Jenseits gleichermaßen unseres. Das kann man hier, wo sich Kreuzberg und Treptow freundlich begegnen, vor allem am Nachmittag nach drei Uhr gut erkennen, wenn Auto an Auto hinüber und herüber passiert, als ob das nie anders gewesen wäre. Die Grünflächenämter beider Bezirke sind von gleicher Tüchtigkeit. Um den Flutgraben haben sie eine Parklandschaft entstehen lassen, die, wenn man auf der einen Seite noch den Görlitzer Park und auf der anderen hinter dem Schlesischen Busch eben die denkwürdige Puschkinallee hinzunimmt, ihresgleichen sucht. Die Landschaft liegt über der Geschichte und den Geschichten, die die Arbeiterbezirke hier hervorbrachten, als eine freundliche Decke über dem Tisch, unter den wir alles kehren können, was uns entzweit.

Ich verweile auf der Treptower Brücke. Die Pflastersteine zitieren Wellenmuster, die der Flutgraben selbst nicht zuwege bringt. Die Sprayer, die so viele Leute mächtig ärgern, mich nicht, haben nicht lange gezögert, um auf der Brücke ihre Zeichen zu hinterlassen. Darunter ist ein Liebesbrief an „Ivon" und von demselben Mika ein poetischer Text:

Wir sind durchs Wasser gegangen und nicht naß geworden /
Ihr habt uns 20mal gesteinigt, wir sind nicht gestorben /
Wir haben im Kühlschrank übernachtet und sind nicht erfroren /
Wir sind ein Dorn im Auge unserer Feinde /
weil jedes Wort wahr und außerdem gereimt ist /
scheint es wie Zauberei

Von dieser Brücke hat der Spaziergänger nach allen Seiten eine beruhigende Aussicht. Ein sacht steigender Parkweg führt auf den Spazierweg hinauf, der auf der ehemaligen Eisenbahntrasse, aus dem Görlitzer Park heraus und weit durch Treptow entlang führt, als sei es ein Museumspfad: uns zu zeigen, was war und wie's wird; rechts die Kiefholzstraße, die Jordanstraße links ist nur noch halböffentlich von Gewerbeparks eingenommen, die wenigstens

Die Platanen der Puschkinallee.

eine bauliche Ahnung an den Namensgeber wachhalten: Max Jordan, aus südfranzösischer Hugenottenfamilie, gründete in der Mitte des 19. Jahrhunderts in der Lohmühlenstraße, die ich auf erhöhtem Spazierweg hier überwandere, den ersten Treptower Industriebetrieb, eine Anilinfabrik, später Agfa Treptow. Wenn man dagegen nun betrachtet, wie sich der Gewerbehof Lohmühlenstraße 65 aus den Restaurierungen erhebt zu mittelständischer Lebendigkeit, erlebt man ein Stück aus dem großen Zeittheater. „Edle Wilde Zeittheater“ steht an einem Schaustellerwagen der Rollheimersiedlung, die auf der anderen Seite dem Parkensemble widerspricht. Nachdem ich an der Bouchéstraße von dem Hochweg irregulär abgestiegen und beim Supermarkt Netto um die Ecke gebogen bin, führt mich der Weg zwischen dem weiten Gewerbehof der Steremat AG und den fünfflügeligen Neubau der Bewag hindurch, zu dem Park zurück, der den tief in die Stadtgeschichte weisenden Namen „Schlesischer Busch“ führt. Aus Schlesien kamen viele, die in Berlin das Glück suchten und fast Sklaven wurden, des Kapitalismus, den auch Theodor Fontane nur in den gesellschaftlichen Regionen beschrieben hat, in denen ihm mit Ironie beizukommen war. Von den schlesischen Arbeitssöldnern ist da wenig die Rede. Die Chemiefabrikanten haben ihre Dichter gefunden, wenn auch kritische, die Chemiearbeiter nicht, sie deckt der Rasen zu. Ich versuche an sie zu denken, während ich an dem kräftigen Zaun entlang gehe, durch den sich die Bewag von dem Park abgrenzt. Zwei ausladende Parkbänke stehen hinter den Gittern vor den Mercedeswagen.

Gleich hinter der Bewag öffnet die Puschkinallee ihr Platanentor. Ich grüße die edlen Bäume, die ich liebe, weil sie so empfindsam aussehen und zugleich so zuverlässig. So möchte ich sein: empfindsam, zuverlässig, fest.

Drei Mal Ehren

Es ist ein kalter, unfreundlicher Mittwoch, Ende April. Ich friere ein bißchen. Der S-Bahnhof Treptower Park ist friesenblau erneuert. Unten links liegen Schiffe der Weißen Flotte, sie scheinen auch zu frieren. „Gehwegschäden" sind sogar für Parkwege vielschildrig ausgewiesen. Im Ehrenmal läßt ein Mann seinen Hund laufen, sonst ist hier vorne anfangs niemand. Ich habe versprochen, der Frau aus Granit einen Text von Wolfgang Borchert vorzulesen. Wem versprochen? Nur mir selbst. An Ort und Stelle möchte ich das Versprechen am liebsten zurücknehmen. Überall steht: Die granitene Frau in der Allee zwischen den Triumpfbögen, durch die man ins sowjetische Ehrenmal gelangt, sei „Mutter Heimat", eine Leserin schrieb: „Mutter Rußland". Das steinerne Mal selbst zeigt keine Inschrift. Ich betrachte es lange. Eine Frau, von übermenschlichen Maßen, vielleicht 50 Jahre, mit gesenktem Kopf, die Augen geschlossen, den rechten Arm nach hinten gestreckt, sich aufstützend, der linke hält das Gewand vor der Brust, die Haltung ist angespannt, es ist undeutlich, welche Bewegung der dargestellten Pose vorausgegangen ist und welche vielleicht folgen wird. Daß die Frau eine Mutter ist, ist aus keinem besonderen Kennzeichen zu ersehen. Daß die Heimat eine Mutter ist, in irgendeiner Weise vergleichbar mit einer wirklichen Frau, der eigenen Mutter eines jeden, der vorüber kommt, ist Überlieferung. Man kann sie teilen oder auch nicht, da mag sich jeder Betrachter selbst fragen. Ich habe keine Heimat; mit meiner Mutter, die 89 Jahre alt ist, verbinden mich ganz andere Gefühle als mit Orten und Ortschaften, an denen ich früher gelebt habe. Ich habe den Text mitgebracht. Ich blicke mich vorsichtig um; der Mann mit Hund ist fort, es ist niemand in der Nähe. Ich lese, flüstere eher, weil ich nicht ertappt werden will:

„Du. Mutter in der Normandie und Mutter in der Ukraine, du, Mutter in Frisko und London, du, am Hoangho und am Mississippi, du, Mutter in Neapel und Hamburg und

Kairo und Oslo – Mütter in allen Erdteilen, Mütter in der Welt, wenn sie morgen befehlen, ihr sollt Kinder gebären, Krankenschwestern für Kriegslazarette und neue Soldaten für neue Schlachten, Mütter in der Welt dann gibt es nur eins:

Sagt NEIN! Mütter, sagt NEIN".

Diesen Text habe ich mehrere Male vorlesen hören. Zuletzt, ich weiß nicht mehr genau wann, von der greisen Ida Ehre in Hamburg bei einer Friedensdemo, ich glaube im Millerntorstadion, wo St. Pauli spielt. Der Text ist aus dem Jahre 1947; da war sein Autor 26 Jahre alt und hatte nur noch wenige Wochen zu leben. Später ist darin an die Adresse derer, die nicht NEIN sagen, zu lesen:

„der letzte Mensch, mit zerfetzten Gedärmen und verpesteter Lunge, antwortlos und einsam ... zwischen den unübersehbaren Massengräbern und den kalten Götzen der gigantischen betonklotzigen verödeten Städte, der letzte Mensch, dürr, wahsinnig, lästernd, klagend – und seine furchtbare Klage: WARUM? wird ungehört in der Steppe verrinnen".

Das Ehrenmal, in dessen stiliserten Gartenrechteck ich jetzt durch die über glatte Steine aufsteigende Hauptstraße gehe, ist hauptsächlich ein Massengrab. Ich gehe an den Grabquadraten vorüber und an den Stalinworten, golden auf weißem Kalkstein, steige auf zu dem bronzenen Schwertträger, sehe das zerschlagene Hakenkreuz über meinem Kopf. Rinnende Patina färbt den Stein. Die Pappeln stehen aufrecht, die Birken in frischem Grün, außen die Platanen, die so schutzlos aussehen unter der gebrochenen Borke. Die Anlage ist schön, der Blick geht über die Baumspitzen. Hinten kommen die Treptowers hervor, sonst sieht man auch von hier oben nichts von der Stadt, man hört sie. Die Bundesrepublik hat sich staatsvertraglich verpflichtet, diese Anlage immer gut zu pflegen; das geschieht; ein Arbeiter mäht mit hochsummender Maschine die Rabatten neben den Gräberfeldern.

Das Wort, das hier am häufigsten zu lesen ist, ist das Wort Ruhm. Was ist Ruhm für die, die tot sind? Ich gehe zweimal um die Anlage herum, erst auf der inneren, dann auf der äußeren Seite des sterngeschmückten Gitterzauns, über stilisiertes Blattwerk aus Stein und über schwarze feuchte Erde.

Die 16 weißen Fahnenmasten am Ausgang zur Puschkinallee (und auch die auf der anderen Seite) sind unbeflaggt. 2 mal 8 Kenotaphe drinnen, 16 Fahnenmasten draußen, Baedecker sagt: weil es vor einem halben Jahrhundert 16 Sowjetrepubliken gab.

Das zählt jetzt niemand mehr nach, die Sowjetunion ist in die Geschichte verschwunden. Ein blauer Lastzug von Alba fährt donnernd vor, der bärtige Fahrer springt heraus und geht pfeifend über die Straße, um einen Kollegen zu treffen.

Ich überquere die Puschkinallee, in den Blumengarten, zum Hafen der weißen Schiffe, die nach Bundesländern und nach Bezirken heißen, das Hafenbistro ist zu, die Verkäuferin an der Kasse von Stern und Kreis wartet vergeblich auf Kunden. Für die Jahrszeit zu kalt, hieß es im Wetterbericht.

Ich wärme mich im „Ambiente“ unter dem S-Bahnbogen, Bockwurst und Wiener Kaffee, Toilette nur für

Blick auf die Grabesquadrate, Mausoleum und Bronzesoldaten.

Gäste. Wenn es Sommer und warm ist, komme ich wieder, um auf den Stufen über dem Kurgan unter den Stiefeln des Bronzesoldaten zu sitzen und mich wieder zu fragen, was ich tun kann, damit kein Staat irgendwem befehlen kann, für irgendwas zu sterben.

Baumschulenweg

An diesem Freitagnachmittag kam ich aus Köpenick, Spindlersfeld. Das ist draußen. Herunter vom Bahnsteig Baumschulenweg, vorbei an dem ausführlichen Blumenstand: auf der Baumschulenstraße, das ist mittendrin. Gleich ein weiteres Blumengeschäft, mit Ausstellung weit auf die Straße, es folgt das dritte und vierte: Die vielen Blumengeschäfte auf der Baumschulenstraße – das ist das erste, was mir auffällt, hoffentlich kaufen die Leute genug Blumen, daß alle Blumengeschäfte auf der Baumschulenstraße ihr Auskommen haben und alle anderen in der Stadt auch: Was wäre die Stadt ohne Blumen? In einer Stadt ohne Blumengeschäfte möchte ich nicht leben. Oder in einem Land, in dem die Vögel nicht singen. In meiner Jugend lehrte mich meine Mutter die Vogelstimmen.

Ich hörte auf der Baumschulenstraße einen Zeisig – kann das sein? –, als ich auf dem Mäuerchen Ecke Ernststraße saß und einen Döner vom türkischen „Grillspezialisten" verzehrte.

Die Ernststraße ist sehenswert; wegen der ein- und zweistöckigen Häuschen, die das Großbürgerliche des kapitalistischen Jahrhunderts ins Kleinbürgerliche übersetzen, manche stehen unter Denkmalsschutz; welche Erinnerungen schützen sie? Der Sachbearbeiter beim Denkmalsamt ist nicht da, er hat erst morgen Sprechstunde; einige verfallen immer noch, einige erheben sich in die renovierende Epoche, für die kurz vor der nächsten Jahrhundertwende die letzte schon so weit zurückliegt, daß man einfach „schön" sagt zu jeder Fassade, die nicht modern oder postmodern aussieht.

Ich bin in diese Straße eingebogen, weil es hier eine Buchhandlung gibt, später die Stadtbibliothek Treptow mit unscheinbarem, unbücherlichem Eingang. Ich bin auf dem Wege zum Friedhof in der Kiefholzstraße.

Die Kiefholzstraße ist eine wesentliche, Wesen ausdrückende Berliner Straße; kilometerlang zieht sie sich fast

Die Kirche zum Vaterhaus in der Baumschulenstraße.

vom Görlitzer Park bis zur Königsheide und faßt sozusagen Kreuzberg, Neukölln und Treptow zusammen. In ihrer Mitte geht sie mitten durch den riesigen Friedhof, den sie in einen alten und einen neuen Teil teilt. Inmitten des alten erhebt sich eine Baustelle; meine norddeutschen Erinnerungen würden ein Trockendock identifizieren, es entsteht aber aus der Planungsfeder des Kanzlerarchitekten Schultes ein Krematorium, ein neuer städtischer Verbrennungsofen anstelle des alten, der nach dem Weddinger Krematorium der zweite in ganz Preußen war. Meine Vorstellungskraft reicht nicht, um mir aus dem Bild auf dem Bauschild ein Bild zu machen: ein grün-blauer Wald von Betonsäulen, ein Wagnerwald, eine Mytheninszenierung. Der erste Grabstein, von dem ich einen Namen mitnehme, nennt Erika Tannhäuser.

Der Friedhof ist weiträumig, ein schöner Park, ich gehe den äußersten Weg entlang, bis zum Drahtzaun am Wasser des Britzer Zweigkanals, bald ist der Totenacker nur noch Wiese, gut gemäht, hinten im Süden geht er ganz über in Landschaft, näher in der Mitte von Wiesenwellen umgebene Rasenflächen, auf denen die Blumensträuße im Kreis stehen um die Urnenstätten, die die eingegrabene Asche nicht mehr mit Menschen-Namen benennen möchten.

Die Sonne kommt aus den Wolken, auf den gelben Containern an der Krematoriumsbaustelle flattern die weißblauen Fahnen von Bilfinger und Berger, der Baufirma, der Polier pfeift ein fröhliches Liedchen, er macht Feierabend.

Ich nehme den 166er, über die Kiefholzbrücke, die der Senat – wie er sagt – von Grund auf instand setzt. Bei der Frauenfahrschule, dem Kiefholzeck gegenüber, steige ich aus, um die Kirche zum Vaterhaus zu erreichen, ein Stück weiter in der Baumschulenstraße.

„In meines Vaters Haus sind viele Wohnungen“; einer der schönsten Sätze aus dem geheiligten Buch steht an der Front der Doppelturm-Anlage, die Seitenflügel mit Schule und Volkshochschule umschließen den kleinen Straßenplatz mit ausgebreiteten Armen, über 20 Bänke, ein bunter Brunnen, auf der anderen Straßenseite entsteht ein gelb-schwarzweißes Neuhaus, das etwas grell herüberschaut auf die Kirchenfassade, die seit 1911 schon manches hinter sich hat.

Die Baumschulenstraße heißt nach der weltberühmten Baumschule von Franz Ludwig Späth, der die Sumpfwege erschließen ließ und einen großen Teil seiner 200 ha Land als Bauland verkaufte, als er seinen Betrieb nach Ketzin verlegte.

Die Geschichte vieler Straßen hier fängt an mit der Abholzung der Cöllnischen Heide, mit Baugenossenschaften und ihren Vorsitzenden.

Manche Straßen heißen nach polnischen Ortschaften, denn daher kamen viele, die hier Arbeit und Unterkunft suchten um die vorige Jahrhundertwende. Aber warum hier Straßen nach Minnesängern des hohen Mittelalters heißen, nach Heinrich von Meißen zum Beispiel, der im 13. Jahrhundert lebte und sich Frauenlob nannte, das verstehe ich nicht, um es nicht als Ironie verstehen zu müssen.

Ich gehe die Frauenlobstraße in Neuköllner Richtung durchs selbstverständlichste Treptow, an St. Anna vorbei, „Nebenstelle von St. Richard", Veranstaltungen der Anonymen Alkoholiker in polnischer Sprache, alle Achtung.

Ein kleines Stück Rinkartstraße, der Namensgeber war nicht gerade ein Minnesänger, aber doch ein dichtender Theologe: Nun danket alle Gott. Der Heidekampweg, nach dem Wassergraben genannt, den ich gleich überquere und der Jahrzehnte lang eine Art Weltengrenze war, führt gegen Neukölln hin durch einen Wohnbezirk, den man eine Gartenstadt nennen könnte; wie drüben hinter der Mauerbrache das Neuköllner Märchenviertel um die verbindende Hänsel-, die Gretel-. Rübezahl- und Drosselbartstraße erst recht.

Ein Franzose, der 1943 als Zwangsarbeiter in dem Barackenlager an der Scheiblerstraße leben mußte, schrieb über die Gegend: „Ein anständiges Armeleuteviertel, kleine Fabriken, Handwerksbetriebe, unbebautes Land, triste Mietskasernen".

Die Bilanz des Jahrhunderts der Zerstörungen ist am Ende vielleicht doch freundlicher, denke ich, als ich zur S-Bahnstation Köllnische Heide hinaufsteige und zurückblicke.

Zu Anna Seghers

Eine Art Annäherung. Ich bin schon mehrmals nach Adlershof gekommen in der Neben-Absicht, das Haus zu besichtigen, in dem Anna Seghers gewohnt hat. Immer kam etwas dazwischen.

Am Sonntag las ich, was Engels über die Berufsjuristen schreibt und ihre besondere kapitalistische Reaktionsfähigkeit. Das führte mich auf den 30er Jahre-Roman „Denn sie wissen,was sie tun. Ein deutscher Justizroman" (von dem ganz vergessenen Ernst Ottwald). Ich studierte, was Georg Lukacs darüber geschrieben hat: 1932, da lebte er in Berlin und befreundete sich und arbeitete ein bißchen zusammen mit Anna Seghers.

Da fragte ich mich wieder: Aus welcher Umwelt kommt das alles, was dann in der DDR und durch sie ein ganz anderes Gesicht bekommen hat?

Mit unserem guten Freund Turadj Rowghani, der aus Persien stammt und dessen Familie von der Weltgeschichte über den Erdball und die Kulturen verstreut ist, fuhr ich im Auto nach Adlershof. Nach Westen ist die Anna-Seghers-Straße Einbahnstraße, also bogen wir nach Osten ab, bis zum Büchnerweg.

Als Anna Seghers in Adlershof Wohnung nahm, hieß dieser Teil ihrer heutigen Straße nach dem Feldmarschall Moltke, der Büchnerweg nach der letzten Kaiserin, die Dörpfeldstraße nach Bismarck, die Moissistraße nach Feldmarschall Roon, die Weerthstraße nach dem kaiserlichen Innenminister Posadowsky und die Müntzer-, Florian-Geyer-, Holl-, Vogelbeerstraße nach Schlachtplätzen des ersten Weltkrieges; nach Schriftstellern hießen nur die Gellert- und die Arndtstraße.

Anna Seghers zog 1950 nach Adlershof in die Altheiderstraße, die früher Feldherrenstraße hieß, ihre amerikanische Biografin nennt das eine „bescheidene Gegend". Daran denke ich, als ich noch gar nicht da bin am richtigen Ort. Wir sind an Kleingärten entlang gekommen, mein persischer Freud hat eine persönliche Beziehung zur Zinsgutstraße, ich erkläre den Namen so gut ich kann mit dem „Erb- und Zinsgut Adlershoff", aus dem im 18. Jahrhundert der Ortsteil entstanden ist.

Wir betrachten in der Arndtstraße die Kirche mit dem schönen Namen: Verklärungskirche, dreischiffiges Langhaus hinter spitzem Turm, so alt wie das Jahrhundert; der Kunsthistoriker sagt: „in einem Übergangsstil". Das ist ein schönes, passendes Wort, ich fühle mich in einer Interimszeit an einem Übergangsort. Typisch für die Gegend ist aber andererseits auch das, auf das uns die Helbigstraße schon durch ihren Namen verweist. Louis Helbig, in dem Jahr geboren, in dem Goethe starb, ein Zimmermann, war Mitbegründer der Gemeinnützigen Berliner Baugenossenschaft, die hier, weiter hinten verdienstvoll gebaut hat. Die Genossenschaftsstraße, durch die wir jetzt fahren, heißt seit den 80er Jahren des vorigen Jahrhunderts so. Die Gemeinschaftsstraße paßt im Namen gut zu ihr, ist aber viel jünger: Weimarer Republik, wie der Großteil der Siedlung hier.

Wir steigen am Ende der Genossenschaftsstraße aus und gehen ein Stück in die Köllnische Heide hinein über den Kattunsteig, der die Kattunbleichen zitiert an der Oberspree: Da kommen wir mitten in die Berliner Industriegeschichte.

Bis 1984 hieß die Anna-Seghers-Straße Volkswohlstraße, hier in ihrem östlichen Teil hatte sie diesen Namen aus der ersten deutschen Republik, in der es zeitweise sogar ein Reichsministerium für Volkswohlfahrt gegeben hat; da müßten wir heute etwa Sozialstaatsstraße sagen und hätten auch unser Teil zu denken.

Wo die Anna-Seghers-Straße als Autoweg in die Vimystraße übergeht und selbst als Fußgängerweg zu Ende läuft, steht ein Informationskasten. Darin ein zweiseitiger Brief an die „Leitung der Regionalgruppe Adlershof im VMEG", der die eigentumsrechtliche Lage dieser ehemaligen Gagfah-Siedlung auseinander zu setzen versucht: vom Amt zur Regelung offener Vermögensfragen.

Das Amt erinnert mich immer, wenn ich plötzlich mit ihm konfrontiert werde, an Bartleby, sein Amt für unzustellbare Briefe und an seine durch Melville in die Weltliteratur eingegangene stehende Redewendung:

„Ich würde vorziehen, es nicht zu tun."

„Sie wollen nicht?"

„Ich ziehe es vor ... Gegenwärtig würde ich es vorziehen, mich überhaupt nicht zu verändern."

„Das ist wieder mal eine ganz neue Rechtsmeinung", sagt der Mann, der hinter mir steht und über meine Schulter liest. „Immer mal was Neues, aber passieren tut nichts."

„Ach, Bartleby, ach Menschenlos"

„Ich sitze gerne hier", sagte Anna Seghers, vor deren Wohnhaus Nr. 81 wir nun stehen, „ich mag die Straße gern, schon weil sie Volkswohlstraße heißt. Volkswohl, das klingt doch gut? Kommt aus der Arbeiterbewegung. Damit hat auch die Siedlung dahinten zu tun".

Anna-Seghers-Straße Nr. 81. Anna Seghers war die erste Mieterin des in den 50er Jahren gebauten Hauses, davor hatte sie in der Altheider Straße gewohnt.

„Hier hat sie gewohnt? Ich dachte, die Frau war berühmt“, sagt Turi. Als Georgi Dimitroff hier ein paar Häuser weiter wohnte, wohnte Anna Seghers im Fischtal in Zehlendorf. Aber auch nicht mehr lange. Dann fing ihre zeitentypische Fluchtfahrt an, die keine Odysee zu nennen ist, sondern vielleicht ein Transit, hin und zurück.

Hier in der alten Volkswohlstraße ist das Ende einer Parabel, der Wurfbahn eines persönlichen Lebens, das als Lehrstück betrachtet werden kann. „Die deutschen Dichter wußten nicht, daß das, was an ihrem Land geliebt wird, ihre unaufhörlichen Schläge gegen die gesellschaftliche Mauer (sind). In Anna Seghers' Wohnung wohnt jetzt die Anna-Seghers-Gedenkstätte. Heute am Montag hat sie geschlossen. Da will ich erst noch hin, ehe ich weiter schreibe.

Von Adlershof zum Meer und zu den Schiffen

„Zwei Plätze gibt es in dieser mir gleichgültigen Wohnung, die mich freuen, ein Eck im Fenster meines kleinen Schlafzimmers – Ruth sagt Kajüte –, ein Fenster-eck, aus dem man weit raus sehen kann und sich einbilden, dahinter läge das Meer und die Schiffe oder sonst was. Und gut ist auch, auf dem kleinwinzigen Balkon zu liegen, und ich gucke mir abends die Vögel an und frage mich, warum sie herumfliegen, und ich denke auch, daß so einen Flug die Menschen noch nicht erfunden haben ...“ In der Wohnung, die die Schriftstellerin Anna Seghers 1977 so beschreibt, hat sie länger als ein Vierteljahrhundert gelebt, von 1955 fast bis zu ihrem Tode. Damals Volkswohlstraße, heute Anna-Seghers-Straße, Nr. 81: Anna-Seghers-Gedenkstätte. Ein einfaches Mietshaus, enge Treppe, ganz normale Leute, im obersten Stock das Türschild: Seghers, Radvanyi. Ich klingle, fühle mich fast als Eindringling. „Anna Seghers ist gerade ausgegangen; ich vertrete sie“, sagt die freundliche Archivarin; das hat sie nicht zum ersten Mal gesagt.

Mit dem ersten Schritt bin ich in einem höchst privaten Ambiente, tatsächlich, als ob die Wohnungsinhaberin gleich wiederkäme. Ihr Mann hat weniger Spuren hinterlassen. Sie war berühmt, er nicht. Der Ruhm der Frau, mit der er ein halbes Jahrundert verheiratet war, führt jetzt die Besucher auch in sein Schlafzimmer. Die Archivarin schaltet die Stimme der Toten an. Die Atmosphäre wird immer bedrängender. Die Szene ist geisterhaft. Als ich gehe, mache ich mir flüchtige Gedanken über „Gedenkstätten“. Was ist der Sommer ohne die Flügel der Schwalben, was ist das Land ohne die Gräber der Dichter? Die Gräber, nicht die verlassenen Wohnungen.

Es regnet, als ich wieder unten bin, Ecke Silberberger Straße. Jetzt werde ich in die Richtung gehen auf das Meer und die Schiffe, die Anna Seghers aus ihrem Schlafzimmer vermutete. Weil alles erst richtig am Ufer anfängt, was überhaupt etwas wert ist. Von der Florian-Geyer-Straße, am Dänischen Bettenhaus vorüber durch die postmodern neue Marktpassage auf den neuen Südostteil des alten Marktes.

Gegenüber, östlich der Dörpfeldstraße, ein Gedenkstein, ein schlanker Quader, der drei spitze, rote Dreiecke trägt, das Signet der Verfolgung, daneben ein roter Block, dahinter eine geweißte Baracke und rechts eine Imbißbude, Asia Imbiss, auf dem roten Block aus Kunststein die Inschrift: „Im Gedenken an die heldenhaften Widerstandskämpfer gegen die faschistische Barbarei. Ihr Vermächtnis hat sich in der

Als die Bäume noch kleiner waren, sah Anna Seghers aus diesem Fenster den Horizont.

sozialistischen Deutschen Demokratischen Republik erfüllt". Auf der Bank dahinter alkoholisieren sich Penner.

Gegenüber auf der Westseite wirkt der Marktplatz propper, Postmoderne des Konsums, ich sitze bei dem netten Italiener im Eiscafé. Der Brunnen davor, ebenfalls ganz neu, besteht aus sechs Steinkugeln, aus jeder von ihnen steigt ein mittelstarker Wasserstrahl auf, der in leichtem Bogen dort niederfällt, wo auch die anderen Wasser aus den anderen Kugeln enden. Je mehr von diesen Wasserausgängen man zuhält, um so höher steigen die offen bleibenden. Drei mit den Wassern spielende Kinder organisieren sich im Wasserverschließen, holen sich schließlich sogar zwei vorübergehende Erwachsene zu Hilfe, damit alle Wasserausgänge verschlossen werden können bis auf einen, aus dem nun die Fontäne zu doppelter Höhe aufsteigt, um auf ihr Normalmaß zurückzufallen, wenn die anderen Wasser wieder beteiligt werden. Schließlich überkommt Übermut die Kinder. Der Knabe steigt balancierend auf eine der Steinkugeln und stellt sich so auf, daß der Springbrunnen ihm wie eine riesige Pißfontäne durch die Beine sprudelt, und während er noch triumphierend lacht, stauen die beiden Mädchen zwei andere Fontänen schnell zurück, so daß die, die dem Knaben eben für seine männliche Demonstration diente, ihm so nahe kommt, daß er hastig abspringen muß, um nicht durchnäßt zu werden. Rasches Ende eines gestohlenen Triumphs. „Ihr Arschlöcher", sagt er leise.

Es gibt Leute, die hier aussehen wie die Anna-Seghers-Straße, und es gibt Leute, die aussehen wie die Marktpassage, in die sie Hand in Hand mit energischen Schritten hineineilen. Die italienische Schlagermusik macht mich melancholisch. In einem Schlager von Klasse liegt manchmal mehr Jahrhundert als in einer Motette. Er braucht gar nicht von Klasse zu sein.

Laufen ist ein gutes Mittel gegen Schwermut. Hinter dem verfallenden Eckhaus an der Wassermannstraße geht die Dörpfeldstraße ins Kleinstädtische über. Die Waldstraße begrenzte früher die bebauten Quartiere zur Köllnischen Heide und führte im weiten Bogen um alle Häuser herum wieder zum Adlergestell. Zwischen Verfall und Erneuerung ist die Straße jetzt ein typisches Stück Gegenwarts-Berlin, bis sie im renovierten und noch ganz unbesprayten Eckhaus zur Friedländer Straße endet.

„Auf eigene Gefahr“ gehe ich zwischen Bohlenwand und Drahtzaun einen „Privatweg“ entlang ins Birkenwäldchen der Heide, das sich nach Süden in den Friedhof fortsetzt. Nur entfernte Menschenlaute. Ich gehe lange an dem Friedhofszaun entlang, ehe ich einen Eingang finde. Mühelos rührt der Pfiff eines Vogels an den Grund des Herzens und dadurch auch an die Wurzeln der Handlungen. Inmitten der breiten Mittelallee dieses Totenparks ein pathetisches Denkmal, ein zusammenbrechender Mann hebt das Gewehr über die Schulter in die Höhe, blickt auf, wohin? Vermächtnis des Kämpfers, Bronze von Hans Kies, von bösartiger Patina befallen. „Dem Gedenken der im Kampf gegen die Reaktion gefallenen Sozialisten 1920“ . Hinter dem Denkmal Grabsteine, die jüngsten Toten 18, der älteste 63. Wer war 1920 die Reaktion? Der preußische Innenminister Wolfgang Heine (SPD), dessen Polizei am 23. Januar 1920 auf die Arbeiter schoß, die sich vor dem Reichstag versammelt hatten, um ein einschränkendes Betriebsrätegesetz zu verhindern? Oder der Generallandschaftsdirektor Kapp und der General Ehrhardt, dessen Freikorps am 13. März in Berlin einmarschierte und vor dem die Regierung floh, auch Noske und Ebert?

Mich ergreift die Melancholie der Geschichte. Ich kann heute nicht weiter gehen nach Norden zum Wasser, wo vielleicht die Schiffe liegen, nach denen die Altkommunistin Seghers aus ihrem Schlafzimmer ausblickte. Die Schiffe, mit denen die Toten ins Vergessen gefahren werden. Es gibt keine Lehren aus der Geschichte.

Es nützt nichts, daß Geschichte geschrieben wird. Alle Erfahrungen sind persönlich.

Von Altglienicke nach Grünau

Der S-Bahnhof Altglienicke ist nur ein Bahnsteig neben der Ein- und Ausfallstraße. Wenn der Zug weg ist, denkt man, man ist ganz woanders. Kein Haus zu sehen, die Menschen fort, nur ihre Autos drüben am P+R-Platz. Er ist ein Stück vom Paradies. Paradies heißt die Straße, die ich über die Fußgängerbrücke erreiche, welche den Bahnsteig erschließt. Paradies – das ist in einer bestimmten Zeit der Entwicklung deutscher Städte ein Traditionsname gewesen. Für Wiesenflächen, auf denen später auch gerne Sportplätze entstanden. Die Stadt und das Paradies, in dem man sich von der Stadt erholen kann. In den Erzählungen meines Vaters, an denen sich meine Kindheit orientierte, kam oft das Paradies vor. Nicht dieses hier. In Jena, die Saalewiesen, als Sport noch verboten war und ein Gymnasiast mit Schülermütze sich nicht beim Sport erwischen lassen durfte. Im Paradies. Dieses hier soll seinen Namen von der sozialdemokratischen „Arbeiterbaugenossenschaft Paradies zu Berlin e.G.m.b.H." haben; wie kam das Paradies zu den Sozialdemokraten Anfang des Jahrhunderts?

Die kahle Straße entlang gehend, frage ich mich das; rechts der „Falkenberg Park", an dem man – wie jetzt mancherorts – den Bedeutungswandel von Wörtern erfährt: Park – das war früher etwas Landschaftliches. Aber die Landschaft, die sich weit nach links (so sieht's aus) zum Langen See und den Müggelbergen hinzieht, in einer welligen Wiese aus falschem Ginster, gelb und pappelbestanden – das ist nicht der Park. Der Park – das sind die Geschäftsansiedlungen rechts: Bosch, Siemens, Berlin Marketing Versand Service, Apotheken Auslieferungs-Dienst, apetito catering, Bäckereiverkaufsmobile, Schmierstoffservice: ironisch doppeldeutig – das ist der Park. Von der Schule, die weiter unten an der Buntzelstraße das beherrschende Gebäude ist, wäre hier oben im Paradies nichts zu ahnen, wenn nicht Schülerinnen vorüberzögen, müde vom Lernvormittag. „Ich beneide die Arbeitslosen", sagt voller sozialer Fahrlässigkeit die eine, „die könn auspenn, die brauchen keine Scheißarbeiten zu schreiben, nüscht!" Die Vegetationsfläche, die ich nun in weitem Bogen über Paradies-, Buntzelstraße, Gartenstadtweg umwandere, gehört der Berliner Bau- und Wohnungsgenossenschaft von 1892 e.G., die sich weiter oben bei ihren historischen Häusern einfach „1892" nennt. Die Gartenstadt, die der Gartenstadtweg im Namen führt, hat sich ursprünglich viel weiter die Erhebung herauf erstrecken sollen, vielleicht bis hierher; von Bruno Taut gibt es einen Plan, eine Ansicht aus den Augen eines anfliegenden Vogels, vielleicht – welchen Vogel sollen wir uns vorstellen? – vielleicht einer Schwalbe: links erhebt sich ein hohes „Volkshaus", eine breite grüne Parkstraße in der Mitte, ein sich im halben S nach Osten schwingendes Straßenband, das unsymmetrisch gliedernd eine Nord-Südstraße schneidet, dazwischen die Hofquarees, Reihenhauszüge, fern von mathematischer Regelmäßigkeit, in einer Ordnung des Fühlens. Aber wessen Gefühl? Gegenüber diesem Plan nimmt sich das Verwirklichte, das ich gleich sehen werde, wie ein kleiner Anfang aus, der auch selbst erst wieder hervorgehoben werden muß aus dem Staub der

Tauthäuser im Gartenstadtweg gegen Ende der Renovierungsarbeiten.

Zeiten, der sich schon darüber gelegt hatte. Der Gartenstadtweg, in den ich von der Buntzelstraße nach links einbiege, ist auf dieser Seite nur bis zum Höhenweg eigenheimlich bebaut, dann geht ihm der Asphalt verloren, erst kommt feiner schwarzer, dann hellerer Sand, und die Straße wird nun ihrem Namen entsprechend wirklich ein Weg. Ein Paar im Auto löst sich hastig voneinander, als ich näher komme. Die Frau blickt schnell in die Weite, dorthin, wohin Bruno Taut nicht gekommen ist, der Mann mustert mich knapp von der Seite, während er den Motor anläßt. Entschuldigung! Ich wollte nicht stören. Links hinten der spitze Turm der Kirche von irgendwo, vor mir das obere Stück eines bezinnten Wasserturms, die Flugzeuge nach Schönefeld fliegen tief an. Hinter dem Hundetrainingsplatz gewinnt die Straße ihren Belag zurück, erst breite, fast quadratische Platten, weiter unten, wo es historisch wird, Pflastersteine. In einem gemütlichen Bogen fällt der Gartenstadtweg nach Norden ab, ab hier: Denkmalschutzgebiet. Die erste Zeile der Bruno-Taut-Siedlung ist verfallen. Von Bruno Tauts berühmter Farbigkeit sind nur noch blasse Erinnerungen da. Gegenüber allerdings leuchtet es neu, da ragt das Schwarze Haus schwarzweiß-rot zur Straße herauf, als ob es von gestern wäre, und unten am Straßenende ist man gerade dabei, einen Block – wie weiter oben bereits ein schönes Pendant – so herzustellen, wie Bruno Taut es vorgemacht hatte. Die Gartenstadt, durch die ich jetzt innerlich aufgeregt und mit widersätzlichen Gedanken gehe, ist von 1913, 1913 bis 1915. Als die herrschenden Mächte alle Welt ins Feldgrau zwangen und darüber noch Begeisterung erhielten, in dieser dunklen Zeit des Untergangs, in dem auch die europäische Arbeiterbewegung moralisch unterging – man kann es nicht anders sagen –, in dieser Zeit baute ein junger Mann, 33 Jahre alt, diese bunten Häuser, Alternativen zu den Mietskasernen der bitterschönen Stadt Berlin. Die leuchtenden Farben der Gartenstadt am Falkenberg waren mitten im Ende ein Anfang. Nach WK I baute Bruno Taut – bevor und nachdem er Stadtbaurat in Magdeburg war – in Berlin von Neukölln nach Weißensee, PrenzlBerg bis Zehlendorf beispielhafte

Stadtquartiere, unter Bäumen, um Wiesen. Genossenschaften, Gewerkschaftsunternehmen waren die Auftraggeber, von denen eines der wichtigsten später an die Stadt Berlin ging, die sich jetzt durch ihre SPD-Ministerin davon trennen will wie von einer lästigen Last, die nur noch nach ihrem Geldwert zu messen ist. Aber halt! Die Vergangenheit ist nicht besonnt! Keine nostalgische Kritik der Gegenwart! Die Gartenstadtidee war keine Idee für das ganze Jahrhundert. Stadt ist Stadt, kein Garten. Der nachdenkliche und kenntnisreiche Architekt Brenne, der hier oben Wiederherstellungsverantwortung hat, sagt es nicht so. Er hat hier am Falkenberg Reste der alten Tradition erlebt. Die Bewohner haben sich nicht gewehrt gegen die neue alte Farbigkeit wie andere in Zehlendorf in ähnlicher Lage, die absolut kein Schwarz sehen wollten und wenn es von Taut war, für sie war es von Grieneisen. Hier nicht; Bruno Tauts Sohn war hier. Hat seines früh und in der Fremde verstorbenen Vaters gedacht. War Bruno Taut vielleicht überhaupt der größte deutsche Architekt (wenn es hier eine Rangliste gibt)? Jetzt ist er historisch. Am Akazienhof, wo diese Gartenstadt begann, wird auf einem dunkelnden Schild der Arbeiter gedacht, welche 1920 gegen den Putsch von Rechts noch wußten, welcher Gesinnung zu verdanken war, daß sie hier seit 1913 wohnten. Es waren die Gewerkschaften, die, trotz zögernder Führer, den Kapp-Putsch niederschlugen. Aber auch in den Kolonnen, die dann unter Adolf Hitler alles erledigten, marschierten nicht nur Kapitalisten und höhere Angestellte. Keine Illusionen! Es gibt die Opfer und die anderen. Für diese ist die deutsche Geschichte nicht eingeteilt nach Guten und Bösen, und die kleinen Leute wären immer die Guten gewesen.

Der heiße Sommer hat mich müde gemacht. Kein Kaffeehaus hier, in dem ich unter schattigen Bäumen meine Gedanken ordnen könnte. In Grünau in die S-Bahn. In den gültigen Tag.

Busfahrt nach Treptow

Daß dieser Titel nur nicht klingt wie: „Moselfahrt aus Liebeskummer"! Damit hätte ich ja gar nichts am Hut. Die Spree ist nicht die Mosel, der 104er kein Schiff, und Liebeskummer kann ich mir in meinem Alter nicht mehr leisten. Abgesehen von R. G. Binding ... mit diesem Deutschen-Reichs-Schriftsteller möchte ich nicht verglichen werden. Reichsstraße. Der Bus 104 beginnt heute am Theodor-Heuss-Platz, ehedem Reichskanzler-Platz, in der Reichsstraße ist ein Budenfest, das dem Bus seine eigentliche Endhaltestelle Brixplatz versperrt. Als ob das Leben aus Fressen und Saufen bestünde; daß wir für unsere Seele auch alltäglich immer nur durch Vermittlung des Körpers sorgen können!

Ich vermisse hier in der Gegend der feinen Leute die Gaukler, Jongleure; hinten hat der SFB, an dessen neuzeitlichem Fernsehzentrum ich nun vorüberfahre und an seinem klassischen halbkreisigen Backstein-Rundfunkhaus, zwar einen hochverboxten Stand, aber Vorleser werden da nicht auftreten, die vielleicht Ringelnatz lesen, der dort hinten gewohnt hat ... aber Ringelnatz, ich glaube, das wäre es auch nicht, es müßte ... es müßte ... welche Literatur, überlege ich mir, während es am mißlungenen Messezentrum vorübergeht und an dem kunstgewerblichen metallenen Städteeroberer, der vor dem Modernistikum nun schon seit Harry Ristocks Zeiten einen Stein zu schleudern versucht, welche Literatur müßte es denn sein, die die Leute auf der Straße hörten und sagten: Mensch, Mensch ...! Jakob van Hoddis vielleicht, der hier gewohnt hat, in der Joachim-Friedrich-Straße, an der mich der Bus vorbeischaukelt durch die Westfälische Straße, ganz dicht unter meinem eigenen Balkon entlang, Jakob van Hoddis, in Friedrichshain geboren, in Halensee gewohnt, in Anstalten gebracht, in Gaskammern vergast, durch Krematorien gejagt: Du zogst durch Nacht in weißem Mondeskahne / Vom Sternenwahn betrunken und bestaubt. An der Cicerostraße vielleicht aussteigen, wo der

Bus zu Hause ist im großen BVG- Depot, und unten in der Straße, wo die Nazi-Propagandistin Leni Riefenstahl ihre Geschäftsstelle hatte für den „Reichsparteitagsfilm", Reichskanzler, Reichsstraße, Reichsparteitag, van Hoddis vorlesen: Weltenende. Der große Sturm ist da. „Andere Gedanken!" befehle ich mir. Aber der Befehl wird nicht befolgt. Denn jetzt fährt mich der 104er am Fehrbelliner Platz an dem Haus vorüber, in dem Heinrich Himmler, der größte Mörder des Jahrhunderts, residierte und seine Gehilfen ihr Mordhandwerk mit derselben deutschen Präzision verrichteten, mit der jetzt ihre Enkel – sagen wir: – in der Ausländerbehörde die Zulässigen von den Unzulässigen trennen.

Der 104er kommt nun nach Schöneberg. Er fährt durch acht Bezirke, durch ganz verschiedene soziale Zonen, ein Stadtdenkmal nach dem anderen. Die FHW, Fachhochschule für Wirtschaft, wo wir – als Edgar Uherek dort Rektor war – über die Hochschulpolitik konspirierten, vorbei am Rathaus Schöneberg, wo wir standen, als Kennedy seine ausgeklügelten Worte sagte, auch als Günter von Drenkmanns Sarg dort auf den Stufen stand und die Kammergerichtsräte sich wie Leidtragende fühlten. Flughafen Tempelhof, die Hungerharke davor, die Worte aus Gottfried Benns sentimental-heroischem „Berliner Brief" im Kopf, Luftbrückenzeiten: „aus dem blockierten, stromlosen Berlin ... geschrieben in einem schattenreichen Zimmer, in dem von 24 Stunden zwei beleuchtet sind ... Danken wir zum Schluß General Clay, dessen Sky-Master diesen Brief hoffentlich zu Ihnen bringen ..."

„Und Sie dahinten, wie lange wolln Sie denn mit Ihrer Kurzstrecke noch fahrn!", der Busfahrer ist heraufgekommen auf das Oberdeck und stellt einen jungen Mann zur Rede, der sich vor zwei jungen Frauen dicke tut. Damit geht es nach Neukölln hinein, der Bus überquert die drei Neuköllner Star-Straßen, belebt, lebhaft, niemand würde hier sagen: Berlin; hier ist Neukölln. Wo Treptow beginnt, das sieht man gleich. Die Mauerwunde ist noch nicht vollkommen vernarbt, Wildenbruch-/Ecke Heidelberger ...

Ernst von Wildenbruch, 1845 bis 1909, illegitimer Hohenzollernsproß, ein Berliner Schriftsteller, der Kaiser schätzte ihn mehr als Gerhart Hauptmann, heute ist's bald egal, auch Hauptmann sinkt ab.

Der freundliche Busfahrer berät eine Frau mit Kinderwagen ausführlich, wie sie am besten dort und dorthin kommen kann, den Kollegen hier oben auf dem Oberdeck stört die Verzögerung: „Fahr weiter, Mann!“ brummt er, „ich will nach Hause“, und als es endlich weitergeht, schickt er ein verächtliches „Wessi!“ hinterher. Die Endhaltestelle S-Bahnhof Treptower Park liegt in der platanengeschmückten Puschkin-Allee. Zum S-Bahnhof geht es über eine belebte Autostraßenkreuzung; an einer verwilderten Ecke, etwas aus der Aufmerksamkeit gefallen, zurückgezogen vom nahen Autolärm, den neu-glänzenden Treptowers die Schulter zeigend, ein Denkmal, ein Schild an einer rohen Mauer: „Trifon Andrejewitsch Lukjanowitsch / Obersergeant der sowjetischen Armee, rettete an dieser Stelle / am 29. April 1945 eine deutsches Kind / vor dem Beschuß durch die SS. / Fünf Tage nach der Heldentat / starb er an seinen schweren Verletzungen. / Ehre und Ruhm seinem Andenken.“ Ein paar Augenblicke lang habe ich den heftigen Wunsch, mir die Gedanken vorzustellen, die den Obersergeanten bewegt haben. Am liebsten ist mir die Vorstellung: der russische Mann war hier, zu dieser Zeit, an dieser Stelle derjenige Mensch, der das getan hat, was nötig ist, damit die Erde ein Ort bleibt, an dem Menschen leben können.

Ich gehe unter der S-Bahn hindurch, auf die andere Seite, wenige Schritte nur, die Stadtstimmung ist im Nu verwandelt. Hier beginnt die Treptower Parklandschaft, am Wasser liegen die Schiffe von „Stern und Kreis“, Eltern und Kinder, Paare, Paare mit befreudeten Paaren, es ist Sonnabendnachmittag, MS Friedrichshain legt gleich ab zur Kaffeefahrt. Eine gemütliche, das heißt in Berlin immer auch: eine zugleich etwas aufgeregte Freizeitstimmung breitet sich aus. „Weesde, Nicole, wat dett sind? Det sinn Maronien, Eßkastanjen sinn dett!“

„Ich dachte, dess sinn Kastanjen.“

„Neenee, det sinn Maronjen.“

Pause im „Ambiente“ im S-Bahn-Bogen. „Keine öffentliche Toilette!“ ruft die Wirtin einer Aufgetackelten nach, die nicht mal fünfzig Pfennige geben will.

Die Puschkinallee kreuzbergwärts. Eine Lieblingsstraße. Sie wird immer schöner. Die Stadtvillen an der nördlichen Straßenseite, deren schnelles Wachsen ich beoachtete, sind jetzt erwachsen, hinten liegen die Treptowers, das ist bis zur Eichenstraße eine ganze Stadt, allerdings eine Arbeitszeitstadt, nach Feierabend sieht sie geschlossen aus, wie gegenüber die Bewag-Zentrale am Schlesischen Busch.

Park, parken: Die Wörter haben eine auffällige moderne Doppeldeutigkeit. Die Erklärung für die vielen Parkenden am Park sind an der Grenze zu Kreuzberg die von der Industrie verlassenen Industriehallen: „Antik und Trödel“.

Ein gigantischer Trödelmarkt, eine großstädtische Sehenswürdigkeit ersten Ranges, einmalig, geordnet und ganz ungeordnet: Bücherberge, CD- und Schallplatten-Haufen, weite Flächen voller Metallzeug, Türklinken, Wasserhähne, Schweißerhelme – und Kleider, Kleider, Röcke, Jacken. Das Innenleben ganzer Bürgerlichkeiten ist nach außen gestülpt, ein soziologisches Museum, ein Querschnitt durch die Privatheit, in der wir leben, wenn die Fernseher und die Computer ausgeschaltet und die CD-Player verstummt sind. Dagegen ist jedes Historische Museum eine Lüge.

Als ich an den Reihen der ausgebrauchten, von Gefühls- zu Handelsware mutierten Barbie-Puppen vorübergehe, faßt mich ein Schaudern, sie liegen da nebeneinander aufgereiht: Zärtlichkeitsleichen, Killing Fields der Kindheiten, die zu Ende gegangen sind: ach, mögen sie doch nicht in die Hoffnungslosigkeit von Arbeitslosigkeiten übergegangen sein.

Ich krame aus einem Bücherstapel einen Band Wildenbruch, verstaubt, zerlesen, lose Blätter unterm Golddruck-Deckel: „Edles Blut“. Und trage meine Melancholie bis zum Schlesischen Tor, wo ich im Margarita diesen Text geschrieben habe.

Am Park entlang

Ich komme aus Friedrichsfelde; an der Fachhochschule für Verwaltung und Rechtspflege habe ich eine Vorlesung gehalten, Verfassungsrecht, aus gegebenem Anlaß über Religionsfreiheit, über Staatskirchen, die seit der Verfassung von Weimar hierzulande verboten sind, schließlich über den Unterschied zwischen Religions- und Weltanschauungsgemeinschaften.

Die schlaue Studentin vorne links sagt: Das ist doch eine Frage, die sich nach kulturellen Gesichtspunkten entscheidet. Da hat sie recht. Sie weiß nur noch nicht, daß alles, worauf die Jurisprudenz ihre Finger legt, juristisch ist.

Nach Treptow komme ich wegen Örtlichkeiten, von denen es heißt, daß sie ihren eigenen Charakter hatten: gesellschaftlich wirksame Teilkulturen. Der Südosten Berlins war rot, lese ich, allein 5000 SPD-Mitglieder in Treptow, in den Abteilungen Treptow, Baumschulenweg, Oberschöneweide jeweils fast 1000 Genossinnen und Genossen.

Die Spree zu Füßen der Treptowers spiegelt den Himmel blau, hinten liegt die Oberbaumbrücke wie aus dem Anker-Stein-Bau-Kasten. Hinter der Baustelle des Park-Centers glänzt die Skyline der Beermanstraße in der Oktober-Sonne. Eine rote Arbeiterfamilie, höre ich, wohnte hier neben der anderen. Eines der Häuser gehörte einem schwedischen Juden, die Nazis enteigneten es deshalb nicht, es entstand eine Art Ghetto für die Juden, die aus ihren eigenen Wohnungen vertrieben waren und auf ihre Deportation warteten. Dann wurden sie abgeführt, die Nachbarn standen nicht auf und schrien: Nein. Aus einem kleinen Lastauto lädt ein kohlen-schwarzer Mann Briketts und trägt sie Korb für Korb nach oben. Früher sah man das häufiger.

Aus „offensiv" kommen freundlich-lebhafte Kinder, die Erzieherinnen wirken aufgeschlossen, die Kinder drängen nach ihren Händen, erzählen, erzählen und wollen geliebt werden. An der S-Bahntrasse, über die die S 6, 8, 9, 10 fährt, biegt die Beermann- scharf nach links und heißt dann Matthesstraße nach einem verdienstvollen Lehrer zu Jahrhundertbeginn. Die Nazis, aber dann wohl auch alle anderen, nannten die Beermannstraße nach Hermann Mächtig, der Gartenbaudirektor war, als zu Ende des 19. Jahrhunderts der Treptower Park entstand. Die Beermanns, Industriuelle, waren Juden, plötzlich wurden ihre Verdienste um den Ort gestrichen, jetzt verbindet niemand mehr viel mit ihrem Namen.

Rechts an der S-Bahntrasse entlang führt ein schmaler Weg hinterm Drahtzaun in die Kleingartenkolonie Alt-Ruhleben. Ich blicke zurück. Die Straßenfront hat mit ihren Balkonreihen etwas Gleichförmiges, aber auch etwas Stolzes. Das Proletarische hatte in Berlin oft etwas Stolzes. Wenn es nicht so gnadenlos untergegangen wäre im Nationalsozialismus, der auch etwas Proletarisches hatte, dann sähe das Land heute wohl anders aus.

Die Wirkungskraft von Traditionen bestimmt sich auch danach, wie das reale Substrat des Überlieferten den Weg von seiner Gegenwart in unsere Vergangenheit gefunden hat. Die deutsche Arbeiterbewegung war schon bei Beginn der Weimarer Republik, als sie notgedrungen zu regieren begann, erledigt, sie war innerlich gebrochen, nachdem die Führung dieser größten Arbeiterbewegung der Welt einem Krieg der Arbeiter gegeneinander zugestimmt hatten und dann die wenigen mit Ablehung verfolgte, die Recht gehabt hatten.

Auf der anderen Seite der S-Bahn ist die Gegend prächtiger; an der weißrussischen Botschaft vorüber in niedlichem Försterstil biege ich in die Moosdorfstraße ein. Eine ehemalige Privatstraße, an ihrem Ende steht das Industriegebäude mit schön renovierter Fassade, das der Fabrikant Otto Mossdorf von der Hauptstraße zurückgezogen hatte wie Fontanes Kommerzienrat Treibel seine Fabrik für Berliner Blau weiter westlich. Heute ist dort u. a. Infratest beheimatet, das bekannte Meinungsforschungsinstitut. Hinter den großen Fenstern sehe ich oben die Meinungsforscher sitzen und die vielen Fragen beantworten, die niemand stellen würde, wenn es die Institute nicht gäbe. Allmählich beginnen wir zu glauben, daß wir Meinungen haben, die in uns liegen wie die elektrischen Signale auf der Festplatte. Mit Erstaunen lernen wir, wieviel wir meinen, ohne es selbst gewußt zu haben.

Die nächste Straße, die westwärts von der Parkallee abbiegt wie ein städtisches Wohnzimmer vom breiten Flur, heißt wie später weitere nach einem der Maler, die das 19. Jahrhundert so liebte, ehe es modern wurde und sie nicht mehr liebte. Hier vorne Hans Thoma, weiter hinter Stuck, Leibl, Rethel, Ludwig Richter und Defregger. Franz von Defregger, Die Schlacht am Berge Isel; mein Großvater liebte das Panorama-Bild, weil es die Grenze verwischte zwischen Steinen aus Natur und Steinen aus Kunst. Hier sind die hohen Wohnhäuser villenartig, prächtig. In der Defreggerstraße, heißt es, hat Friedrich Ebert gewohnt. Näheres weiß ich nicht. Ich kann mir den Reichspräsidenten von Weimar also überall hier vorstellen, in gediegener Großbürgerlichkeit. Meinem Großvater, der Glasermeister war, hätte das gefallen. Er bewahrte eine Visitenkarte auf, die in einem der vielen Weimarer Wahlkämpfe von rechts verwendet worden war: auf der Vorderseite: „Friedrich Ebert, Reichspräsident“, auf der Rückseite: „Friedrich Ebert, Sattler“; das sollte herabsetzen, für meinen Großvater war es eine Empfehlung: Der Mann hatte es zu etwas gebracht. Und überhaupt: Es war ein Handwerker.

Lange wird es nicht dauern, dann sind hier alle Häuser renoviert. Es wird eine Glanzversammlung nostalgischer Gestrigkeit werden. Dann wird man auch von der DDR nichts mehr wissen, niemand wird mehr sagen: „Früher war's schön hier“, dann wird es jetzt schön sein. Niemand denkt mehr: Der Südosten ist rot. Wir streichen die Stadtquartiere nicht mehr mit politischen Farben an. Es gibt – das sage ich für meine kluge Studentin von vorhin – keine gesellschaftlichen Teilkulturen in unserer Stadt, die kirchlich oder weltanschaulich bestimmt wären. Das Fernsehen ist für uns alle gleich, kulturell ist es sogar gleichgültig, ob der eine sich die Gruppenspiele der Fußballweltmeisterschaft gegen

Fassaden in der Rethelstraße.

zusätzlich Kohle leisten kann und der andere für die Staatsgebühr nur die Endspiele.

Ich fahre um den traditionsreichen Park, in dem die Bäume und die Wiesen echt, die Bauwerke aber nur noch Denkmäler der Vergangenheit sind, durch die Bulgarische Straße, Alt Treptow, schließlich meine Lieblingsstraße, die herzergreifende Platanenallee, die nach Puschkin heißt und an deren Ende die Hauptverwaltung der Bewag liegt. „Hast du gehört, wieviel Miete sie dafür zahlen?“ sagt Mehdi, der mich fährt. „Mein lieber Mann!“ sage ich, aber ich weiß nicht, wen ich da anrufe.

Kieselstein zur Quelle

An Meyerbeer kann man nicht vorüber. Ich komme nicht seinetwegen auf den alten Jüdischen Friedhof an der Schönhauser Allee. Eine der schönsten Stellen dieses traurig-schönen Berliner Ortes liegt in der Nordallee, die an den Höfen der Wörther Straße entlang führt. Dieser Friedhofsweg ist ohnegleichen. Die Brandmauern der Hofhäuser ragen als Stadtpilaster über die Gräber hinaus, oben die Lebenden, unten die Toten. Viele von ihnen sind lebendig, sobald man die Zeiten öffnet.

Mitten in dieser Hauptgeschichtsallee liegt die Grabstelle der Beer. Unter 4 Amphoren ein offener Raum, der seine Intimität nicht verbirgt, mit seiner Öffentlichkeit nicht prahlt, östlich, nach Westen blickend Giacomo Meyerbeers Grab, seit dem 9. Mai 1864 ruht er hier, 16 Tage vorher war er in der Fülle seines europäischen Ruhmes in Paris gestorben, ihm gegenüber seine Frau, die aus Berlin stammte wie er und sich lebenslang sehnte nach Berlin, neben ihm seine geliebte Mutter, eine der schönsten und reichsten Frauen Berlins, Freundin Alexander von Humboldts: Amalia (Malka) Beer; auf dem Gemälde von Carl Kretschmar, das jetzt als Preußischer Kulturbesitz geführt wird, blickt sie uns in ihrer jugendlichen Schönheit an aus ihren großen braunschwarzen Augen. Über die Beers lassen sich Geschichten erzählen, wie über die Mendelssohns, in denen ein deutsches Bürgertum sich wiedererkennen könnte, wenn nicht Rassenhaß und nationaler Hochmut alles verdorben hätte.

Es ist ein windiger, unfreundlicher Februartag. Der Sturm will mir das jüdische Mützchen, das mir der freundliche Friedhofswärter geliehen hat, vom Kopf blasen. Es fällt mir schwer, mir jenen Maitag vor 133 Jahren vorzustellen, als der prächtigste Trauerzug, der je einen deutschen Musiker zur ewigen Ruhe begleitete, hier anlangte, er kam von Meyerbeers Berliner Haus, Pariser Platz 6, an der Oper vorbei, wo er verweilt und vom Opernchor den Choral gehört hatte: Was Gott tut, das ist wohlgetan.

Jüdischer Friedhof in der Schönhauser Allee

Ach, dieser Gott. Auf vielen Grabstellen dieses Friedhofes unter den efeuumrankten Pappeln wird seine Weisheit gefeiert und mutig die Überzeugung ausgedrückt, daß er schon wisse, was er tut. Ich weiß nicht, ob ich diese Sicherheit teilen kann. Neben dem Grab, dessentwegen ich eigentlich gekommen bin, liegt das Erbbegräbnis der Simons: Ruth Veit Simon, Rolf, Sabine, Eva, Hedwig gestorben, ermordet in Theresienstadt, Mauthausen, Auschwitz: „In Gottes Hand ist die Liebe alles dessen, was lebt“. Mir wird das Herz schwer, mein Glaube ist schwach.

Zwei Grabstellen weiter: Mendelssohns. Joseph Mendelssohn und die Seinen. Die Daten auf der Grabstele sind verwittert. Niemand fühlt eine öffentliche Verpflichtung, sie zu verdeutlichen. 1770 bis 1848, der älteste Sohn des großen Moses Mendelssohn; hier ruht er aus von seinen Bankgeschäften, auf diesem Jüdischen Friedhof, nicht auf einem christlichen wie Abraham, sein Partner und jüngerer Bruder: „Einen christlichen Mendelssohn kann es nicht geben“, hatte der an Felix, seinen hochberühmten Sohn, geschrieben, als er sich nicht bequemen wollte, sich Bartholdy zu nennen. Moses Mendelssohn, der Seidenhändler, der die deutsche Sprache erst geeignet gemacht hat zum philosophischen Diskurs, hatte Toleranz versucht, Toleranz in der Eigenart, nicht in der Selbstaufgabe. Joseph, sein ältester Sohn, meinte es dem Vater schuldig zu sein, Jude zu bleiben, nicht das zivilisatorische Eintrittsbillet Christentum zu ziehen. Treue, Verehrung. Ich suche auf der Friedhofserde einen kleinen Kieselstein, den ich vom Grab des Sohnes zum Grab des Vaters tragen kann, in der Großen Hamburger Straße.

Der Friedhof liegt fast oben auf der Erhebung der Schönhauser Allee, die von hier über den Senefelder Platz abwärts läuft, am südlichen Platzende am Pfefferberg vorbei, wo bayrisches Bier gebraut wurde, noch bevor Hobrecht die Straßenflucht zeichnete. Wie durch einen Trichtermund läuft sie auf das Schönhauser Tor zu. An der Stelle dieser Straßenverengung liegt der Neubau der sog. Königstadt-Terrassen der Nürnberger Versicherung, erfreulich modern, wenig postmodern, mit offenen Armen der Fehrbelliner Straße gegenüber.

Hier hat man, die sachte Straßenschwingung im Rücken, einen schönen Blick auf die Hedwigskirche und zur Rechten auf die trutzige Herz-Jesu-Kirche, die nicht nur geöffnet ist, sondern auch auffordernd auf diese Tatsache hinweist. Drinnen im Kirchendunkel scheinen die Renovierungsarbeiter bedachtsame Ruhe zu bewahren für den Beflissenen, der den ausliegenden Erklärungs-Text lesen will von Irmtraud Thierse, die – vermute ich – des SPD-Thierse Ehefrau ist. Dann wohnt sie nicht weit. Der Kirche gegenüber ist hoch oben angesprayt: Wohnraum statt Schönbohm. Reimt sich das?

Das Schönhauser Tor, durch das ich jetzt den Bezirk verlasse und nach Mitte überwechsle, ist eigentlich nur ein Name, aber es ist dabei, tatsächlich ein Tor zu werden, gebildet von dem Neubau an der östlichen Ecke, der nicht weiß, ob er noch modern oder schon postmodern sein will, und der in seiner gebogenen Fassade selbst eine Art Tor ausbildet und von dem Neubau, der an der östlichen Ecke für die Firma Trigon entsteht. Hoffentlich finden sie alle solvente Mieter.

Der Eingang zum Alten Jüdischen Friedhof.

Das Grab Moses Mendelssohns liegt in der Großen Hamburger Straße neben der jüdischen Schule, die es in Berlin seit einiger Zeit wieder gibt. Über das Kinderlachen, das hier herausdringt, würde ich mich noch mehr freuen, wenn nicht zwei Polizisten vor dem Tor stehen müßten. Solche Angst müssen wir haben vor manchen von uns, daß sie Toleranz nicht ertragen können.

Neben der Schultür eine Bronzeplatte, die an Moses Mendelssohn als den ersten Schulgründer erinnert. Das Grab selbst liegt ein Stückchen weiter, von Häusern fast umgeben, aus einem bestimmten Haus an der Oranienburger Straße, in dem die Staatsanwältin Clarissa Bilian wohnt, kann man herüber sehen.

Der Grabstein, der schon eine Replik des ursprünglichen ist, das Grab ist auch mehrmals ein bißchen hin und her gewandert, bildet nach oben neben Absätzen auf beiden Seiten eine sanfte Halbkreiswölbung, auf den Absätzen und obenauf liegen Kiesel, auf der hebräischen Seite der Grabplatte halten sie eine rote Rose und eine kleine exotische Topfpflanze.

Mein Kieselstein ist, glaube ich, der kleinste, ich lege ihn so hoch wie möglich auf die Grabplatte des Vaters, ob unter den vielen Kieseln noch ein anderer ist, der vom Grab des treuen Sohnes kommt?

Joseph Mendelssohn hatte in der Nähe Frankfurts, in Horchheim, ein schönes Landgut, sein berühmter Neffe Felix war dort oft zu Besuch beim jüdischen Onkel: „Ich liege unter Apfelbäumen und großen Eichen, fresse Erdbeeren zum Kaffee, zu Mittag und zum Abend“, dort komponierte er die Musik auf den 114. Psalm, die Schumann gefiel. „Vor dem Herren erbebe, die Erde“, heißt dieser Gesang in der Übersetzung seines Großvaters, „vor dem Gotte Jakobs, der Fels in Wasser wandelt, Kieselstein in Quellen“. Oder sollen wir an Meyerbeer denken, seinen 92. Psalm, in Moses Mendelssohns Text: „Sie müssen dich auf Händen tragen, daß deinen Fuß kein Stein verletze“?

Zum Friedhof, durch den Friedhof und um den Friedhof herum

Als die Mauer entfiel, lebte ich schon 28 Jahre in Berlin, hatte in vier Westberliner Amtsgerichten, im Landgericht, im Kammergericht amtiert, war politisch tätig gewesen, hatte mich sozial engagiert, glaubte Bescheid zu wissen und kannte doch von der anderen Hälfte der Stadt fast nichts, von Prenzlauer Berg hatte ich kaum den Namen gehört. Wir erfuhren, daß es in Ostberlin Stadtkarten gegeben hatte, auf denen Westberlin ein weißer Fleck war wie das Innere des Kongo, als Stanley aufbrach.

Vorwärts, denke ich also, vorwärts und nichts vergessen, als ich von der Schönhauser Allee in die Saarbrücker Straße einbiege. Ich gehe in die Richtung, in die am Haus Nummer 15 Kaulbach blickt, Schinkel sieht nach Westen. Die Saarbrücker Straße hebt sich den Hügel hinauf und fällt von ihm wieder ab in eleganter Biegung, die die Häuser Nr. 6 und Nr. 29 bis in ihre verfallenden Fassaden mitvollziehen. Aus Nummer 7 gibt es einen Blick in den Geist der Zeit; die Hauslücke gegenüber zeigt hinten den Fernsehturm und vorne in Buntplakaten Westpoint, Robert de Niro, Clint Eastwood: Zigaretten und Fernsehen nach US-Muster: ein Auszug aus der Kultur der Gegenwart, Nichts und darüber Glasur, sagte Benn, hier viel zu romantisch. Wo die Saarbrücker Straße auf die Prenzlauer Allee trifft und wo ein Findling auf halber Erhebung an Karl Liebknecht erinnert und behauptet, der Rechtsanwalt habe 1919 von hier etwas geführt, während er doch von seinen Illusionen geführt wurde, werden Nalbach und Nalbach, die Westarchitekten, das Bötzow-Center bauen für Bauherren aus Böblingen; auf breitem Transparent fordern sie uns auf, uns jetzt schon auf Nalbachs Ergebnisse zu freuen.

Die Straße, die gegenüber die Saarbrücker fortsetzt, heißt wie der Bezirk selbst: Prenzlauer Berg. Sie erhebt sich neben dem konkav geschwungenen Neubau eines Ibis-Hotels und dem Nicolai-Friedhof den Hügel hinauf, der nach ihrem Namen ein Berg ist, und führt wieder von ihm herab zu der breiten Autostraße, die seit kurzem nicht mehr nach dem erfolglosen Spanienkämpfer Hans Beimler heißt, sondern nach dem erfolglosen preußischen Ministerpräsidenten Otto Braun. Ein Unterschied zwischen den beiden Namensgebern ist, daß der frühere im Kampf gegen die Diktatur sein Leben ließ, der heutige dagegen in der Schweiz überlebte.

Auf ihrem Höhepunkt verläuft die Straße mit dem Bezirksnamen zwischen Friedhöfen. Die Friedhofsmauern sind offen: Verfall und Aufbau; aber „Aufbau" klingt merkwürdig in bezug auf Friedhöfe. Der Friedhof der St. Georgen- und Parochialgemeinde öffnet sich zur Greifswalder Straße. In Berlin gibt es viele schöne Friedhöfe. Es ist viel und nachhaltig gestorben worden in der Stadt. Manche Friedhöfe liegen in der Stadt wie Eingangsstollen nach unten; das sind die touristischen Friedhöfe, auf denen es Lesebuchgeschichten gibt, weil sie Gebeine verwahren, derer sich die Pädagogik erinnert. Von dieser Art ist dieser Friedhof nicht.

Blick aus dem Friedhof in die Winsstraße.

Aber er ist zur Zeit einer der tiefgründigsten Friedhöfe Berlins. Er war fast aufgegeben, Herr Heilemann, der Friedhofsleiter mit dem schönen Namen, restauriert ihn jetzt, sozusagen. Er ist auch wieder belebt ...; aber kann man „belebt" sagen, um zu beschreiben, daß hier nach einer zeitgeschichtlichen Pause wieder beerdigt wird? Es wird sogar mit Überlegung beerdigt. Herr Heilemann wirbt für eine neue Form des Totenschlafes. Auf einem „Erbbegräbnis, für das es keine Hinterbliebenen gibt", veranstaltet er gegen einen Pauschalpreis „halbanonyme Urnenbeisetzungen". Fast denke ich: Hier wird Friedhofsmarketing betrieben, aus einer alten Stätte soll wieder eine neue werden. Das Besondere des Friedhofs ist aber gerade das Interim. Die Toten sind tot, sie schlafen nicht (obwohl das auf einem bestimmten Grabstein behauptet wird), aber ihre Schlafstätten schlafen manchmal, sie können infolgedessen wieder erwachen.

Der Parochialfriedhof tut das gerade. Er schlägt sozusagen eben die Augen auf. Er umschließt mehrere schöne Wege, fast Alleen, ein Birkenweg darunter wie ein Feldweg durch eine frühlingsgrüne Wiese. „Radfahren verboten", steht am Eingang Prenzlauer Allee; Herr Heilemann hatte wohl Grund zu diesem Verbot; aber warum paßt Radfahren nicht zu den Toten? Warum muß es still sein gerade da, wo die Bewohner gewiß nichts hören? Friedhöfe sind für die Lebenden, die Toten sind nur die Statisten. Der Blick aus dem Friedhof über die Mauer in die Winsstraße, von der ein Stück früher nach Fritz Dahlem hieß, der fast schon als Lebender tot war, bis er ein bißchen wieder auferstanden ist, ist wie ein Blick aus den beendeten in die laufenden Zeiten. Der attraktivste Weg dieses Friedhofs läuft an seinem westlichen Ende entlang, an der Hofseite der Häuser der Prenzlauer Allee. Die Hofmauern sind auch die Friedhofsmauer. Eine schwarz-weiße Katze sitzt neben dem Fachwerkshäuschen, das ein Teil der Mauer ist. Sie beobachtet mich oder den verlassenen Grabstein von Klaus Dieter, der 1938 geboren und gestorben ist; was ist ihm erspart geblieben, frage ich mich voller Sympathie für das unbekannte Kind, das nun ein alter Mann wäre, nur wenig jünger als ich. Ein

Zeisig ruft. Als ich ein Kind war, lehrte mich meine Mutter die Rufe der Vögel. Da war meine Mutter jung, ich war ein Kind, jetzt bin ich alt, meine Mutter ist sehr alt. Mir kommen die Tränen, das Herz ist mir schwer, aber ich bin nicht traurig, denn ich bin für immer getröstet in der Gewißheit, daß vorbei ist, was beendet ist.

Der Neubau Prenzlauer Allee Nr. 8 hat dem Friedhof ein neues Mauerstück gebracht, von der anderen Seite beherbergt dies Haus die sogenannte Tea Gallery, in der ich einen interessanten Kerzenleuchter betrachte mit blassen viereckigen Kerzen. Ich gehe die Heinrich-Roller-Straße abwärts, um die Allee von der Seite der Lebendigen zu betrachten, die ich auf der Seite der Toten eben aufwärts gegangen bin. Zu den Lebenden bildet die Friedhofsmauer einen Parkplatz. Gegenüber die 2. Grundschule, vielleicht das älteste öffentliche Gebäude des Bezirks. „Prenzlauer Berg bleibt rot", ist an die Friedhofsmauer angesprayt in gelb und blau, den FDP-Farben. Daneben ein Laden, der geschlossen ist und sich – die Medien widersprüchlich vermischend – Video-Buchhandlung nennt. Der Friseur im renovierten Haus Nr. 9 kündigt den Nachbarn eine Party an, auf der es vielleicht laut wird. Durch die Greifswalder Straße weht der Wind der Veränderung.

Zwischen den Vergangenheiten

Am Senefelder Platz komme ich aus der Unterwelt des Schnellverkehrs: immer drunter weg, Gegenwart, Vergangenheit, nur Namen. Am Eingang zur Schwedter Straße ist angesprayt: Freiheit für die politischen Gefangenen aus Widerstand, Antifa und RAF.

Der Laden gegenüber nennt sich Sicherheitsfachgeschäft. Bald danach geht es los mit den leicht bekleideten griechischen Mädchen, die an den Fassaden die Balkone auf dem Kopf tragen als sei es nichts. „... selbst in den Arbeitervierteln Palastfronten. Was aber dahinter ist ...“ sagte Friedrich Engels, und Broch schrieb: „Armut durch Reichtum überdeckt ... Versüßlichung ... Verleugnung hinter Dekoration“. Nr. 263, angeschrieben: „Druckerei Gutenberg“, ist ein baldiges weiteres Beispiel dieser verleugnenden Fassadenarchitektur. Die Fresken zeigen halbnackte Antiken, nicht beim Drucken, sondern an Hammer und Amboß: früher eine Metallgießerei. Jetzt Christengemeinschaft und S.T.E.R.N., die Stadtsanierungsgesellschaft, deren Chef eben 75 geworden ist.

Ich bin auch Vorstand einer Gesellschaft, die Derartiges betreibt; nachher in der Oderberger komme ich an einer kleinen Dependance des SPI vorbei: als „Ausnahme und Regel“ haben wir in Kreuzberg-Zeiten mit zeigefingerndem Brecht-Zitat unser Bemühen grundsätzlich genommen. Jetzt weiß ich längst nicht mehr, was hier die Regel und was die Ausnahme zu sein hätte.

Ich trinke bei Donath einen Milchkaffee und betrachte den Eingang der Templiner Straße: links eine in Fuhrbetrieb und Brennstoffhandel verwandelte Kleintankstelle, dann ein Fachwerkhäuschen, das die protzenden Fassaden denunziert, dahinter eine aufragende Brandmauer, auf der sich die verblassenden Werbeankündigungen überlagern: Zigaretten Kaiser Briketts hier zu haben. Angesprayt: „Castor stoppen“, „Und Eins ist Fackt / Gefickt wird Nackt“; „So,so“, sagt dazu der Spraykommentator lakonisch.

Gegenüber die 1. Grundschule Prenzlauer Berg, die den Sprayern ihre Wände offiziell überlassen hat. Das größte Spray-Bild heißt „Märchenland", Horrorgestalten klassischer Herkunft, Pinocchio kommt über die Zunge des Wals, als ob er Jonas wäre; Märchenland ist verfettet, die Mythologen fressen zu viel.

Im Donath an den Wänden Bilder von Italien. Nebenan baut eine Firma aus Caserta für einen Wessi aus Wiesbaden ein Hotel. Bei French Quarter (zwischen 12 und 15 Uhr alle Speisen 25 % billiger) biege ich in die Choriner Straße ein.

Die Stadt hat zwei Vergangenheiten: die Vergangenheit des endenden 19. Jahrhunderts, aus der die Häuser und ihre Fassaden sind, und die DDR-Vergangenheit, in der die Balkone baufällig, abgerissen und zu Fenstern versperrt wurden. Von unten steigt die Erneuerung auf: eine farbendicke Bäckerei, ein buntes Elektrogeschäft, auch „Rosenbaum": ein Restaurant, das feine Küche anbietet.

Oftmals, las ich, wirft man den schicken Kneipiers die Fenster ein. „Kulinarische Urbarmachung des Ostens" steht werbend in einem Fenster. Als ob Prenzlauer Berg eine Kolonie sei, deren Eingeborenen die feine Lebensart beigebracht werden muß.

Ich gucke für heute nicht über die Straßenkreuzung: drüben die alte Schultheiss-Brauerei vom Bahnhofsbaumeister Schwechten, in der nicht mehr gebraut wird: ein Industriedenkmal. Von den Bauereien am Prenzlauer Berg zogen die breiten Bierwagen durch die breiten Straßen zum Güterbahnhof, der oben an der Bernauer Straße jetzt ebenso fort ist, wie die Braustätten. Wie auch das Stadtbad: Wenn man die kleine Stichstraße hineingeht, die zwischen dem Stadtbad und Oderberger Straße Nr. 60 ein Stück in die Tiefe führt, betritt man ein Hinterhof-Museum: so eng war der Lebensraum hinter den Prachtfassaden.

Die Badeanstalt, bezahlt von einem Bürgerverein, der sich um die Volksgesundheit sorgte, ist gebaut vom vielgerühmten Stadtbaurat Hoffmann Anfang des Jahrhunderts, kurz bevor die Arbeiter sich gut gewaschen aufmachten, um dem Kaiser zuliebe ihre französischen und englischen

Kollegen umzubringen und sich selbst umbringen zu lassen.

Das Bad hinter der nachgemachten Renaissance-Fassade ist seit 1. April geschlossen: „Wir bedanken uns für Ihre jahrelange Treue“ ist angeschrieben, Treue zu einer Badeanstalt – das ist besser als Treue zum Vaterland. Durch den oberen Teil der Oderberger Straße pfeift vom Mauerpark her übers Jahn-Stadion ein kalter Wind, er wirbelt Staub auf; ich muß mich ihm entgegenbeugen und auf die Fußspitzen gucken.

Manche sagen: Die Oderberger Straße ist eine Art Kunstmeile. Man sieht ihr noch an, daß sie fast drei Jahrzehnte

Giebelwand in der Templiner Straße.

eine Sackgasse war, in der die Mauer das wirkliche Leben erstickte. Jetzt belebt sie sich langsam.

Der Oderkahn, die Kneipe, die hier seit 1921 Bockwürste anbietet, bis 16 Uhr geschlossen hinter weißem Zäunchen und weiß-roter Kette, ist nicht mehr das einzige Lokal hier, ein Stückchen weiter Entwederoder, geöffnet, daneben neuestens das Labyrinth, ebenfalls geschlossen, als ich gegen Mittag vorüber komme.

Gegenüber im interessant-farbig renovierten Haus Nr. 50 die schwer lesbare „Kiez-Kantine“, die Kinderwagen parken draußen. „Lübeck: Bullen Schützen Faschos“ heißt es an einer Wand.

Ich weiß nicht, ob diese Parole den Fall trifft, auf den sie anspielt. Ich verstehe sie auch nicht ganz.

Das letzte Geschäft der Straße ist tatsächlich ein Modesalon, geöffnet donnerstags von 15 bis 20 Uhr, Hauptgeschäft in Charlottenburg, Giesebrechtstraße; das ist wahrhaftig eine ganz andere Gegend. „Voriges Jahr war der April viel wärmer“, sagt meine Begleiterin.

Wir beginnen zu frieren, während wir durch die Eberswalder Straße eilen. Das ehemalige Frauensiechenhaus (Nr.17/18), ein eindrucksvolles Gebäude von 1877, wird restauriert, jetzt St. Elisabeth-Stift, im Oktober wollen wir fertig sein, steht im Schaukasten: Der Herr ist auferstanden, Halleluja. Dann werden wohl auch Häuser wieder auferstehen.

Zur Station Eberswalder Straße muß man hinaufsteigen, unten nahe Sredzkistraße hat sich U-Bahn in Hochbahn verwandelt. Als sie das zuerst tat, hieß die Straße nach einem preußischen General. Sredzki dagegen war USPD, KPD, Widerstand, sechs Jahre KZ, in Sachsenhausen ermordet. Dieser Teil der Geschichte ist viel weniger sichtbar als die Teile davor und danach. Fast wundere ich mich, daß man den General nicht wieder aktiviert hat.

Danzig, Wins, Jablonski

Die Winsstraße hat mir von drinnen gefallen, aus dem Friedhof an der Rollerstraße. Hinter der Mauer zog sie sich so gerade hin. Das kam mir als ein guter Charakterzug vor, als ich in sentimentaler Stimmung war. Ich wollte die Straße wieder und ganz sehen.

An der Eberswalder Straße verließ ich die U 2, diese Berliner U-Bahn-Attraktion, die die Fremden unter und über vielem entlang fährt, von dem sie aus Büchern, wir aber aus der Wirklichkeit wissen: das ist Berlin. Berlin ist Name, Namen.

Die Dimitroffstraße heißt jetzt Danziger Straße; wer „wieder" sagt, weil die Straße von 1874 bis 1950 nach Danzig hieß, knüpft an eine Vergangenheit an, die nicht zur Zeit der meisten gehört, die hier wohnen. Bestimmte Leute dürfen ihr Geschichtsverständnis in und mit der Stadt ausdrücken; das ist offenbar wichtiger, als daß sich die Normalbürger in der Stadt zurecht- und wiederfinden. Aber vielleicht täusche ich mich. Dimitroff ist jedenfalls (auch) eine Gestalt der deutschen Rechtsgeschichte. Die Rolle, die er vor dem Reichsgericht gespielt hat, wo deutsche Juristen ihn fertigmachen sollten, ist erinnerungswürdig. Damals gab es den Volksgerichtshof noch nicht. Ich weiß schon, daß der auf meinem heutigen Spaziergang auch noch vorkommen wird.

Die breite D-Straße, eine Avenue, ein Volksboulevard, ist eine zeittypische Berliner Straße: typisch für viele Zeiten Berlins, auch für die Zwischenzeit, in der wir jetzt leben. Viele kleine Läden, Kneipen, viele junge Frauen, die mir selbstbewußt, clever, ausgeschlafen vorkommen, viele Männer, die mir ausgebrannt und müde vorkommen: da sehe ich wohl durch die Brille meines eigenen Zeitverständnisses.

Vorbei an den renovierten Fronten der Hagenauer Straße, der Husemann-, der Kollwitzstraße: klassisches Berlin-Gelände; die Video-Shops wirken auch als postmodern gestylte Video-Centers surreal in dieser sich von unten her erneuernden Straße.

Aber natürlich ist das eine Video-Welt: eine Welt der Träume, Einbildungen, Grausam- und Glücklichkeiten, Horror und Aerobic-Erotic: unsere Gefühlswelten werden nicht in den Straßen hergestellt, in denen wir wohnen. Sie werden geliefert, wer weiß woher, an unseren Gefühlen verdienen andere schweres Geld. Ich überquere die Prenzlauer Allee, gehe die angenehm abfallende Chodowieckistraße hinunter, die sich als Dietrich-Bonhoeffer-Straße hinter der Greifswalder wieder anhebt. Chodowiecki, der ein Franzose sein wollte und eher ein Pole war, paßt gar nicht zu diesem Berlin des Ausbeutungskapitalismus, der diese Straße gebaut hat, sich nur wenig Mühe gebend mit den Fassaden; nun sind die meisten Antiken auch abgeschlagen und hinter strengem Verputz vergessen. Nummer 37 noch eine nackte Frau und zwei Paare, die sich weit oben gegenseitig die ohnehin spärlichen Kleidungsstücke ausziehen.

Die Straße ist ruhig, fast privat, die Jablonskistraße auch, in die ich von der Greifswalder, nun aufwärts gehend, einbiege. Mitten in dieser Gegend des Volkes sind zwei Straßen

Winsstraße 59–64.

nach Akademiepräsidenten benannt: Chodowiecki, der berühmte Kupferstecher, war ein paar Jahre lang Präsident der Akademie der Künste, Jablonski, der nicht berühmt ist und von dem man gar nichts mehr weiß, ein Theologe, war Präsident der Akademie der Wissenschaften, da saßen sie am Pariser Platz und dienten dem jeweiligen König.

Die Winsstraße hat ihren Namen nach Thomas, Nicolaus, Valentin, Jacob, Christoph Wins, die hintereinander im 15. Jahrhundert Bürgermeister von Berlin waren. Auch das waren Männer, die im 19. Jahrhundert, als diese Straßen ihr heutiges Gesicht erhielten, für die Leute, die hier wohnten, gar nichts bedeuteten. Auch heute bedeuten sie nichts.

Die Namensgeber erinnern an nichts. Aber die Namen erinnern an viel. Die Ecke Jablonski-/Winsstraße ist der Eingang in einen Zeittunnel; Kinderzeichnungen trösten die graue Garagenwand; die gegenüberliegenden Garagengrundstücke gehören der Zeit an, in der Berlin zwar in den Weltnachrichten heftig vorkam, aber das Berlin, das hier lebte, war das nicht.

Das ist eine Gegend, in der die Geschichte die Opfer sucht. „Die Briefträgerin Eva Kluge steigt langsam die Stufen im Treppenhaus Jablonskistraße 55 hoch. Sie ist nicht nur deshalb so langsam, weil ihr Bestellgang sie ermüdet hat, auch weil einer jener Briefe in ihrer Tasche steckt, die abzugeben sie haßt“: Der Sohn der Quangels in der dritten Etage ist in Frankreich gefallen. Das macht seine Eltern Anna und Otto Quangel aus der Jablonski 55 zu Widerständlern gegen Hitler. Die Gestapo faßt sie, der Volksgerichtshof verurteilt sie, der Scharfrichter der Stadt Berlin köpft den Werkmeister Otto Quangel, der für Gerechtigkeit war, Anna Quangel kommt bei einen Bombenangriff auf Berlin in der Todeszelle um.

„Jeder stirbt für sich allein“: Das ist der letzte Roman Hans Falladas, der erste deutsche Roman über den Widerstand gegen die Nazis, 1946 geschrieben, Fallada war schon tot, als er erschien. Eine wirkliche Geschichte liegt der fiktiven zugrunde, die wirklichen Helden lebten im Wedding. Ich kenne die Gründe nicht, die Fallada bewogen haben, sie in der Jablonskistraße wohnen zu lassen, in einem Haus, das es nicht gibt, aber in einer Gegend, die zu ihnen paßt; ist Fallada kurz nach WK II hier gewesen? Wie sah es damals hier aus? Woran erinnerten sich die Menschen? „,... ein düsteres Gemälde ... aber mehr Helligkeit hätte Lüge bedeutet".

Ich sitze im „Titanic", Ecke Christburger Straße. Ich habe nicht den Eindruck, daß das Schiff untergeht, auf dem wir gemeinsam fahren, immer noch in unterschiedlichen Klassen. Aus den unteren Schiffsklassen kamen mehr Menschen um, als das große Schiff sank, als aus den oberen.

Es kommt keiner von den Kapitänen und entschuldigt sich. Es geschieht alles ebenso wieder.

Nazis raus! Diese Sprayparole ist in der Gegend oft zu lesen. Hier paßt sie besonders gut.

Über Weinert von Taut zu Taut

Carmen Sylva war eine Königin. Mein Vater ist als ganz junger Mann von alten Männern in den Krieg geschickt worden. Als er aus diesem ersten Weltmorden nach Hause kam, war seine Mutter tot.

Manchmal erzählte er von seiner Mutter, die eine Bäckerstochter aus Kemberg war. Am liebsten las sie Bücher von Carmen Sylva. Geflüsterte Worte, vier Bände. Briefe einer einsamen Königin. Mit offiziellem Namen hieß sie Elisabeth von Rumänien, geborene Prinzessin zu Wied. Daß das nicht die richtige Person war, einer Straße in einer klassischen Arbeitergegend den Namen zu geben, kann man also nicht sagen. Das Beispiel meiner Großmutter belegt es.

Heute liest hier in PrenzlBerg wohl niemand mehr die sentimentalen Gedichte und Romane von Carmen Sylva. Lesen aber viele noch Erich Weinert, nach dem die lange, bedeutende Straße seit 1954 heißt? Gesammelte Gedichte, sieben Bände, kommen davon viele vor in den Lehrplänen – sagen wir – der Paul-Grasse-Oberschule am Ende der Weinertstraße (oder ist die Schule gar schon umbenannt?).

Ach, die öffentlichen Namen. Während ich auf dem Humann-Platz in der Sonne sitze, denke ich darüber nach, warum es sich bestimmte Leute herausnehmen dürfen, die Stadt, in der wir doch alle leben, nach ihrem eigenen privaten Geschichtsverständnis zu benennen.

Carl Humann z.B., das war der Mann, der in Kleinasien den Pergamonaltar wiedergefunden hat, den die Deutschen dann raubten und in ihrer Hauptstadt aufstellten, als ob er hierher gehörte. Niemand kennt Humann noch.

Der Platz ist schön. Die DeGeWo renoviert die Häuser, die ihr hier eine Zeit hinterlassen hat, die noch nicht die Postmoderne, sondern gerade erst die Moderne war. Die Weinertstraße führt mich zu Baudenkmälern aus dieser Zeit, in der die Stadt begriffen hatte, was der Kapitalismus mit ihr angestellt hatte und mit vielen ihrer Bewohner.

Zu den großen Bauherren dieser Zeit des sozialen Baues in der ersten deutschen Republik gehört neben der DeGeWo die gewerkschaftliche Gehag mit ihrem Chef Richard Linnecke. „Wir arbeiten mit konsequenten modernen Architekten", sagte er 1926, „weil wir eine Bewegung von morgen, eine vorwärtsstrebende Bewegung sind und deshalb nicht eine Architektur von gestern bauen können": genossenschaftliche Solidarität, keine Eigenbrötelei, große Anlagen aus einem Guß.

Zu einer solchen Anlage komme ich nun: Nachdem die Weinertstraße die Prenzlauer Allee überquert hat, liegt zwischen Sült-, Blank-, Gubitz- und Küselstraße die Wohnanlage, die nach dem 1920 verstorbenen Gewerkschaftsvorsitzenden „Carl-Legien-Stadt" hieß.

Auch hier gäbe es eine Straßennamen-Geschichte zu erzählen. Ursprünglich hießen in dieser Gewerkschaftsstadt die Straßen nach Gewerkschaftern, dann nach Schlachtorten des ersten Weltkrieges, wo die gestorben waren, die hier noch gar nicht wohnen konnten, sondern hinten in den Mietshäusern des Ausbeutungskapitalismus ihr Leben hingebracht hatten.

Die DDR strich die Schlachtorte, holte die Gewerkschafter aber nicht zurück, sondern ersetzte sie durch Wider-

Rietzestraße Hofansicht.

standskämpfer: So war aus Massini Flandern und dann Sült geworden, aus Jäckel Kemmel und nun Sodtke, aus Elm Ypern und Trachtenbrodt; oben am Lindenhoekweg, wo jetzt die Gehag am Ende einer schön renovierten Front ein Büro unterhält, erlahmte der Umbenennungswille und so blieb dieser belgische Schlachtort der Name für eine schöne, ruhige Straße in diesem menschlichen Quartier.

Der Architekt der beispielhaften Bauten war Bruno Taut. Mit seinem Gehag-Kollegen Franz Hillinger hat er hier das Problem gelöst, trotz hoher Wohndichte den einzelnen Wohnungen und der Anlage insgesamt genug Licht und Luft zu verschaffen. In der Trachtenbrodt- und in der Sodtkestraße erscheinen auch die Farben wieder, für die Taut schon als sozialistischer Baustadtrat von Magdeburg berühmt geworden war.

Fast 1200 Wohnungen, fertig 1930: Da hatte die soziale, gar die sozialistische Moderne schon nicht mehr viel Zeit in Deutschland. Taut verließ Deutschland schon 1932, über Moskau nach Japan und in die Türkei, in Ankara ist er 1938 gestorben, da war er erst 58 Jahre alt.

Dann führt die Weinertstaße vorüber an einem Zentral-Bauwerk der Weltstadtwerdung Berlins, nämlich an dem Pumpwerk von 1909/10, das die Berliner Wasser-Betriebe heute noch benutzen. Über die schräg durch das Quartier führende Naugarder Straße erreiche ich zwischen Rietze- und Grellstraße ein anderes demonstratives Wohnungsbauwerk Tauts.

Die strenge Front zur Rietzestraße hat schon die DDR farbgerecht renoviert. Wer diese Front abschreitet und beginnt, sie trotz aller Farbigkeit für etwas hermetisch zu halten, der wird dann an der Hofseite entlanggehen, wo Taut die Außenstraße als einen Innenweg wiederholt hat. Taut hat niemals sehen können, daß die Bäumchen gewachsen sind, die er hier hatte pflanzen lassen und daß seine Fassaden nun einen grünen Innenhof umschließen.

Wer hier wohnt, hörte ich, denkt nicht so leicht ans Umziehen. Diesen Satz rufe ich Taut nach in das ewige Vergessen.

Von Ribbeck, Falk zu Arnim

Wenn man vom Bahnsteig Eberswalder Straße herunter ist und sich vielleicht vorstellt, wie das alles hier aussähe, wenn in der Straßenmitte nicht die grün-eisernen Bogen stünden, auf denen sich die U-Bahn in eine Hochbahn verwandelt, liest man angesprayt: „Berlin ist uns" und sieht das widerständliche A im Kreis.

Wem gehört Berlin? Das ist eine Frage, die – fürchte ich – nicht hier in Prenzlauer Berg beantwortet wird. Zwischen den Grünflächen des Jahn-Sportparks links und der Schönhauser Allee rechts führt die Cantianstraße durch einen städtischen Zwischenbereich.

So laut und geschäftig die Schönhauser ist, so ruhig und gelassen ist es hier. Die Baptisten bauen für Behinderte. Auf einem Stadionpfosten sitzt ein 12-/13jähriger und sieht den Bauarbeitern mit traurigen Augen zu. Weil er einsam ist? Oder weil er schon darüber nachdenkt, ob er, wenn die Ferien vorbei sind, die Schule wieder angefangen hat und schließlich auch die Schule endgültig aus ist, eine Lehrstelle bekommt?

Ecke Milastraße, am Eingang des Gewerbehofs, hängt eine große grün-gelbe Birne: „Ribbeck" heißt das angenehme Lokal, in dem ich hier zu Wurstsalat und Bratkartoffeln einkehre. Zu Hause habe ich gleich angefangen, Fontanes Ballade über die Birnen von Ribbeck auswendig zu lernen, bin aber in der Anthologie bei Gaudy und bei Gleim hängengeblieben, den Kleindichtern, nach denen die Straßen heißen, die ich um den Falkplatz gleich erreiche.

Der Falkplatz ist eine weite, baumbestandene, nach Westen offene Wiese mit vielen neuen, noch unbesprayten Bänken; die Südseite: die Max-Schmeling-Halle, in der Ballsport mit der modernen Ernsthaftigkeit betrieben wird, die die Massen von der sportlichen Aktivität selbst ausschließt, um sie in Werbekonsumenten zu verwandeln.

Als ich zur Ystader Straße den Platz verlasse, lese ich unterm Hakenkreuz: „Ausländer und Wichser raus!" Der

Namensgeber Falk war ein sonst nicht zu erinnernder preußischer Kultusminister. Daß es an seinem Platz palastartige Schulen gibt, paßt also. Die beiden Frauenköpfe am Erkervorbau der weiß renovierten Fassade von Nr. 13 blicken mit erschreckter Fräuleinhaftigkeit zu den Schulen hinüber.

Lange stehe ich an der Ecke Ystader/Kopenhagener Straße. Das ist eine Straßenkreuzung, die nach zwei Seiten in Sackgassen ausläuft. Eine hohe Pappel, Vogelbeerbäume. Die leichte Straßenhebung der Ystader- wie der Kopenhagener hierher zu meinem Standort, diagonal gegenüber dem „Kopenhagener Eck", versuche ich als eine innere Erhebung fortzusetzen.

Die S-Bahn verläuft hinter der Mauer, mit der die Ystader endet; die Züge sind zu hören, nicht zu sehen. Das vermittelt mir das Gefühl, stille zu stehen in den Bewegungen der Großstadt. Ich blicke die Kopenhagener westwärts, an den grauen, den erneuerten gelben und weißen Fassaden entlang, hinüber bis in die Weddinger Ramlerstraße. Man sieht nicht, daß das begrenzende Grün dort hinten einmal zu einer Weltengrenze gehörte. „Hilfe" steht am Laternenmast. „Meine liebe Katze ist vom Balkon gestürzt. Nun sitzen ihr Katerchen und ich zu Hause und wissen nicht mehr weiter."

Einen Tisch und einen Stuhl wünsche ich mir hierher, daß ich in Ruhe versuchen könnte zu beschreiben, warum Orte wie dieser viel mehr von Berlin enthalten als manche, an die der Baedeker die Touristen führt. Hier sind wir bei denen, die das siebentorige Theben wirklich bauten und bauen, wenn die Geschichte sie nicht stört, die Hure der oberen Herren. Unterm Mantel der Geschichte wachsen keine Blumen, denke ich weitergehend und kann mich von diesem Satz nicht trennen, der eigentlich nicht paßt, denn hier wachsen ja meist auch diesseits der Geschichte keine Blumen.

Da bin ich auf der Fußgängerbrücke, die die Sonnenburger und die Dänenstraße über die S-Bahn verbindet, und sehe rückwärts über einem vermauerten Hof der Kopenhagener ein Blumenarrangement, hinter dem ich mir einen gemütlichen Dachgartenplatz denke. Von dieser Fußgängerbrücke lassen sich tiefe Blicke in das gewesene und das werdende Berlin tun.

Unten die S-Bahn bei der Rekonstruktion des Nordringes, vier Gleise, es werden mehr. Gegenüber die expressionistische St. Augustinus Kirche, eine katholische Straßenkirche, die ihr goldenes Kreuz wie ein Ausrufezeichen in den Himmel hält. „Kommt her zu mir ..." ist im backsteinernen Eingangsbogen eingemauert, aber es ist zu.

Um die Ecke in der Driesener Straße organisieren die Konfessionskonkurrenten „Jugend für Entschiedenes Christentum". Ein Stück weiter unter dem offiziellen Gedenkschild für den ermordeten Antifaschisten Gustav Schiefelbein ein Schreibmaschinentext von Erwin Geschonnek, dem Schauspieler, „Berlin, 50 Jahre danach", nur noch schwer zu entziffern: „Gustav Schiefelbein hat im KZ Neuengamme vielen geholfen ... auch mir ... Er starb in meinen Armen ... ein mutiger Mann ... Haltet bitte ... in Ehren" Ehre seinem Andenken.

Blick ostwärts von der Fußgängerbrücke, die Sonnenburger- und Dänenstraße verbindet.

Es rührt mich, daß die Straße nach Gustav Schiefelbeins Wohnhaus, das er nicht mehr erreichte, wenn auch mit ganz anderer Bezüglichkeit Schivelbeiner Straße heißt. Sie führt mich auf den städtebaulich denkwürdigen Arnimplatz. „Bettina-Platz" paßte besser, Bettina von Arnim, die Frau auf dem 5-Mark-Schein, hatte sich immerhin einige Verdienste erworben gegen die Berliner Wohnungsnot, ihr Ehemann Achim, der die Volkslieder sammelte und ein Antisemit war, weniger.

Dieser Platz liegt tief in der wirklichen Geschichte Berlins, die mit leisen Stimmen erzählt wird. 1905 ging es hier los mit Mietskasernen, die mit ihren Fassaden Prächtigkeiten vorgaben, die in den Quer- und Hinterhäusern dunkelste Dürftigkeiten verbargen.

In den 70er Jahren: größtes Modernisierungsgebiet der DDR. Die DDR hat hier städtebaulich Ehre eingelegt, 7000 Wohnungen auf 38 ha anständig modernisert, Mieter beteiligt, sich demokratisch gezeigt.

Stimmt das nicht? Das Grünflächenamt Prenzlauer Berg schreibt jetzt, daß es den Platz „nach historischem Vorbild" restaurieren will.

Welche Geschichte meint das Bezirksamt? Keinen Schmuckgarten hoffentlich. Nicht zu viele Stein- und Pflasterwege, einen Platz für die Anwohner, nicht für die Hortaniker.

Unter dem verbotenen Rasen des Arnimplatzes wuchsen herrliche Champignons. Als die Nachbarin gebären sollte und die Mutter nicht wußte, wie sie vor den Kindern verbergen sollte, daß es nicht der erklärte Klapperstorch sein würde, der ankäme, hieß es: Runter auf den Arnim!

Dort konnten die Kinder Schlitten fahren, früher war es eine beliebte Eislaufbahn gewesen. Einer, den weder DDR noch BRD nach WK II gebrauchen konnten, wie Willy Brandt ein SAJ-Abweichler aus der SPD, erzählt das. Erich R. Schmidt. Sein Buch: „Meine Jugend in Gross-Berlin" ist lesenswert.

Viele Leser hat es wohl nicht gefunden. Ich weiß nicht, ob Erich Schmidt noch lebt. In den USA. Als Amerikaner.

Gneist, Raumer, Helmholtz

Es gibt ja sicher längst Spezialisten, die haben die Wohnhäuser zwischen Gneist- und Raumerstraße mit – sagen wir – der Tuschkastensiedlung in Treptow verglichen. Beide Baukomplexe verfolgten zu ungefähr gleicher Zeit ähnliche reformerische Ziele und sind doch ganz anders.

Die Gneiststraße ist Stadt. Häuser für die Arbeiterklasse, deren ästhetisches Programm dem der Stadthäuser der Großbourgeoisie entsprach, keine Stadtlandschaft, nichts Gartenstädtisches, Stadt pur. Das Signet des Bauherrn, der Berliner Gemeinnützigen Baugesellschaft, sieht nach Hamburg aus, jedenfalls nach Burg, es ist überall an den Fassaden zu sehen. Die Fassaden haben etwas Edles, aber auch was Dunkles. Zur Raumerstraße und zum Helmholtzplatz steigt die Gneiststraße von der Schönhauser Allee her leicht an. Sie hebt sich. Einige Fassaden werden renoviert, die anderen tragen ihren Verfall mit Würde, sie hoffen auf Erneuerung. Viele Balkone fehlen. Die DDR – das war der Staat, in dem die Balkone abbrachen. Die erste der mehreren charakteristischen Kneipen ist das „Eckstein", Ecke Pappelallee. Ein passendes Cafehaus, kiezig und zugleich großstädtisch; bis 2 Uhr nachts auf, freitags und sonnabends sogar bis 3. Da weiß man, daß man in Berlin ist. Je länger ich hier sitze, um so deutlicher wird mir, daß die psychologisch-moralischen Probleme des neuen Deutschland Altersprobleme sind; sie wachsen sich aus; die Jugend schiebt sie aus der Gegenwart in die Vergangenheit. Die Vergangenheit beginnt viel früher als wir Alten und Älteren denken. Ich blicke von meinem Tisch, an dem ich jetzt zur Mittagszeit frühstücke, in die Raumerstraße. Da denke ich an meinen längst verstorbenen Vater. Der Gedanke läßt Liebe in mein Herz strömen.

„Geht es dir nicht gut?" fragt mich besorgt die Serviererin, die sieht, daß mir Tränen in die Augen treten.

„Im Gegenteil"; ich habe an einen Artikel gedacht, den

mein Vater 1947 über Friedrich von Raumer geschrieben hat in seinem klaren ordentlichen Deutsch. Den Schlußsatz kann ich seit Jahrzehnten auswendig, ohne daß ich ihn auswendig gelernt hätte: „Die vermittelnde Tendenz seiner Natur resultierte nicht aus Schwäche, sondern aus der Erkenntnis, daß die Hälfte nie das Ganze sei." Während ich nun aufwärts zum Helmholtzplatz gehe, denke ich nicht an Raumer; der ist für mich und die Gegend nur ein Name, sondern an meinen Vater, der hier wohl niemals war, aber von dem ein Satz nun unter die erhöht stehenden Bäume des Platzes getragen wird: Die Hälfte ist nie das Ganze.

Ich bin nicht in der Stimmung, mich zu befragen, was das bedeuten könnte oder gar, was hier nun wohl das Ganze sei. Das Ganze ist jedenfalls etwas im einzelnen sehr Verschiedenes.

Viele junge Leute in praktischer Sommerkleidung, lachend, sich am Leben freuend, einige ausgeflippte Typen, Penner unterm Grün in der Platzmitte, zwei von ihnen nehmen mich wahr, machen einen alkoholisierten Kommunikationsversuch, ich verstehe sie nicht, die Hunde betrachten mich aufmerksam; es gibt viele Hunde hier; die meisten sind Sozialarbeiter, kaum abzuschätzen, was die Hunde für die Menschen leisten; sie stellen soziale Normalität auch für manchen her, der sie selbst schon verlassen hat.

Aber auch Frauen gibt es, elegant bis in die Fußnägel, wenn sie auf der Schattenseite des Platzes gehen: die Sonnenbrille hoch in die glänzend schwarzen Haare geschoben, unter denen das Tiefrot der Lippen wie die Farbe der Verheißung wirkt. In Wirklichkeit versprechen sie nichts. Sie zeigen sich nur. Und versuchen mit sich selbst zufrieden zu sein. Stilisierung schafft aber selten Zufriedenheit; und auch die modernisierte Dachwohnung mit der amerikanischen Küche machts nicht, wenn die Gegend nur Illustration sein soll, für die die zu Besuch kommen, aber dann doch ausbleiben.

„Tommy", sagt der eine Knabe zum anderen, „ich hab' dich die ganze Zeit gesucht!"

„Un ick dich ooch!"

Gneiststraße.

„Da ham wir uns die ganze Zeit versucht".

Als er mich die Front der Lettestraße betrachten sieht, die in unterschiedlichen Renovierungs- und Verfallszuständen die Nordseite des Platzes ausmacht, kommt ein höflicher Schwarzer auf mich zu; sonst erregt es meist skeptische Zweifel, wenn man mich beobachten und in mein Notizbuch schreiben sieht, endlich erkennt mal einer die positive soziale Funktion des öffentlichen Wortzeichnens: Sein Freund ist nicht da, dreimal hat er schon versucht, ihn zu treffen, ich soll eine Botschaft schreiben: „Lieber Heiko!" schreibe ich auf Diktat und schließlich „Viele Grüße Dein Amin".

Lettestraße.

„Sehr schön geschrieben!“ sagt Amin. Er lobt mich. Ich werde anerkannt.

Die blaue Eckkneipe, in der ich jetzt anfange, diesen Text zu schreiben, Raumer-/Ecke Lychener Straße heißt nach der leuchtenden Malerin Frieda Kahlo. Drinnen starke Rhythmen aus den Boxen, mein Nachbar draußen an den blaubraunen Tischen hat trotzdem den Walkman drin und zuckt in seinen privaten Rhythmen. Zwei Wespen sitzen mir plötzlich im Haar. „Nicht so aufgeregt rumfuchteln“, sagt mein Nebenmann, der zwar die Ohren zu hat, aber die Augen offenbar ganz offen. Das gelbe Lokal gleich nebenan heißt „Alea iacta“ – Der Würfel ist gefallen: da ist es passiert.

Aber was? Hier fließt kein Rubicon. Hier zieht niemand vorüber, der morgen die Welt beherrscht. Drei Männer und zwei Frauen setzen sich an den Nachbartisch; sie betrachten den Helmholtzplatz ganz geschäftsmäßig. Schnell fällt das Wort : „100 %ige Auslastung“…

„Ich hab kein schlechtes Gefühl“ …

„Auch wenn wir keine 100 %-Auslastung erreichen“ …

„Die Gegend zeigt klar nach oben“, sagt eine der Frauen …

Sie schieben die Köpfe dichter zusammen, die Stimmen sinken, jetzt kann ich sie nicht mehr verstehen.

Den Rückweg zur U-Bahn nehme ich über den „Friedhofspark Pappelallee“. Dieses Stück Land zwischen Lychener Straße und Pappelallee ist in der Friedhofsstadt Berlin etwas ganz Einmaliges. Auf den Gräbern picknicken die Menschen, sonnen sich auf breiten Decken, eine Hochschwangere spielt im kurzen Kleidchen Federball mit ihrer Freundin. Eine lebendige Metapher. Tod und Leben, Vergehen und Entstehen.

„Ich komme gerne hierher“, sagt meine Nachbarin auf der Bank , „rauche meine Zigarette und hab gleich viel weniger Angst“.

Am Ausgang steht: „Schafft hier das Leben gut und schön / Kein Jenseits ist, kein Auferstehn.“

Bötzow, Arnswald, Lilo

Ich nenne sie Lilo. Sie hieß Liselotte. Ich blicke auf ein Bild der Chemiestudentin; darauf sieht sie jungenhaft, freundlich aus; daß man einer solchen Frau (und überhaupt irgend jemandem) den Kopf abschlüge: ein schauderhafter, obzöner Gedanke. Aber die Geschichte dieses Spaziergangs fängt nicht mit Liselotte Herrmann an, sondern mit Bötzows. Oder mit Olympia. Das Filmtheater am Friedrichshain, mit dem die Bötzowstraße beginnt, hieß, als Otto Werner es 1925 fertig gebaut hatte, Olympia-Filmtheater: 1200 Plätze; das muß man sich mal vorstellen. Und das war nicht das einzige Riesen-Film-Theater in Prenzl-Berg; der Ufa-Palast in der Schönhauser Allee war noch größer. Aber die Kino-Zeit ist vorbei. Auch die Zeit der großen Brauerei-Gärten ist vorbei. Seit den 1880er Jahren brauten Bötzows hier Bier, verkauften es in ihren Biergärten und Speisesälen. Ihren riesigen Grundbesitz hatten sie noch als Wiesen erworben, die sanft aufstiegen zu der hügelig abfallenden Hochfläche; das 19. Jahrhundert hat in rasendem Gründzeittempo Mietshäuser über Mietshäuser auf dieser ländlichen Vergangenheit errichtet, die jetzt selbst Vergangenheit bezeugen.

Eine schöne Straße; ich möchte sie bedeutend nennen. Sie hat Vergangenheit, offensichtlich hat sie auch Zukunft, vielleicht bleibt sie einer von diesen Soziologie-Boulevards, die jenes soziale Durcheinander herstellen, von dem James Ludolf Hobrecht, der große Stadtplaner, romantisch schwärmte, als er alt und ein Baumeister von Abwässerkanälen geworden war. Die Straßen, die rechts und links in diesem „Bötzowviertel" zu Ende des vorigen und zu Beginn dieses Jahrhunderts entstanden, erhielten die Namen ost- und westpreußischer, heute polnischer und russischer Städte: „Ostpreußenviertel" sagte man; die Straße, die es östlich begrenzt, erhielt den Namen eines Hochmeisters des Deutschen Ritterordens, eines zweifelhaften Vereins, der das Preußendeutsche ins Litauische mit Feuer und Schwert und dem fundamentalistischen Kreuz verbreitete. Kniprode hieß dieser Mann des 14. Jahrhunderts. Nach ihm heißt die Artur-Becker-Straße nun wieder, wie auch schon von 1901 bis 1974. Maria Pilar del Mendiburu, eine Frau, die dabei war, versteht es – wie im Bezirksjournal zu lesen ist – nicht, warum Hans Beimler und Artur Becker, die Spanienkämpfer auf der rechtmäßigen Seite, ihre Straßen hergeben mußten, während die Spanische Allee im feinen Zehlendorf, mit der der deutsche Staats-Faschismus dem spanischen huldigte, bleiben darf.

Einer der roten Porphyr-Stiere des „Fruchtbarkeitsbrunnens".

Ich bin auf Frau Mendiburus Seite. Aber immerhin will ich den Stadtregenten zugute halten, daß sie die Antifaschisten, gegen deren Namen die preußischen Straßen 1974 ihre Namen tauschen mußten, auf den Schildern belassen und diese jungen Leute nicht aus der öffentlichen Erinnerung ausgetrieben haben, nur weil die meisten Deutschen nicht auf der Seite der Opfer, sondern auf der Seite der Täter gestanden haben.

Als ich gestern Mittag zu diesem Spaziergang aufbrach, betrachtete ich das Bild von Liselotte Herrmann, durch deren Straße ich jetzt gehe. Ich weiß nicht, ob sie selbst jemals durch diese Arbeiterstraße gegangen ist. Als die Studentin von Geheimpolizisten verhaftet wurde, lebte sie in Stuttgart und als ihr die deutsche Justiz den Kopf abschlug, war es in Plötzensee.

Otto, Schehr, Schönhaar, Kapelle, Benario Prestes, Niederkirchner, Saefkow sind als Namen hierher gekommen, als Schemen aus ungenauen Erinnerungen, wenige werden sie hier genau kennen, es werden immer weniger werden.

Die deutsche Geschichte hat viele Opfer, die wenigsten benennen Straßen. Der Verehrungsstatus, den der Staat bestimmt, ändert sich auch. Dem heutigen Staat ist der zweifelhafte Kniprode lieber als Artur Becker, und Otto Braun, der in der Schweiz überlebte, lieber als Hans Beimler, der in Spanien starb. Mit diesen vor Resignation quälenden Gedanken bin ich auf dem schönen, hochberlinischen Arnswalder Platz angekommen. Von 1937 bis 1947 hieß er Hellmannplatz. Fritz Hellmann, ein Schlosser wie John Scheer, war auch noch ein junger Mann, als er im April 1932 umkam. Viele haben auch in ihm ein Opfer gesehen, ein Jahrzehnt lang hat ihn der deutsche Staat für platznamenswürdig angesehen. Später hat ein anderer deutscher Staat den ganzen Arnswalder Platz überhaupt nicht mehr für namenswert gehalten: keine postalische Bedeutung, hieß es. Ich sitze lange auf den Bänken an diesem vielgestaltigen Platz, der im Norden lebhaft, im Süden ruhig ist und auf dem mächtig und merkwürdig der wasserlose Brunnen steht, den das Volk „Stierbrunnen“ nennt. Ich überlege mir, warum die Stadt in den endenden 20er Jahren bei dem Bismarckbildhauer Hugo Lederer ausgerechnet einen „Fruchtbarkeitsbrunnen“ bestellte, für diese Arbeitergegend, für die der sozialdemokratische Justizminister Gustav Radbruch in einer populären Schrift darstellen ließ, wie man benutzte Präservative wiederverwendungsfähig machen kann. Nun stehen in rotem Porphyr hier die kräftigen Stiere mit undeutlichen, aber großen roten Hodensäcken. Eine der Sprayinschriften zu Füßen der Stiere, Schäfer, Schnitterinnen und Fischer lautet jenseits von aller Rechtschreibereform: „Fuck the Systhem“. Was meint der Sprayer mit „System“? Als politischer Begriff ist das doch ein ganz überaltertes Wort. Sind die jungen Kritiker des Staates etwa auch nicht aktueller als seine alten Verwalter? Langsam gehe ich meinen Weg weiter, Otto, Schehr, Schönhaar, Saefkow, hinten auf der andere Seite noch Lilli Henoch, dann hinauf und ab vom S-Bahnhof Greifswalder Straße. Ich will später diese Gegend noch einmal beschreiben, ganz abgesehen von den Namen. So wie man sie sieht, nicht so, wie man über sie denken soll.

Von Süd nach Nord durch Friedrichshain

Ausstieg links, die beiden Wörter haben einen ganz neuen Klang im Munde der beiden chinesischen Jungen, die auf der U-Bahn-Bank knieen, mit vielen Ohs und Ahs hinaussehen und der automatischen Stimme nachsprechen: „Ausstieg links". Links steige ich also aus im U-Bahnhof Warschauer Straße. Hier will ich meinen ersten professionellen Spaziergang durch Friedrichshain beginnen. Mitten durch den Bezirk, die große Magistrale entlang, die von Kreuzberg als Skalitzer Straße, durch Friedrichshain als Warschauer, Petersburger Straße, als Dimitroff-Danziger und Eberswalder Straße durch Prenzlauer Berg und als Bernauer Straße durch Wedding führt, bis sie als Chaussee- und Friedrichstraße zu der Ost-West-Durchquerung zurückführt und einen großen Halbkreis um die Mitte der Metropole geschlagen hat.

James Ludolf Hobrecht hieß der große Ingenieur, der als junger Mann den Straßenplan gezeichnet hat, aus dem Berlin als eine Stadt des 19. Jahrhunderts in Glanz und vielem Elend hervorstieg, sich aufblähte, verfiel und sich nun vielleicht wieder erhebt. Noch keine 130 Jahre ist diese Geschichte alt vom Beginn bis jetzt.

Die Warschauer Straße ist von der Warschauer Brücke an ein Boulevard, ein Jedermann-Boulevard, viele kleine Geschäfte für uns alle. Wo der Boulevard beginnt, treffen Helsingforser und Marchlewskistraße aufeinander, die Straßen der Vereinigung, hier ließen, hörte ich, die Propagandisten die Statistenkolonnen zusammentreffen, die SPD und KPD darstellend sich hier vereinigten zur SED.

Gegenüber am verödeten Nutzhäuschen steht: „Stalin lebt". Das soll ein Witz sein. Stalin lebt nicht. Die Geschichte, der er angehörte, ist gestrichen. Die Denkmäler sind fort, damit es nicht doch eine unzulässige Erinnerung gibt. Denkmalsschutz schützt nicht Denkmäler, sondern die herrschenden Ansichten. Am Haus Nr. 60 denkt eine Tafel an Heinrich

Thieslauk, ermordet am 4. März 1937. Die frühesten Widerstandskämpfer gegen die Nazis waren bereits umgebracht, als die, die später den Ruhm ernteten, noch Mittäter waren. Keine Blumen in dem tönernen Blumenkasten vor der Denktafel; der Tod von T. bleibt auf die Mitteilung beschränkt; selbst die Zustimmung zu seinem Widerstand, die ein paar Stiefmütterchen ausdrückten, ist der herrschenden Erinnerung zu viel Zustimmung.

Eine andere Tafel am Nachbarhaus Nr. 61 erinnert an den „Sieger im Friedenswettbewerb der Gastfreundschaft Berlin 1951", heute: McPaper & Co, Der Schreibmarkt, der manche Mark spart. Neben dem Video Erotic Shop steht an der Wand: „Nieder mit der Lohn- und Geschlechtssklaverei". Die Sprayzüge verraten, daß derselbe Denker auch den Text an „Erika's Imbiss" auf der Straßenmitte, Ecke Grünberger Straße verantwortet: „Staaten gehören abgeschafft". Ja – aber was statt dessen? Etwa die Familie?

Das habe ich selbst erlebt; 1945, im Sommer, war in Deutschland der Staat ziemlich abgeschafft, die Familien überlebten. Alte Leute wie ich wissen das noch. Die Familie ist ihnen deswegen nicht weniger unheimlich. Sie hat auch manchen auf dem Gewissen.

Kurz vor der Frankfurter Allee endet die Warschauer Straße mit einem Condomaten, mit Ruhnkes Jedermann-Eleganz und mit McDonalds. Am Fuße der Säulen, die die Ein- und Durchgangshalle hinter den Wohnpalästen tragen, Taubenschiß. Die Wände sind in mehreren Schichten farbig besprayt, überwiegend „I-love"-Aussagen, aber auch die zu kreativem Mittun auffordernde Inschrift: „Die Gewalt geht immer von ... aus", das Dativobjekt fehlt. „Keine Macht für niemand" zitiert jemand eine Uralt-Parole; in den frühen 70er Jahren war sie in Westberlin häufig zu lesen; Günter Gauss, der nach seiner Diplomatenzeit in der DDR Wissenschaftsenator war in Westberlin und sich in diesem Amt ersichtlich unwohl fühlte, philosophierte oft über dieses Spray-Axiom. Niemandem Macht – das geht eben nicht, dachte der Senator. Ob er das jetzt noch denkt, oder ob er unterdessen wieder träumt?

Die Henselmann-Türme, die hier das Frankfurter Tor bilden, sind schön; ich wollte schreiben „einfach schön", aber einfach ist das Schönheitsempfinden, das an sie anknüpft, eben gerade nicht. Die städtebauliche Anlage, die hier beginnt und einen Höhepunkt hat, ist ein Glanzstück des Städtebaus in Berlin. Die ideologischen Brillen sind abgenommen. Wer kurz nach dem zweiten europäischen Weltkrieg die historisierenden Fassaden betrachtete, von denen Berlin voll war aus dem 19. Jahrhundert, der erkannte den Geist, der Geschichte vorgegeben, aber Imperialismus und Ausbeutung gemeint hatte. Da wollte man glatte Fassaden. Heute wissen wir nichts mehr von der Geschichte. Da können wir in Ruhe wieder ein bißchen altertümeln und imitieren. Die Karl-Marx-Allee hat es als Stalin-Allee schon in den 50er Jahren getan. Sie hat historisch recht gehabt. Und Hans Scharoun, der in den endenden 40er Jahren mit vielen Laubenganghäusern aus Friedrichshain eine „Wohnzelle" und aus der Stadt eine Landschaft machen wollte, hatte unrecht. Die Planer der Stalin-Allee dagegen wußten, daß am Ende des Jahrhunderts die Geschichte aus dem Alltagsbewußtsein verschwinden würde. (Genau genommen haben sie es natürlich nicht gewußt, aber das Ende der Geschichte hat ihnen recht gegeben auch da, wo sie unrecht hatten). Ich gehe auf das Humana Second Hand Kaufhaus zu: Das Menschliche – schon etwas gebraucht. Unten ist angesprayt: „BRD Bullenstaat – Wir haben dich zum Kotzen satt". O. k. – was ihr nicht wollt, das weiß ich jetzt. Sprayt doch mal an, was ihr wollt. Vielleicht ist es ein Traum, den wir gemeinsam träumen können.

Hinauf, hinab

Spaziergänge sind das gar nicht. Lerngänge; Touren durch die Emotionen, zu denen sich Gegenwart und Geschichte verbinden; Gedanken und Gefühle, Kopf und Herz in heftigem Dialog. Ich kann mich an Namen halten, bestehende, gewesene, Personen, lebende, tote, oder an die Orte selbst, in jetziger oder früherer Gestalt. Bersarin, Nikolai Erastowitsch, Mit-Eroberer Berlins, erster Stadtkommandant, noch 1945 umgekommen, Motarradunfall; vor ihm hieß der Platz, auf dem ich jetzt stehe, nach den Balten. Er ist 135 Jahre alt. Als ich 1961 nach Berlin kam, saß ich mit meinem Freund Johann Geist, der später der große Geschichtsschreiber des Berliner Mietshauses wurde, über dem Plan von James Ludolf Hobrecht, dem Berlin bis heute seine sich von den Straßen abhebende Gestalt verdankt. Auf diesem Plan von 1862 ist der Bersarinplatz, noch ganz im Hauslosen, der Platz N; er sieht aus wie eine 6beinige Spinne, nein: wie ein 6strahliger Stern, der eine Fahne hochhält: das ist weiter nördlich Platz M: der Petersburger Platz, den ich hinten liegen sehe mit der Pfingstkirche in der Front, Zeigefinger, Stecknadel, Ausrufezeichen. Der Bersarinplatz widerlegt das Vorurteil gegen das Schräge. Gerade das Schräge ist das Schöne, denn es ist das Aufsteigende und Abfallende: Um den B-Platz geht es hinauf oder hinab. In seiner Mitte ist der Platz eine Blumenrabatte, leider nicht zum Dasitzen. Ich bin für Plätze, die besessen werden können; am liebsten mit Brunnen, hier müßte es einer sein, der seine Wasser nicht aufsteigen, sondern von der Petersburger Straße her herabsprudeln ließe. Ich stehe vor der Taverna Hellas, multikulturelles Ensemble: Hellas, Bersarin, Rügen, Thaer, Petersburg, darunter noch Danzig, die Balten, und überall in diesem Bezirk Horst Wessel, nach dem die ganze Örtlichkeit hieß in gewisser deutscher Vergangenheit, die wir vergessen, aber nicht ins Nichtgewesene verschwinden lassen können. Die Stalinallee im Bezirk Horst Wessel: Der Zeitgeist schrieb die Melodien für das braune Gefühl wie für das rote: Die Fahne hoch, Völker, hört die Signale. Was sind Inhalte gegen eingängige Töne? Pazifismus – wäre das dagegen die Haltung, die vieles und viele, die hier zerstört wurden, erhalten und am Leben gelassen hätte? Ich glaube es, indem ich die Mühsamstraße überquere; ich grüße im Geiste meinen Lübecker Landsmann Erich Mühsam, verfolgt, ermordet, ein deutscher Pazifist. Durch die Straße, die nach dem Großkaufmann Ebeling heißt, in die Weisbachstraße. Valentin Weisbach, Bankier, ich will ihm die Ehre geben, 1843 bis 1899 Vorsitzender des Vereins zur Verbesserung der kleinen Wohnungen. Er hat die 16 fünfgeschossigen Mietshäuser selbst nicht mehr gesehen, die er hier um einen großen grünen Innenhof gegen die bittere Wohnungs- und Lebensnot errichten ließ. Architekt: Alfred Messel, keine verlogene Prunkfassade, fast Zweidrittel der Wohnungen mit Querbelüftung, jede Wohnung mit Balkon und Innentoilette, zu Jahrhundertbeginn absolute Seltenheit in Arbeiterquartieren. Die WBF hat das Quartier eben vorbildlich restauriert. In der Kochhannstraße kleben noch die Mitteilungen der BILA, Bürgerinitiative Landsberger Allee, an den Wänden, die gegen die Verkehrsführung durch das Wohngebiet gekämpft und lärmvermindernden Teerbelag erstritten hat. Auch der Namensgeber dieser Straße war ein Kaufmann aus der Zeit, in der dieses Arbeiterviertel hochwuchs, die Namen der Eigentümer halten sich; die hier wohnten und litten, gingen namenlos hinab. Am Ende der Straße sehe ich schon den Friedhof. Davor die Richard-Sorge-Straße; die Straße des Spions, der richtig gesagt hatte, was man ihm in Moskau nicht glauben wollte, führt an der alten Patzenhofer Brauerei vorbei; Rohmer, Alterthum & Zadek hießen die Architekten mit eindrucksvollen Namen, von deren Bauwerk nur noch die Fassade übrig ist; man muß sie besichtigen und die Leere dahinter, an deren anderem Ende der Friedhof liegt. Die Bulldozer fahren schon, aus der Leere werden sich für Brau & Brunnen des internationalen Nestlé-Konzerns neue Gebäude erheben, die Geschichte wird nur noch Dekoration sein, ich werde mir Mühe geben, in Erinnerung zu behalten, wie es jetzt aussieht: die Stadt wirft ihre alten Kleider fort, zieht sich neu an. Nach rechts biege ich in die Auerstraße. Vorher hat die Straße nach einem Polizeipräsidenten geheißen, da ist mir Auer lieber: ein Freiherr, Erfinder (Gasglühstrumpf), Fabrikant. Es geht abwärts, die Straße hat – wenn man so sagen kann – schöne Bewegung, kurz vor dem angenehmen Platz, den sie mit der Löwestraße bildet: Herrn Liesegangs Garage, die Kuriosität, die ein Dickkopf schuf, der GSW gegenüber auf seinem fast unbrauchbaren Schuppen beharrend: deshalb kein Wohnhaus, Individualität statt gemeiner Nutzen: das ist die Rechtsordnung, leicht zu kritisieren, aber auch zu rechtfertigen. Ich habe Sympathie für Herrn Liesegang (aber vielleicht ärgert er sich schon, weil er zu hoch gepokert hat?).

Hinter alledem liegt der Friedhof. Der Weg durch den unteren Teil der Auerstraße, beidseits gesäumt von den nun fast elegant wirkenden Ausläufern der Prachtstraße, rechts ein Stück den Weidenweg entlang, wieder rechts in den Friedhof und die Friedhofsallee an den Höfen von Auer- und Sorge-Straße auf der anderen Seite wieder entlang: das ist eine Spaziergangsattraktion erster Klasse, das sieht man nirgendwo sonst: die Toten dicht bei den Lebenden, die Vergessenen und die Namenlosen, im Rücken von Herrn Liesegangs Schuppen ein Kinderfriedhof, Cynthia, Gina, Silke, Steve, Daniela, Vicky, Reem, die Krokusse blühen auf den Gräbern.

Schluß zu Mutters Füßen

Auf meinem heutigen Gang sind Mauern die Attraktion und die Wege an Mauern entlang. Die halbe Friedenstraße ist ein solcher Weg. Die Friedhofsmauer an der Friedenstraße hat drei Eingänge, der letzte (oder der erste) liegt neben dem ehemaligen Verwalterhaus, aber die Friedhofsverwaltung ist ausgezogen, jetzt „Forschungs- und Erkundungsgemeinschaft für Kultur, Kunst und Geschichte". Bei dem Namen läßt sich vieles denken; für meinen Großvater waren alle Geschäfte, deren Rentabilität ihm nicht einleuchtete, bürgerliche Verkleidungen von Spionage. Aber was gäbe es hier zu spionieren?

Die Geschichte gibt es aufzudecken, die Gegenwart ist nur Fassade der Vergangenheit. Die Friedenstraße: einst Europas modernste Brauereistraße. Der südliche Barnim fällt hierher auf schmalem Gelände fast 12 Meter ab, das ließ sich nutzen für Bierkeller und andere Aufbewahrungen.

Als Franz Schwechten mit dem Anhalter Bahnhof fertig war, bekam er einen Auftrag von Roesicke: ein Grabmal für den Mann, der Schultheiß hoch gebracht hat. Da steht es nun: ein Sandsteinhaus, das Architekten und Bauherrn übersteht, weil es steht, zugegen ist auf dem Friedhof Nummer V, nahe beim Böhmischen Brauhaus, dessen Sudhaus in eine Turnhalle verwandelt ist.

Wo viele Menschen sind, braucht man viel Bier. Bis in die deutschen Kolonien wurde es transportiert, der Weltmarkt hat begonnnen mit Räubereien und Transporten aus der neuen Welt in die alte, er setzte sich auch auf umgekehrtem Wege fort. Zwischen den Totenplätzen und den Brauplätzen: die Massenkirche, man hatte sich die Christlichkeit des Volkes auf die Dauer massenhafter vorgestellt. Ich gehe um die Auferstehungskirche herum, der Platz gefällt mir, die Kirche ist unrenoviert, Gesträuch und kleine Bäume wachsen aus dem Gemäuer. Der Turm ist beschnitten, die Kirche ist kleiner als sie mal war, ihre auftrumpfende Prächtigkeit ist in Notdürftigkeit verwandelt.

Der Weg führt aufwärts, heißt Diestelmeyerstraße, nach einem Politiker des 16. Jahrhunderts; ohne die Straße wüßte ich von ihm nichts. Und vermißte nichts, aber die Straße vermißte ich, wenn sie plötzlich geschlossen wäre; sie führt am Rücken der Friedhofsmauer aufwärts, links Sport und Spiel, rechts Tod und Verwesung, die Grabmale sind die Mauer, manche sind durchsichtig, die Zeit hat Steine herausgebrochen zu überraschenden Luglöchern. Ein Stückchen weiter, ehe sie in die Matthiasstraße übergeht, verwandelt sich die Straße vom Weg wieder zum Pflasterstück. Dort liegen die Schwerhörigen-Schule und zwei Kitas, die obere heißt Zwergenland mit Spraybildern über die Zwerge. Ich habe Sympathie für Zwerge, nicht wegen Dornröschen, sondern wegen Swift. Nach rechtwinkeliger Kehre folgen Neubauten, Ärztehäuser 1 und 2, Dutzende von Medizinerinnen und Medizinern. Da lohnte es sich, mit mehreren Mängeln aufzutreten.

Nun gehe ich an der Mauer des Krankenhauses Friedrichshain entlang, gegenüber die Friedhofsmauer. Zwischen Baustelle Brau und Brunnen, ehemaliger Patzenhofer Brauerei, und den Friedhöfen gibt es jetzt einen zusätzlichen Eingang, der – um diesen alten Straßennamen zu verwenden – einmalig schöne Kommunikationen erlaubt zwischen Landsberger Allee und Friedenstraße.

Dem Krankenhaus sieht man es von außen nicht an, daß es einmal Europas modernste Sanitätseinrichtung war.

Nach Virchow heißt die Straße, in die ich jetzt nach Norden einbiege. Einfach ist dieser Weg zur Zeit nicht zu gehen, der Bürgersteig ist kaum noch für Fußgänger, die Straßenbahn biegt unsensibel um die Ecke. Rudolf Virchow war nicht nur einer der absoluten Spitzenärzte des 19. Jahrhunderts, sondern – wo ist ein vergleichbarer heute? – einer der führenden deutschen Oppositionspolitiker, ein Mann, der für Deutschlands bessere Möglichkeiten stand, Fortschritt, vergeblich.

Aber das Krankenhaus ist da, „ein Haus, das keine Ängste einjagt“, sagt der neueste Chefarzt, „ein Platz, wo Geschichte passiert“. Jaja, Geschichte passiert immer, hier sieht man, daß hier Geschichte passiert ist. Rudolf Virchow und der Fortschritt – erstmal haben in Deutschland die anderen gesiegt, diejenigen, die die Krankenhäuser beliefern und die Totenfelder.

Ich sitze der dicken Mutter Edmund Gomanskys gegenüber, am Beginn oder – je nachdem – am Ende des Volksparks, den ich heute nicht beschreiben will, weil er so dick voll ist mit Geschichte, daß die jungen Leute, die im Grase liegen, hoffentlich nicht allzuviel davon wissen. Vergessen ist Macht.

Ich bin müde. Ich betrachte die Riesen-Mutter, die ihr Riesenkind auf den Knien hält: die Mutterpose, die das Christentum geheiligt hat und die der Wirklichkeit der Leute so wenig entsprach. Das Denkmal ist von 1898. Aber statt an die deutsche Geschichte und ihre Verfälschungen denke ich: 1898, das ist das Jahr, in dem mein Vater geboren wurde, gerade heute, am 15. Mai, vor 99 Jahren, ich lag unter den Stachelbeersträuchern 1939, als er abzog, um andere Kinder, Frauen und Männer zu überfallen; er ist's nicht, Adolf Hitler ist's gewesen; abends lag ich im Bett neben meiner Mutter, die auch allein war. Die private Geschichte ist eine ganz andere Geschichte als die öffentliche. Aber auch aus der privaten Geschichte kann man fast nichts lernen. Sie ist vorbei. Das falscheste Denkmal kann die richtigsten Gefühle auslösen.

Kammerherr out. Messel in

Der Freiherr Ernst von Mirbach war Kammerherr der Kaiserin. Nachdem sie das Schloß geräumt hatte und ihrem kaiserlichen Gatten nachgeflohen war, besichtigte der Graf Harry Keßler mit dem SPD-Breitscheid die Wohnung des letzten deutschen Kaiserpaares: „… spießbürgerlich, geschmacklos … “ Aus dieser Umwelt stammt der Weltkrieg: aus dieser kitschigen, kleinlichen, mit lauter falschen Werten sich und andere betrügenden Scheinwelt … Noch während des Krieges wußte diese Kaiserin nicht, was ein Sozialdemokrat ist, dachte beinahe, die Leute fräßen kleine Kinder“ (Sonnabend, 28. 12. 1918).

In diese Welt gehörte der Oberhofmeister von Mirbach. Was hatte er mit Friedrichshain zu tun, daß man eine breite Straße nach ihm benannte und ihr diesen Namen ließ über Kaiserreich, ersten und zweiten Weltkrieg, erste Republik und Nazireich, mehr als ein halbes Jahrhundert?

Ich will doch nicht annehmen, daß das so war, als ob man die Gartenstraße in Mitte nach dem Kammerherrn von Wülknitz genannt hätte, nach dem kammerherrlichen Kerl, der hier die ersten großen Ausbeutungsmietshäuser baute, Mietskasernen: Wohnen als Kriegsdienst. Das gab es in Friedrichshain auch.

Hier, wo ich jetzt stehe, gerade nicht. Die Mirbachstraße heißt heute und nun auch bald ein halbes Jahrhundert nach einem Mann, der zu denen gehörte, die hier wohnten und wohnen, ein Schlosser, Willy Bänsch, 36 Jahre war er alt, als die Nazis ihn ermordeten; die Mörder können aber auch Leute von hier gewesen sein.

Horst Wessel war ja auch von hier, nach dem der ganze Bezirk bis 1945 hieß. Die einen und die anderen, die Kammerherren, die einfachen Menschen, aus den Wohnungen und aus den Kneipen kommt die Weltpolitik. Die Bänschstraße ist eine schöne Straße, grün in der Mitte, nach Osten zulaufend auf die Samariterkirche, ein anderes Beispiel der vielen Berliner Beruhigungskirchen: Christus sollte die

Menschen abhalten, allzu laut zu sagen, was sie litten, Christkirchentum als politisches Programm, alles in allem hat es geklappt, auch die sozialistische Kirchenbewegung hat ja schließlich ihre Klienten ruhiggestellt und Staaten unterstützt und verwaltet, die denen nicht gehörten, die hier heimisch sind.

Über solchen Gedanken erreiche ich die nächste Straßenecke, Proskauer-/Ecke Schreinerstraße. Ich stehe vor einem Baudenkmal, vor einem sozialpolitischen Denkmal, das eine alltägliche Wirklichkeit ist. Als wenig weiter nordwärts gerade die Straße nach dem Kammerherrn benannt war, trat hier, wo die Proskauer Straße die Stadt schon ein ganzes Stück angehoben hat über die FrankfurterAllee, ein Mann auf, der nur dem Alter nach zur Generation des Kammerherrn gehörte. Er hieß Alfred Messel. Aus Darmstadt gebürtig, aber längst schon in Berlin einer der großen Architekten mit großen Aufträgen von den Leuten, die großes Geld hatten. 1892 war u. a. von zwei Männern, die sich Gedanken machten über die Macht, die vom Grundbesitz ausging, Adolf Damaschke und H. Albrecht, der Berliner Spar- und Bauverein gegründet worden. Der Verein wollte etwas tun gegen das Wohnungselend, gegen die kammerherrliche Ausbeutung, die Ausbeutung durch Kapital und Staat.

1893 zeigte Messel in der Sickingenstraße in Moabit das erste Beispiel vor: eine Einheit aus zwei Häusern mit zweigeschossigem Treppenhaus. Das machte Schule. 1896 erschien von Albrecht und Messel „Das Arbeiterwohnhaus“, eine Grundsatzschrift mit „Ratschlägen zum Entwerfen … auf Grund praktischer Erfahrungen“.

Diese Verbindung von sozialpolitischer Theorie, architektonischer Erfahrung und juristisch ausgestattetem Umsetzungswillen war neuartig und beispielhaft. Der gemeinnützige Verein wuchs rasch. Sein zweites vorbildliches Bauvorhaben entstand hier an der Proskauer Straße. Das war 1897. Der fünfgeschossige Wohnblock reichte selbstbewußt mit Turm und Giebel an die Straßenecke und weicht nicht vor ihr zurück, denn Stadt heißt: geschlossene Fassaden und bebaute Ecken, Stadt ist Stadt und keine Landschaft, da fielen die Späteren hinter Messel zurück (sogar Bruno Taut, der eine Generation später für denselben Verein baute).

Der Komplex Proskauer-/Ecke Schreinerstraße enthält fast nur Wohnungen aus Stube, Kammer, Küche, zwar ohne Bad damals, aber mit Innentoilette; er wird umschlossen von einer einheitlich gestalteten Fassade, die weder die einzelnen Wohnungen noch die einzelnen Häuser abbildet und die durch unterschiedliche Giebel, Loggien, Balkone unter leuchtender Gesamtfarbe Vielgestaltigkeit gewinnt.

Das war damals eine Tat, die mit Weltmaßstab zu messen war, Weltklasse (um ein später in Deutschland populär gewordenes Spitzenwort zu zitieren). Auf der Weltausstellung in Paris zu Beginn des neuen Jahrhunderts, das ein Jahrhun-

Messelbau an der Proskauerstraße.

dert der Stadtzerstörung werden würde, 1900 gab es eine Goldmedaille dafür.

Ich gehe die Proskauer Straße zu Ende. Sie setzt sich jenseits der Eldenaer Straße fort in dem Fußgängerüberweg, der über zum Bezirk PrenzlBerg gehörendes Gelände zum S-Bahnhof und zur Storkower Straße nach Lichtenberg führt.

Diese überdachte Fußgängerbrücke zwischen drei Bezirken ist fast so lang wie die Proskauer Straße, die ich hierher heraufgewandert bin. Sie ist keine Schönheit, aber doch eine Einmaligkeit. Sie läßt uns von oben tiefe Blicke tun in und über die Stadt. Über die weiten Dächer der kaum noch genutzten Industriehallen westlich (östlich: Berliner Fliesenmarkt, Teppichland Berlin) blicke ich auf die Türme am Frankfurter Tor, die so tun, als ob sie den Gendarmenmarkt bekrönten.

Vorne liegt der Forckenbeckplatz in dichtem Grün. Sein Name erinnert an einen Mann, der – als diese Viertel hier wuchsen – versuchte, ein Parlamentarier in Deutschland zu sein und dann Oberbürgermeister der Reichshauptstadt war. „Dieses Volk kann nicht reiten!" sagte der Reichskanzler, nach dem heute noch überall in Deutschland Straßen, Plätze, Höhen und Türme benannt sind: „Dieses Volk kann nicht reiten! Die was haben, arbeiten nicht, nur die Hungrigen sind fleißig. Ich sehe sehr schwarz in Deutschlands Zukunft. Wenn die Forchow und Wirkenbeck (Forckenbeck und Virchow) ans Ruder kommen, fällt alles auseinander. Keiner wirkt fürs Ganze, jeder stoppt nur an seiner Fraktionsmatratze".

Das war zehn Jahre bevor die Bänschstraße den Namen des Kammerherrn und anderthalb Jahrzehnte bevor der Forckenbeckplatz den Namen des Bürgermeisters und die Proskauer Straße ihre berühmten Häuser erhielt. Auf diesem Reitplatz der Geschichte ist Deutschland ganz schön herumgeritten.

Teils, teils

An der Ecke Grünberger-/Warschauer Straße habe ich lange gestanden, nach allen vier Himmelsrichtungen aufmerksam geblickt und versucht, den Charakter der Gegend zu erfassen. Lautes Hin-und-Her, die Grünberger Straße: eine Durchgangsstraße für die, die es besser wissen im täglichen Kampf um die Minuten. Die Fassaden sind meist grau, keiner scheint sie zu betrachten. Ich warte auf den Geist der Gegend. Er will nicht erscheinen. Die Nachmittagswärme ist drückend, die Luft schwer. Die Straße führt nicht nach Arkadien. Je länger ich aber hier stehe, um so bewußter wird mir, daß das eine sehr typische Berliner Straße ist. Am dicksten war Berlin um 1900. Drei Jahrzehnte war Deutschland eine Weltmacht. Eine bestimmte, ziemlich offene Schicht machte mächtig Geld, die anderen hatten nicht den gerechten Anteil. Berlin ist Weltstadt geworden durch Ungerechtigkeit.

Friedrichshain ist kein Quartier, das auf der Sonnenseite der Geschichte gelegen hätte. Auf Hobrechts Plan von 1862 heißt die zusammenfassende Bezeichnung für die paar Häuser hier „Siedlung", ein paar Jahrzehnte später sind es Mietskasernen. Allein Hobrechts Plätze bewähren sich bis heute.

Zuerst der Boxhagener Platz: ein sehens- und bedenkenswerter Ort. Bei Hobrecht einfach ein bebauungsfreies Karree im steinernen Meer, ein Luftloch in den grauen Wällen. Dann waren diese Hobrecht-Plätze Aufforderungen zu städtischer Repräsentation, ich betrachte eine Ansichtskarte vom Boxhagener Platz aus dem Jahre 1916: „gründerzeitliche Schmuckanlage" schreiben die Denkmalstopographen, als ob das hier ein großbürgerliches Wohnviertel wäre. 1916 war der Platz noch keine 15 Jahre alt, es war gerade ein Jahr her, daß von hier eine Protestbewegung von Frauen ausgegangen ist, die sich gegen den Hunger wehrten, mit dem der Staat jene Familien bestrafte, deren Männer gerade für Kaiser und Vaterland töteten und getötet wurden. Die

„Butterkrawalle". Das Wort, mit dem das Ereignis überliefert wird, ist schon herabsetzend: Frauenvernunft gegen Männerwahnsinn – das nennen nur die Krawall, für die die alte Totschlagsaktion Vorwand der neuen sein wird. Davon sieht man auf der Ansichtskarte ein Jahr später natürlich nichts. Mitten im europäischen Brudermorden scheint der Boxhagener Platz im tiefsten Frieden zu liegen: Der Platz, wie er heute ist, geht dagegen zurück auf einen Plan aus der Weimarer Republik. Der Stadtgartendirektor Erwin Bahrt hat ihn 1929 entworfen. Er hat die Funktionen geteilt: Spielplatz und Erholungsort, die alten Bäume erhalten, neue gepflanzt, Rotdorn, Linden; 1993/94 ist die Anlage restauriert worden, ich zähle über 20 von den großen weißen um die Wiese stehenden Bänken, man kann im Schatten sitzen und in der Sonne, sogar das grüngußeiserne Pinkelhäuschen scheint restauriert zu werden, eine Seltenheit in Berlin. Der Platz ist reich an Kneipen, die Gemüsegeschäfte haben ihre blau-weißen und blau-roten Markisen ausgefahren, der Getränke-Shop seine gelben, die Friseuse ihre roten. Auf den Balkonen blühen die roten und rosaroten Geranien. Am Eckhaus zur Gabriel-Max-Straße ist angesprayt: „Ruhe und Glück gibt's nur im Grunewald". Auf dem Weg zur Knorrpromenade lese ich die Sprayer-Botschaft: „Ordnung? Nein!". Im Widerspruch dazu ist die Knorrpromenade, ein seltenes Baudenkmal bürgerlicher Wohnanlagen mit Eingangsbesäulung, als ob wir in Paris wären und die Exkaiserin Soraya besuchen wollten, energisch um Ordnung bemüht. Mehrere Fassaden werden renoviert, andere sind schon fertig, Nr. 2 strahlt in ausgewogenem weißen Putzglanz.

Als ich beim Soccer-Shop – schon dem zweiten Fußball-Fan Geschäft auf meinem heutigen Weg – um die Ecke biege, sehe ich den Helenenhof, er strahlt mir mit seinem Eckhaus an der Gryphiusstraße geradezu entgegen. Dieser Helenenhof – erste nach einer Frau benannte Straße – beendet gerade die Renovierung. Er ist eine in den Architekturbüchern stehende Wohnanlage, wenn auch baugeschichtlich sozusagen nur ein Vorspiel. Der Bauherr und Eigentümer bis heute ist der Beamten-Wohnungsverein BWV, eine eingetragene Genossenschaft, um die Jahrhundertwende gegründet, eine Organisation mit großen Verdiensten um die Wohnungsreform im „steinernen Berlin“. Der Architekt, dem der Verein und der dem Verein seinen Ruhm verdankt, war Paul Mebes, der zweite technische Direktor des BWV. Der erste hieß Erich Köhn. Von ihm stammt der Helenenhof in seiner nun bald hundertjährigen Vorbildlichkeit.

Gegenüber am Wühlischplatz liegt die Max-Kreutziger-Gesamtschule, ein Bauwerk aus den 50er Jahren, das auch eine interessante Geschichte von Absichten und Vorstellungen zu erzählen hat und nicht so schlecht ist, daß man es so herunterkommen lassen sollte. Der Eingangsflügel liegt – anders als bei dem Vorgängerbau aus Kaiserzeiten – zur Böcklinstraße, so daß er eine Art Platz bildet mit der gegenüberliegenden Dreifaltigkeitskirche, die Wilhelm Frydag ungefähr zu der Zeit fertiggestellt hatte, als die Boxhagener Frauen sich zu den Butterprotesten formierten. Es ist nichts davon gemeldet, daß die Pfarrer sie in ihrer Hungersnot wirklich gestützt hätten.

Helenenhof.

Aber vielleicht weiß ich das nur nicht, denke ich, um mich zu beruhigen, während ich durch die Holteistraße davon gehe. Dieser Holtei war ein Operettendichter, mit weit bekannten Schlagertexten: „Und wenn die letzte Kugel kommt / Ins preußsche Herz hinein / Lieber Mantel, lasse dich mit mir begraben / Weiter will ich von dir nichts mehr haben / In dich hüllen sie mich ein.“ Fontane nennt dieses Gedicht erschütternd und meint es leider ernst.

Damit lange ich auf dem Traveplatz an. Er ist viel weniger gepflegt als der Boxhagener Platz. Er wartet erst noch auf Restauration. Die Fassaden sind grau-schwarz, nur das autonome Haus schön und bunt, keine Kneipen, kaum Geschäfte. Der Platz selbst funktioniert aber. Ich setze mich neben eine zeitunglesende Altersgenossin.

„Wohnen Sie auch hier in der Nähe?“ fragt sie mich bald.

„Nee, aber ich habe mehr als 10 Jahre an der Trave selbst gewohnt, da dachte ich ...“

„Ach ... und wie isses da? Da war ich noch nie. In Paris wohl. Mit TUI.“

„Ach ... und wie isses da?“

„Schön. Hier isses aber schöner.“

„Lieber am Traveplatz als an der Trave“, sage ich, sechs Fenster der Wohnung, die ich in Lübeck hatte, blickten auf die Trave. Ein gemütlicher Fluß. Der Traveplatz ist auch gemütlich. Aber irgendwie ist er auch anders. Oder jedenfalls – wie meine Banknachbarin sagt – :

„Teils, teils“ .

Englische Soße

Die Warschauer Brücke ist westlich eine Baustelle, auf der anderen Seite ist sie der Verbindungsweg zwischen U- und S-Bahn; wer hier eine Weile die Augen offenhält, sieht viel von Berlin, aber was? Interpretation ist Pädagogik. Man braucht sich Berlin nicht lehren zu lassen, wenn man es lebt. Wer nicht U- und S-Bahn fährt, weiß nicht wie das Leben ist.

„Komm' wir hier rüber?" fragt die eine Alte die andere am Brückenende.

„Ick gloob nich!"

„Von Glooben is dett keene Frage! Probiern!"

„Der Bolschewismus siegt", ist dem Ärztehaus angesprayt, in dem die beiden Alten verschwinden, die in leninscher Weise die Praxis der Theorie vorgezogen haben. Leicht ansteigend vereinigt sich hier die Helsingforser Straße mit der Marchlewskistraße wie seinerzeit die SPD mit der KPD, aber war das auch ein leichtes Ansteigen? Neben ihrem kleinen Straßenkran unterhalten sich lautstark die Arbeiter.

„Wo warst du? Wat du warst bei de Amerikaner, bei die Hirnlosen?"

„Du hast aber dein Hirn heut morjen ooch ze Hause jelassen!"

Über die Pillauer Straße gehe ich zur Marchlewski zurück. Am wildbegrünten Schulgrundstück stehen zwei Frauen, die ihre Hunde ausführen und Erziehungsprobleme besprechen.

„Zum Beispiel bei Nicole. Hat so und so gerechnet, kam fünfunnvierzig raus. War falsch. Un gloobsde, ick wees warum?"

„Ick sach ja! Die rechn ganz komisch. Das un das, un dann ziehn se wieder was ab."

Die Schule weiter hinten ist mit kindlichen Palmen bemalt. Sofort stellen sich südliche Gefühle ein. Die südliche Seite des Comenius-Platzes, auf dem ich nun angelangt bin, ist in postmodernem Bunt erneuert. „40 Prozent vermietet" oder „Nur noch 40 Prozent nicht vermietet": Der Berliner „Nur-noch"-Stil ist doch eher ein Noch-nicht-Stil. Im Garteneil des Platzes sitze ich auf einer naturschwarzen Bank. Ich höre der Melodie der Bäume im Sommerwind zu, die Rufe der Kinder markieren den Rhythmus. Drei Knaben veranstalten über die rot-grauen Wege ein Fahrradrennen, sie können so bremsen, daß der Kies hinter ihnen hoch aufstaubt.

„Muss dett sein?" ruft die Oma von der Bank neben mir.

„Ja! Dett muß!" ruft es zurück; lächelnd sagt die Oma für sich: „Dett hätt ich mir nun denken könn!" Energisch schiebt eine junge Mutter den kleinen Wagen mit Kind vorüber. Sie weiß, was sie zu tun hat. Schnell ist sie um die Ecke, während ich ihr nach die Marchlewskistraße nordwärts gehe. Die Straße zeigt hier, daß es auf die Stalinallee zugeht.

Hinter Nr. 45/47 öffnet sich die Wiesenlandschaft der Höfe. Das Haus ist übriggeblieben, man sieht noch Einschußlöcher vergangener Schlachten. „Wasserpflanzenzucht": ein Schild aus einem Früher, das längst nicht so romantisch war, wie es seine antiquarischen Reste für man-

Blick durch die Gubener Straße auf die Zwinglikirche.

chen jetzt sind. Dann rechts herum. Hinter Nr. 25 a setze ich mich auf die Stufen der Säulenkolonnade und höre den springenden Wassern zu, vor mir auf der Weberwiese, wieder ein Lied fast aus Natur. Nr. 25 ist das erste Nachkriegshochhaus im Berliner Osten, von Hermann Henselmann, jetzt ein Denkmal, die Schmuckplatten lösen sich, die Ziergesimse brechen ab, der Putz blättert, die Füße des Hauses sind besprayt, aber die Anlage hat noch immer jene intime Öffentlichkeit, die man als Städteplaner erst mal hinkriegen muß, ehe man sich über andere erhebt. Wo die Marchlewskistraße endet, bildet sie mit der Hildegard-Jadamowitz-Straße einen kleinen Platz, auf dem das aus dem Kaiserreich herüberreichende Spritzenhaus gerade von einer Firma aus Recklinghausen erneuert wird, damit die Bewohner des neuen weiß-gelb glänzenden Pariser Hofes es von ihren Balkonen, Glaswand an Glaswand, betrachten können. Auf der abgeschlagenen Fassade des Feuerwehrhäuschens ist von vergangenen Parolen nur noch ein einziges Wort undeutlich zu lesen: Jugend. Jugend – wie in der Erzählung von Josef Conrad, in der es nach Bangkok geht. Ich komme in die Straße der Pariser Kommune; das Hochhaus rechts, Nr. 23, ist in sachten Blautönen renoviert mit leichtem tautschen Gelb um die Fenster; gegenüber das sich in die Runde biegende Eckhaus in lichtem Braun, das stellenweise fast violett wirkt. Andere Fassaden warten noch auf die Farbe der Erneuerung.

Im Café Plaza, das einen Namen wachhält, der hier eine Stätte volkstümlicher Vergnügung benannte, sitzen sechs Leute an den Plastiktischen. Die Bedienung ist freundlich und präzise. Was man etwa über die Geschichte der Gegend, die jetzt Franz-Mehring-Platz heißt, weiß, das wäre das eine. Aber wie ist die Gegend, wenn man sich ganz an die Gegenwart hält? „Neues Deutschland“: die Überschrift über dem leeren Gebäude gegenüber ist das Auffälligste; sie erzeugt natürlich einige Gedanken, aber vor allem doch den Gedanken an das allgegenwärtige: Es war einmal. Alle anderen Gedanken hier haben keine historische Färbung. Die Straße der Pariser Kommune und die Rüdersdorfer Straße, die sich hier kreuzen, sind Autostraßen, nicht gerade übervoll, aber doch Auto an Auto. Die Wohnhäuser stehen ordentlich im Grün, es sind Überallhäuser, der Straßennamen mit seinem geschichtlichen Ehrgeiz wirkt aufgeblasen. Das hier ist keine Gegend für Kommunen, und daß der Platz, der von hier aus kaum als Platz wahrzunehmen ist, nach einem intellektuellen Sozialisten heißt, das löst nun auch keine tief erinnernden Assoziationen mehr aus. Die Geschichte dieser Gegend ist gestrichen. Diese Gegend hat keine Geschichte. Da kann sie sich freuen. Früher habe ich anders gedacht. Jetzt geht's mir wie dem Alten am Nebentisch:

„Mensch“, sagt er mit klassicher Anrede zu seiner Frau, „in der Sonne sitzen, ein Budweiser trinken, und es nicht weit haben nach Hause ... jetzt trink ich noch'n Bier, dann mach ich'n .... Was macht man gegen Müdigkeit?“ fragt er leutselig die Serviererin.

„Schlafen!“

„Danke! Danke für den Tip!“ und schlägt sich auf die Schenkel vor Wohlsein.

Ein Wind kommt auf. Heftig greift er in die Markisen. Der Wind der Veränderung ist es wohl nicht. Oder?

„Englische Soße!“ sagt die Frau, als sie sich den Ananas-Toast würzt.

Um den Hauptbahnhof

Ich komme mit der S-Bahn von Westkreuz. Die S-Bahnlinien S 3, S 5, S 7, S 75 und S 9 sind hauptstädtische Attraktionen. Sie gehen mitten hindurch durch die werdende Regierungsstadt. Um den Reichstag führen sie in einem respektvollen Bogen.

Der bekofferte Mann mir gegenüber will auch zum Hauptbahnhof. „Hasde den Reichstag gesehn?“ fragt er seine Frau, als wir ihn nicht mehr sehen. „Hm“, haucht sie und rückt näher an ihn heran, als ob man Mitleid mit dem gequälten Bauwerk haben müßte. „Fahrgäste in Richtung Erkner verbleiben auf diesem Bahnsteig“, wird uns bedeutet, als wir am Hauptbahnhof angekommen sind. Das Wort „verbleiben“ mißfällt mir. Viele „ver“-Wörter sind gefährlich.

Ich bleibe nicht. Eine Punkergruppe mit Hunden macht sich lustig über eine Gruppe junger Leute, die in den adretten Zugbegleiteruniformen der Bahn AG auch den Bahnsteig verlassen. Als ob das Punker-Habit nicht auch eine Uniform wäre. Ich verlasse den Bahnhof zur Erich-Steinfurth-Straße. Am Sonntagnachmittag ist das eine wenig belebte Gegend. Eine vorläufige Gegend. Sie wird sich verändern.

Hier und da steht eine fröstelnde Gestalt, als werde auf etwas gewartet. Der junge Mann, nach dem die Straße jetzt heißt, war ein kommunistischer Widerstandskämpfer gegen die Nazis und eins ihrer frühen Opfer, ermordet 1934, damals hieß die Straße nach einem preußischen Polizeipräsidenten, und das könnte eine Provokation gewesen sein.

Die sonntagliche Ruhe liegt über dem Quartier wie das Vergessen. Dies hier war eine proletarische Hauptgegend in der ersten Hauptstadtepoche Berlins. Rechter Hand steht mit leeren Fensterhöhlen ein Haus, von dem die Geschichte den Putz abgeschlagen hat, „Wechselstube“: „Die Himmel wechseln ihre Sterne ...“ Das Nachbarhaus hat schon Anschluß gefunden an die neue Zeit: „McBarber’s. Das

Friseurerlebnis“. Gegenüber sucht ein junger Mann mit Hund Einlaß in die Bahnhofsmission. Der Hund muß draußen bleiben, leise schluchzt er und schweigt.

Der „Flotte Happen“ unterm Bahnhofsbogen ist am Sonntag zu. Ein Junge, der mit seiner ärgerlichen jungen Mutter entgegenkommt, tritt wütend gegen eine Bierdose, so daß ich schnell ausweichen muß. Der Junge sagt nichts zu mir, die Mutter nichts zu ihm.

Das Reklametransparent für „Take off Bier & Music Pub“ verdreht sich im Wind zur Unlesbarkeit. Am blauen Baucontainer der Fa. Hein aus Georgsmarienhütte wird auf Werbeveranstaltungen für Kanada und Neuseeland hingewiesen.

Vom City Carré aus sieht der Platz zwischen Kaufhof und Hauptbahnhof geordneter aus als beim Süd-Nord-Blick. Aber nichts sieht hier nach Kalifornien aus. „California World“ heißt das Eckgeschäft im City Carré, bei dem ich in die Lange Straße einbiege. Dieses von der Dresdner Bank dominierte Geschäftshaus, dessen Architekten sich von der Postmoderne angenehm zurückgehalten haben, verspricht in der Langen Straße eine Passage. Aber eine Passage, die am Sonntag zu hat, ist eigentlich keine Passage. Die Baubuden für das anschließende Bauprojekt zur Andreasstraße machen die Lange Straße für Autos zu einer Sackgasse, das gibt ihr etwas Privates. Im gepflasterten Eingang zum Inside Residence Hotel fegt der grünbewestete Hoteldiener in die Knie gehend Zigarettenkippen fort: „Ob allein, zu zweit oder mit der ganzen Familie – gerne sind wir für sie da“: über die Grammatik dieses Werbespruches für das Restaurant Intermezzo läßt sich nachdenken. Auch über die Wortschöpfung „Bistrorant“, die zu den Versprechungen gehört, mit denen der „Grundwert Fonds“ die Bauarbeiten zu seinem Großprojekt an der Andreasstraße begleitet.

Ich biege in den Andreasplatz ein. Das ist das Gelände zwischen den sauber renovierten Wohnblöcken der WBF zwischen Langer Straße, Kraut-, Andreas- und Kleiner Andreasstraße. Gleich vorne hat man einen Einblick in die Höfe, die die beiden letzten Altbauten der Andreasstraße hierher öffnen, eine alte Weide wächst von innen empor. Ich gehe an den grellgelben Drahtgittern vorüber, die die Müllcontainer ordnend einschließen, zur Kleinen Andreasstraße hinauf.

Wo die WBF auf dem Bauschild die Modernisierung und Instandsetzung weiterer 420 Wohnungen im „Plattensanierungsprogramm nach InstModRL 94" anzeigt, sehe ich zu dem kleinen Pavillon hinüber, in dem junge Mütter mit ihren Kinderwagen sitzen, die nun ihrerseits mich mustern und sich wohl fragen: Warum glotzt der uns an? Aber ich glotze in die Geschichte. Als Berlin zum erstenmal Deutschlands Hauptstadt war, war dies hier eines der engsten und ärmsten Wohnquartiere. Weiter oben standen die Baracken, in denen Obdachlose „troglodytenartig hausten", die Polizei vertrieb sie im August 1872 auf so provozierende Art, daß die Arbeiter den Aufstand probten. Barrikaden an der Krautstraße. Die ganze Gegend, schrieb der Polizeipräsident, nach dem später unten die Straße benannt wurde: „Schauplatz ernstester Ruhestörung". Eine Slumgegend. Später nannten manche das Quartier auch „Berlins Chinatown", unter den Chinesen, die hier Unterkunft fanden, waren Tschou En-lai und Tschou Teh, die sich selbst noch nicht ansahen, daß sie Ministerpräsident und Armeeführer im bevölkerungsreichsten Land der Erde werden würden.

Ich folge dem Häuserbogen, der die Kleine Markusstraße bildet, bis zu dem gut besuchten Spielplatz, der friedliche Sonntagsstimmung verbreitet. Die Lange Straße nach Osten zurückgehend, studiere ich die Farbskala, die die WBF über die Stahlbänder verbreitet hat, mit denen die renovierten Fronten der Häuserblocks gehalten werden: vom lichten Gelb zum dunkelsten Rot in ein Blau, das sich nach Osten hin aufhellt. Die Leute nennen den Block „Regenbogenhaus".

Rechts von der S-Bahn liegt hier als eine weite Brache das Areal, auf dem das erste große Industrieunternehmen dieser Gegend aufwuchs: 1843 begann J. Pintsch als ein Klempnerbetrieb und wurde als Fabrik für Gasbeleuchtungs- und -meßanlagen ein Unternehmen von Weltruf.

Der Frontfassade seines mächtigen Verwaltungsgebäudes zur Andreasstraße (Nr. 71–73) kann man den gewesenen Weltmaßstab heute noch ansehen. Cremer und Wolffenstein hießen die Architekten. Das Haus steht direkt an der S-Bahn, in der Unterführung bläst mir der kalte Wind dreckigen Staub entgegen. Nach links und rechts kann ich weit in die erneuerten S-Bahn-Bögen blicken.

Auch die Gegend auf der Südseite des Hauptbahnhofs ist noch ganz unbestimmt. Hier und da hält sich noch Geschichte auf, aus unterschiedlichen deutschen Zeiten. Gegenüber unter den drei geschwungenen Giebeln aus Imitatbarock das Haus der ersten Gasanstalt, später Zentralmagazin der Städtischen Gaswerke. Daneben das Gemeindehaus der evangelischen Markus- und Andreasgemeinde; das weiße Kreuz ist stilgerecht aus Platten zusammengesetzt.

Die vielspurige Autostraße mit breitem Mittelstreifen trennt das Gemeindehaus von der Gemeide. Gottesdienst heute in der Samariterkirche.

Zurück in den Hauptbahnhof, auf dem die Fernzüge zur Zeit nicht halten. Die Gleisanlagen werden erneuert. Die Bahn ist der große Träger der Renaissance dieser Gegend. Diese Rolle hat sie hier auch früher schon gespielt. Hinten sieht man ihr neues Verwaltungsgebäude in seiner gläsernen Symbolik.

Umwege von U-Bahn zu U-Bahn

Wer von der U-Bahn-Station Frankfurter Allee – zum Beispiel von dort – kommt, muß die Müggelstraße erst mal suchen. Sie beginnt (wie später die Kreutziger-) an der Frankfurter Allee ganz privat. Neben dem „Vitamin-Bazar" und dem über 50jährigen Bestattungshaus Ellrich geht es durch einen Hausdurchgang wie auf einen Hof, aber es geht in ein anderes Stadtstück, 30 Schritte und die belebte Frankfurter Allee ist – so deutlich sie auch noch zu hören ist – anderswo; ich bin in einer ruhigen Wohnstraße, in der sich – könnte ich mir einbilden – die Menschen kennen, die auf dem großen Boulevard eben noch aneinander vorbeigehastet sind, als wohnten sie alle woanders.

Das interessanteste Haus in dieser Gegend ist das Haus Finowstraße 3–4 oder das Ensemble, das es mit dem Nachbarhaus 2, 2 A bildet, gerade an der Stelle, an der die Straße einen eleganten Bogen nach Westen macht; der langlaufende Dachgeschoß-Balkon von Nummer 2 gibt dem ganzen sogar einen etwas südlichen Anschein, Italien in Friedrichshain... das wäre natürlich zuviel gesagt. Die Straße, nach Norden leicht ansteigend, macht einen ruhigen Eindruck, die unruhige Geschichte der Industriemetropole Berlin ist noch spürbar, aber die Unruhe ist außerhalb, hier steht man sich schon besser als dicht nebenan, hier war's nie wie in Scharnweberstraße 37, Ecke Colbestraße: allein im Kellergeschoß 7 Mietparteien, ein einziger Raum für eine Familie mit vier Kindern, feucht, dunkel, wenig Wasserstellen, Fäkalieneimer.

Mein Ziel ist jetzt die Glatzer Straße. Es ist eine kurze, dunkle Straße, breiter als sie wirkt, mit dünnen Bäumen im Jünglingsalter, deren Stämme vom Regen fast schwarz sind. Neben der „Auto Put Erlebnisbar" steht das Haus, dessentwegen ich gekommen bin. Nummer 6 A. „In diesem Haus wohnte der antifaschistische Widerstandskämpfer Werner Seelenbinder, geb. am 2. 8. 1904, von den Faschisten ermordet am 24.10.1944 in Brandenburg, Ehre seinem Andenken". Ehre seinem Andenken. Warum sagt das Schild aber nicht, daß das der bekannte Sportler Seelenbinder war, vielfacher deutscher Meister, Ringen griechisch-römisch; 1936 bei der Nazi-Olympiade hieß es noch „Seelenbinder, Deutschland". Schon 1933 zum ersten Mal verhaftet, „von den Faschisten ermordet", von deutschen Polizisten, deutschen Richtern, deutschen Jusitizbeamten: Seelenbinder, Deutschland, ermordet von Deutschland: Was bringt Landsleute, Nachbarn dazu, Landsleute, Nachbarn umzubringen?

Wer aus der Geschichte etwas lernen will, aus der so schlecht etwas zu lernen ist, der muß darauf Antworten beibringen. Ein junger Mann, der in der Erlebnisbar verschwindet, blickt mich prüfend an, während ich mir den Text der Gedenktafel abschreibe, und guckt dann auch kurz hin, als ob er es zum ersten Mal täte. Die auf den Wismarplatz zulaufenden Mietshausblocks sind noch ziemlich grau und verbraucht, nur am Nordwest-Ende des Platzes das Gold-Hotel leuchtet, eher gelb, als golden.

Ich schwenke ein in die Mainzer Straße. Es ist eine schnurgerade Straße, die Fassaden reihen sich aneinander wie angetreten. Die Straße hat eine linke Anmutung. Die ummauerten und umzäunten Baumarrangements, die Parkplätze von der Straße abtrennen, geben ihr zugleich etwas Gemütliches; der lustige goldene Löwe am Kopf der Löwenapotheke, über der die Fassade mit neuartigen Teilbogen-Balkonen bis hinauf zu den Dachappartements steigt, hat etwas Janosch-haftes, wirkt wie das Accessoire einer alternativen Kindererziehung. Nun zweimal links und ich bin durch den Hausdurchgang in der Kreutzigerstraße. Sofort bin ich inmitten eines denkwürdigen Arrangements. Lange wird es diese Hinterhofeinblicke nicht mehr zu besichtigen geben. Vor Nr. 24–27 stehen schon die Kräne, die vor die Reste dieses denkmalswürdigen Fuhrbetriebsensembles aus Remisen, Ställen, Schmiede, ein modernes, wohl postmodernes Wohn- und Geschäftshaus setzen werden, wie unten am anderen Straßenende schon eines gebaut ist. Es wird nicht mehr sehr lange dauern, bis die Straße ihren alternativen Charakter verloren hat.

Zwischen Mainzer- und Kreutzigerstraße, Eingang Boxhagener Straße, liegt der Friedhof IV der evangelischen Georgen- und Parochialgemeinde; 1867 erste Beerdigung, Kapelle im Schinkelstil 1879 eingeweiht. Berlin hat viele Friedhöfe von hoher Symbolkraft. Dieser ist einer der eindrucksvollsten. Seine breite Allee, die zwischen den Höfen von Mainzer- und Kreutzigerstraße verläuft, die Totenstraße zwischen den Straßen der Lebenden, die Straße der Ruhe zwischen den Straßen des Lärms, die Avenue der Endgültigkeit inmitten der Straßen der Vorübergehenden; der hauptstädtische Wohnort der Toten zwischen den Quartieren der Lebenden, die bloß aus ihren Küchenfenstern zu blicken brauchen, um zu wissen wie alles endet ... nein, nein, alles endet ja keineswegs so, in würdiger, gesammelter Ruhe: Als dieses Viertel hier entstand, war's kaum noch eine halbe Generation, und es war aus damit, daß ein ruhiges Grab unter Efeu und Blumen ausreichte fürs alltägliche Memento; getötet im Krieg der anderen, erschlagen, ermordet, in Lagern verhungert, andere in Lagern verhungern lassend, totschlagend, umbringend... Nach dem barmherzigen Samariter heißt die U-Bahn-Station, in der ich in die Erde verschwinde; der Name verheißt, worauf man sich auch keineswegs verlassen kann. „Hier ruht in Gott/ der Eigentümer/ Richard Ludewig“, gestorben 1909, Eigentum als Beruf. Das ist geblieben. Eigentum macht frei. Daran hat sich nicht viel geändert.

Von der Grunow- zur Wollankstraße I

Die Herren aus Pankow, sagte Adenauer, wenn er die Feinde benennen wollte, die niemals recht hatten. Mit dieser Formel bin ich aufgewachsen; halb nahmen wir sie ernst, halb ironisierten wir sie, als wir sie in der Schule immer wieder verwendeten, um die zu benennen, von denen wir uns nichts sagen lassen wollten: die Lehrer des Katharineums in Lübeck zum Beispiel, unter denen sich manche Nazis gehalten hatten.

So ging von Anfang an vieles durcheinander. Wen hat der Kölner Kanzler eigentlich gemeint? Johannes R. Becher doch nicht; Weinert, Fallada, Arnold Zweig, Ossietzky schon gar nicht, obwohl sie ihm alle wahrscheinlich wenig sympathisch waren. Die Frage ist historisch, sie kann unbeantwortet bleiben.

Wir können Adenauer unter seinen Rosen und Wilhelm Pieck unter seinen Genossen ruhen lassen. Männer von gestern, von vorgestern. Wilhem Pieck hat hier gewohnt, im Schloß amtiert, bis er mitsamt seinem Präsidentenamt aus der DDR verschwunden ist.

Die meisten Pankower Offizialgebäude, die ich heute sehen werde, sehen so aus, als ob es die DDR nie gegeben hätte. Zuerst sehe ich das Gesundheitshaus in der Grunowstraße, die unverändert nach dem Landbesitzer aus dem 19. Jahrhundert benannt ist, dem die Felder gehörten, bevor sie Straßen wurden. Meine Eltern hatten aus einem Jenaer Kunstgewerbegeschäft einen Aschenbecher der in demselben Stil dekoriert war wie das Gesundheitshaus. Eilert Franzen hieß derArchitekt. Er kommt mehrmals vor in Pankow.

Oder William Wolffs Musikschule in der Schulstraße Nr. 2. Es wird immer noch Musik gelehrt in dem Haus, „Musik Kabinett“ steht jetzt dran, das klingt mehr nach Vollendung als nach Pädagogik, aber es wird immer noch um dasselbe gehen. Auf dem kleinen, die Szene ins Idyllische verwandelnden Parkplatz davor schildert eine Pankowerin einer anderen, wie sie den soundsovielten Geburtstag ihres Mannes gefeiert haben auf einem Schiff der weißen Flotte: „Und dann hat mein Mann eine sehr schöne Rede gehalten. Mir sind direkt die Tränen gekommen“. Es beginnt zu regnen.

Im „Ei“ gibt es Milchkaffee aus großen blauen Töpfen. Auf dem bunten Zirkusbild an der Hauswand gegenüber sehen die Akrobaten wie Turner aus, eher ernsthaft als lustig, auch wenn sie die Lippen verziehen.

Aus Pankow stammt einer der tollsten Jongleure aller Zeiten, fast so gut wie Rastelli, er hieß Adolf Salerno, ihn hat Adenauer gewiß auch nicht gemeint. Ich blicke über die Straße, die den Johannes R. Becher von sich abgestreift hat und wieder heißt wie sie ist: breit.

Der Bundestagsabgeordnete Gerd Poppe, der neben „Bertis Schreibparadies“ sein Büro hat, macht uns darauf aufmerksam, daß das Haus urspünglich einer Familie Fischer gehörte; Fischers waren die ersten Juden, die aus Pankow in eine staatliche Todesfabrik transportiert worden sind. Wer waren die Nachbarn? Die Treuhand, schreibt der Bundestagsabgeordnete, ließ durch Mißmanagement die Zigarettenfabrik Garbaty sterben, Anfang der 1880er Jahre gegründet von Josef Garbaty-Rosenthal, zu Beginn des Jahrhunderts in der Berliner Straße angesiedelt, Erweiterungsbau 1930 von Höger, dessen Lebensdaten denen meines Großvaters gleichen, damit ich weiß, wie alt die Moderne ist.

Dicht dabei (Berliner Straße 120/121) das ehemalige Waisenhaus der jüdischen Gemeinde, nach Vertreibung der Waisen zog das Reichssicherheitshauptamt ein; die Täter in das Haus der Opfer, so ist es immer.

Die Tegel anlandenden Flugzeuge ziehen niedrig herein über den mitten in der Breiten Straße liegenden Dorfanger, der nichts Dörfliches mehr hat.

Das Schönste an der Kirche sind die Türme. Sie sind von Stüler, der an vielen Orten am Charakter Berlins mitgebaut hat. Ein Alter fährt auf seinem Fahrrad bei Rot über die Ossietzkystraße, als ob er dächte: „Von Rot laß ich mir gar nichts mehr verbieten“, es kann aber auch ein ehemaliger General sein, der sich in seinem beruflichen Leben daran gewöhnt hat, daß Vorschriften nur für andere gelten.

Aus dem „Gambrinus“ muß man einen schönen Blick auf den traditionsreichen Wochenmarkt haben. Der Automarkt neben dem Groß-Bürgerhaus heißt Glück: „Glück Glück Glück“.

Gegenüber im Plattenbau die Buchhandlung, die den Seriennamen „Kiez“ mit Heinrich Mann verbindet, ich wollte schon feststellen: In den vielen Fenstern kein einziges Buch, das Heinrich Mann gekauft hätte, aber im letzten Fenster gibt des die Kompilation der Mann-Nichte, auch den großartigen Brodkey, das wäre was für Heinrich gewesen und natürlich Goldhagen: ich glaube der Lübecker Großkaufmannssohn hätte dem jungen amerikanischen Historiker zugestimmt: es gibt besondere Bedingungen in Deutschland, die soviele Eltern und Großeltern zu Mördern und Mordgehilfen haben werden lassen.

Wollen wir die Debatte um die DDR und ihre Hinterlassenschaft beenden bis ein weiteres halbes Jahrhundert vergangen ist und statt dessen gemeinsam die gemeinsame Nazi-Geschichte aufarbeiten?

Gesundheitshaus.

Was würde denn sein, sagt meine Freundin, wenn die Wehrmachtsausstellung, die jetzt in Wien und München so viele aufbringt, im Rathaus Pankow gezeigt würde unter dem imitierten Marmor und den Löwenköpfen aus scheinbarem Gold?

Ach, was sind das für Fragen, lange stehe ich vor den Fotos der Bezirksverordneten und der Bezirksamtsmitglieder, die an goldenen Ketten im Vestibül des Rathauses hängen, die Stadträte und die Verordneten sehen aus wie wir alle; es reicht nicht, daß wir uns ansehen, um herauszubekommen, wie wir denken und wie wir denken müssen, wenn wir Zukunft haben wollen.

Das Pankower Rathaus hat aus vielen deutschen Zeiten etwas, von der DDR hat es offenbar wenig, man kann um das Gebäuden herumgehen, vorne ist es rot, hinten gelb; Pöschke und Klante heißen die Architekten, die den sparsamen Expressionismus an der Ecke zur Neuen Schönhauser Straße angebracht haben.

Auf den Hof schauen Kinder, sie zeigen mir den Effe-Finger und machen sich einen Spaß daraus, mich zu fragen, wie's mir geht, bis einer ruft :„O! Der schreibt!“; da sind sie alle hinter dem Fenster verschwunden, vielleicht ist auch die Lehrerin hereingekommen und der Geschichtsunterricht hat begonnen.

Hoffentlich hören sie etwas, was sie wissen wollen. Von Wilhem Kuhr werden sie nichts wissen wollen. Während ich in seine Straße einbiege, überlege ich, was ich von ihm weiß. Das erzähle ich im nächsten Kapitel. Mir ist von Pankow die Seele ein bißchen übergegangen, ich habe abseits vom Wege gedacht. Ich muß mich beruhigen.

Von der Grunow- zur Wollankstraße II

Eigentlich weiß ich über Wilhelm Kuhr fast nichts; aber ich mache mir Gedanken über ihn, während ich durch seine Straße auf den Triumphbogen zugehe, hinter dem der Bürgerpark beginnt.

Wilhelm Kuhr war Jurist, er machte eine bescheidene Bürgermeisterkarriere von Burg bei Magdeburg nach Pankow; er kaufte für die Stadt das Gelände des Bürgerparks, sonst wären Mietskasernen hingekommen, liest man; Bevölkerung von Pankow 1870 etwa 3000 Menschen, 1905 fast 30 000, 1919 rund 58 000: wahrscheinlich wären es wirklich Wohnkasernen geworden, aber wo wohnten die Leute nun?

Wiesen statt Wohnungen; ich bin mir nicht sicher, ob Wilhelm Kuhr eine richtige Entscheidung getroffen hat. 1914 zog er in den Krieg. Entweder ist er in Ungnade gefallen, oder er hat ganz falsch gedacht. Mit fast 50 ist man zu alt fürs Leutnantsein. Bei einer polnischen Stadt ist er für seinen Kaiser gefallen; der Kaiser ist nicht gefallen. Nachdem er Hunderttausende umgebracht hatte, hat er sich privatisiert, um als Gutsbesitzer zu Ende zu leben.

Der Bürgerpark war von Anfang an etwas Anachronistisches. Welche Gedanken lagen dem Triumphbogen zugrunde, mit dem der Park anfängt, als sei's Italien?

Der Triumphbogen sagt: Der Bürger (oder doch der Bürgermeister) will Kaiser sein. Oder wenigstens Graf. Einige Schriften behaupten, Hermann Killisch von Horn sei Graf gewesen. Die Grabstätte der Killischs ist noch da, auf dem Schmuckfriedhof, mit dem der Park beginnt. Andere sagen, der alte Killisch von Horn war ein Parvenü, er hat sich den Adel gekauft, ein windiger Geschäftsmann, ein Schieber.

Er war in Bromberg geboren, 1821, er war also 34 Jahre alt, als er die vierte Tageszeitung Berlins gründete. Sie hieß „Berliner Börsen-Zeitung", sehr auflagenstark war sie nie, aber zeitweise sehr einflußreich; die Gründung, heißt es, geht auf Bismarck zurück; bevor er Staatsmann wurde, war

Bismarck preußischer Gesandter beim Deutschen Bund, in Frankfurt am Main, dort lernte er die Frankfurter Börse kennen; aus dem Börsenwesen würde auch in Berlin sehr viel mehr werden, als es war, 1806 (im Jahr der preußischen Niederlage bei Jena) notierte der Berliner Kurszettel 21 öffentliche Fonds, 1840 zusätzlich das ganz Neue: Eisenbahnaktien, in den 60er Jahren Bankanteile und Hypotheken, 1870 360 Effekten, 1895 fast 1300, und so ging es weiter;

Bismarck hatte gesehen, worauf die Sache hinauslief, und er hatte auch gesehen, daß die Börsianer ein publizistisches Organ brauchten; Hermann Killisch schuf es, am 1. Juli 1855 erschien die „Berliner Börsen-Zeitung" zum ersten Mal; bis in den zweiten Weltkrieg bestand sie, fast bis zuletzt im Besitz der Killischs, Ende '39 starb Arnold Killisch von Horn, der die Zeitung bis wenige Monate vor seinem Tod geleitet hatte, da war sie an die Nazis gefallen, nicht von selbst.

Die Killischs waren also publizistische Diener der Hochfinanz, auch viele hohe Offiziere bezogen von ihnen

Eingang zum Bürgerpark.

ihre politische Meinung oder ließen sich die bestätigen, die sie ohnehin hatten; der General von Stülpnagel war der letzte Geschäftspartner der Killischs; in den beginnenden 20er Jahren war Walther Funk ihr Wirtschaftsredakteur, den Adolf Hitler zu seinem Wirtschaftsminister und zum Reichsbankpräsidenten machte; er wußte, in wessen Interesse.

Der letzte Zeitungs-Killisch hatte noch die Idee, aus der „Börsen-Zeitung“ für den Propagandaminister Dr. Goebbels eine neuartige Wochenzeitung zu machen, aber der Nazi-Presse-Zar Amann ging zu Hitler, und Hitler entschied sich gegen Goebbels, bis der dann „Das Reich“ bekam. „Das Reich“ sah so ähnlich aus wie Killisch sich die verwandelte Börsen-Zeitung vorgestellt hatte und wie heute „Die Zeit“ aussieht. Aber nein, das darf man nicht sagen, das ist zu mißverständlich.

Während man an einem kalten Februartag durch den Bürgerpark geht, ganz allein, nur die Bergziegen sind da, die nicht wissen wieso, muß man aufpassen, daß einem im Kopf nicht alles durcheinander geht. Ich gehe auf Johannes R. Becher zu, der von Cremer geformt mit blau besprayter Genitalzone mißmutig über den Bürgerrasen geht, als ob er gerade dächte: Auferstanden aus Ruinen, aber mit Fragezeichen.

Der andere Großbürgersohn, der in diesem Bürgerpark ein bißchen weiter hinten gefeiert wird, gehört hierher auch nur so, wie er überall hingehört, weil er einer der größten deutschen Schriftsteller einer Zeit war, die vergangen ist. Untertanen gibt es immer noch, aber die sind nicht mit Heinrich Mann zu heilen. Die belletristischen Intellektuellen passen nicht in die Nähe der Schulze- und der Wollankstraße, die nach den Grundbesitzern genannt sind, die hier kräftig Mäuse machten. Sie halten stand, jedem deutschen System sind sie recht. Sie sind die wahren deutschen Bürger.

Ich verlasse den Park schnell. Gegenüber in der Wilhelm-Kuhr-Straße 3 hat Reinhold Burger die Thermoskanne erfunden und die ersten Röntgenröhren gebaut, durch die Wollankstraße fuhr die erste Straßenbahn Berlins,

Deutschlands, der Welt? Max Skladanowski, ein ehemaliger Schausteller, hat hier fast den Film erfunden und in Nr. 134, auf dem Hof, konnte man 1936 zur Nazi-Olympiade zum ersten Mal Fernsehen sehen. Da muß man die Kinder hinführen, um ihnen zu sagen: Fernsehen hat es tatsächlich nicht immer gegeben.

Südlich und östlich vom Bürgerpark ist Pankow hoch aktuell, das Gestern zum Heute, wie: das Buch zum Film; in Pankow kann man erleben, daß die Gegenwart Vergangenheit hat; aber vielleicht brauchen wir die Vergangenheit nicht mehr; es geht auch ohne, manchmal geht's besser; vielleicht ist Verdrängung doch nützlicher als Dr. Freud dachte; wir lassen's drauf ankommen.

Der Asphaltweg, der hinter den Hof-Häusern der Schulzestraße entlang führt, erinnert an etwas, was wir gar nicht mehr wissen wollen. Auch die Mauer war ein deutsches Ding, wie die Thermoskanne, die Nipkow-Scheibe fürs TV, die Börsen-Zeitung für die Geschäfte und die Vorurteile, wie die Mietskasernen für den Grundprofit, Johannes R. Becher fürs Nationale, Heinrich Mann fürs Internationale und Wilhelm Kuhr, wer weiß wofür. Von Toten kann man in Wirklichkeit nur eins sagen: Sie sind tot. Alles andere, was man über sie sagt, sagt man über die Lebenden.

Durch das Friesenblau der Türen steige ich auf den Bahnsteig Wollankstraße hinauf, stehe nun erhoben, auf der einen Seite Wedding, auf der anderen Pankow, kein Unterschied des Charakters. Die von der Mauer freigelegten Hinterhöfe sehen aus wie ausgebreitete Arme. Die S-Bahn, mit der ich nun von Pankow fortfahre, ist auf wörtliche Weise Stadt-Bahn: Schneller kann man nicht ersehen, was Berlin ist als aus diesem Zug, bis er – schon in Mitte – gleich hinter dem Grab Theodor Fontanes in der unteren Welt verschwindet.

Ossietzkys letzte Wege

Es ist der 5. Mai, ein sonniger Montag. Ossietzky steht in der Ossietzkystraße. Auf einer Wiese. Gegenüber der Wirt vom Hey Chauk Lai fegt den rosa Traum der japanischen Kirsche vom Bürgersteig.

Hinter Ossietzky blüht es rot, neben ihm eine Kastanie, zu seinen Füßen gelber Löwenzahn. Vor seinen metallenen Schuhen liegt ein Strauß roter Nelken. Gestern war sein 59. Todestag. Ossietzky ist aus Erz. Klein, lebensgroß, in die Erde gezogen vom Gewicht seines Mantels; er scheint zu frieren. Es bläst von vorn, so daß er sich gegen den Wind neigen muß, manche Falten des Mantels sprechen dagegen dafür, daß es von hinten weht, von rückwärts, als ob er vorwärts getrieben würde; er blickt zur Erde, es fiel ihm schwer, heißt es, jemanden in die Augen zu blicken. Steht er im Wasser, in Wellen, im grünen Fluß? Auf bewegtem Gelände. Eine ältere Frau lehnt oben im Balkon und sieht aufmerksam herunter, während ich versuche, Ossietzky sprechen zu lassen. „Von mir ist weiter nichts zu sagen“.

Zuvor hieß diese Straße Schloßstraße. Und nun führt sie tatsächlich an dem Schloß vorbei, welches die Straße mit seinen Wachhäusern auf der einen und auf der anderen Seite abbricht und teilt. „Wir bitten zur Vermeidung von Unfällen nur die freigegebenen Wege zu benutzen“: in der nach dem frei denkenden Journalisten benannten Straße ist das ein Spruch mit Unter- und Hintersinn.

Der private Wachmann lehnt neben der Schloßbarriere, als träumte er vergangenen staatlichen Wachzeiten nach. Ich gehe ein Stück um das Schloß herum, blicke in Lennés Landschaft. Sie liegt in der Sonne wie ein buntes Tuch über deutscher Geschichte, ich will es nicht aufheben. Der Ausgang – oder wenn man von anderer Seite käme, der Eingang – ist viel weniger gepflegt, eher ein Lagertor. „Geld- und Werttransport GmbH. Zugang für Unbefugte verboten“, aber niemand mehr da, die Garagen stehen leer, es kommen keine Staatsgäste und keine Geldtransporte.

An diesem anderen Ende heißt die Ossietzkystraße schon Dietzgenstraße. Ich denke an meinen Vater. Er hat über die „48er" ein Buch geschrieben. Zu ihnen gehörte auch Dietzgen, der in USA, Chicago, gestorben ist. Sein Hauptwerk heißt „Das Wesen der menschlichen Kopfarbeit". Das paßt. Paßt auch zu Ossietzky, dessen Platz nun kommt. Inmitten die Friedenskirche. Mit ihrem Pfarrhaus hinter ihrem Gitterzaun hat sie etwas Privates, Inselhaftes.

Ich überlege mir, während ich durch die Wackenbergstraße gehe, was Ossietzky wohl zum Wackenberg gesagt hätte. 1935, als auf dem Wackenberg Kundgebungen stattfanden für die „Rückkehr des Saarlandes ins Reich", war Ossietzky, festgenommen seit dem 28. Februar 1933, im Konzentrationslager Esterwegen im Emsland; gequält, gefoltert, er kommentierte nichts mehr. 1935, das Saarlandsjahr, an das diese Straße mit ihrem Nazi-Namen erinnert, ist das Jahr, in dem Tucholsky starb.

Was hätte er gesagt, stelle ich mir vor, während ich am schönen Herthaplatz, Buchholzer Straße, in den Friedhof einbiege, in dessen südlich-östliche Mauer Ossietzkys Asche eingemauert wurde am 14. Mai 1938. Tucholsky redend an dieser Stelle, nein, das kann man sich nicht vorstellen. Das Bild, das von Tucholsky bleibt, ist das Bild eines schweigenden Herren: Sprechen, Schreiben, Schweigen: eine Treppe.

Es ist 59 Jahre her, daß Ossietzky, hier, an diesem kleinen Mäuerchen, diese Treppe erstiegen hatte. Keine Reden am Grabe, die Gestapo in Beobachtungsstellung, Grabplatte verboten, die kam mit ihrer goldenen Schrift erst später, sie nennt die Daten und: „Frieden für immer", die Vergißmeinnicht frisch gegossen, eine grünliche Plastikvase, die säuberlich beschrieben ist: „Grab Carl von Ossietzky", eine Tulpe und ein paar vertrocknete Ichweißnichtwas.

Nebenan ruhen Scharnitzkys, von ihnen kommen dunkelgrüne Gewächse herüber, hinter der niedrigen Mauer ein verwilderter Garten. Ich lese leise die zwei Sätze Tucholskys vor, die ich für diese Gelegenheit mitgebracht habe, die junge Frau, die ein Mauerstück weiter eine alte

Grabstätte pflegt, hört es nicht, ich spreche leise, sonst genierte ich mich: „Es ist mir unmöglich, einem so unpathetischen und stillen Kameraden wie meinem Freunde Ossietzky markige Abschiedsworte zuzurufen, wir sind keine Vereinsvorsitzenden ... Leer is de Wohnung. Trauer, die macht dumm / Denn kram se so in seine Sachen rum ... Denn lebst du wieda wie nach Noten! / Keener wandert schneller wie die Toten."

Ich wandere die lange Waldowstraße aufwärts, links ab in die Schillerstraße, am Straßenbahndepot vorbei, ein Baudenkmal; Nordend, wo die GSW eine Stadt baut, für die sie verspricht: gut und sicher wohnen. Sicher wohnen – keine Angst haben, daß man rausgeschmissen wird.

Ossietzky kannte diese Angst sein bürgerliches Leben lang, meist lebte er in möblierten Zimmern. Auch das Zimmer bei Dr. Dosquet können wir ein möbliertes Zimmer nennen. In der Mittelstraße 6–8. Da stehe ich jetzt, inmitten des Straßendreiecks Kastanienallee, Blankenfelder Straße, Schönhauser Straße. Eine Privatklinik betrieb Wilhelm Dosquet hier, Freiluftbehandlung war seine Spezalität.

Ossietzky an der Ossietzkystraße.

Am 23. November 1936 wird Ossietzky, der krank an offener Tuberkulose im Polizeikrankenhaus liegt, das galt schon als Gnade, der Friedensnobelpreis für 1935 verliehen. Göring verspricht ihm eine Lebensrente, wenn er ablehnt, Ossietzky bleibt unbestechlich, auch um das eigene Leben ließ er sich nicht erweichen, die Nazis waren wütend. Ossietzky durfte nicht ausreisen, um den Preis entgegen zu nehmen; der norwegische König kam nicht zu der Preisverleihung, der Rechtsanwalt, den Ossietzky schickte für das Nobelgeld, unterschlug, kaufte sich davon die Eden-Lichtspiele in Charlottenburg.

Seit dem 14. Dezember 1936 gibt Dr. Dosquet Ossietzky ein Dach überm Kopf und Pflege: „Ich glaubte zunächst, einen guten Arzt gefunden zu haben ... und statt dessen habe ich einen sorgenden Freund gefunden, dessen gütige Menschlichkeit sich zwischen mich und die Krise stellt“. Manchmal ging Ossietzky hinüber in die Birkenallee, wo Dosquets in Nr. 6 wohnten.

Ich gehe diesen Weg jetzt auch, Ossietzkys letzten Weg, an dem niedrigen Haus vorbei, das zur Kastanienallee das Halbrund abschließt, mit dem die Birkenallee beginnt. Die letzten Bilder zeigen Ossietzky, wie er hier, Birkenallee 6, am Kaffeetisch sitzt mit Wilhelm Dosquets Schwiegertochter, die den Kuchen auflegt und raucht. Ossietzky wird von starker Lampe beleuchtet.

Wilhelm Dosquet, der Arzt, Jude, starb vor Ossietzky, im Februar 1938, rechtzeitig, sagt man, wenn man die deutsche Geschichte kennt. 1943 fielen Bomben auf das Haus. Es steht erneuert da. Die Bäume im Park sind die alten.

Merkpfähle I
Von Schönholz zu Francke

Die S 1 ist mir gut vertraut. Als ich in Schlachtensee wohnte, fuhr ich oft mit dieser Bahn; Tucholsky hat sie apostrophiert, als noch die Bankdirektoren mit ihr reisten von den Sommervillen an der Rehwiese zu den Banken und Börsen in der Innenstadt.

Hier, im Norden, zwischen Wedding, Reinickendorf und Pankow benutze ich sie seltener. Eine Freundin von mir, tatsächlich eine Baronin, erinnert sich an den Weg, der auf der Westseite der Bahn entlang führte; mit dem Fahrrad fuhr sie bis ins Märkische Viertel, manchmal konnte man die S-Bahn über der Mauer fahren sehen, manchmal versteckte sie sich hinter ihr. „Heute weiß ich kaum noch, wo die Mauer war", sagt die Baronin, „muß mal gucken, ob ich noch Fotos habe."

Ich gehe den ehemaligen östlichen Mauerweg entlang, der ausdrücklich als Geh- und Fahrradweg ausgewiesen ist. So hätte man dieses Bauwerk aus der Teilungszeit überall erhalten sollen. Die Mauerbrache ist in eine gepflegte Wiese verwandelt. Man erkennt kaum noch trennendes Gelände. Dort öffnet sich auch der Friedhof. Städtischer Friedhof Pankow. Das Wirtschaftsgebäude neben der Kapelle erinnert an eine ländliche Ausflugsgaststätte.

Ich studiere die Anschläge in der Schautafel. Der Inspektor dieses Friedhofs scheint ein besonders strenger Mann zu sein. Nur Verbote und Drohungen: Das auf den Wegen zwischen den Grabanlagen wachsende Gras entfernen, Begräbnisstätten in einem würdigen Zustand erhalten, „es entspricht nicht der Würde der Ruhestätte unserer Verstorbenen, wenn Sie ..." a bis f: „Verstöße gegen die Anstandspflichten dieser heiligen Stätte gegenüber müssen gebührend geahndet werden. Für den Schadensersatz müssen Friedhofsschänder im Interesse der Allgemeinheit haften... Befindet sich an Ihrem Grabstein ein grüner Aufkleber, sind

Heinrich-Mann-Platz.

Sie verpflichtet, den Stein umgehend durch ein zugelassenes Fachunternehmen befestigen zu lassen". Mit wem spricht der Verwalter da?

Über seine Texte ließe sich ein juristisches Seminar halten; ich erwäge das ernsthaft. Und ich überlege auch, warum die Friedhöfe nicht privatisiert werden; in Holland gibt es private Friedhöfe, es klappt alles bestens, keine Heiligkeit wird verletzt, was geht den Staat überhaupt das Heilige an? „Wenn der Staat heilig sagt", sagte mein Großvater, „dann will er meistens das Leben."

Der Pankower Friedhofsinspektor hat mir aber auch ein schönes Wort vermittelt: „Merkpfähle für die einzelnen Grabstätten können erworben werden." Merkpfähle kann man immer gebrauchen: Zeichen, die man aufrichtet an Orten, Dingen, Gedanken, Gefühlen, von denen man befürchtet, daß man sie vergessen wird.

Den ersten Merkpfahl wollte ich am Grab von Hans Litten aufstellen; er ist im KZ Dachau umgekommen, ein junger Rechtsanwalt; in einer Zeit, als so viele seiner Kollegen die Ehre ihres Berufsstandes gekränkt haben, hat er ein Zeichen aufgerichtet, an das man sich halten kann, wenn man sich fragt, ob man in Deutschland mit gutem Gewissen Jurist sein kann.

Ich finde das Grab nicht. Auch das Grab von Ernst Busch finde ich nicht. Ich muß seine Grabstätte nicht sehen, auch sein Haus in der Leonhard-Frank-Straße nicht, der Mann steht mir vor Augen, seine Stimme klingt mir in den Ohren. Als ich begeisterungsfähig war, begeisterte er mich.

Hinten, wo Grabsteine stehen wie die Soldaten, angetreten zum letzten Gefecht, sehe ich manchen Grabstein, bei dem ich mir was denken kann. Dr. h.c. Paul Wandel, 1905 bis 1995, „strenge Parteirüge" 1957, ich lese in dem strengen Buch von Schirdewan „Aufstand gegen Ulbricht", 1994: Wollweber, Selbmann, Oelßner, Schirdewan, Wandel, Ziller. Ziller nahm sich 1957 das Leben, „mit Vati ist was passiert", Wandel, den ich hier ruhen sehe, wurde noch stellvertretender Außenminister, schließlich – bis auf den Grabstein hinab – ehrenhalber promoviert von der Humboldt-Universität.

Ich bin auf dem Weg zum Majakowskiring, in dem 1957 die Freunde von eben die Straßenseite wechselten und die Grüße nicht erwiderten. Lang, lang ist es her.

Das Grab von Inge Müller finde ich dicht am Ausgang zur Leonhard-Frank-Straße. Die Stele am Grab von Heiner Müller selbst, auf dem Dorotheenstädtischen Friedhof, sieht ganz ähnlich aus. Der Name in stilisierter Schreibmaschinenschrift, Inge Müller war ja auch Schriftstellerin, Heinrich-Mann-Preis zusammen mit Heiner Müller. Später fand er es einen schweren Fehler, daß er sie als Mitautorin beim Lohndrücker genannt hatte, „so kam ein Riß in unsere Beziehungen".

In der Clara-Zetkin-Straße hatte diese Beziehung begonnnen. Inge hatte eine grüngestreifte Bluse an, der oberste Knopf stand offen. „Sie war sehr preußisch erzogen. Manchmal erzählte sie und ohne Haß, daß ihre Mutter sie geschlagen hatte, „mit allem was greifbar war". 1966 hat sie sich selbst umgebracht, Heiner Müller stand kurz unter Mordverdacht. Bei ihrer Beerdigung, hier, wo ich jetzt stehe und dem Kopftheater zuhöre, hat Heiner Müller sich endgültig Peter Hacks zum Feind gemacht. Alle mußten ihm kondolieren, Hacks stolperte und fiel vor Müller auf die Knie. Niemand durfte lachen.

Während ich auf den Heinrich-Mann-Platz zugehe, auf diesem weiten Villenplatz unter kleinen Eichen auf der

Bank sitze, an den großen Lübecker Landsmann denke und den Wolken zuschaue, habe ich das Gefühl, mittendrin zu sein in der deutschen Literaturgeschichte. Ich weiß, daß ich weiter oben in der Homeyerstraße an dem Haus vorüberkommen werde, in dem Arnold Zweig gewohnt und fruchtbar weiter Literatur diktiert hat.

Am Abend werde ich in seinem klaren Buch „Bilanz der deutschen Judenheit" lesen. In Heiner Müllers Gesprächs-Memoiren „Krieg ohne Schlacht" werde ich lesen, daß auch Arnold Zweig, ebenso wie die anderen Literatur-Berühmtheiten, für Müllers Ausschluß aus dem Schriftstellerverband stimmte, weil er gesagt hatte, was der Partei nicht gefiel … die Partei … die Partei … Daß jemals eine Partei so wichtig war, daß es jemals auf die Mitgliedschaft in einem Verein so sehr ankam …

Ich denke es an dem stillen Ort, der eigentlich ein Denkmal inmitten gebrauchen könnte statt eines Gullis, nicht vorwurfsvoll, weiß ich, wie ich mich verhalten hätte? „Mir war mein Schreiben wichtiger als meine Moral", sagt Müller. In die Schulbücher würde ich diesen Satz nicht setzen, er enthält mehr als Wahrheit. „Es gibt ein Menschenrecht auf Feigheit", gibt es; ich nehme es auch oft in Anspruch. Feigheit ist mir weniger unheimlich als Mut.

Wir wissen nicht mehr, wo die Mauer verlief. Ich Alter sehe hinüber zu dem Altenheim, das an der Ecke Heinrich-Mann-/Cottastraße Paul Mebes und Paul Emmerich gebaut haben. Architektonische Vorläufer der Moderne, vielmehr: selbst modern, sie halten auch jetzt noch stand.

Ihre vorbildhafte Siedlung in der Paul-Francke-Straße wird gerade restauriert. Eine lebhafte Baustelle. Es ist Mittag. Die Arbeiter sitzen auf den Ladeflächen ihrer Lkws und bauen kleine Wälder aus Flaschen. „Der Dreck ist unsagbar", sagt ein Alter zum anderen. „Ich krieg die Fenster gar nicht mehr auf", sagt der andere. Das wird sich ändern. Es wird wieder Luft hereinkommen.

Ich biege in den Majakowskiring ein. In dieser Ringstraße durch die deutsche Geschichte stelle ich einen Merkpfahl auf für meinen nächsten Bericht.

Merkpfähle II Majakowskiring

Ich kam von Schönholz herüber. Als der Weg über den Friedhof führte, brach er mehrmals durch die dünne Zeitendecke und blieb in der Vergangenheit stecken. Dorther sind die Merkpfähle. In den Majakowskiring trete ich ein mit einem dicken Merkpfahl auf der linken Schulter. Wenn er nicht anfinge, mich zu drücken, wäre diese Ringstraße ein einfacher, ruhiger Ort.

1947 ist in New York eine Anthologie deutscher Texte erschienen im Aurora Verlag, den 1944 Heinrich Mann mitgegründet hatte, auf dessen Pankower Platz ich eben gesessen habe. Becher hat auch mitgemacht und Zweig und andere Pankower. Die Sammlung hieß Morgenröte. Der zweite Text ist ganz kurz und lautet: „Wenn man auf einer entfernten Insel einmal ein Volk anträfe, bei dem alle Häuser mit scharf geladenem Gewehr behängt wären und man beständig nachts Wache hielte, was würde ein Reisender anders denken können, als daß die Insel von Räubern bewohnt wäre?“

Man kommt von der Grabbe-Allee hinein in den Majakowskiring und an der Ossietzkystraße ohne Probleme wieder hinaus. Da liegt auch das Schloß, zu dem der Weg ebenfalls offen ist, wenn es auch wegen der in die Straße ragenden Torhäuser so aussieht, als ob er jederzeit wieder geschlossen werden könnte.

Diesen Eindruck habe ich vom Majakowskiring nicht. Man sieht ihm nicht mehr an, daß er abgesperrt wurde, als er noch nach dem letzten deutschen Kronprinzen und seiner Oma hieß und erst wieder geöffnet, als die „Herren aus Pankoff“ zu „Männern von Wandlitz“ mutiert waren.

Daß das hier „das Städtchen“ war, in dem sich die obersten DDR-Herrscher gettoisierten, sehe ich der gemütlichen Gegend nicht an. Die Straße wirkt zurückgezogen; ich treffe einen einzigen Mann. Er sieht sympathisch aus, im kurzärmeligen Hemd, braungebrannt, weißhaarig, ein kleines ledergebundenes Buch in der Hand. Als er mich anspricht, denke ich: Es ist jemand, der für eine Menschenrechtsorganisation Unterschriften des Protestes einsammelt. Ein Zeuge Jehovas. Die Zeugen Jehovas sind auch vom Staat von Bonn verfolgt worden, weil sie unbedingte Pazifisten sind. Um deswillen bin ich auf ihrer Seite.

Gerade hat das Bundesverwaltungsgericht ein rechtswidriges Urteil über sie gesprochen. Die Zeugen brennen jedem Staat auf der Haut. Ich bin mit meinen Meinungen über sie fertig. Ein Traktat will ich nicht. Einen kleinen bunten Zettel nehme ich, weil er den berühmten Augenblick abbildet, in dem ein Schwert zu einer Pflugschar wird. „Und Speere zu Sicheln" oder so ähnlich; der Zeuge hat eine andere Übersetzung als Luther.

Das Haus vor dem wir uns unterhalten, nennt sich LiteraturWERKstatt, es ist gut geweißt, sieht gar nicht nach Werkstatt aus, hinten ein Gartenhaus, ein Lieferwagen aus PM hat gerade was gebracht, zwei staatstragende Fahnenmasten ragen leer, aber ankündigend in den Sommerhimmel.

Nr. 46/48: Otto Grotewohl hat hier gewohnt. Als wir den vorletzten Vorsitzenden der SPD fragten, was die SPD über die Tatsache denkt, daß eine der Hauptstraßen Berlins nun nicht mehr nach ihrem ehemaligen (Teil-)Vorsitzenden, sondern wieder nach einem ehemaligen preußischen König heißt, sagte er: Grotewohl hat die Ideale der SPD verraten.

Ach, junger Mann: Und Ebert, dessen Straße hinter Hermann Göring wieder aufgetaucht ist? Er hat für WK I gestimmt, für einen Krieg der europäischen Arbeiter gegeneinander. Gab es da kein Ideal, das entgegenstand? Die SPD hat ihre Ideale oft verraten. Das kann nicht das Kriterium sein. Sondern Absicht und Ehrlichkeit, spätere Feigheit wird verziehen. Die Wilhelmstraße hätte die Otto-Grotewohl-Straße bleiben sollen. Man darf die Geschichte nicht wie ein Stehauf-Männchen behandeln. Manche dürfen es eben doch.

Damit kommen wir zu Walter Ulbricht. Er wohnte Nr. 28–30. Aus der Betrachtung des Hauses, das jetzt da steht, kann man keine Rückschlüsse auf den Mann ziehen. Das ist ein Neubau. Ulbricht bliebt ein Buhmann der deutschen Geschichte. Auch die starken persönlichen Ähnlichkeiten zwischen ihm und Konrad Adenauer verdecken die großen grundsätzlichen Unterschiede nicht. Wenn ich Plutarch wäre, würde ich aus diesen beiden Männern mit dem spröden Verhältnis zur deutschen Sprache ein einziges deutsches Leben machen. Der Vergleich hebt die Unterschiede hervor.

Gerade weil Adenauer und Ulbricht sich so ähnlich waren, ist mir nie unklar gewesen, daß auf Adenauers Seite besser leben war. Für ein vereinigtes Deutschland waren sie beide nicht. Die Welt brauchte kein Deutschland. Nachbar Becher mit seinem „einig deutsches Vaterland" lag da ganz falsch. Diskret betrachte ich Nr. 34. Ein Rechtsanwalt hat hier sein Büro. Eine große dunkle Tafel erinnert an den Dichter der anderen deutschen Nationalhymne. Ich bin nicht dafür, daß Vaterländer besungen werden, selbst Mutterländer nicht. Ich bin nicht fürs Vaterland. Ein Begriff aus der Mottenkiste der falschen Gefühle.

Einen kulturelleren Kulturminister hatte Deutschland kaum je als Johannes R. Becher (für einen Vergleich mit Sachsen-Weimar-Eisenach war die DDR nun wirklich zu

Majakowskiring Nr. 46–48: ehemals Wohnhaus von Otto Grotewohl.

groß). Er hat Brecht den schnellen Weg nach Deutschland geebnet, er hat Heinrich Mann gerufen, den der Tod vor Zweideutigkeiten bewahrte. Er hat Hans Fallada ein neues Haus gegeben. Jetzt steht Nr. 19 leer, in der Straße, der man 1994 den Namen gegeben hat, mit dem Fallada im Personenstandsregister stand: Rudolf Ditzen. Er war schon ziemlich fertig, als er hier einzog. Hier hat er seinen letzten Roman geschrieben. Es war der erste Roman über den deutschen Widerstand gegen die Nazis. Über den Widerstand von unten, nicht über den Widerstand von oben, der später kam und auf den die Bundesrepublik ihr feierliches Gedenken dann meist beschränkt hat. Jeder stirbt für sich allein.

Ich komme an dem Haus vorüber, in dem Wilhelm Pieck, bis zu seinem Tode Präsident der DDR, der erste und der letzte, gewohnt hat. Man hätte auch ihm seine Straße in Berlin lassen sollen, damit mancher sich gefragt hätte, wer war der Mann und was hat er getan vom SPD-Sekretär in Bremen bis hierher in den versperrten Ring, das abgelegene preußische Schloß und den arrangierten Friedhof in Friedrichsfelde, auf dem er zweimal Rosa Luxemburg begraben hat.

Der Staat von Pankoff ist lange hin. Schon seit 1956, als er zum Staat von Wandlitz wurde. Der Majakowskiring ist längst zurückgekommen in die Realität. Er ist kein Denkmal. Er hat alles vergessen. „Die Geschichte wird der revolutionären Ungeduld der SED Respekt zollen."

Hat sie's getan? Hätte sie's sollen? Auf Intellektuelle ist kein Verlaß, auch wenn sie große Klassiker sind.

Von der Wollank-zur Vinetastraße

Mein heutiger Spaziergang beginnt, wo die S 1 hält, am Anhalter Bahnhof. Ich gehe hinter dem Fassadenrest über die knapp begrünte Brachfläche; früher war hier einer der lebhaftesten Bahnhöfe Europas, Walter Benjamin identifizierte ihn mit der Eisenbahn selbst.

Weg, alles weg! Soll ich Reste suchen, wirkliche, gedankliche? Soll ich am Bahnhof Wollankstraße suchen, wo die Mauer war? Zwischen den nördlichen Brückenpfeilern, Zeichen an der Wand?

Früher dachte ich: Geschichte ist wichtig, Geschichte erklärt. Diesen Irrglauben habe ich aufgegeben. Was vorbei ist, ist vorbei. Da gilt für Mörder und Totschläger vielleicht was anderes. Für uns andere ist Verdrängung die Voraussetzung des Lebens.

Keine Mauer an der Wollankstraße. Wo die Grenze zwischen Wedding und Pankow ist, die es vielleicht nicht mehr gibt, sieht man nicht, so sehr man sich niederbeugte. Zwischen Pankow und Wedding gibt es wohl nur zwei Straßenübergänge. Das sind die Wilhelm-Kuhr-Straße, die weiter oben die Bezirke unter der S-Bahn hindurch verbindet, und eben die Wollankstraße, in der – wie man wohl sagen kann – das Fernsehen erfunden wurde.

Man soll die Kinder herführen, damit sie sehen: Es hat eine Zeit ohne Fernsehen gegeben. Das habe ich an dieser Stelle früher geschrieben. Ich nehme es zurück. Nachdem es das TV gibt, ist es nicht nützlich, sich in Zeiten ohne TV zu versetzen. Ohne TV können wir nicht leben. Brot, Liebe und Fernsehen braucht der Mensch. Ohne Unterhaltung klappt das Leben nicht. Nicht umsonst sind „Unterhalt“ und „Unterhaltung“ in all ihrer Bedeutungsvielfalt fast dasselbe Wort.

Mit solchen schweifenden Gedanken stehe ich lange an der Ecke Wollank-/Brehmestraße; die beiden schön gelb renovierten Häuser wirken wie Torhäuser nach Pankow, solange man von Grenze hier noch etwas ahnt und wissen will. Das nordöstliche Eckhaus dagegen hat Erneuerung nötig, die Stukkaturen sind beschädigt, die Balkone fort. Die DDR wurde, je mehr sie endete, immer balkonloser.

Die Brehmestraße ist voller Renovierung. Die Fassade von Nr. 62 (z. B.) steht in ihrem Gelb-Weiß fast klassisch da, kühl und geordnet. Es wird eine schöne Straße. Jetzt ist sie eine typische Straße des Berliner Nordens, eine Straße der Zwischenzeit. Sie ist nicht mehr, was sie war, und noch nicht, was sie sein wird. Was sie durch die 40 Jahre DDR war, wissen schließlich nur die, die sie schon damals –wir sagen schon: damals – bewohnt haben.

„Wir bauen für Sie“, schreibt eine Firma aus Bad Homburg an dem Haus Ecke Rettigweg, „Stuckaltbau im Diplomatenviertel“, das klingt ein bißchen nach Ironie, die Diplomaten sind fern, weiter hinten, in der Esplanade, sind welche, sofern sie noch da sind. Oder schon wieder.

Ich gehe ein Stück des Rettigwegs aufwärts, links in der Pradelstraße liegt das Lutherhaus, ein evangelisches Verkündigungs- und Gemeindehaus; die Modernität seiner Fassade aus expressionistischen Klinkern hat Auswirkungen auf die Nachbarschaft, in der das angrenzende Haus sich erfreulich nahe der Moderne hält und ferne von der Post.

„Wir sind auf dem Hof“, meldet der Kindergarten, aber auf dem Hof, zu dem das Lutherhaus eine verputzte Wand zeigt, längst nicht so eindrucksvoll wie die Strraßenfassade, ist niemand.

Die Fassaden gegenüber sind mit grünen und grünlichblauen Drapierungen verhängt; das hätten wir vor Christos Reichstag nicht geglaubt, daß das Häuserverhüllen ein so allgemeines Gesellschaftsvergnügen werden würde, eine Notwendigkeit ist es doch nicht? Oder habe ich nur nicht aufgepaßt und es war immer so und Christo nur ein Imitator?

Am Ende scheint sich der Rettigweg an der Glasscherben bewehrten Mauer des Keramik-Werkes in der Ruhe des Vorstädtischen niederzulegen; da geht es rechts durch das Grün der Gaillard-Straße, das bald das Grün eines Friedhofs ist. Überall in Berlin gerät man schließlich in Friedhöfe. Es wird viel gestorben in der Stadt. Am Eingang ein dreiarmiger Ständer mit blechernen Gieskannen. An der Info-Tafel die derzeit auf vielen Friedhöfen zu lesende Ankündigung: „Zur Zeit wird die Standsicherheit geprüft".

Ich leide an Bluthochdruck, mein Herz macht gelegentlich Sprünge, ich bin nicht sehr standsicher. Ich sitze auf der

Friedhof in der Gaillard-Straße.

Bank am Mittelweg, einen Augenblick denke ich: Hier möchte ich sitzen bleiben, in dieser städtischen Ruhe, zusehen, wie sich die Gegensätze vereinigen.

Es läutet 12; vier alte Frauen gehen fast gleichzeitig zum Ausgang, als ob sie nun Mittagspause hätten, Mittagspause des Gedenkens. Leisten sie hier Erinnerungsarbeit? Oder Gärtnerei? Wie die Mauer: Sollten wir auch „unsere Lieben" lieber vergessen, wenn sie gegangen sind? Die Pflege der Schädelstätten als Beschäftigung begreifen, allenfalls als soziale Verpflichtung, aber nicht als Gedächtnisarbeit? Die Toten waren niemals hier, die Toten sind nirgendwo, wo Erde ist und Grün.

Nach der fast eleganten Biegung, die die Straße bei Nr. 16 macht, gehe ich auf die Kleingartenkolonie Famos zu. Hier, hinter einem kleinen bezirklichen Rosenbeet, liegt ein kleines türkisches Bistro. Bliebe ich hier noch etwas länger sitzen, erführe ich noch mehr aus dem Leben des Arbeitslosen am Tisch hinter mir, den der freundliche türkische Wirt aufzuheitern versucht.

Am Lebensmittelgeschäft um die Ecke ist angesprayt: „Tod dem Leben! Es lebe der Fernseher", als ob die Kids gestern schon gewußt hätten, was ich unten an der Wollankstraße heute gedacht habe. Die Brehmestraße zieht hier zwischen Kolonien entlang; an der weißen Laube ein Rehgeweih, als ob hinten Wälder wären.

Die Maximilianstraße führt mich unter der S-Bahn hindurch, ruhig, doppelt baumbestanden, zwischen kleinen Vorgärten, Schmuckkeramiken an den Fassaden zur Rechten. In der Brixener Straße denke ich, weil ich vorhin über die Vereinigung der Gegensätze räsonierte, an Nikolaus von Kues, der aus der „Vereinigung der Gegensätze" eine philosophische Kategorie machte: „Coincidentia oppositorum": in der hier ihren Namen ausleihenden Tiroler Stadt war der Kardinal Bischof, vor einem halben Jahrtausend. Wir können ihn vergessen, „Von der gelehrten Unwissenheit" hieß sein Hauptwerk.

Damit komme ich, vorbei an einer Schule, über deren Äußeres Frau Stahmer sich schämen muß, auf den Andreas-

Hofer-Platz. Für Berliner Verhältnisse ist das ein Berg, ein hoch gelegener Spiel- und Ruheplatz, hinten die Skyline der Bornholmer Straße. Ich sitze da und spiele mit Gedanken über den Sandwirt: „Zu Mantua in Banden der treue Hofer ...“, treu? Wem? Aber auch vernünftig? Wenn die Franzosen ihn nicht erschossen hätten, lebte er gewiß nicht mehr. Und hier, in Pankow, schon gar nicht.

Dann steige ich ab zur Esplanade. Sie sieht aus, wie sie heißt. Man sieht nicht, daß sie im Süden PrenzlBerg, sonst Pankow ist. Zur Berliner Straße hin stehen hier die Häuschen, die jetzt offenbar Stück für Stück das Diplomatische mit dem Medizinischen vertauschen; aus Botschaften werden Ärztehäuser. Ein paar Kleinbotschaften sind aber noch da, Tunesien, der Libanon, Indonesien, allerdings auch Brasilien; Außenstellen, heißt das zur Zeit, bis Berlin endgültig aufgehört hat, außen zu liegen.

Gleich links geht es hinab: U-Bahnhof Vinetastraße. „Ruhleben“ heißt die Richtung. Das ist auch so ein Name.

Amalie: Trenck und Taut

Vorgestern in Treptow. Um mir anzusehen, wie Bruno Tauts Reform des Arbeiterwohnungsbaus begann, 1913, farbig: Tuschkastensiedlung. Ehe sich das steinerne Berlin für Arbeiter reformierte, hatten die Bessergestellten für sich mit Reformen des Ihren schon begonnen.

Dafür nach Pankow. Die Bewegung war zwar dieselbe: erst hinein in die Stadt, die Stadt ansammeln, vergrößern, die Fassaden schließen, dann heraus aus der Stadt, Gartenstadt, Landhäuser, Parks.

„Vergleichen wir nun – um ein Beispiel zu haben – (sagt der Professor) den Akazienhof am Falkenberg in Treptow und den Amalienpark an der Breiten Straße in Pankow. Es gibt strukturelle Ähnlichkeiten, gewiß: um einen Hof, einen Park herum ordnet sich das Private, das wenigstens den Anschein erweckt, daß es gelegentlich auch ein Öffentliches sein könnte ...“

Ach nein, das ist kein Anfang. Pankow liegt viel zu weit weg von Treptow, als daß man da viel vergleichen könnte. Vielleicht eine kleine Geschichte: Reise der Christa Wolf aus dem Amalienpark in Pankow zu Anna Seghers in der Volkswohlstraße in Treptow, von den feinen zu den kleinen Leuten ... nein, nein, das ist auch nichts, da stimmen die Daten wohl nicht, und Anna Seghers ist im Vergleich zu der zeitgenössischen Frau immer eine große, woher die auch kommt: Diese Reise ginge immer aufwärts.

Erinnere mich, Muse, statt dessen ans Ferne, das hinter den Zeiten verschwunden ist. Warum nennt ein 52jähriger Königlicher Baurat, Architekt namens March, Otto, seinen städtebaulichen Versuch, über den sich fast noch besser reden als darin wohnen läßt, gerade nach dieser Preußenprinzessin Amalie, Schwester des bekannten königlichen Friederich: eine Frau voller Launen, einst schön, dann – wie wir alle – weniger, schwer musikalisch, Spinett, Klavier, Laute, Flöte wie der vermenzelte Bruder, Bach-Autographen im Schrank, Komponistin von Militärmärschen, aber auch von süßen Weisen: „Wenn ich einsam zärtlich weine...“, ohne Mann, ohne vorzeigbaren Mann, vielleicht die frühe Geliebte des Trenck, Garde du Corps, den der königliche Bruder zehn Jahre in Ketten legte, 60 Pfund schwer um Hals und Fesseln, geflüchtet, entkommen, eingefangen, entlassen, um am Ende den Kopf in Paris zu verlieren – nicht an eine Frau, sondern durch die Revolution, unter der Guillotine, ein Geheimdienstmann wohl; die Liebesgeschichte mit der Prinzessin ist wahrscheinlich erfunden, Sensationsjournalismus, Fiktion, die Gefängnisse, die Folter, die Guillotine waren allerdings echt.

Wieso gehört diese Geschichte hierher nach Pankow unter die feinen Leute, in den Amalienpark, der eben 100 Jahre alt geworden ist?

Der Sohn des Vaters, der sich hier architektonisch verewigte, lebt fort durch das Olympiastadion (Goldmedaille 1936: damals hatte man die Idee, dem Wettkampf der Muskeln einen Wettkampf des Geistes ... will ich wirklich nicht sagen... nebenan zu stellen: Gold für Stadien: Werner March, Deutschland, 3. Reich. Karinhall für den Nazi-Kondottiere G hat er auch gebaut, davon blieben nur wenige Trümmer in der Heide), als Papas Amalienhof fertig war, war er drei Jahre, als alter Mann erhob er von seiner Lehrkanzel in der TU Widerspruch gegen die Kahlschlagsanierung Westberlins durch den Brandt-Senat ... ja, ja: so kann man das sehen.

Was erzählt mir da die Muse, während ich unter der Platane sitze inmitten der Häuser, die eins nach dem anderen renoviert und – sobald fertig – besetzt werden (bilde ich mir ein) von Wirtschaftsberatern, Rechtsanwälten, Ärzten und überhaupt solchen, die in die Taschen greifen können.

Die 100jährige Geschichte ist dann nur noch Illustration für das neue Wohngefühl, Geschichte erhöht Wohnwert. Einen bedeutenden anderen Sinn hat sie nicht. Was auszieht, kann vergessen werden.

Was denke ich da, auf der schwarzen Bank unter dem stolzen Baum, der seine Geschichten für sich behält oder sie vielleicht auch herunter sinken läßt? Ich sehe: Patienten, Klienten, Mandanten, Kunden, vor allem Bauhandwerker ... gerade da – bin ich ein Minütchen eingeschlafen und träume? – kommen fünf junge Mädchen, schüchtern-herausfordernd, eine Lolita dabei, auf mich zu, die Videokamera läuft, Joana, ihre Freundin hat Geburtstag, sie wollen akustisch-visuelle Glückwünsche einsammeln.

Joana, du denkst doch nicht, daß ich zufällig hier sitze mit meinem weißen Strohhut und meinem knallroten Hemd mit Ausrufezeichen von Joop? Sondern ausgeschickt von

der guten Fee Amalie, dir einen Glückwunsch in den Amalienpark zu bringen, er wird dir nützen wie ... wie ein Glückskiesel, durch Jahrhunderte glatt geschliffen in den Tiefen des Ganges. Hin auf den Flügeln des Gesanges! Dort weiß ich rot blühenden Garten ...

Ich muß demnächst wiederkommen, den Amalienpark ohne Feenbeeinflussung und ohne Bildungsreminszenzen beschreiben, wenn er seinen Jahrhundertgeburtstag hinter sich hat und wieder jung ist.

Die Wahrheit und die Wirklichkeit

Bis zur Danziger Straße bringt mich meine Freundin R. in ihrem schnellen, flachen Auto, aus dem ich mich auf den paradoxen Weg mache: hinauf zur Untergrundbahn.

Zur Schönhauser Allee steigt die U-Bahn auf, erhebt sich, hält sich eine ganze Weile oben, ehe sie nach einer bunten Fassade am Eschengraben, wieder hinabführt: beziehungsreich bis zur Station Vinetastraße. Denn Vineta hieß die Stadt, die die Stürme des Meeres von der Insel Wollin hinabfegten in einen Untergrund der Sagenhaftigkeit.

Ich gehe nun das U-Bahn-lose Stück der Berliner Straße hinunter, das die Tram in zwei ärgerlich getrennte Seiten zerschneidet. Die U-Bahn-Verlängerung zum S-Bahnhof Pankow ist aber schon im Bau.

In einem Kirschbaum abseits der Straße zwitschern die Spatzen und verbreiten ihr optimistisches Lebensgefühl. Das Hof-Haus dahinter sieht ein bißchen wie Goethes Gartenhaus aus. Da fange ich schon an, an Heiner Müller zu denken. Ich will mir das Haus Kissingenplatz 12 ansehen. Ich will mir vorstellen, wie die Gegend hier vor 20 Jahren aussah, vor 19 Jahren, im Sommer 1978, als Müller hier mit der Stasi sprach.

Grüß Gott Berlin, stand damals nicht an der S-Bahnbrücke, auf die ich – das „Kissingen-Eck" im Rücken – hinabblicke, denn die Straße hebt sich leicht an oder fällt ab zu dieser S-Bahn-Unterführung, hinter der nach meiner persönlichen Voreingenommenheit erst das „richtige Pankow" beginnt und durch die ich nachher zu dem backsteinprächtigen S-Bahnhof Pankow gehen werde für die Rückfahrt.

Aus dem Fenster der „Gerichtsklause" kann ich das Amtsgericht gut beobachten. Es heißt wieder Amtsgericht. Das Gebäude ist nicht mehr ganz dasselbe wie das, das das Stadtbezirksgericht beherbergte. In die Arkona- und die

Lohmestraße hinein ist es durch neue weiße Flügel aus der Senatsbaukunst erweitert. Eins der beiden Berliner Familiengerichte hat jetzt hier seinen Sitz, aber hinten zur Borkumstraße sind noch die Gebäude, um die eine Einsperrmauer verläuft und deren Fenster vergittert sind. Die meisten deutschen Gerichte haben etwas Einsperrendes. Da mögen sie sich nach vorne hin die imitierendste Mühe geben.

Der Haupt-Architekt dieses Gerichts vom Anfang des Jahrhunderts hieß Paul Thoemer, er ist für manchen Berliner Justizbau verantwortlich, vor allem für das heutige (sog. Neue) Kriminalgericht in der Turmstraße; mit seinem Partner Rudolf Mönnich hat er außer diesem Pankower Gericht aus derselben angeblich süddeutsch-barocken Formenkiste auch das Amtsgericht Schöneberg in der Grunewaldstraße zusammengesetzt: Vorstadtgerichte, hieß es damals, sie sollten ländlichen Charakter ausdrücken. Beim Amtsgericht Wedding verwendeten sie dann „sächsichen Barock“, aber es kam immer dasselbe raus: eine Fassade, die nicht darüber hinwegtäuscht, was dahinter ist.

Gegenüber der Schulfassade aus ähnlichem Imitatstil, die es ein Stück weiter ostwärts zu besichtigen gibt, habe ich gerade das umgekehrte Gefühl. Man muß das Türschild lesen, um zu wissen, daß hinter einer solchen Fassade eine Schule ist. Diese heißt jetzt nach Rosa Luxemburg. Hoffentlich hören die Schüler da drinnen was über Rosa, ich würde sie die Liebesbriefe an Paul Levi lesen lassen, damit sie auch selber lernen, wie man Liebesbriefe schreibt: nämlich indirekt, lieber über Dinglichkeiten als über Gefühle.

Vom Tor dieser Schule aus kann man auf der anderen Seite des Kissingenplatzes die Georgskirche sehen. Der Turm ist besonders spitz, das goldene Kreuz auf der obersten Spitze besonders bedeutungsvoll, die Flugzeuge kommen so tief herein, daß man befürchtet: gleich stoßen sie an.

„Hic est porta coeli“: hier ist das Tor des Himmels: Der Kissingenplatz ist schön, ein Platz für sich, in einer Gegend für sich, einer „besseren Gegend“, aber Tor zum Himmel ...? St. Georg steht über dem Drachen, der Drachen ist schon tot.

1978, stelle ich mir vor, war das allenfalls ein Bild der Hoffnung. Oder ein ironisches Bild.

Kissingenplatz Nr. 12 wohnte Heiner Müller, als die Stasi-Offiziere Holm und Girod zu ihm zu Besuch kamen. Sie sprachen mit Müller und seinem Freund Dieter Klein über – wie man so sagt, aber sie sagten es wohl nicht so – Gott und die Welt, das heißt: nicht über Gott, sondern vor allem über Karl Korsch und den kritischen Marxismus, später über die Weltpolitik, über die Gefahren des Nationalismus, über die Dritte Welt, über alles mögliche.

Die Tschekisten wollten – heißt es – die Akte Operative Personenkontrolle Müller, OPK „Zement", umschreiben in den IM-Vorlauf „Heiner" , aus dem Opfer aktenmäßig einen Täter machen, damit er „da bleibt", die DDR nicht verläßt ... „1961 – da wurde die Mauer gebaut, wir waren erleichtert ... Eine ganz neue Möglichkeit zu arbeiten: Die Mauer als Schutz gegen das Ausbluten ... Und zur gleichen Zeit sagte Otto Gotsche, der Sekretär von Ulbricht: jetzt haben wir die Mauer, und jetzt werden wir jeden daran zerquetschen, der gegen uns ist ..." Kein Mensch ist integer. In keinem guten Stück.

Kissingenplatz mit Georgskirche.

Ich mache mich auf den Rückweg; durch die Karlstadter Straße, die mit doppelbaumbestandenem Mittelstreifen auf die Gemündener Straße zuläuft und mit ihr einen Platz bildet, von dem mich ein Hausdurchgang zum Miltenberger Weg und zur Georgskirche zurückbringt.

Die ganze Gegend ist sehr baumbestanden; Kirche, Schule, Gericht, bessere Wohnungen, Vorstadtruhe, ein städtebauender Freund von mir sagt zu solchen Eindrücken schnell: „Bad Pyrmont", hier müßten wir aber „Bad Kissingen" sagen. Je herbstlicher es wird, um so schöner ist eine solche Gegend. Berlin ist überhaupt eine herbstliche Stadt. Immer geht in ihr etwas zu Ende.

Die Wahrheit ist etwas anderes als die Wirklichkeit. Ich persönlich glaube nicht an die Wahrheit und schätze sie als sozialen Wert nicht sonderlich. Der Morgenpostservice in Nummer 38 zeigt die BZ-Schlagzeile von heute an: „...und die Bibel hat doch recht: Schlangen hatten früher Beine."

Schlußstück

Die Tucholskystraße verbindet die Geschwister-Scholl-Straße mit der Torstraße, vor kurzem hätte man noch sagen können: mit der Wilhelm-Pieck-Straße. Die edlen bayerischen Geschwister hat Tucholsky nicht kennen können, Wilhelm Pieck hat er gekannt. Die Straße beginnt mit einer Brücke, die unter dem Verkehr heftig zittert, sie endet vor einem Restaurant, das nach Tucholsky heißt, in seinem Firmenlogo die Unterschrift des Publizisten ungeschickt nachahmt und auch sonst wenig mit ihm zu tun hat.

Es ist eine Berliner Augenblicksstraße. Natürlich ist es hier – mindestens am Rande des sogenannten Scheunenviertels – auch eine Gestern-Straße. Ich will das Gestern vergessen. Aus der Geschichte wird nichts gelernt. Man will nicht, und man soll nicht.

Das jüngste Beispiel hat Günter Grass geschaffen, vielmehr andere, u. a. der Mann, von dem der Verleger Kindler uns gesagt hat, daß er kein Neonazi sei, sondern ein Pastor und Generalsekretär einer Partei, deren Vorsitzender – wie ihm gedankt sei – geschwiegen hat.

Aus der Geschichte lernen hieße: die Anfänge erkennen, wovon man das Ende kannte. Vergleichen, nicht unterscheiden. Wer Geschichte nur kennen will, der lernt nicht aus ihr, weil er Individualitäten erkennt, wo er Vergleichbarkeiten feststellen soll.

Ich will also nichts wissen vom Zustand dieser Straße, als sie Wassergasse hieß; oder Artilleriestraße, weil hinten eine Artilleriekaserne lag. Überall in Berlin, in so zentralem Areal, ist viel passiert. Viel Böses. Eigentlich Unvergeßliches. Aber wir wollen lieber vergessen. Geschichte ist out. Die Tucholskystraße mit ihrem Nachkriegsnamen von 1951 ist eine Gegenwartsstraße. Verfall und Erneuerung; vielerorts in Berlin sieht es so aus wie hier, ein neues Berlin erhebt sich aus dem abblätternden alten, das deutliche Zeugen hat stehen lassen. Was gestern noch Verfall war, erhält heute seinen nostalgischen Schick und bietet edlen Klamotten- und Antiquitätenläden Platz – wie hier, oben, Ecke Linienstraße.

An der Straße stehen Baudenkmäler, Häuser, die die schicken Bildbände schmücken, das Postfuhramt zum Beispiel Ecke Oranienburger Straße, dessen Fassade man auf die neue Synagoge beziehen kann, die längst eine alte und überhaupt keine Synagoge mehr ist. Sondern ein Synagogendenkmal. Und eigentlich viel zu schön (hörte ich neulich einen Großintellektuellen sagen, ich weiß nicht, ob ich mich ihm anschließen soll).

Der untere, südliche Teil der Tucholskystraße, Ostseite, ist auch von einem Postbau dominiert – wie hier der nördliche an der Oranienburger Straße, eben von der in ihrer Länge fast edel wirkenden, gelb-rötlich sich hinziehenden Fassadenfront des Fuhramtes. Auch ein Denkmal. Daß da ein Museum reinkommt, vielleicht, das paßt also, vielleicht; Hochschule wäre besser gewesen, lebendiger.

Berlin ist in Gefahr, sich selbst zum Museum zu machen; die Denkmalschützerei ist nur als Subventionstatbestand verständlich, besser wäre es, den Staat von den Fassaden zu entfernen; werden zu lassen, was von selbst werden will. Die Stadt legt ihre alten Kleider ab – das wäre ein bildlicher Ausdruck, der beschriebe, was in solchen Innenstadtstraßen zur Zeit passiert.

Aber solche Sprachbilder taugen nichts. Die Fassaden der Häuser sind nicht die Kleider der Stadt. Besser sagte man: Die Stadt übertüncht ihre Geschichte. Aber auch das taugt nichts. Was soll die Stadt denn sonst tun? Und die Stadt selbst tut gar nichts. Menschen tuns, Beteiligungsgesellschaften, die – hier zum Beispiel – Medienhäuser bauen und es schick finden, daß Häuser mit neumodischem Inhalt ein altmodisches Gepräge erhalten.

Wir können doch unsere Geschichte auch gefällig erzählen. Was früher Not und Elend war, das kann heute doch schick aussehen und den Schickis und den Mickis Bühne geben.

„Was schreibst du denn da ?“, sagt die intelligente Frau, die mir jetzt über die Schulter sieht und wohl immer etwas in Sorge ist, daß ich mich Stimmungen hingebe. Da hat sie recht.

Die Tucholskystraße hat es mir angetan wegen ihres eleganten, aufwärtsgerichteten Schwunges und wegen der Blicke, die sie in August- und Linienstraße ermöglicht in ein Berlin, das fort ist und nie wiederkommt.

Nummer 40, das Gemeindehaus von Adass Jisroel. Hier wäre nun eine lange Geschichte möglich. Ich will sie nicht erzählen. Das Bundesverwaltungsgericht hat diese israelitische Gemeinde jüngst als Körperschaft des öffentlichen Rechtes anerkannt. Ich spreche in Verfassungsrechtsvorlesungen darüber. Aber das Thema ist – wie viele juristische Themen – nur scheinbar juristisch. Die Jurisprudenz ist Vorwand, Bühne. Adass Jisroel hat seinen juristischen Sieg – hauptsächlich über die andere große jüdische Gemeinde in Berlin – schnell dokumentiert: an der Tür des Cafehauses, Beth-Cafe, das sie hier unterhalten: „Koschere Küche, unter Aufsicht der israelitischen Synagogengemeinde Adass Jisroel, Körperschaft des öffentlichen Rechtes".

Ich habe Hemmungen, hineinzugehen. Ich bin nicht vertraut mit der Lebenskultur, denke ich, die hier wiedererstehen will. Ich weiß nicht, ob ich erwünscht bin. Vielleicht wird man mich für einen Täter-Sohn halten.

Ich kann ein bißchen Hebräisch. Ich habe es in Lübeck in der Schule, in den beginnenden 50er Jahren gelernt, aber das hilft mir gar nichts, weil es sozusagen ein christliches, gar protestantisches Hebräisch ist.

Ich bin längst kein Protestant mehr.

Überhaupt kein Christ.

Wie Kurt Tucholsky, nach dem die Straße heißt, kein Jude war. Er hat das Judentum abgelehnt. Ich bin gegen Rassismus. Rassejuden gibt es für mich nicht. Felix Mendelssohn Bartholdy war kein Jude. Kurt Tucholsky erst recht nicht.

Ich bestelle einen Milchkaffee. Er ist sehr gut. Sorgfältig serviert, billig, 3,30 DM, dafür bekommt man nirgendwo in der Nähe sonst anständigen Milchkaffee. Die S-Bahn, deren Verlauf die Tucholskystraße oben genau abbildet, ist von

In der Tucholskystraße.

unten herauf dunkel hörbar. Ich empfinde das als ein symbolisches Geräusch. Es gibt einen Untergrund.

Ich sitze über einem Untergrund. An einem kleinen Marmortisch, auf einem Stuhl in Thonet-Imitat. Es ist 1935. Das ist das Jahr, in dem ich geboren bin. Es ist das Jahr, das Kurt Tucholsky nicht beenden wird. Er wird sein Leben beenden. Bis dahin schreibt er Briefe. Fast alle an eine Frau in der Schweiz, die er liebt und von der er sich nicht helfen läßt. Außer diesen rührenden und bedrückenden Briefen schreibt er nichts. Schon seit Jahren nicht. 1932, in einem seiner letzten Texte, hat er unter dem Titel „Worauf man stolz ist in Europa" abschließend geschrieben: „Ein jüdischer Mann sagte einmal: Ich bin stolz darauf, Jude zu sein. Wenn ich nicht stolz bin, bin ich auch Jude – da bin ich schon lieber gleich stolz".

Drei Jahre später, derselbe Tucholsky, am 23. 3. 1935 aus Hindas, Schweden, nach Zürich, Schweiz, durch Deutschland hindurch: „Über die deutschen Juden kein Wort mehr. Mögen sie. Aber die meisten anderen sind nicht besser – es sind duldende, und wer nicht nimmt, der kriegt nicht. Es sind Sklaven in tiefster Seele, ihr Schicksal ist ihnen angemessen." Dann kommt noch eine Absage an Veränderung und Hoffnung, Zitat Ringelnatz: „Wenn ich so reich wäre und so mächtig, daß ich alles ändern könnte – dann ließe ich alles so, wie es ist". 1935.

1945 hätte er das vielleicht nicht gesagt. Die Größe des Leidens erleichtert die Erkenntnis nicht. Ehrfurcht und Ergebenheit statt Erkenntnis und Politik. Ich weiß nicht, warum ich gedacht habe, in der Straße, die nach ihm heißt, könnte ich herausbekommen, was Tucholsky in seinen todtraurigen Endbriefen und Schlußstücken gemeint hat, was er abstieß mit dem eigenen Leben. Ein merkwürdiger, schlimmer: ein sentimentaler Irrtum.

„Schlummere du ... ach, schlummere ein. / Und laß mich weinen ...".

An der Oranienburger Straße steige ich selber in den Untergrund, hinunter.

Auf einen Nenner gebracht

Von Detlef Prinz

Die 80er Jahre gingen mit einer Überraschung zu Ende. Das jahrzehntelang Verlangte und angeblich Erwünschte nahm mit einer solchen Plötzlichkeit die Gestalt der Wirklichkeit an, daß viele – viele Politiker einschließlich – in der schnellen Realität ihre Wünsche nicht wiedererkannten. Heute heißt es, das Ende der Sowjetunion, ihres ganzen Halb-Weltsystems sei unausweichlich gewesen, der Zusammenbruch der DDR zwingend, eine politische Folge ihres wirtschaftlichen Desasters, der übernommene Schatz aufgebraucht, das Erbe vertan, wenn man auch kaum sagen konnte: verpraßt. Aber wer außer denen, die alles wissen, wußte, wollte das wissen, hüben wie drüben, die 80er Jahre hindurch? Heute ist es schon schwer, die eigenen Gefühle noch zu erinnern: dieses Gemisch aus Hoffnungen, Befürchtungen, Erkenntnissen und Vergessenheiten, Licht- und Schatten-Ideologien, Ängsten und Pfeifen im dunklen Walde, aus dem das politische Alltagserachten von – sagen wir – 1961–1988 bestand.

Das ist nun schon eine Aufgabe für die politische Archäologie: Berlin ist lebendig, eher im Auf- als im Untergang, aber es ist doch ein Troja, das vielleicht nicht gerade in sieben, aber in mehreren Schichten auf-, unter- und – wenn das Bild das erlaubt – nebeneinander liegt. Die Gegenwart lagert sozusagen nicht direkt auf der Vergangenheit, sondern ruht auf Schichten aus gewesenen und gewollten Tatsachen, von denen man nicht weiß, ob sie in die Vergangenheit entlassen werden können, wo man sie dann langsam ihrer Individualität entäußern und schließlich vergessen kann. Der Brunnen der Vergangenheit ist gar nicht tief. Die Geschichte wird immer flacher. Sie versandet, schließlich ist sie weg, etwas anderes, aber trotzdem keine begehbare Gegenwart. Auf diesen Schichten, Ebenen aus Ablagerungen, steht Berlin. Die Stadt ist nicht eindeutig. Sie weiß nicht viel von sich selbst. Das Vergessen ist ihr Glück. Sie schafft sich ihren Alltag aus Fort-Räumungen, ich will nicht gleich sagen: Verdrängungen, weil das auch nicht ganz wahr ist (als ob es halbe Wahrheiten gäbe – hier aber eben doch).

*

Die Texte, die dieses Buch versammelt, sind äußerlich Einzelstücke, aber sie hängen doch zusammen. Es sind Grabungen, mal hier, mal dort angesetzt, durch diese Schichten, auf denen die Stadt, teils Hauptstadt, wesentlicher steht als auf dem märkischen Sande und den Barnimer und Tempelhofer Hügeln. Die Geographie wird für den Alltag immer unerheblicher. Kein südliches Meer, keine weißen Strände von anderer als Strandbaderheblichkeit, überhaupt wenig landschaftliche Sensationen, fast könnte man sagen: Die Stadt könnte westlicher wie östlicher liegen, auch südlicher; nördlicher freilich kaum. Berlin liegt nicht am Meer. Allerdings, es hat viel Wasser, aber seine Wasserwege bedeuten doch nichts gegen die Straßen und Steine; viel Grün, erstaunlich viel, aber trotzdem ist es immer Überraschung. Sehr viele, aber keine selbstverständlichen Bäume, Sträucher, Blumen, Parks. Die Landschaftlichkeit Berlins ist von der Art des „Das-hätt-ich-nicht-gedacht", und wenn man sagt: Berlin hat mehr Brücken als Venedig, dann stimmt das zwar, aber es ist nicht wahr. Berlin ist nicht grün, nicht parkig, nicht landschaftlich, auch nicht städtisch: Das Städtische kommt in Berlin nicht als Adjektiv vor, sondern ist jederzeit Substantiv.

*

„Naja", zuckt der freundliche Leser die Achsel, „das ist in anderen Städten doch auch so, New York zum Beispiel (London und Paris lassen wir außen vor), fangen Sie doch damit nicht an". Ebenso wie ich hier nicht die schon etwas verstimmte Leier anschlagen will: von der Sonder- und

Einmaligkeit Berlins; die Stadt der Städte ist Berlin nicht; welche Stadt ist denn jenseits persönlicher Vorlieben die Stadt der Städte, die Haupt- und Weltstadt, in der sich die Dichte des Menschlichen sehen ließe wie Krieg und Frieden (zum Beispiel) in „Krieg und Frieden“?

Die Unterschiedlichkeit Berlins von Zehlendorf bis Hohenschönhausen, von Pankow bis Neukölln weist aber auf eine Einheitlichkeit zurück, die schwer beschreib- aber merkwürdig fühlbar ist, schließlich auch da, wo man kaum noch glaubt, in Berlin zu sein. Die vorstehenden Texte, journalistische, nicht künstlerische oder wissenschaftliche Arbeiten, Flüchtigkeiten also, zum Lesen und Weglegen, verstehen wir als solche Grabungen, die die Untergründe ergründen, ahnen, spüren lassen.

*

Eine politische Archäologie Berlins gibt es wohl noch nicht. Sogar das Gefühl dafür, daß es sie geben müßte, ist wenig verbreitet. Bisher verwechselt man sie meist mit Geschichte. Die „Geschichte“, synonym für Geschichtsschreibung, Geschichtsbuch, genießt eine merkwürdige Hochachtung. Am Anfang kommen meist ein paar Seiten, die Herkünfte und Früherigkeiten vorgeben. Ich empfinde dagegen an jedem Gegenwartstag in Berlin, daß die Geschichte ausgespielt hat. Sie ist zu den Sonntagsreden verkommen. Man müsse aus der Geschichte lernen ... Aber was? Was denn? Aus der Geschichte, wie in Berlin behauptet wurde, daß sie zu beschreiben und zu lehren sei: rankisch, wie es wirklich gewesen ist: aus dieser Geschichte kann man nichts lernen, man kann sie nur zur Kenntnis nehmen und erfährt sie trotzdem nicht vollständig. Es ist auch gleichgültig. Unsere Gegenwart, hier gerade in Berlin, ist so sehr Gegenwart, daß selbst unsere Jahre zuvor Geschichte, also vergessen sind: Nur noch in Reminiszenzen, politischen Argumentationen, die Vergleiche und zusätzliche Beglaubigung suchen, sind die 70er, 80er Jahre dieses Jahrhunderts geläufig. Ich empfinde es so. Die

Häuser, die man hier überall sieht, bewohnt, verläßt und finden will, aus dem letzten Drittel des 19. Jahrhunderts, die stammen für die, die heute die Fahrstühle hinauf- und die Treppen hinabgehen, aus einer ganz unbekannten Zeit und werden überhaupt nicht mehr auf eine Gegenwart bezogen, aus der sie schneller hervorwuchsen – zum Beispiel von der Bergmannstraße aufwärts den Tempelhofer Hügel hinan – als heute ein Haus fertig wird.

Vergangenheit und „Geschichte" sind out. Es wird bloß noch davon geredet. Das „damals-war's" wird auch für die „Hauptstadt der DDR" (mit und ohne Anführungszeichen) und für „Westberlin" (oder Berlin-West mit und ohne Bindestrich) nur noch in einem nicht mehr erheblichen Nebenbei erinnert: wie man sich an seine Schulzeit erinnert, wenn man sie glücklich hinter sich hat.

*

An dem Sonntag, an dem ich dies schreibe, zeigt der Tagesspiegel (der zu West-Berlin gehörte wie zu Ganzberlin längst nicht) über seine Titelseite ein buntes Bild, es bildet ein Stück der großen Berliner Mauer ab und ist überschrieben als „Allgegenwärtige Geschichte". Die Wortbildung ist bereits eine typische Hintergründigkeit. Die Gegenwart als Adjektiv zur Geschichte, ebenso unpassend wie es umgekehrt wäre, mit „allgeschichtlicher Gegenwart". Die Konjunktion ist unmöglich. Geschichte und Gegenwart sind nicht in ein grammatikalisches Verhältnis zu bringen. Es gibt keine Regellehre für ihr Verhältnis. Denn Geschichte und Gegenwart sind nur Namen der Zeit, welche auch keinesfalls fließt oder vergeht, denn das sind schon Verstehensversuche: Die Zeit ist. Ein atemholendes „einfach" können wir da nicht einfügen.

Noch einen zweiten Blick auf den heutigen Tagesspiegel: „Allgegenwärtige Vergangenheit" ist ihm – auch darin beispielhaft – die Mauer; von ihr trennen uns keine zehn Jahre, als ob jemand 1953 das dritte Reich der Deutschen „allgegenwärtige Vergangenheit" genannt hätte mit jenem herablassenden Ton des „da hinten und da unten“. Und drittens: typisch an diesem Tagesspiegelarrangement ist, daß dieses Titelbild gefällig gerade deshalb sein soll, weil durch die Lücke der Mauer hindurch die Reste einer staatlichen Folterzentrale sichtbar sind (in Wirklichkeit die pädagogische Rekonstruktion, die über der Geographie dieser Folterstätte errichtet worden ist); nur weil es der 9. November ist, bilden sich diese Illustrationshistoriker ein, daß sie Bilder fotografieren könnten, auf denen hinter der Mauer die Synagogen brennen, die Feldherrenhalle erobert und am Reichstag die Maschinengewehre aufgestellt werden.

Dieses Tagesspiegelbild ist falsch, aber es ist trotzdem wahr. In Berlin sieht man die DDR, den NS-Staat, Weimar, Bismarck, Bebel, Engels und Marx überall, aber selbst die sogenannte jüngste Vergangenheit ist ein- und ausgeschlossen: vergauckt, archiviert, den Staatsanwälten überlassen, die sich daran festhalten, als ob sie gutmachen wollten, was sie gegenüber den Volksgerichtshöfen (zum Beispiel) schlecht gemacht haben, indem sie sie nicht schlechtmachten.

Berlin hat zu seiner Vergangenheit ein archivalisches Interesse. Die Vergangenheit ist eine Sonntagsbeilage. Das ist nicht zu beklagen. Die Wahrheit wird uns nicht freimachen, weil es diesbezüglich eine irdische Wahrheit nicht gibt, sie ist nicht dar- und nicht klarzustellen. Die freimachende Wahrheit des biblischen Spruches ist der Tod. Man darf es nicht vergessen, wenn man es auch nicht immer wissen muß.

*

Berlin ist eine gegenwärtige Stadt. Nicht antiquarisch. Nicht Weimar. Die Anknüpfung, die an diese Stadt staatsrechtlich-politisch versucht wurde, ist jedenfalls mißlungen. Als Berlin das erste Mal Hauptstadt war, endete es mit dem ersten Weltkrieg. Die Aufgaben, die Weimar ihm herüberreichte, dieses für eine Großstadt unbrauchbare Traditionsgemisch, endete auch blutig. Nun kommt der dritte Versuch.

Um Gottes Willen!
Eins, zwei, drei, da kriegt man ja Angst. Und wäre lieber in Bonn geblieben. Der Staat von Bonn hat seine Sache gut gemacht. Keine deutschen Soldaten hat er in Nachbarländer einmarschieren lassen, Versöhnung nach Westen, am Ende auch nach Osten, atlantische, übermeerische Verbindungen, Anlehnung an die einzige demokratische und multikulturelle Weltmacht. Beste Noten für Bonn. Für das gleichzeitige Berlin nicht. Die „Hauptstadt der DDR“: Das war nicht der Sonntagsanzug, den Berlin da anhatte. Es war gar keine Hauptrolle, die die (Teil-)Hauptstadt durch diese 40 Jahre spielte. Wer sich beharrlich „Hauptstadt“ nennt, erweckt Verdacht gegenüber seiner Wirklichkeit. Der Verdacht war begründet. Jetzt wissen es auch die, die sich – wie ich zum Beispiel für mich in Anspruch nehme – aus Hochherzigkeit irrten, aber doch irrten. Das ist zuzugeben. Wir haben es zugegeben. Dann vergessen. Geschichte ist das, was vorbei ist. Daraus mag man den Kindern vorlesen.

*

Erst sollte dies Buch heißen: „Berlin – ganz und in Teilen“. Nach einiger Zeit hat Diether Huhn aber gesagt: Von Teilen will ich eigentlich im Zusammenhang mit Berlin nichts hören. Berlin besteht auch nicht aus Teilen.

„?“

„Es ist überall anders, aber überall Berlin!“

„Manchmal auch Nichtberlin“. Das von ihm erfundene Wort „Nichtberlin“ soll also wohl heißen, daß Berlin auch an Stellen, an denen es „allgemein“ aussieht, doch auf eine typische, charakteristische Weise allgemein ist: Wie es eben nur ganz große Städte sein können, in New York gibt es auch ein NichtnewYork, aber eine Funktion der Größe ist diese Eigenschaft andererseits nicht: Ein „NichtlosAngeles“ gibt es nicht, um diese Partnerstadt als Beispiel zu nehmen, mit der uns die freundliche Gesinnung verbindet und die Multikulturalität. Da könnten wir uns freilich an der hispanoamerikanischen Ansammlung ein Beispiel nehmen. Das nur nebenbei.

*

Der Strich, der die Zählung von den Bezüglichkeiten trennt, unterscheidet Zähler von Nenner. „Auf einen Nenner gebracht" heißt dieser Aufsatz deshalb. Der Titel kommt mir jetzt viel zu launig vor. Aber nun ist er da. Worauf bezöge sich Berlin in seinen Einzelheiten? Woran erkennt man, daß man in Berlin ist, wo immer man in Berlin ist?

Das muß man nicht wissen. Solche ins Allgemeine verlaufenden Versuche enden doch meistens bei bemühten Formeln, von denen vielleicht auch in diesem Artikel schon einige stehen. Ich übersetze deshalb den zusammenfassenden Nenner in „erfüllbare Wünsche". Was soll werden aus Berlin, das sich hier in Details darstellt, aus denen man entnehmen kann, wovon sie die Einzelheiten sind? Sind der Stadt Vorschläge zu machen, an deren Verwirklichung sie denken mag, während sie zum dritten Mal Hauptstadt wird? Seit mehr als einem halben Jahrhundert kennt Deutschland es nicht, wie es ist, daß es aus einer Stadt regiert wird, die nicht nur eine große Stadt ist, sondern eine Großstadt. Das ängstigt vielleicht. Weil wir ja alle nicht wissen, wie das ist (und die es noch wissen, aus Friedrich Eberts, Walther Rathenaus und Adolf Hitlers Zeiten, wollen es vielleicht nicht mehr wissen).

Im Fernsehen – aus dem elegant-städtischen Sendezentrum von Sat.1 zwischen Jäger- und Taubenstraße oder aus dem ungeschickten Kasten des Hauptstadtstudios der ARD an der Marschallbrücke oder aus den botschaftlichen Studios des ZDF – wird die dritte Hauptstadt Berlin viel kleiner aussehen als sie ist: Fast so – ich sehe es voraus, weil ich das deutsche Fernsehen kenne – wie Bonn unter Friedrich Nowottny und Ernst Dieter Lueg.

Die Hauptstadt wird so klein aussehen, wie die Stadt nicht ist. Das Fernsehen ist zwar der wichtigere Teil der Wirklichkeit, da hilft nun nichts. Im Kasten ist mehr los als draußen herum. Adalbert von Chamisso, Weltreisender und weltbürgerlicher Berliner, hat es schon beschrieben im „Mann ohne Schatten" (oder war es Dean Swift im „Gulliver", unter den Riesen, in der Schachtel der Riesentochter auf ihrem Tisch). Aber die Wirklichkeit außerhalb des Fernsehens ist auch nicht wirkungslos. Die Regierung wird also aus dem Kasten leben, gelegentlich wird auch das Parlament vorkommen, der Plenarsaal des Reichstages, der in der abwechslungsreichen Metropole nicht besser gefüllt sein wird als der Saal in Bonn, der seine eigene Unterhaltung sein mußte. Die Abgeordneten werden sich verlaufen. Wenn nicht die motorisierten Staatsbesuche die Straßen sperren, so daß die Berliner am Straßenrand und in den Staus maulen, wird man im Berlin der Berliner von der Regierung wenig merken, vom Parlament noch viel weniger. Eine eigenständige, politische, gar kulturelle Bedeutung wird der Bundestag in Berlin noch viel weniger haben als in Bonn. Es wird sich eine Art Volkskammerlichkeit einstellen: Parlament for show, den Bundeskanzler wählen oder eigentlich nur noch gewählt werden, der Bundeskanzler läßt sich dann ausrechnen, der Wahlleiter kann ihn bestimmen, zusammengehalten werden im Alltag von den Einpeitschern, die hier weniger deutlich als im Englischen „Fraktionsgeschäftsführer" heißen, als seien die Fraktionen GmbHs, die zu beschränkten Fusionen bereit sind. Im übrigen ist der Bundestag hauptsächlich für das „MdB" da, wie die Hochschulen für das „Dr.": eine Art Club, dessen Mitgliedschaft anführen zu können, wichtiger ist, als ihn zu besuchen.

Ich weiß nicht, ob in vielen deutschen Hörsälen oder gar Schulen die Dreigewaltenlehre noch gelehrt wird. Über die Unabhängigkeit der Justiz ließe sich noch reden. Sehr populär ist sie nicht. Eine Trennung der sogenannten ersten von der zweiten Gewalt gibt es dagegen überhaupt nicht. In Bonn sah es vielleicht noch so aus. Im Berliner Reichstag wird die Sache unzweifelhafter aussehen. „Dem deutschen Volke" wurde an den Reichstag geschrieben, „dienen" sollte wohl ergänzt werden, als die herrschenden Mächte jedenfalls das durchaus nicht wollten: Ein Parlament des Volkes und für das Volk. Wenn es ein zu einem Singular zusammenfaßbares Volk überhaupt gibt. Auch das ist heute nicht gewisser als ehemals. Ich persönlich habe an Wort und Begriff „Volk" keinen Gefallen. Das Wort ist verhunzt. Selbst in der

Verfassung. Artikel 38 GG sagt: Abgeordnete dienen dem ganzen Volke. Aber wer glaubt das? Und will es überhaupt glauben, nachdem er einen Abgeordneten nach seinen Interessen gewählt hat, gar nach denen dessen, der in den Zellen der Abschiebehaft auf sein ungewisses Schicksal wartet?

Von den Stufen des Reichstages, der demnächst der Bundestag sein wird, hat ein preußischer SPD-Minister auf Sozialdemokraten schießen lassen; mit Derartigem fing die Demokratie in Berlin an. Aber während die revolutionären Straßenkämpfe dauerten, von einer Straßenseite zur anderen, zum Beispiel hier am Landwehrkanal, wo ich diesen Text jetzt schreibe, fuhren fahrplanmäßig die U-Bahnen durch das Gewehrfeuer hindurch und die Leute lasen ihre Zeitungen, wollten die Wirklichkeit lieber durch Medienvermittlung erleben als sinnlich mit den Augen. Graf Keßler, der Pazifist, verzeichnet es. Ich kann das Haus, in dem er das schrieb, an der Köthener Straße, debis gegenüber, aus meinem Fenster fast sehen, und unter dem Asphalt, der das ins Grün hinaufragende debis-Haus umgibt, liegt die Erde, auf dem der Garten lag, in dem die Brüder Grimm sich ihre Märchen vorlasen und sich über die Bedeutung der deutschen Wörter unterhielten: Alles in Kleinschreibung, nur die Eigennamen groß, da mußte erst der pädagogisierende Staat kommen, um mit seinem Regelwerk kompliziert zu machen, was er jetzt in Reformlächerlichkeiten kaum noch vereinfachen kann.

*

Der freundliche Leser, die interessierte Leserin erkennen in den letzten Sätzen ein Beispiel dafür, wie man in Berlin durch die Zeiten taumeln kann, wenn man an gewissen Orten nur aus dem Fenster blickt. Ich will an zwei Beispielen versuchen zu schildern, welche Traditionen – auch wenn sie längst nicht mehr wirksam sind und zu den zerbrochenen Tonscherben rechnen, die der politische Archäologe aus dem Staub der Zeiten hervorfördert, um die vollständige Amphore zu ergänzen – welche Traditionen also, wenn wir etwas wünschen dürfen, in Gegenwart verwandelt werden sollten.

*

Nicht weit vom Tempelhofer Ufer 23/24, wo ich diesen Text schreibe, in östlicher Richtung nach Kreuzberg hinein, liegt der Friedhof, auf dem fast auf den Tag genau heute vor 150 Jahren Felix Mendelssohn Bartholdy beerdigt worden ist. Mit der Eisenbahn war er, der in Hamburg geboren und in Leipzig gestorben war, in seine Heimatstadt zurückgebracht worden. Alle Würdenträger der Stadt Leipzig und des Königreichs Sachsen hatten ihn verabschiedet. Er lag in kostbarem Sarg, um seine Schläfen wand sich ein Lorbeerkranz. In Köthen, Dresden und Halle hielt der Zug, auf dem Bahnsteig standen die Chöre, die seinem Gedenken mit seiner Musik huldigten, die man unsterblich nennen würde, wenn man nicht wüßte, wie die Geschichte fortgegangen ist. Als man seinen Sarg einbettete in Gottes Erde neben den Gräbern seiner Eltern und seiner eben gestorbenen geliebten Schwester, hörte man „Jesus ist die Auferstehung“ (von Grell), die Choräle „Wie sie so sanft ruhen“ und „Jesus, meine Zuversicht“, den Trauermarsch aus Beethovens Sonate Opus 26, aber keinen einzigen Ton von Mendelssohn selbst. Der Singakademieleiter Rungenhagen dirigierte, der es antisemitischer Propaganda zu verdanken hatte, daß er an seiner Statt Singakademiedirektor war. Die Beerdigung war also ein symbolisches Geschehen. Berlin nahm den Ruhm dieses Berliners entgegen, aber nicht sein Werk. Da fing schon etwas an, was Nachahmung fand. Von 1933 bis 1945, hörte ich noch jüngst, war „Mendelssohn in Deutschland verboten“. Wo steht das Verbot, in welchem Reichsgesetzblatt? Die Deutschen hörten einfach auf, Mendelssohns Musik zu machen, es war nicht mehr opportun, sie fügten sich. In der alten Philharmonie hörte selbst der große Furtwängler nicht auf, den Stab zu schwingen, obwohl es verbotene Musik gab. Kein ernstzunehmender Musiker macht ehrlicherweise Musik in einem solchen Lande. Kein mit unvergleichlicher Langsamkeit gespielter Beethoven-Satz hilft über so etwas hinweg. Furtwängler – das war Niedergang, und alle Karajanereien der Berliner Philharmoniker unterstreichen nur, daß dieses Orchester seine musikalische Unschuld verloren hatte. Sie kommt nicht zurück.

Das Beispiel soll bedeuten: In Berlin wird in Zukunft jedes aus gesellschaftlichen Mitteln finanzierte Orchester die Instrumente hinlegen, wenn man ihm zu sagen versucht, welche Musik es nicht spielen darf. In deutschen Schul- und Lehrbüchern wird kein Musiker mehr als ein bedeutender registriert, der sich solchen Verdikten gefügt hat. Denn er ist ja kein Musiker. Sondern ein Gesinnungstäter. In Berlin wird auch niemand mehr nach seiner rassischen Zugehörigkeit eingeordnet. Denn hier weiß man: Es gibt keine Rassen unter den Menschen. Und derjenige, der glaubt, daß es sie gibt, wird von der Verfassung, die den eigentlichen Inhalt unserer Vater- oder Mutterlandsliebe ausmacht, darüber belehrt, daß diese Differenzierung unzulässig ist. Felix Mendelssohn, der sich religiös als ein evangelischer Christ bekannte, war also kein Jude.
Wie Kurt Tucholsky, der sich überhaupt zu keinem Gott bekannte. Darüber kann man auch oben schon lesen, in dem Spaziergang durch die Tucholskystraße in Berlin-Mitte, den Diether Huhn überschreiben hat als „Schlußstück“.
Er schließt diesen Text mit einem Zitat von Gertrud Kolmar. Diese große deutsche Lyrikerin ist unter ihrem bürgerlichen Namen Gertrud Chodziesner aus Berlin deportiert und in Auschwitz – wie es in der aktuellen Biographie über sie beschönigend heißt: – verschollen. „Schlummere du ... Ach, schlummere ein. / und laß mich weinen ...“.

Wenn das ein Beispiel ist, eine sozialpädagogische Aufforderung, dann sagt sie uns: Berlin wird seinen dritten Hauptstadtversuch in einer veränderten Welt nur dann nützlich bestehen, wenn es, wie es lyrisch heißt, beweint, was es verloren, was es sich selbst zerstört hat und was es nie wieder gewinnen wird. Das emotionale Wort weinen, beweinen sagt uns, daß es um etwas ganz anderes geht als Geschichtskenntnis. Moralisch überlebt auch eine Stadt nicht, wenn sie nicht weiß, was Verluste sind. Die Rückerinnerung an das für immer Verlorene besteht darin, daß man es betrauert. Dann gewinnen wir alles, was von dem Gewesenen geblieben ist. Damit will ich nicht mißverstanden werden. Wo Schuld ist, soll sie als Schuld gebüßt werden. Wo unwiederbringlicher Verlust ist, den die Heutigen weder politisch noch moralisch oder gar juristisch zu verantworten haben, gibt es keine Schuldsuche mehr. Einen Schuldigen finden, heißt immer auch, einen Täter finden. Wo kein Täter ist, ist keine Schuld. Schuld wird nicht vererbt. Trauern und beweinen aber ist menschlich. Die Trauer hält fest, was mir sonst nicht gehört.

*

Das zweite Beispiel einer Berliner Erinnerungs- und Wunschliste liefert – natürlich! – der andere Jubilar. 1998 werden wir uns nicht retten können vor Fontanereien. Dann ist er 100 Jahre tot. (Sind es eigentlich Freudenbezeigungen, wenn die Allgemeinheit sich an Heroentode erinnert?)
17 Romane hat Theodor Fontane geschrieben, 11 davon spielen in Berlin. Sie legen die Schichten Berlins, die Ablagerungen bloß, auf denen es sich als Hauptstadt errichtete. Das Fazit Fontanes sind vielleicht diese Sätze, 1894 an seinen nichtberliner Freund Georg Friedlaender, Amtsrichter im Schlesischen: „Wie unsere Junker unausrottbar dieselben bleiben, kleine, ganz kleine Leute, die sich für historische Figuren halten, so bleibt der Berliner ein egoistischer, enger Kleinstädter. Die Stadt wächst und wächst, die Millionäre verzehnfachen sich, aber eine große Schusterhaftigkeit bleibt, die sich vor allem in dem Glauben ausspricht: Mutters Kloß ist der beste".

Ehrlich gesagt, Fontane hin, Fontane her: Das Wort „Schusterhaftigkeit" gefällt mir nicht. Es hat was Überhebliches. Vor allem schmäht es die Handwerker, während doch Berlins andauernde Provinzialität in anderen Klassen und Schichten viel eher verwurzelt ist, zum Beispiel bei den Schreibern, größerer und kleinerer Sorte, Journalisten,

Lehrern: meistens studierten Leuten. Die Berliner Hochschulen, hüben wie drüben, damals wie jetzt, haben keinen internationalen touch, sie sind vielleicht nicht so schlecht wie ihr Ruf, aber sie sind Fortsetzungen der Berliner Gymnasien: Es geht einfach noch ein paar Jährchen weiter. Es gibt sogar ein paar Gymnasien, die sind den Hochschulen an internationaler Nicht-Provinzialität über. Berlin kocht gerne im eigenen Saft.

Der Fontanische Beispielsroman ist „Vor dem Sturm". In „Cécile", jenem Roman, dessen Haupthandlungsort ich von meinem Schreibtisch aus sehen kann, am Hafenplatz, wo kein Hafen und auch kein wirklicher Platz mehr sind und gewiß nichts Großbürgerliches, heißt es: „Unser gutes Berlin ist nur in landschaftlicher Hinsicht eine Insel der Seligen".

Das hört sich kritisch an, bedeutet aber tatsächlich nicht viel; was soll eine „Insel der Seligen" sein, welche europäische Großstadt, die es schon im 19. Jahrhundert war, ist für die Mehrheit des Volkes jemals eine Insel der Seligen gewesen? Daß Berlin etwas Unsolides hat, hängt mit dem Tempo seiner Entwicklung zusammen. Das war in der ersten Gründerzeit so, ich sage: letztes Drittel des 19. Jahrhunderts. Und das ist in der zweiten Gründerzeit so: jetzt. Aber eine richtige Gründerzeit ist die Gegenwart nicht. Eher eine Renovierungszeit, eine Zeit der Wiederherstellungen, (eine Renaissance will ich das nicht nennen). Die Geschichte als Ausrede. Aber das kritisiere ich nicht. Ausreden, Schönreden sind auch bis zu der Grenze erlaubt, jenseits derer man anfängt, sich selbst zu glauben. Jedenfalls besser als das Verhalten Joachim von Pasenows, der in Hermann Brochs: „Pasenow oder die Romantik", auch ein Berliner Roman, schon so weit ist, daß er sich selber mißtraut.

Da müssen wir uns an die Pittelkow halten, von der Christian Grawe sagt, daß der „wahre preußische Patriotismus von den Aristrokaten auf die Kleinbürger übergegangen" sei. Aber er meint nicht die Kleinbürger, da vergreift er sich in nachträglicher Betrachtung im Begriff. Sondern die Arbeiter, nicht Borsig, sondern seine Arbeiter nördlich der Invalidenstraße. Borsig übrigens – ein Industrieherr – kommt bei Fontane nicht vor. Seine Romane behalten in aller Kritik immer noch etwas Beschauliches, man könnte sogar sagen: etwas Zillehaftes. Die Kälte der Not kommt nur am Rande vor, von der das mehrheitliche Berliner Leben am Ende des Jahrhunderts angehaucht ist. Hinter den gründerzeitlichen Prachtfassaden herrscht die Not, die aus der Ausbeutung kommt. Berlin ist keine Stadt des Arbeiterpatriotismus, jedenfalls wäre von einer solchen Tradition nichts übrig.

Berlin ist eine Stadt der Ausbeutung derer, die drunten sterben, durch die, die oben leben. Ich kann es verstehen, daß man die Erinnerungen daran vielfach ausgetilgt hat. Das jedenfalls sehe ich als den Untergrund der Kahlschlagssanierungen an, die etwa den Wedding von heute charakterisieren und die unter dem obigen Wort auch von solchen kritisiert worden sind, die andererseits Verständnis für diejenigen hatten, welche Schinkels Bauakademie endgültig in Schutt legten, weil sie aus ihrem Zentralkommitee gegenüber solche Anstaltsbauten nicht mehr sehen konnten, denn sie ähnelten den Gefängnissen, in denen sie gelitten hatten.

Insofern war Erich Honecker, aus dem Saarland, doch ein Berliner, indem er den Gefängnisinsassen nach dem Zustand des Daches befragte, das er selbst über den Zwangsbau dachdeckerlich gelegt hatte: Handwerkergesinnung, welche die Qualität ihrer Arbeit nach dem eigenen Teilstück bewertet und nicht nach dem Gesamtstück, dem sie dient. Nach dieser verbreiteten deutschen, Berliner Werkstattgesinnung könnte man glauben, in den Armeen Hitlers selbst anständig, in seiner Polizei ein unanfechtbarer Beamter geblieben zu sein. Ohne Heinz Knobloch kennten wir den Polizeioberleutnant Heinz Krützfeld gar nicht, der auch über den 9. November 1938 ein unerschrockener Reviervorsteher blieb. Er hatte in dieser Polizeiwache am Hackeschen Markt auch Nachfolger, deren sozialdemokratisches Herz freilich nur noch ausreichte, um von der SS erschossen zu werden. Berlin ist auch eine Stadt verspäteter und deshalb vergeblicher Opfer.

Otto Wels aus Köpenick, in der Tradition des Elsengrundes, den Diether Huhn oben mehrfach beschreibt, ist eine Symbolfigur für die staatspolitischen Verspätungen der deutschen Arbeiterbewegung, deren Untergang mit Friedrich Ebert und seinen Führungsgenossen begonnen hat, als sie dem ersten Krieg der Völker gegen die Völker, der Arbeiter gegen ihresgleichen nicht widerstanden, sondern sich für ein Vaterland einfangen ließen, das überhaupt nicht väterlich gegen sie verfahren war.

„... können Sie uns nehmen, aber die Ehre nicht". Mit zitternder Stimme rief Otto Wels in der Nähe des ausgebrannten Reichstages das aus, aber um Ehre ging es eigentlich nicht, Ehre benennt keinen politischen Wert.

Es ist manches ausgerufen worden in Berlin. Zu den Antiquitäten Berlins gehört manches obrigkeitliches Hall-Wort, mancher laute Satz, der gleich als Zitat zur Welt kommt. Auch Ernst Reuters vielgenanntes: Völker der Welt, schaut auf diese Stadt, gehört dazu. Heute hört man das vielleicht mit vorsichtigeren Gefühlen als damals, als man sich begeistern ließ und nicht so genau merkte, daß es dem Bürgermeister wohl hauptsächlich um eine nicht so heftig bittende Form für die Aussage gegangen war: US-Amerikaner, helft uns und paßt auf uns auf.

*

Die Alliierten haben dann auf Berlin aufgepaßt. Die Sowjets in einer unmittelbareren Form als die westlichen Alliierten, deren Abzug ich – um es zu gestehen – seinerzeit gar nicht so sehr gerne gesehen habe. Die Amerikaner, bilde ich mir ein, haben allein durch ihre Anwesenheit hier eine vernünftigende Wirkung auf die Deutschen ausgeübt, so daß ich, wenn ich jetzt John Kornblum als Botschafter der USA in der neuen deutschen Bundesrepublik sehe, fast ein Gefühl der Beruhigung empfinde von der Art: Unsere fürsorglichen Freunde sind noch immer da.

*

Berlin ist eine Stadt der Zugehörigkeiten. Trotzdem. Obwohl auch die Berliner ausgewiesen und vertrieben haben. Berlin ist geeignet als eine Stadt der Allianzen. Es kann eine Stadt der Allianzen sein. Es besteht aus vielen Unterschiedlichkeiten. Es versteht deshalb vieles Unterschiedliche. Es kann das. Auf den schnellen Begriff ist es nicht zu bringen. Was es als Nenner benennt, bleibt ungewiß und vielgestaltig. Aber es berechtigt zu Hoffnungen.

Personenregister

A

B

C

D

E

F

G

H

J

K

L

M

N

O

P

R

S

T

U

V

W

Z

Ortsregister

A

B

C

D

E

F

G

H

I/J

K

L

M

N

O

P

R

S

T

U

V

W

Y

Z

Diether Huhn, 1935 geboren in Sonneberg/Thüringen, aufgewachsen in Lübeck, seit 1961 wohnhaft in Berlin. Jurist. Zunächst Richter, u. a. Richter am Kammergericht, Vorsitzender Richter am Landgericht. Heute Professor; langjähriger Hochschulrektor, zeitweise Beauftragter für das Hochschulwesen des Landes Berlin; Vorstandsmitglied des Sozialpädagogischen Instituts Berlin.

Detlef Prinz, 1950 geboren in Berlin, Studium der Politischen Wissenschaften an der Freien Universität Berlin und der Harvard-University (Diplom). Journalist und Pressesprecher der IG Metall Berlin; Vorstandssekretär des 1. Vorsitzenden der IG Metall in Frankfurt/Main. Heute Medienunternehmer in Berlin.